21 世纪高职高专经济管理规划教材

电子商务基础与实操

主编 王永琦

立信会计出版社

图书在版编目(CIP)数据

电子商务基础与实操/王水琦主编. —上海:立信会计出版社,2008. 8

21世纪高职高专经济管理规划教材

ISBN 978-7-5429-2096-6

Ⅰ. 电… Ⅱ. 王… Ⅲ. ①电子商务—高等学校—教学参考资料 Ⅳ. F713. 36

中国版本图书馆CIP数据核字(2008)第133571号

策划编辑 余 榕
责任编辑 徐小霞 刘 塑
封面设计 周崇文

电子商务基础与实操

出版发行	立信会计出版社		
地　　址	上海市中山西路2230号	邮政编码	200235
电　　话	(021)64411389	传　　真	(021)64411325
网　　址	www. lixinaph. com	电子邮箱	lxaph@sh163. net
网上书店	www. shlx. net	电　　话	(021)64411071
经　　销	各地新华书店		
印　　刷	虎彩印艺股份有限公司		
开　　本	787毫米×1092毫米	1/16	
印　　张	17. 75		
字　　数	421千字		
版　　次	2008年8月第1版		
印　　次	2017年2月第5次		
书　　号	ISBN 978-7-5429-2096-6/F		
定　　价	30. 00元		

总　序

我国社会主义市场经济的发展,需要大量合格的经济管理人才,而对经济管理人才的需要又是分层次的。实践证明,社会需要具有大学本科以上水平的经济管理人才,也需要具有高职高专水平的经济管理人才,还需要达到中专水平的经济管理人才。培养结构合理的经济管理人才队伍是社会的需要,也是教育工作的责任和追求。近几年来我国高职高专教育发展很快,已占据了高等教育的半壁江山,它与本科教育相比,更突出其实践性和应用性,与实践工作的联系更加紧密,使得学生毕业后能更快地进入工作角色。但目前我国高职高专的教材滞后,很多学校使用本科教材,或是本科教材的"压缩饼干",不适应高职高专教育的特点,特别是高职教育将要从三年学制改为两年学制,教材的矛盾更加突出,这就需要广大的教育工作者或其他有识之士完成这项工作。本规划教材正是本着这样的思想,为适应我国高职高专教育的特点而编写的。

本规划教材的特点在于:理论论述适中,注重实用和操作,与当前的有关制度和企业情况密切联系,目的在于让使用本规划教材的学生在熟悉一定的理论知识的基础上,全面系统地掌握现行的一般业务处理技术与方法,成为既具有一定理论水平,又能操作的高级适用型经济管理人才。

本规划教材由蒋金森担任总主编,根据目前我国高等职业教育经济管理专业开设的课程进行总的设计和策划,并组织各高职高专院校从事多年教学且具有高级职称的教师担任各教材的主编,由富有实践经验的教学业务骨干参加编写。本规划教材具有较强的适用性,每章均列有内容提要,起到了提纲挈领的作用,方便读者领会本章的重点、要点和难点;每章后均附有思考题和练习题,以使读者通过学习掌握该章重要内容和具体的业务处理方法;在每本书的最后均附有练习题参考答案,并附有3套模拟试题及其参考答案,以使读者能够把所学的内容真正地融会贯通,增强实务处理能力。本规划教材配有PPT课件,还配有期中、期末试卷及答案,以方便教师教学。本规划教材适用于高职高专教育、成人高等教育的教学,也可作为在职经济管理人员进修和自学的教材。

本规划教材的出版得到了立信会计出版社的大力支持,尤其是余榕编辑的大力协助,才使本规划教材得以顺利出版,在此,一并致以衷心的感谢。

由于编者的学识有限和时间仓促,特别是对高等职业教育的精神领会尚不够深刻,本规划教材难免有不足之处,恳请读者批评指正,以便以后修订时补充提高。

编　者

前　言

电子商务这个20世纪90年代的宠儿，给人类社会政治、经济、文化各个方面带来了巨大的冲击。它不仅给新型产业提供了巨大的商机，也使传统企业找到了可持续发展的路径。技术的这种“创造性毁灭力量”使得传统企业不断追求通过网络技术实现企业业务流程的重组，降低企业经营成本，提高对多变、复杂的市场的快速、有效响应，最终提升企业的核心竞争力。同时，企业立足市场的内在驱动要求与Internet联姻，也促进了网络技术的创新和发展。

从全球来看，电子商务的发展经过初期的热潮过后，已经进入了一个冷静的、理性的思考阶段，即电子商务并不仅仅是一个依赖于网络技术的计算机产业，它在本质上是一种利用计算机网络技术作为支撑的新型商务模式。电子是手段，商务是核心。不能明确认知这一点，就不能使电子商务成为企业管理创新、技术创新、市场创新的手段，就不能使电子商务成为企业获得竞争优势的重要工具，就不能使企业的现代经营理念真正得以实现。

从我国目前电子商务的实践来看，一些具有前瞻眼光的企业已经开始了这场静悄悄的信息化革命。如海尔、TCL、联想、中国石化、中国各类银行和保险公司等，利用电子商务改造传统企业，在实现产业优化升级中，实现了跨越式的发展，并已经取得了很好的业绩。

我们作为新型高等职业教育院校的教师，较长时间以来，一直关注着电子商务的发展方向以及社会对各类电子商务人才的迫切需求。鉴于高职教育的特点，我们编写了这本适合高等职业教育的电子商务教材，以培养学生较强的实践动手能力。

本教材突破了一般教材“或注重理论或偏重技术”的编写思路，尝试把电子技术和商务理论有机地结合起来，并以商务活动为中心，利用电子技术开展商务活动。本教材的基本特点是：

(1) 从整体构架上来看，理论部分少而精练，重点突出了电子商务技术的应用性特点；

(2) 从内容体系上来看，在介绍基本原理的同时，特别强调案例的实际分析和运用；

(3) 从编排体例上来看，每章均设有内容提要和引例，力图让学生在学习之前就明确所学内容，同时激发学生的学习兴趣，思考解决问题的方法；

(4) 从技能培养上来看，实际操作环节是这本教材的一个显著特点。通过实际操作，有助于学生把学到的原理和技术真正运用到商务活动中，提高自身的商务活动能力。

本教材共分8章，内容包括电子商务概述、电子商务基础环境及实现技术、电子商务模式、网络营销、电子支付、电子商务物流、客户关系管理和电子商务的新型应用。每章的教学内容都安排有相应案例分析、实际操作、复习思考题及练习题，书末还附有三套模拟试题。教材配有光盘，同时在立信会计出版社网站上提供配套PPT课件，期中期末考试卷2份及标准答案。

本书由王永琦任主编，由黄毅英、罗宁和王常华任副主编，其他参编人员有：王红梅、张秋仙、刘始添、李超、曹群锋和周明等。

在本书的写作过程中，得到了院领导的大力支持和帮助，在此，对他们一并表示深深的谢意。同时，我们也参阅了众多电子商务研究的先行者的成果，对这些作者的智慧和付出的心血表示诚挚的谢意。限于篇幅，书后只列出了主要参考文献，如有遗漏，谨向作者致歉。

由于我们的水平有限，书中难免有疏漏之处，恳请各位专家、同行、读者给予批评指正。

作　者

2008年7月

目　录

第一章　电子商务概述

【内容提要】 本章从日常生活中电子商务应用的典型案例入手，介绍了电子商务的产生和发展，电子商务的定义和内涵，电子商务的分类及框架，并对电子商务与传统商务进行了分析比较。

引例

例一　南方航空公司的网上机票业务

唐小姐是桂林某外贸公司的职员，经常需要搭乘中国南方航空公司航班到外地出差，但是她通常不用亲自到航空售票处购票，而是访问中国南方航空股份有限公司网站，按提示填表预订自己所要搭乘的航班，选择现金支付或用招商银行“一卡通”进行网上支付，凭有效证件和取票代号直接在机场取票登机，非常方便。

例二　网上书店的购书业务

小刘是广西某本科院校三年级学生，他想毕业后继续升学，报考上海交通大学的硕士研究生，通过查找，入学考试复习所需的参考书在当地的书店均无销售，经过电子商务专业的同学指点，小刘通过 Internet 查询，在当当网（http：//www.dangdang.com）上找到了自己所需要的图书，按相应的方式填写订单，1 周后就收到参考书，并且比图书原定的书价要优惠一些。

例三　网上银行

张老师在广西某职业学院工作，学院每月将她的工资直接存入她在商业银行的“一卡通”账户。那么，张老师只要登录银行网站，在计算机上经过一番操作，便可得知本月的工资数额。张老师一直在使用商业银行的网上银行管理自己的“一卡通”账户，足不出户，在家里就可以实现账务查询、代交费等业务。目前，国内各大银行都开通了网上银行，办理信息咨询、银证转账、个人理财等多种业务。特别是办理数额较大的资金存取与转账，既方便，又安全。

例四　网上保险业务

保险和股票与普通的消费者关系越来越密切。需要购买各类保险的消费者现在可以访问中国平安保险股份有限公司的网站，进行网上投保业务，非常轻松地办理过去要在保险公司窗口排队办理的业务。消费者还可以通过平安证券频道办理股东账户的网上开户，在自己家中或办公室里就可以轻松拥有过去在证券营业部大户室才拥有的条件进行网上股票交易业务。

（续上）

例五　网上果品销售

赵大伯一家是承包果园的专业户。往年每到水果成熟的季节，赵大伯是又高兴、又着急。高兴的是历经1年的辛苦，硕果累累；着急的是由于地处偏僻，交通不便，信息不灵，如果水果卖不出去，烂了，就会白忙1年。可今年赵大伯一点都不急，因为在城里念大学的女儿学了电子商务，帮他买了一台计算机，并且教会了他如何上网发布信息。于是赵大伯在水果成熟之前，就通过中国农副产品交易市场网站（http://www.caspm.com）的果品市场发布了供货信息。各地的订货让赵大伯应接不暇。赵大伯早早就与水果商在网上签订了合同。精明的赵大伯甚至还要求对方先付了预付款。现在赵大伯只需将满园硕果采摘下来，等待订货商前来运走就行了。

随着人类经济和信息技术的飞速发展，电子商务日益渗透人们的日常生活，虚拟企业、虚拟银行、网络营销、网上购物、网上支付、网络广告等一大批前所未闻的新词汇正在为人们所熟悉和认同。这些词汇从一个侧面反映了电子商务正在对社会和经济产生着巨大的影响，同时也预示着电子商务将带来一场史无前例的革命。

第一节　电子商务的产生和发展

在电子商务产生之前，传统的商业都是以手工处理信息为主，并且通过纸上的文字或者口耳相传的方式交换信息。但是，随着处理和交换信息量的剧增，该过程变得越来越复杂，这不仅增加了重复劳动量和额外开支，而且也增加了出错机会，在这种情况下需要一种更加便利和先进的方式来快速交流和处理商业往来业务。计算机技术的发展及其广泛应用和先进通信技术的不断完善及使用导致了EDI(electronic data interchange，电子数据交换)和Internet的出现和发展，使全球迈入了信息自动化处理的新时代。电子商务是在计算机技术、网络通信技术的互动发展中逐渐产生和不断完善的。其发展经历了基于EDI的电子商务雏形阶段和基于Internet的电子商务阶段。

一、基于EDI的电子商务

20世纪60年代，当时美国一些大公司通过建立自己的计算机网络实现各个机构和商业伙伴之间的信息传递与共享，电子数据交换作为企业间电子商务的应用技术，成为现代电子商务的雏形。

20世纪70年代，美国银行家协会(American Bankers Association，ABA)提出的无纸金融信息传递的行业标准，以及美国运输数据协调委员会(Transportation Data Coordinating Committee，TDCC)发表的第一个EDI标准，开始了美国信息的电子交换。

随着美国政府的参与和各行业的加入，美国全国性的EDI委员会X12委员会于20世纪80年代初出版了第一套全国性的EDI标准。接着，80年代末期，联合国公布了EDI运作标准UN/EDIFACT(United Nations Rules for Electronic Data Interchange for Administration，Commerce and Transport)，并于1990年由国际标准化组织正式接受为国际标准IDO9735。随着这一系列的

EDI 标准的推出，人们开始通过网络进行诸如产品交换、订购等活动，EDI 也得到了广泛的使用和认可。但 EDI 始终是一种为满足企业需要而发展起来的先进技术手段，必须遵照统一标准，与普通老百姓一直无缘。而且由于网络在那时仍没有得到充分发展，这使很多商务活动的电子化，仅仅处于一种想法阶段。

二、基于 Internet 的电子商务

20 世纪 90 年代，网络、通信和信息技术的突破性进展，Internet 在全球爆炸性地增长并迅速普及，随着基于 WWW 的 Internet 技术的飞速发展，商务活动电子化的想法逐步成熟，使得现代商业具有不断增长的供货能力、客户需求和全球竞争三大特征。在这一新趋势下，一种基于因特网、以交易双方为主体、以银行电子支付和结算为手段、以客户数据为依托的全新商务模式——电子商务出现并发展起来。Internet 网络开始真正应用于商业交易，这时电子商务才日益蓬勃起来，并成为 90 年代初期，美国、加拿大等发达国家的一种崭新的企业经营方式。

Internet 和 Web 的技术被应用于商务过程，企业可以利用 Intranet（企业内部网）和 Extranet（企业外部网）来解决问题，增加价值并创造新的商机。Intranet 的开放性，使中小企业甚至个人都可以在网络上与大企业一竞高低，这种全新的商务模式能使产品在全球范围内进行交易，解除了交易中时间和空间的限制，提高了企业的效率，降低了交易额的成本，彻底改变了传统的消费模式。

随着 Intranet 的飞速发展和计算机技术的日益成熟，全球电子商务得以如火如荼地展开，特别是近两年来其发展速度令世人震惊。虽然如此，电子商务的战略作用却是逐渐被全球各国所认识的，而且其今后的发展道路也是漫长的。

第二节 电子商务的定义和内涵

电子商务正在以极快的速度发展，并逐渐进入人们的日常生活、工作和学习，成为企业竞争必备的有力工具，应用电子商务已经成为企业必须面临的课题。谁在电子应用上落后，谁就会在未来的竞争中处于劣势地位。电子商务代表着未来贸易方式的发展方向。因此，我们有必要了解电子商务，并借助电子商务来推进经济和贸易工作。

然而电子商务至今仍不是一个很清晰的概念。各国政府、学者、企业界人士都根据自己所处的地位和对电子商务的参与程度，给出了许多表述不同的定义。比较这些定义，有助于我们更全面地了解电子商务。

一、电子商务的定义

（一）学者、专家定义

在不同的发展阶段，研究者从不同的角度出发对电子商务给出了众多的定义。

1. 国外学者、专家观点

美国学者瑞维·卡拉克塔和安德鲁·B·惠斯顿在《电子商务的前沿》一书中提出："广义地讲，电子商务是一种现代商业方法。这种方法通过改善产品和服务质量、提高服务传递速度，满足政府组织、厂商和消费者降低成本的需求。这一概念也用于通过计算机网络寻找信息以支持决策。一般地讲，今天的电子商务通过计算机网络将买方和卖方的信息、产品和服务联系起来，而未来的电子商务则通过构成信息高速公路的无数计算机网络中的一条线将买方和卖方联系起来。”

美国的 Emmelainz 博士在她的专著《EDI 全面管理指南》中，从功能角度把 EC(electronic commerce)定义为：通过电子方式，并在网络基础上实现物资、人员过程的协调，以便商业交换活动。

加拿大专家 Jenkins 和 Lancashire 在《电子商务手册》中从应用角度定义 EC 为：数据(资料)电子装配线(electronic assembly line of data)的横向集成。

2. 国内学者、专家观点

中国科技促进发展研究中心专家王可研究员从过程角度定义 EC 为：在计算机和通信网络基础上，利用电子工具实现商业交换和行政作业的全过程。

陕西财经学院电子商务研究所教授李琪认为：“从广义上讲，电子商务可定义为：电子工具在商务活动中的应用。电子工具包括从初级的电报、电话到 NII、GII 和 Internet 等现代系统，商务活动是从商品(实物与非实物、商品与商品化的生产要素等)的需求活动到商品的合理、合法的消费除去典型的生产过程后的所有活动。从狭义上讲，电子商务可定义为：在技术、经济高度发达的现代社会里，掌握信息技术和商务规则的人，系统化运用电子工具，高效率、低成本地从事以商品交换为中心的各种活动的总称。”

企业家王新华认为，从本质上讲，电子商务是一组电子工具在商务过程中的应用，这些工具主要包括电子数据交换(EDI)、电子邮件(E-mail)、电子公告系统(BBS)、条码(barcode)、图像处理、智能卡等。而应用的前提和基础是完善的现代通信网络和人们的思想意识的提高以及管理体制的转变。

学者颜晓珂对电子商务作了简短的解释。他认为：“电子商务是指以国际互联网为主的各种计算机网络上所进行的一切经济和商业活动。”

综上所述，中外学者、专家对电子商务的定义如表 1-1 所示。

表 1-1

中外学者、专家对电子商务的定义

定义角度	定　义	专家及著作
从商业方法角度	通过计算机网络将买方和卖方的信息、产品和服务联系起来 通过构成信息高速公路的无数计算机网络中的一条线将买方和卖方联系起来	美国 瑞维·卡拉克塔 安德鲁·B·惠斯顿 《电子商务的前沿》
从功能角度	通过电子方式，并在网络基础上实现物资、人员过程的协调，以便商业交换活动	美国 Emmelainz 博士 《EDI 全面管理指南》
从应用角度	数据(资料)电子装配线(electronic assembly line of data)的横向集成	加拿大 Jenkins Lancashire 《电子商务手册》
从过程角度	在计算机和通信网络基础上，利用电子工具实现商业交换和行政作业的全过程	中国 王可 《电子商务与信息基础结构》

(续表)

定义角度	定义	专家及著作
从组成要素角度	在技术、经济高度发达的现代社会里，掌握信息技术和商务规则的人，系统化运用电子工具，高效率、低成本地从事以商品交换为中心的各种活动的总称 电子商务是一组电子工具在商务过程中的应用，这些工具主要包括电子数据交换(EDI)、电子邮件(E-mail)、电子公告系统(BBS)、条码(barcode)、图像处理、智能卡等。而应用的前提和基础是完善的现代通信网络和人们的思想意识的提高以及管理体制的转变	中国 李琪 《中国电子商务》 王新华
综合	电子商务是指以国际互联网为主的各种计算机网络上所进行的一切经济和商业活动	中国 颜晓珂

(二) 国际组织定义

1. 世界电子商务会议关于电子商务的概念

1997 年 11 月 6～7 日，国际商会在法国首都巴黎举行了世界电子商务会议(The World Business Agenda for Electronic Commerce)，从商业角度提出了电子商务的概念，即电子商务是指实现整个贸易活动的电子化；从涵盖范围方面可以定义为：交易各方以电子交易方式而不是通过当面交换或直接面谈方式进行的任何形式的商业交易；从技术方面可以定义为：电子商务是一种多技术的集合体，包括交换数据(如电子数据交换、电子邮件)、获得数据(如共享数据库、电子公告牌)以及自动捕获数据(如条形码)等。

2. 全球信息基础设施委员会(GIIC)电子商务工作委员会关于电子商务的定义

全球信息基础设施委员会(GIIC)电子商务工作委员会报告草案中指出：电子商务是运用电子通信作为手段的经济活动，通过这种方式人们可以对带有经济价值的产品和服务进行宣传、购买和结算。这种交易的方式不受地理位置、资金多少或零售渠道的所有权影响，公有私有企业、公司、政府组织、各种社会团体、一般公民、企业家都能自由地参加广泛的经济活动，其中包括农业、林业、渔业、工业、私营和政府的服务业。电子商务能使产品在世界范围内交易并向消费者提供多种多样的选择。

3. 世界贸易组织电子商务专题报告的定义

《世界贸易组织专题研究报告之一电子商务与 WTO 的作用》指出：电子商务是通过电子信息网络进行的生产、营销、销售和流通活动。它不仅指基于 Internet 上的交易，而且指所有利用电子信息技术来解决问题、降低成本、增加价值和创造商机的活动。

4. 联合国国际贸易法委员会的表述

适应使用计算机技术或其他现代技术进行交易的当事方之间通讯手段发生的重大变化，1996 年 12 月 16 日，联合国国际贸易法委员会(UNCITRAL)通过了《电子商务示范法》(以下简称《示范法》)。但《示范法》并未给出明确的“电子商业”的定义，只是强调这种电子商业交易手段的特殊性，即在商业交易中使用了数据电文作为交易信息的载体。

5. 经济合作与发展组织关于电子商务概念的理解

经济合作与发展组织(OECD)曾对电子商务的定义作过深入研究。其研究报告《电子商务的定义与统计》指出，狭义的电子商务定义主要包括利用计算机网络技术进行的商品交易，而广义的电子商务将定义的范围扩大到服务领域。公共统计部门为了数据收集的需要和便利，常常将电子商务局限于某一领域，如因特网商务。而国家政策部门为了扩大影响，其电子商务的定义几乎涵盖了经济生活的各个方面，如将电子政务归于电子商务之中就是一个典型。

（三）政府定义

1. 美国政府

美国政府在其“全球电子商务纲要”中，对电子商务进行了比较笼统的定义：电子商务是通过 Internet 进行的各项商务活动，包括广告、交易、支付、服务等活动，全球电子商务将会涉及各个国家。

2. 欧洲议会

欧洲议会关于“电子商务欧洲动议”给出的定义是：“电子商务是通过电子方式进行的商务活动。它通过电子方式处理和传递数据，包括文本、声音和图像。它涉及许多方面的活动，包括货物电子贸易和服务、在线数据传递、电子资金划拨、电子证券交易、电子货运单证、商业拍卖、合作设计和工程、在线资料、公共产品获得。它包括了产品（如消费品、专门设备）和服务（如信息服务、金融和法律服务）、传统活动（如健身、教育）和信心活动（如虚拟购物、虚拟训练）。”

（四）企业定义

1. IBM 公司

电子商务（E-Business，EB）是在 Internet 等网络的广阔联系与传统信息技术系统的丰富资源相互结合的背景下应运而生的一种相互关联的动态商务活动。

2. 通用电气公司

电子商务是通过电子方式进行商业交易，包括企业间电子商务和企业与消费者之间的电子商务。

3. Intel 公司

电子商务是基于网络连接的不同计算机间建立的商业运作体系，是利用 Internet/Intranet 网络来使商务运作电子化。电子交易是电子商务的一部分，是企业与企业之间或企业与消费者之间使用 Internet 所进行的商业交易（如广告宣传、商品订购、付款、售后服务等）。

（五）综合定义

综合各方面不同看法，虽然电子商务所涵盖的内容非常复杂，但各个定义之间均有共同之处与不同之处。

1. 相同点

(1) 采用或源于同一个术语——电子商务。

(2) 强调电子工具，强调在现代信息社会，利用多种多样的电子信息工具。

(3) 工具作用的基本对象都为商业活动。

2. 不同点

(1) 技术的涵盖面不同，但其中均包括运用 Internet 技术。

(2) 商务的涵盖面不同，但其中均包括交易。

综上所述，电子商务的定义可作如下表述：

狭义的电子商务定义EC仅指运用因特网进行商品交易;广义的电子商务定义EC则将运用一切电子工具和电子技术进行的所有与商务有关的活动,如商务信息、商务管理和商品交易,都称为电子商务。

二、电子商务的内涵

由电子商务的定义可知,电子商务作为一种依赖于"电子"工具的"商务"活动,其主要成分是"商务",是在"电子"基础上的商务。电子商务的内涵包括以下几个方面的内容:

(1) 电子商务的前提是商务信息化。

(2) 电子商务的核心是人。电子商务是一个社会系统,它的中心必然是人。电子商务的出发点和归宿是商务,商务的中心是人或人的集合。电子工具的系统化应用也只能靠人。

(3) 电子工具必然是现代化的。所谓现代化工具,是指当代技术成熟、先进、高效、低成本、安全、可靠和方便操作的电子工具。

(4) 对象的变化是至关重要的。以往的商务活动主要是针对实物商品进行的商务活动,电子商务则首先要将实的商品虚拟化,形成信息化(数字化、多媒体化)的虚拟商品,进而对虚拟商品进行整理、储存、加工传输。

第三节 电子商务的分类及框架结构

电子商务的分类有多种分类方法,比如可以按交易的对象、参与的主体、应用的平台、是否在线支付等进行分类。

一、不同标准的电子商务分类

电子商务可按以下四种标准进行分类,如表1-2所示。

表1-2

不同标准的电子商务分类

分类标准	分类
按交易对象	B2B, B2C, C2C, B2G,…
按商务活动	间接电子商务、直接电子商务
按网络类型	Internet商务、EDI商务和Intranet商务
按交易范围	本地电子商务、国内电子商务、全球电子商务

(一) 按照交易对象分类

目前应用最多,也是应用最广泛的电子商务分类是按照交易对象分类,可分为企业对企业的电子商务(business-to-business, B2B)、企业对消费者的电子商务(business-to-consumer, B2C)、企业对政府的电子商务(business-to-government, B2G)、消费者对政府的电子商务(consumer-to-government, C2G)、消费者对消费者的电子商务(consumer-to-consumer, C2C)。

1. B2B电子商务

B2B电子商务已经存在多年,发展最快,其中以企业通过专用网或增值网(VAN)采用

EDI方式进行的商务活动尤为典型。

企业和企业之间的交易才是大宗的，是通过引入电子商务能够产生大量效益的环节。这种类型是电子商务的主流，B2B电子商务在中国电子商务交易额中的比例高达99%。

2. B2C电子商务

B2C电子商务主要是借助互联网所开展的在线销售活动。中国的B2C电子商务仅占交易总额的0.5%。目前全球B2C的交易额虽然不及B2B，但从长远来看，B2C电子交易将取得长足的进展，成为电子商务中最活跃的一部分。

3. B2G电子商务

这是企业与政府机构之间的电子商务，企业与政府之间的各项事务可以涵盖其中，包括在网上进行的政府采购、电子报关、电子报税、商检、行政事务管理和管理条例发布等业务。

4. C2G电子商务

这是政府与个人之间的电子商务。政府通过网络更有效率地开展向个人发放社会福利金、接收个人的网上报税等活动。

5. C2C电子商务

这是消费者个人之间的电子商务，主要是通过互联网实现个人财物的拍卖活动。个人的收藏品、二手品或其他财产等均可以通过网络拍卖实现其最高价值，如eBay网等。

（二）按照商务活动内容分类

按照商务活动的内容分类，电子商务主要包括两类商业活动：一是间接电子商务，即有形货物的电子订货，它仍然需要利用传统渠道如邮政服务和商业快递车送货；二是直接电子商务，即无形货物和服务，如计算机软件、娱乐内容的联机订购、付款和交付，或者是全球规模的信息服务。直接和间接电子商务均提供特有的机会，同一公司往往两者兼营。间接电子商务要依靠一些外部要素，如运输系统的效率等。直接电子商务能使双方越过地理界线直接进行交易，充分挖掘全球市场的潜力。

（三）按照使用网类型分类

根据使用网络类型的不同，电子商务目前主要有三种形式：第一种形式是EDI商务；第二种形式是Internet（互联网）商务；第三种形式是Intranet（内联网）商务。

1. EDI商务

按照国际标准组织的定义，EDI商务是"将商务或行政事务按照一个公认的标准，形成结构化的事务处理或文档数据格式，从计算机到计算机的电子传输方法"。简单地说，EDI就是按照商定的协议，将商业文件标准化和格式化，并通过计算机网络，在贸易伙伴的计算机网络系统之间进行数据交换和自动处理。

2. Internet商务

按照美国Internet协会的定义，互联网（Internet）是一种"组织松散、国际合作的互联网络"。该网络"通过自主遵守计算的协议和过程"，支持主机对主机的沟通。具体来说，互联网就是让一大批电脑采用一种叫做TCP/IP的协议来即时交换信息。

Internet商务是国际现代商业的最新形式。它以计算机、通讯、多媒体、数据库技术为基础，通过互联网络，在网上实现营销、购物服务。它突破了传统商业生产、批发、零售及进、销、存、调的流转程序与营销模式，真正实现了少投入、低成本、零库存、高效率，避免了商品的无效搬运，从而实现了社会资源的高效运转和最大节余。消费者可以不受时间、空间、厂商的限制,广泛浏览,充分比较,模拟使用,力求以最低的价格获得最为满意的商品和服务。

3. Intranet 商务

Intranet 商务是在 Internet 基础上发展起来的企业内部网,或称内联网。它在原有的局域网上附加一些特定的软件,将局域网与互联网连接起来,从而形成企业内部的虚拟网络。Intranet 与互联网之间的最主要的区别在于 Intranet 内的敏感或享有产权的信息受到企业防火墙安全网点的保护,它只允许有授权者介入内部 Web 网点,外部人员只有在许可条件下才可进入企业的 Intranet。Intranet 将大、中型企业分布在各地的分支机构及企业内部有关部门和各种信息通过网络予以连通,使企业各级管理人员能够通过网络读取自己所需的信息,利用在线业务的申请和注册代替纸张贸易和内部流通的形式,从而有效地降低了交易成本,提高了经营效益。

EDI(electronic data interchange)商务、Internet(互联网)商务和 Intranet(内联网)商务的关系可以用图 1-1 表示。

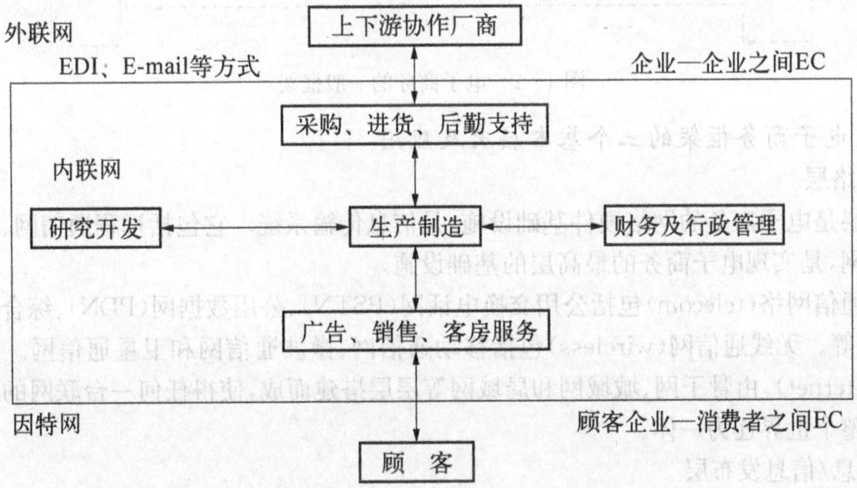
外联网
上下游协作厂商
EDI、E-mail等方式
企业—企业之间EC
采购、进货、后勤支持
内联网
研究开发
生产制造
财务及行政管理
广告、销售、客房服务
因特网
顾客企业—消费者之间EC
顾　客

图 1-1　EDI 商务、Internet 商务和 Intranet 商务的关系

(四) 按照开展电子交易的范围分类

1. 本地电子商务

它是指利用本地区或者本城市内的计算机网络实现的电子商务活动。

2. 国内电子商务

它是在本国范围内进行的网上电子交易活动。

3. 全球电子商务

它是在全世界范围内进行的电子交易活动,交易各方通过网络做生意。

二、电子商务的系统框架

电子商务系统是通过现代信息技术进行商务活动的计算机、通信网络、有关人员与组织机构,以及有关法律、制度、标准、规范的统一体。

它是一种以互联网为基础、以交易双方为主体、以银行电子支付和结算为手段、以客户数据为依托的全新商务模式,是一个庞大的、复杂的社会系统工程。

电子商务的一般框架是指实现电子商务的技术保证和电子商务应用所涉及的领域。电子商务的技术支持分为三个层次和两个支柱。如图 1-2 所示。

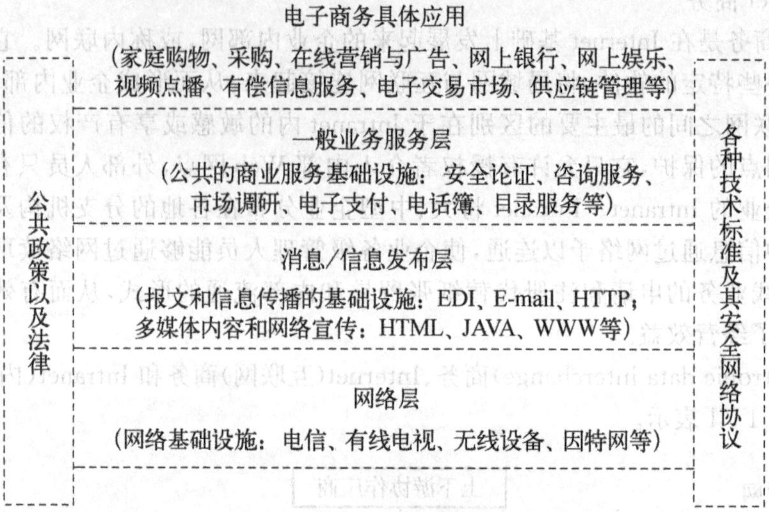
电子商务具体应用
(家庭购物、采购、在线营销与广告、网上银行、网上娱乐、视频点播、有偿信息服务、电子交易市场、供应链管理等)
一般业务服务层
(公共的商业服务基础设施：安全论证、咨询服务、市场调研、电子支付、电话簿、目录服务等)
消息/信息发布层
(报文和信息传播的基础设施：EDI、E-mail、HTTP；多媒体内容和网络宣传：HTML、JAVA、WWW等)
网络层
(网络基础设施：电信、有线电视、无线设备、因特网等)
公共政策以及法律
各种技术标准及其安全网络协议

图 1-2　电子商务的一般框架

(一) 电子商务框架的三个基本层次及应用

1. 网络层

网络层是电子商务的网络硬件基础设施，是信息传输系统。它包括远程通信网、无线通信网和因特网，是实现电子商务的最高层的基础设施。

远程通信网络(telecom)包括公用交换电话网(PSTN)、公用数据网(PDN)、综合业务数据网(ISDN)等。无线通信网(wireless)包括移动通信网、微波通信网和卫星通信网。因特网即互联网(Internet)，由骨干网、城域网和局域网等层层搭建而成，使得任何一台联网的计算机能够随时同整个世界连为一体。

2. 消息/信息发布层

信息发布位于网络基础设施的上层。信息传送有非格式化(非结构化)数据和格式化(结构化)数据两种通信方法。非格式化的数据传送方法有传真(FAX)、电子邮件(E-mail)和文件传输服务(FTP)，主要是面向人的。格式化的数据传送的典型方法有 EDI 等，主要是面向计算机系统。

目前最流行的网上信息发布方式是以 HTML 或 XML 的形式将信息发布在 WWW 上。HTML 将这些多媒体内容组织得易于检索和富于表现力。应用 Java 能更方便地使这些信息的发布适用于各种网络、各种设备和各种操作系统。

3. 一般业务服务层

这个层次是为了方便交易所提供的通用的业务服务，是所有企业、个人在网上进行交易时都会用到的服务。它主要包括：安全和认证、电子支付、目录服务、咨询服务等。

4. 电子商务具体应用

在上述三个层次的基础上，建立具体的电子商务应用。如家庭购物、企业的网上采购、在线营销与广告、网上银行、网上娱乐、视频点播、有偿信息服务、电子交易市场、供应链管理等。

（二）电子商务的两个技术支持

1. 公共政策及法律

公共政策及法律支持是电子商务的第一个技术支柱。与电子商务有关的公共政策涉及电子商务的税收制度、信息的定价、信息访问权、隐私保护等问题。

2. 技术标准和网络协议

电子商务的第二个技术支柱是相关的技术标准和网络协议。技术标准定义了用户接口、传输协议、信息发布标准、网络安全协议等技术细节，是信息发布、传递的基础，是网络信息一致性的保证。

由于电子商务的全球性，非国际化的技术标准将会带来严重的问题。

第四节　电子商务与传统商务的比较

一、传统商务的运作过程

商贸实务运作过程是企业在具体进行一个商贸交易过程中的实际操作步骤和处理的过程。这一过程如果按照组织内部的管理活动可分为以下三个部分：

(1) 事务流：商贸交易过程中的所有单据和实务操作过程。

(2) 物流：商品的流动过程。

(3) 资金流：交易过程中资金在双方单位（包括银行）中的流动过程。

传统商贸交易过程中的实务操作由交易前的准备、贸易磋商、合同与执行、支付与清算等环节组成。

（一）交易前的准备

对于商贸交易过程来说，交易前的准备就是供需双方如何能宣传或者获取有效的商品信息的过程。商品的供应方的营销策略是通过报纸、电视、户外媒体等各种广告形式宣传自己的商品信息。对于商品的需求者和消费者来说，要得到自己所需要的商品信息，来充实自己的进货渠道。因此，交易前的准备实际上就是一个商品信息的发布、查询和匹配的过程。

（二）贸易磋商

在商品的供需双方都了解了有关商品的供需信息后，就开始进入具体的贸易磋商过程。贸易磋商实际上是贸易双方进行口头磋商或纸面贸易单证的传递过程。纸面贸易单证包括询价单、价格磋商、定购合同、发货单、运输单、发票、收货单等。各种纸面贸易单证反映了商品交易双方的价格意向、营销策略管理要求及详细的商品供需信息。在传统商贸活动的贸易磋商过程中使用的工具有电话、传真或邮寄等，因为传真件不足以作为法庭仲裁依据，故各种正式贸易单证的传递主要通过邮寄方式传递。

（三）合同与执行

在传统商务活动中，贸易磋商过程经常通过口头协议来完成，但在磋商过程完成后，交易双方必须要以书面形式签订具有法律效应的商贸合同，来确定磋商的结果并监督执行。在产生纠纷时通过合同由相应机构进行仲裁。

（四）支付与清算

传统商贸业务中的支付一般有支票和现金两种方式。支票方式多用于企业的商贸过程，用支票方式支付涉及双方单位及其开户银行；现金方式常用于企业对个体消费者的商品零售过程。

传统商务的运作过程如图 1-3 所示。

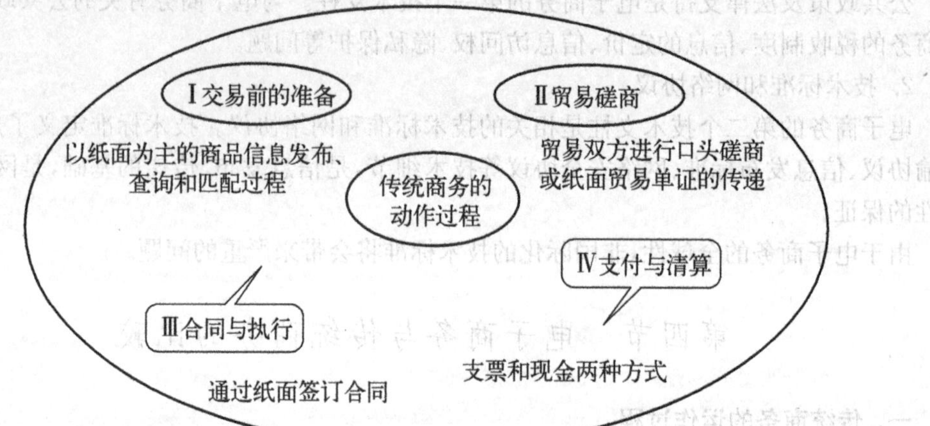
Ⅰ交易前的准备
Ⅱ贸易磋商
以纸面为主的商品信息发布、查询和匹配过程
传统商务的动作过程
贸易双方进行口头磋商或纸面贸易单证的传递
Ⅳ支付与清算
Ⅲ合同与执行
通过纸面签订合同
支票和现金两种方式

图 1-3 传统商务的运作过程

二、传统商务及其劣势

（一）传统买方业务

（1）确定自身需求。

（2）选择满足需求的产品。

（3）选择供应商。

（4）进行商务谈判。

（5）成交签约并支付货款。

（6）要求售后服务。

传统买方业务流程如图 1-4 所示。

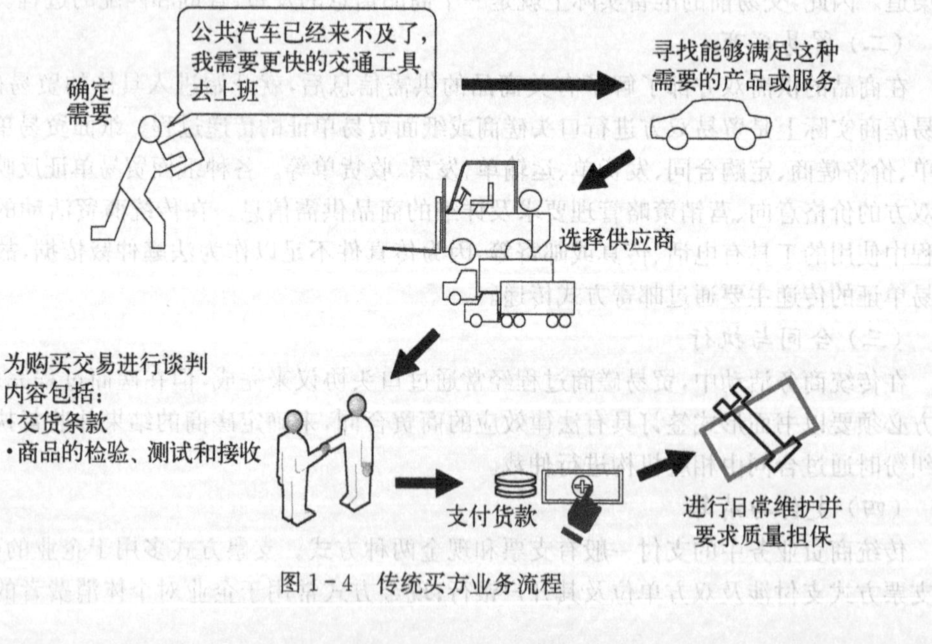
公共汽车已经来不及了，我需要更快的交通工具去上班
确定需要
寻找能够满足这种需要的产品或服务
选择供应商
为购买交易进行谈判
内容包括：
·交货条款
·商品的检验、测试和接收
支付货款
进行日常维护并要求质量担保

图 1-4 传统买方业务流程

(二) 传统卖方业务

(1) 进行市场调研,分析需求。

(2) 设计制造满足需求的产品。

(3) 进行促销活动。

(4) 进行商务谈判。

(5) 成交签约。

(6) 接收货款并交付产品。

(7) 提供售后服务。

传统卖方业务流程如图 1-5 所示。

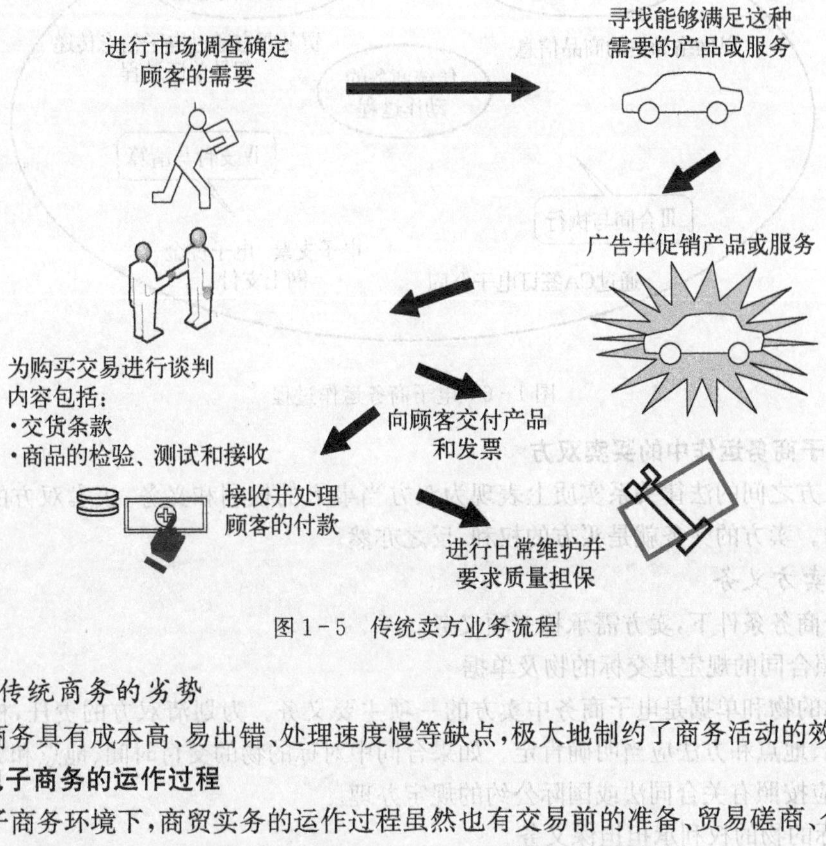
进行市场调查确定
顾客的需要
寻找能够满足这种
需要的产品或服务
广告并促销产品或服务
为购买交易进行谈判
内容包括:
·交货条款
·商品的检验、测试和接收
向顾客交付产品
和发票
接收并处理
顾客的付款
进行日常维护并
要求质量担保

图 1-5 传统卖方业务流程

(三) 传统商务的劣势

传统商务具有成本高、易出错、处理速度慢等缺点,极大地制约了商务活动的效率和规模。

三、电子商务的运作过程

在电子商务环境下,商贸实务的运作过程虽然也有交易前的准备、贸易磋商、合同与执行以及支付与清算等环节,但是交易具体使用的运作方法是完全不同的。

(一) 交易前的准备

在电子商务营销模式中,交易的供需信息都是通过交易双方的网址和网络主页完成的,双方信息的沟通具有快速和高效率的特点。

(二) 贸易磋商

电子商务中的贸易磋商过程将纸面单证在网络和系统的支持下变成了电子化的记录、文件和报文在网络上的传递过程,并且由专门的数据交换协议保证了网络信息传递的正确、安全和快速。

(三) 合同与执行

电子商务环境下的网络协议和电子商务应用系统的功能保证了交易双方所有的贸易磋商

文件的正确性和可靠性，并且在第三方授权的情况下具有法律效应，可以作为在执行过程中产生纠纷的仲裁依据。

（四）支付与清算

电子商务中交易的资金支付采用信用卡、电子支票、电子现金和电子钱包等形式进行网上支付。

电子商务运作过程如图 1-6 所示。

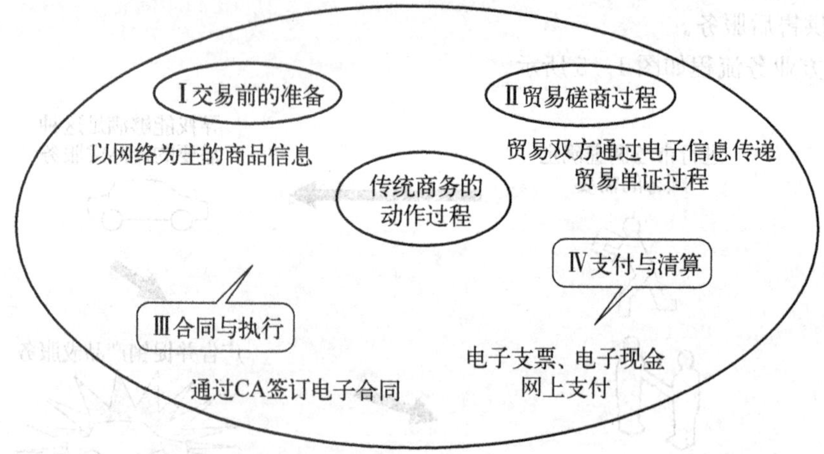
Ⅰ交易前的准备
以网络为主的商品信息
Ⅱ贸易磋商过程
贸易双方通过电子信息传递
贸易单证过程
传统商务的
动作过程
Ⅳ支付与清算
Ⅲ合同与执行
电子支票、电子现金
网上支付
通过CA签订电子合同

图 1-6 电子商务运作过程

四、电子商务运作中的买卖双方

买卖双方之间的法律关系实质上表现为双方当事人的权利和义务，买卖双方的权利和义务是对等的。卖方的义务就是买方的权利，反之亦然。

（一）卖方义务

在电子商务条件下，卖方需承担三项义务。

1. 按照合同的规定提交标的物及单据

提交标的物和单据是电子商务中卖方的一项主要义务。为划清双方的责任，标的物实物交付的时间、地点和方法应当明确肯定。如果合同中对标的物的交付时间、地点和方法未作明确规定的，应按照有关合同法或国际公约的规定办理。

2. 对标的物的权利承担担保义务

与传统的交易相同，电子商务交易中的卖方仍是标的物的所有人或经营管理人。卖方应保证对其所出售的标的物享有合法的权利，并承担标的物的权力不被第三人追索的义务，并以此保护买方的权益。如果第三人提出对标的物的权利，向买方提出收回该物时，卖方有义务证明第三人无权追索，必要时应当参加诉讼，出庭作证。

3. 对标的物的质量承担担保义务

卖方应保证标的物质量符合规定，卖方交付的标的物的质量应符合国家规定的质量标准或双方约定的质量标准，不应存在不符合质量标准的瑕疵，也不应出现与网络广告相悖的情况。如果卖方在网络上出售有瑕疵的物品，应事先向买方说明。卖方隐瞒标的物的瑕疵应承担责任。但买方明知标的物有瑕疵而购买，则卖方对瑕疵不负责任。

(二) 买方义务

在电子商务条件下,买方同样应承担三项义务。

1. 买方应承担按网络交易规定方式支付价款的义务

由于电子商务的特殊性,网络购买一般没有时间、地点的限制,支付价款通常采用信用卡、智能卡、电子钱包或电子支付等方式,这与传统的支付方式也是有区别的。在电子交易合同中,对采用哪种支付方式应明确规定。

2. 买方应承担按照合同规定的时间、地点和方式接收标的物的义务

由买方自提标的物的,买方应在卖方通知的时间内到预订的地点提取。由卖方代为托运的,买方应按照承运人通知的期限提取。由卖方运送的,买方应做好接收标的物的准备,及时接收标的物。买方迟延接受时,应负迟延责任。

3. 买方应当承担对标的物验收的义务

买方接收标的物后,规定有验收期限的,应及时进行验收。表面瑕疵应在规定的期限内提出。发现标的物表面瑕疵时,应立即通知卖方,瑕疵由卖方负责。买方不及时进行验收,事后又提出表面瑕疵,卖方可不负责。对隐蔽瑕疵和卖方故意隐瞒瑕疵被买方发现后,可立即通知卖方,追究卖方的责任。

(三) 对买卖双方不履行合同义务的补救

卖方不履行合同义务主要指卖方不交付标的物或单据或交付迟延;交付的标的物不符合合同规定以及第三者对交付的标的物存在权利或权利主张等。当发生上述违约行为时,买方可以选择以下补救方法:

(1) 要求卖方实际履行合同义务,交付替代物或对标的物进行修理、补救。

(2) 减少支付价款。

(3) 对迟延或不履行合同要求损失赔偿。

(4) 解除合同,并要求损害赔偿。

买方不履行合同义务,包括买方不按合同规定支付货款和不按规定收取货物,在这种情况下,卖方可选择以下补救方法:

(1) 要求买方支付价款、收取货物或履行其他义务,并为此可以规定一段合理额外的延长期限,以便买方履行义务。

(2) 损害赔偿,要求买方支付合同价格与转售价之间的差额。

(3) 解除合同。

传统商务与电子商务运作过程的比较如图 1-7 所示。

五、电子商务的优势

(一) 显著降低营运成本

具体表现在:

(1) 距离越远,使用费用低廉的互联网进行信息传递的成本相对于传统的信件、电话、传真的成本就越低,缩短时间,减少重复的数据录入,也降低了信息成本。

(2) 买卖双方通过网络进行商务活动,无需中介者参与,减少了交易环节,也降低了双方交易成本。

(3) 通过互联网进行产品介绍、宣传,避免了在传统方式下做广告、发印刷品等大量费用。

(4) 电子商务实行"无纸贸易",可减少 90%的文件处理费用。

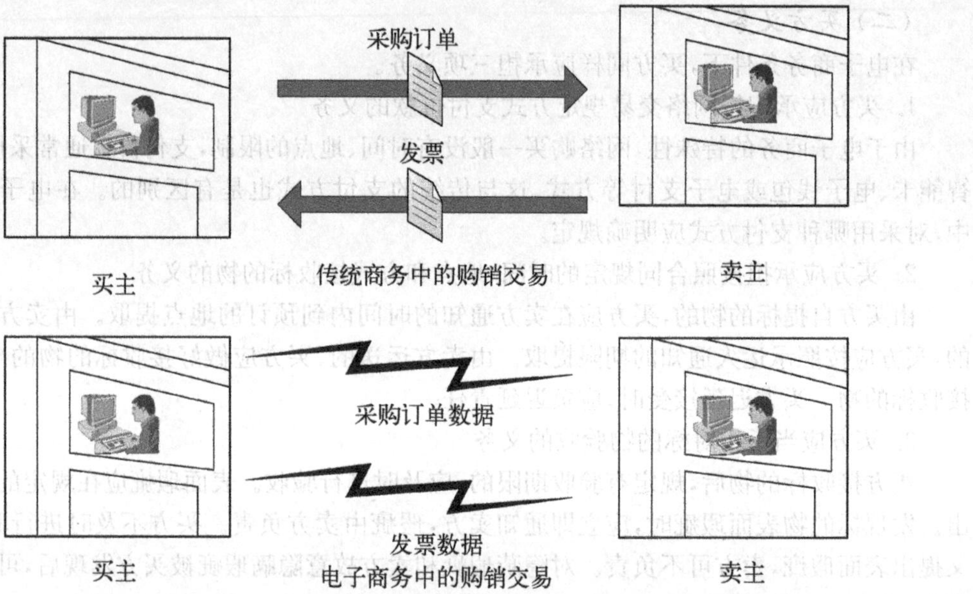
采购订单
发票
买主
传统商务中的购销交易
卖主
采购订单数据
发票数据
买主
电子商务中的购销交易
卖主

图 1-7 传统商务与电子商务运作过程的比较

(5) 互联网有利于买卖双方及时沟通供需信息,使无库存生产和无库存销售成为可能,从而使库存成本大大降低。

(6) 企业在销售商品和处理订单时,用电子商务可以降低询价、提供报价和确定存货等活动的处理成本。

(二) 覆盖全球市场

电子商务创造了一个浩瀚的全球电子虚拟市场,这是互联网的迅速发展所造就的继传统市场之后的又一巨大市场。电子商务的开展使企业从一开始就面对全球市场。可见,电子商务的市场范围从概念和实现形式来看都是地地道道的全球市场。

(三) 功能更齐全,服务更周到

电子商务可以全面支持不同类型的用户实现不同层次的商务目标,如发布电子商情、在线洽谈、建立虚拟商场或网上银行等。

(四) 24 小时营业增加更多商机

与传统商务相比,电子商务给买方提供了更多的选择,因为买方可以考虑更多卖主的产品和服务。买方每天 24 小时都可以与卖主接触。有些买方在决定购买时喜欢得到大量的信息,有些买方则只需要较少的信息。电子商务可以使顾客根据自己的需要决定获得信息的数量。在电子商务的情况下,买方不必等上好几天才能收到寄来的产品目录,他们可以通过 WWW 立即得到所需的信息。甚至有些产品(如软件、声音和图像等)可以直接通过互联网传递。

(五) 使用更灵活,达成交易更方便

基于因特网的电子商务可以不受特殊数据交换协议的限制,任何商业文件或单证可以直接通过填写与现行的纸面单证格式一致的屏幕单证来完成。

(六) 全面增强企业的竞争力

电子商务扩大了企业的竞争领域,商务活动成本和费用的降低,工作效率的提高,使得企

业变得更具有竞争力。

六、适合不同商务活动的业务流程

对于某些流程而言，电子商务技术的应用可以更有效地完成任务；而对于另一些流程而言，传统的商务活动可以更好地完成，因为这些业务流程无法通过实施新技术得到改进。电子商务与传统商务适应的行业与可结合的行业如表 1-3 所示。

表 1-3

适合不同商务活动的业务流程

电子商务	传统商务	电子商务与传统商务的结合
图书和激光唱片的购销 在线传输软件 旅游服务的广告和促销 运输货物的在线跟踪	时装的购销 易腐食品的购销 低值小商品的买卖 昂贵珠宝和古董的销售	汽车的购销 在线金融服务 寻找合作伙伴的服务 投资和保险产品的购销

实操

电子商务网站业务浏览

【实验目的】

分组浏览南方航空公司、南国书店网上书城、平安保险公司、中国工商银行个人网上银行、中国农副产品交易市场等网站，让学生对电子商务的应用以及带来的方便有一个初步的认识。

【实验环境】

1. 实验方式：用户端通过相连的局域网访问 Internet。
2. 硬件要求：用户 PⅡ266/4.3G/64MB RAM 以上。
3. 软件要求：用户操作系统为 Windows 98 以上，Internet Explorer 5.0 以上浏览器。

【实验要求】

1. 初步了解网上销售的产品或服务的类型。
2. 了解网上服务给人们带来的方便。
3. 讨论电子商务能否给学生的未来带来就业机会。
4. 进行小组分工合作，培养集体合作意识。

【实验内容】

1. 分组完成浏览任务：

(1) 任务一：南方航空公司的电子客票业务。

了解南方航空公司的网上机票业务，了解电子客票的概念，有哪些方便性。

访问网址：http://www.cs-air.com/

(2) 任务二：南国书店的网上书城。

网上书城购买图书是否方便？

访问网址：http://www.ngsd.net.cn/

(3) 任务三：平安保险公司的网上保险、股票交易业务。

了解网上股票交易业务，能给个人带来什么变化。

访问网址：www.pa18.com 实例三：淘宝网上的淘宝热

(4) 任务四：中国工商银行个人网上银行业务。

了解网上银行的业务，有哪些业务可以直接在网上办理。

访问网址：https://mybank.icbc.com.cn

(5) 任务五：中国农副产品交易市场网站。

了解农副产品交易市场网络的功能及运用情况。

访问网址：http://www.caspm.com

2. 分组完成浏览任务总结：

分组介绍网站的功能、提供的服务、带来的方便性。

复习思考题

1. 电子商务给社会带来了哪些效益?
2. 简述电子商务对社会组织结构变化的影响作用。

练习题一

一、单项选择题

1. 电子商务的标准英文缩写是(　　)。

A. EB　　B. EDI　　C. EC　　D. DC

2. 电子商务的分类可以按(　　)等进行。

A. 参与交易的对象、交易涉及的商品内容、电子商务使用的网络类型

B. 消费对象、交易涉及的商品内容、消费者的职业

C. 商家的规模、电子商务使用的网络类型、商家的商品内容

D. 网络的类型、电子商务的受众群体、网络银行的类型

3. 电子商务可为企业提供虚拟的全球性贸易环境，大大提高了商务活动的范围和服务质量。电子商务的优越性是(　　)。

A. 提高通信速度，节省开支，增加客户与商家的联系

B. 促进知识经济的发展，提高服务质量，提供了交互式的销售渠道

C. 提供全天候的服务，增强了企业的竞争力，加快了社会财富的增值

D. 以上三种说法都正确

4. 电子商务应用层次结构可分为(　　)。

A. 网络平台、安全体系、支付系统、应用系统等

B. 网络平台、认证中心、电子数据传送、应用系统等

C. 网上银行、安全体系、交易系统、应用系统等

D. 主页内容、网络营销、邮件列表、应用系统等

5. 目前电子商务所面临的主要问题是(　　)。

A. 安全问题和技术问题　　B. 政府认识问题和资金问题

C. 法律问题和消费者观念问题　　D. 以上三种说法都正确

6. 实现电子商务应用和基础实施的两大支柱是(　　)。

A. 公共政策和个人隐私　　B. 法律法规和信息传递

C. 公共政策和技术标准　　D. 政治和经济

7. 目前,电子商务总交易量中80%是由(　　)实现的。

A. 企业与消费者交易　　B. 消费者与消费者交易

C. 企业与企业交易　　D. 企业与政府交易

8. 实现电子商务的基本技术主要是(　　)。

A. 信息传输通道基础建设技术　　B. Web 技术以及 Java 和 JSP 语言等

C. 新型技术和安全技术　　D. 以上三种说法都正确

二、多项选择题

1. 电子商务不仅影响着传统的交易过程,而且在一定程度上改变了市场的组成结构。电子商务的一般框架是由(　　)等构成的。

A. 国家政策、法律、法规,全民对商务活动的需求

B. 网络基础设施层,消息和信息传播基础设施层,贸易服务基础设施层

C. 多媒体内容和网络宣传

D. 公共政策、法律及隐私问题,各种技术标准、安全网络协议、文档

2. 企业内部的电子商务是(　　)。

A. 工作组之间的通信　　B. 结算管理

C. 电子出版　　D. 产品销售

3. 适合用于电子商务流程的业务有(　　)。

A. 旅游服务　　B. 图书、音像作品的销售

C. 房产、汽车销售　　D. 日用小商品销售

4. 既适合传统的商务活动,又适合现代电子商务流程的业务有(　　)。

A. 图书音像作品的销售　　B. 汽车销售

C. 日用小商品销售　　D. 寻找合作伙伴

三、简答题

1. 与传统商业相比,电子商务的优点是什么?

2. 电子商务给社会带来哪些效益?

3. 请叙述电子商务的一般框架。

第二章　电子商务的基础环境及实现技术

【内容提要】 本章主要讲述了电子商务的基础环境及实现技术，包括计算机网络技术、Internet技术、电子数据交换技术、电子商务的信息安全等，并通过实际操作提高学生的动手能力。

第一节　计算机网络技术

一、计算机网络的概念

（一）计算机网络的定义

计算机网络是现代计算机技术与通信技术密切结合的产物，是随着社会对信息共享和信息传递的日益增强的需求而发展起来的。所谓计算机网络，就是利用通信设备和线路将地理位置不同的、功能独立的多个计算机系统互连起来，以功能完善的网络软件（即网络通信协议、信息交换方式和网络操作系统等）实现网络中资源共享和信息传递的系统。简单而言，计算机网络就是一群通过一定形式连接起来的计算机。

衡量计算机网络性能的主要指标是网络带宽（bandwidth）。网络带宽有两个含义：一个是针对模拟信道，即通信线路的"通频带"，某个信号具有的频带宽度，单位是赫兹（Hz）；二是针对数字信道，即数字信道的"数据率"，也称比特率，指的是数字信道传送数字信号的速率，其单位是比特/秒（英文 bps 或 bit/s）。

在计算机网络中，常用的是针对数字信道的带宽指标，其带宽单位为：千比特每秒，即 kbps（1024 bps）；兆比特每秒，即 Mbps（1024 kbps）；吉比特每秒，即 Gbps（1024 Mbps）；太比特每秒，即 Tbps（1024 Gbps）。

（二）计算机网络的分类

1. 按网络的地理位置分类

计算机网络按其地理位置和分布范围分类可以分成局域网、广域网和城域网三类。

（1）局域网（local area network，LAN）。它是指由一个局部区域内的、近距离的计算机互联组成的网，通常采用有线方式连接，分布范围一般在几米到几千米之间（小于 10 千米）。例如，一座大楼内或相邻的几座楼之间互联的网、一个单位内部的联网等多为局域网。其特点有：

• 联网范围较小，一般距离在几百米到几千米，如公司、校园、厂区或一个建筑物等。

• 传输速率高。其传输速率有 10 Mbps、100 Mbps、1 000 Mbps 等。目前，数据传输速率高达 10 Gbps 的高速局域网正在发展之中。

• 支持传输介质种类多，通信处理一般由网卡完成。

• 传输质量好，误码率低。误码率低至 10^{-8}～10^{-11}。

• 有规则的拓扑结构。

(2) 广域网(wide area network, WAN)。它是指远距离的计算机互联组成的网,分布范围可达几千千米乃至上万千米,甚至跨越国界、洲界,遍及全球。其特点有:

• 适应大容量与突发性通信的要求。

• 适应综合业务服务的要求。

• 开放的设备接口与规范化的协议。

• 完善的通信服务与网络管理。

因特网(Internet)是一种典型的广域网。

(3) 城域网(metropolitan area network, MAN)它的规模主要局限在一个城市范围内,是一种介于广域网和局域网之间的网络,分布范围一般在十几千米到上百千米之间。MAN的传输媒介主要采用光缆,传输速率在100 Mbps以上。所有联网设备均通过专用连接装置与媒介相连接,只是媒质访问控制在实现方法上与LAN不同。

MAN的一个重要用途是用作骨干网,通过它将位于同一城市内不同地点的主机、数据库以及LAN等互相连接起来,这与WAN的作用有相似之处,但两者在实现方法与性能上有很大差别。MAN不仅用于计算机通信,同时可用于传输话音、图像等信息,成为一种综合利用的通信网,但属于计算机通信网的范畴。其特点有:

• 可扩展性强。速率可扩展至数10 Gbps,节点数目可远远超过传统SDH/SONET的16节点的极限。

• 业务多。支持下一代的各种业务,支持各种物理接口,支持以大量的、基于软件的QoS控制为基础的新业务生成,支持以强大的SLA(service level agreement,服务等级协议)监视能力为基础的计费和监控,支持基于IP协议的业务。

• 支持话音业务。传统话音业务仍然是重要的业务收入来源,因此下一代MAN还必须予以支持。

• 网管功能要求强大。网管必须提供全面的控制和监督工具,而且易于安装和操作,提供误配置保护。

• 安全性要求高。正常工作时间不少于99.999%,有备份软件,支持环形拓扑和光纤保护或恢复。

2. 按传输介质分类

计算机网络按其传输介质分类可以分成有线网和无线网两大类。

(1) 有线网。有线网又分两种:一是采用同轴电缆和双绞线连接的网络;二是采用光导纤维作传输介质的网络。后者又称为光纤网。

采用同轴电缆或双绞线连接的网络比较经济,安装方便,但传输距离相对较短,传输率和搞干扰能力一般;光纤网则传输距离长,传输率高(可达数千兆bps),且抗干扰能力强,安全性好,但价格较高,且需高水平的安装技术。

(2) 无线网。它是采用空气作传输介质、用电磁波作传输载体的网络。无线网包括无线局域网和无线广域网。

无线局域网(WLAN)与有线网络的用途十分类似;不同之处在于传输媒介使用了无线电技术取代网线。其特点是布点容易,传输速度比无线广域网快,可以和有线网络互为备份。

无线广域网需要依托通信器材，比如卫星接收器，或可上网手机等，这些东西通过专用的数据线接入电脑，由它们接收来自卫星或无线网络服务的信号。其特点是成本高、速度慢、通信费用昂贵，但可以在任何有信号的地方上网。

无线网络在抗干扰能力和安全性上还有待提高，但目前正在发展，前景看好。

二、计算机网络的结构与组成

（一）计算机网络的拓扑结构

网络中的计算机等设备要实现互联，就需要以一定的结构方式进行连接，这种连接方式就叫做“拓扑结构”，通俗地讲就是这些网络设备是互相连接在一起的。目前常见的网络拓扑结构主要有星型、环形、总线型、网状和混合型五类。

1. 星型拓扑

它是因网络中的各工作站节点设备通过一个网络集中设备（如集线器或交换机）连接在一起，各节点呈星状分布而得名。这种拓扑结构主要用于 IEEE 802.2、IEEE 802.3 标准的以太局域网中。其基本特点有：

（1）容易实现。星型网络采用最多的传输介质就是双绞线，如常见的五类线、超五类双绞线等，这种传输介质在市场上相当便宜。

（2）节点扩展、移动方便。节点扩展时只需要从集线器或交换机等集中设备中拉一条线即可。而要移动一个节点只需要把相应节点设备移到新节点即可。

（3）维护容易。一个节点出现故障不会影响其他节点的连接，可任意拆走故障节点，其数据的安全性和优先级易于控制，网络监控易实现。

（4）采用广播信息传送方式。任何一个节点发送信息在整个网中的节点都可以收到，这在网络方面存在一定的隐患，但这在局域网中使用影响不大。

（5）网络传输数据较快。目前最新的星型网络速度可达 1 000 Mbps 到 10 Gbps。

（6）中心站点出故障会引起整个网络瘫痪。

星型拓扑的适用场合有：局域网、广域网。

星型拓扑如图 2-1 所示。

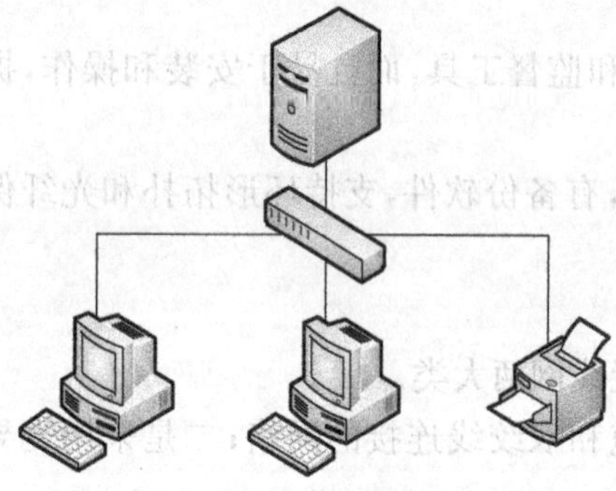

图 2-1 星型拓扑

2. 环形拓扑

网络结构中各设备是直接通过通信介质（光纤或电缆）来串接的，每一节点与它左右相邻的节点连接，最后形成一个闭环，整个网络发送的信息就是在这个环中传递。

环形网络的一个典型代表是令牌环局域网，它的传输速率为 4 Mbps 或 16 Mbps，这种网络结构最早由 IBM 推出，现在被其他厂家广泛采用。在令牌环网络中，拥有“令牌”的设备允许在网络中传输数据，这样可以保证在某一时间内网络中只有一台设备可以传送信息。在环形网络中信息流只能是单方向的，每个收到信息包的站点都向它的下游站点转发该信息包。信息包在环网中“旅行”一圈，最后由发送站进行回收。

环形拓扑结构的网络主要有以下几个特点：

（1）实时性较好，信息在网中传输的最大时间固定。

（2）每个节点只与相邻两个节点有物理链路。

(3) 传输控制机制比较简单。

(4) 某个节点的故障将导致物理瘫痪。

(5) 单个环网的节点数有限。

环形拓扑适用于局域网和实时性要求较高的环境。

环形拓扑如图 2-2 所示。

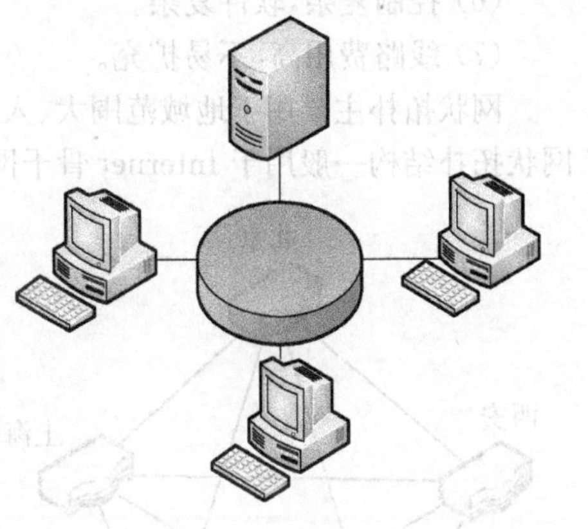

图 2-2 环形拓扑

3. 总线型拓扑

在这种网络拓扑结构中所有设备都直接与总线相连,它所采用的介质一般也是同轴电缆(包括粗缆和细缆),不过现在也有采用光缆作为总线型传输介质的,如后面我们将要讲的 ATM 网、Cable Modem 所采用的网络等都属于总线型网络结构。

这种结构具有以下几个方面的特点:

(1) 易于分布,成本低。总线型拓扑中不需要网络设备,成本较低,由于节点直接连接到总线上,电缆长度短,使用电缆少,安装容易,扩充方便。

(2) 故障诊断困难。各节点共享总线,任何一个节点出现故障都将引起整个网络无法正常工作。并且在检查故障时必须对每一个节点进行检测才能查出有问题的节点。

(3) 故障隔离困难。如果节点出现故障,则直接要将节点除去,如果出现传输介质故障,则整段总线要切断。

(4) 网络用户扩展较容易。需要扩展用户时只需要添加一个接线器即可,但所能连接的节点数量有限。

(5) 速度较慢。多台机器共用一条传输信道,信道利用率较高,由于各节点是共用总线带宽的,同一时刻只能由两台计算机通信,所以在传输速度上会随着接入网络的用户的增多而下降。

总线型拓扑结构适用于计算机数目相对较少、对实时性要求不高的局域网络。通常这种局域网络的传输速率在 10 Mbps 左右,网络连接选用同轴电缆。总线型拓扑结构曾流行了一段时间,目前已经很少使用。

总线型拓扑如图 2-3 所示。

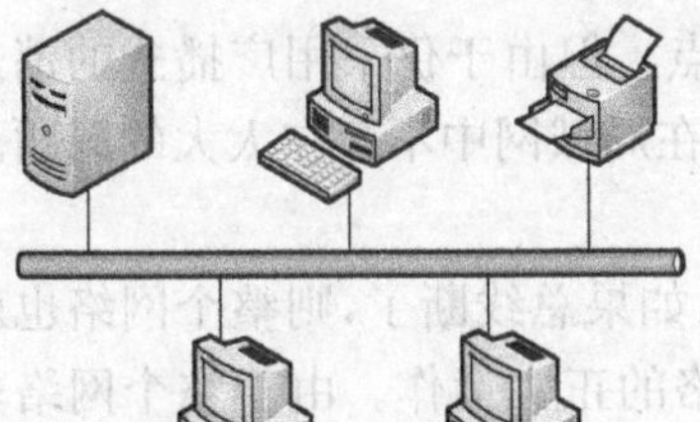

图 2-3 总线型拓扑

4. 网状拓扑

利用专门负责数据通信和传输的节点机构成的网状网络,入网设备直接接入节点机进行通信。网状网络通常利用冗余的设备和线路来提高网络的可靠性,因此,节点机可以根据当前的网络信息流量有选择地将数据发往不同的线路。其特点有:

(1) 网络可靠性高,一般通信子网中任意两个节点交换机之间,存在着两条或两条以上的通信路径,这样,当一条路径发生故障时,还可以通过另一条路径把信息送至节点交换机。

(2) 网络可组建成各种形状,采用多种通信信道,多种传输速率。

(3) 网内节点共享资源容易。

(4) 可改善线路的信息流量分配。

(5) 可选择最佳路径,传输延迟小。

(6) 控制复杂，软件复杂。

(7) 线路费用高，不易扩充。

网状拓扑主要用于地域范围大、入网主机多、机型多的环境，常用于构造广域网络。目前，网状拓扑结构一般用于 Internet 骨干网上，是用路由算法来计算发送数据的最佳路径。

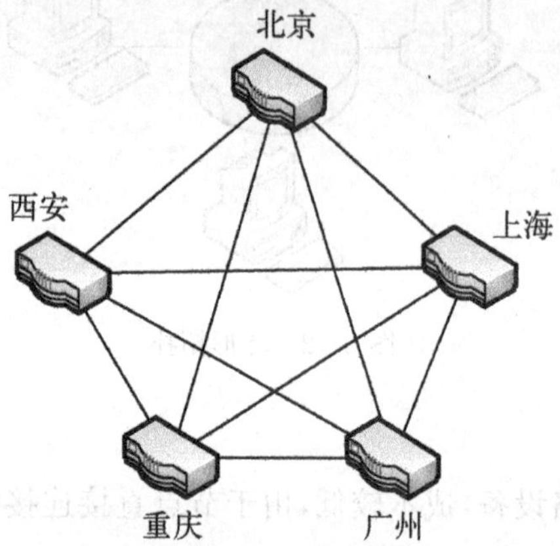
北京
西安
上海
重庆
广州
图 2 - 4　网状拓扑

网状拓扑如图 2 - 4 所示。

5. 混合型拓扑

这种网络拓扑结构是由前面所讲的星型结构和总线型结构的网络结合在一起的网络结构，这样的拓扑结构更能满足较大网络的拓展，解决星型网络在传输距离上的局限性，而同时又解决了总线型网络在连接用户数量上的限制。这种网络拓扑结构同时兼顾了星型网与总线型网络的优点，又使其缺点方面得到了一定的弥补。

混合型网络拓扑结构主要用于较大型的局域网中，如果一个单位有几栋楼在地理位置上分布较远(同一小区中)，如果单纯用星型网来组成整个公司的局域网，因受到星型网传输介质——双绞线的单段传输距离(100 米)的限制，很难成功；如果单纯采用总线型结构来布线则很难承受公司的计算机网络规模的需求。结合这两种拓扑结构，在同一栋楼我们采用双绞线的星型结构，在不同楼层我们采用同轴电缆的总线型结构，而在楼与楼之间我们也必须采用总线型。传输介质当然要视楼与楼之间的距离而定，如果距离较近(500 米以内)可以采用粗同轴电缆来做传输介质，如果在 180 米之内还可以采用细同轴电缆来做传输介质。但是如果超过500 米，我们只有采用光缆或者粗缆加中继器来满足了。这种布线方式就是我们常见的综合布线方式。这种拓扑结构主要有以下几个方面的特点：

(1) 应用相当广泛。这主要是因它解决了星型和总线型拓扑结构的不足，满足了大公司组网的实际需求。

(2) 扩展相当灵活。这主要是继承了星型拓扑结构的优点。但由于仍采用广播式的消息传送方式，所以在总线长度和节点数量上也会受到限制，不过在局域网中不存在太大的问题。

(3) 网络速率会随着用户的增多而下降。

(4) 较难维护。这主要受到总线型网络拓扑结构的制约，如果总线断了，则整个网络也就瘫痪了。但是如果是分支网段出了故障，则仍不影响整个网络的正常运作。由于整个网络非常复杂，维护起来不容易。

(5) 速度较快。其骨干网采用了高速同轴电缆或光缆，整个网络在速度受限制较少，因此速度比较快。

混合型拓扑如图 2 - 5 所示。

(二) 计算机网络的组成

计算机网络系统的组成可分为两个部分，即硬件系统和软件系统。

1. 硬件系统

硬件系统是计算机网络的基础。硬件系统由计算机、通信设备、连接设备及辅助设备组成。硬件系统中设备的组合形式决定了计算机网络的类型。下面介绍几种网络中常用的硬件设备。

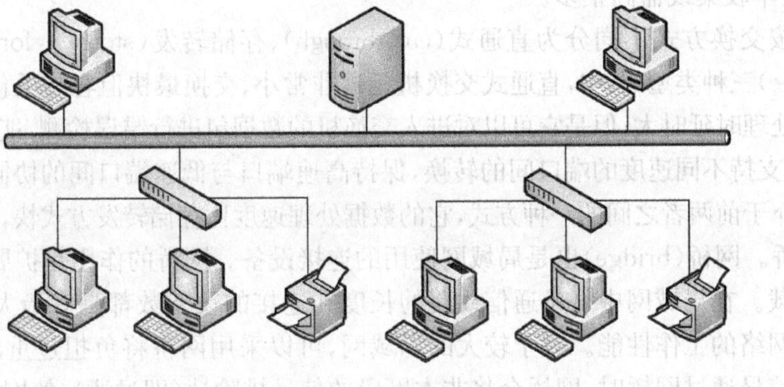

图 2-5　混合型拓扑

(1) 服务器。服务器是一台速度快、存储量大的计算机。它是网络系统的核心设备，负责网络资源管理和用户服务。服务器可分为文件服务器、远程访问服务器、数据库服务器、打印服务器等，是一台专用或多用途的计算机。在互联网中，服务器之间互通信息，相互提供服务，每台服务器的地位是同等的。服务器需要专门的技术人员对其进行管理和维护，以保证整个网络的正常运行。

(2) 工作站。工作站是具有独立处理能力的计算机。它是用户向服务器申请服务的终端设备。用户可以在工作站上处理日常工作，并随时向服务器索取各种信息及数据，请求服务器提供各种服务(如传输文件、打印文件等)。

(3) 网卡。网卡又称为网络适配器，它是计算机与计算机之间直接或间接传输介质互相通信的接口，它插在计算机的扩展槽中。一般情况下，无论是服务器还是工作站都应安装网卡。网卡的作用是将计算机与通信设施相连接，将计算机的数字信号转换成通信线路能够传送的电子信号或电磁信号。网卡是物理通信的瓶颈，它的好坏直接影响用户将来的软件使用效果和物理功能的发挥。目前，常用的有 10 Mbps、100 Mbps 和 10 Mbps/100 Mbps 自适应网卡。网卡的总线形式有 ISA 和 PCI 两种。

(4) 调制解调器。调制解调器(modem)是一种信号转换装置。它可以把计算机的数字信号"调制"成通信线路的模拟信号，将通信线路的模拟信号"解调"成计算机的数字信号。调制解调器的作用是将计算机与公用电话线相连接，使得现有网络系统以外的计算机用户，能够通过拨号的方式利用公用电话网访问计算机网络系统。这些计算机用户被称为计算机网络的增值用户。增值用户在计算机上可以不安装网卡，但必须配备一个调制解调器。

(5) 集线器。集线器(hub)是局域网中使用的连接设备。它具有多个端口，可连接多台计算机。在局域网中常以集线器为中心，用双绞线将所有分散的工作站与服务器连接在一起，形成星形拓扑结构的局域网系统。这样的网络连接，在网上的某个节点发生故障时，不会影响其他节点的正常工作。集线器的传输速率有 10 Mbps、100 Mbps 和 10 Mbps/100 Mbps 自适应三种。

由于集线器属于共享型设备，导致了在繁重的网络中效率十分低下，所以我们在现在的很多网络中看不到集线器的身影，取而代之的是交换机。

(6) 交换机。交换机(switch)是一种基于 MAC(网卡的硬件地址)识别、能完成封装转发数据包功能的网络设备。交换机可以"学习"MAC 地址，并把其存放在内部地址表中，通过在数据帧的始发者和目标接收者之间建立临时的交换路径，使数据帧直接由源地址到达目的地址，其交换效率较集线器高很多。

交换机按交换方式不同分为直通式(cut through)、存储转发(store & forward)、碎片隔离(fragment free)三种类型，其中，直通式交换机延迟非常小、交换最快但容易丢包；存储转发式交换机在数据处理时延时大，但是它可以对进入交换机的数据包进行错误检测，能有效地改善网络性能，并可以支持不同速度的端口间的转换，保持高速端口与低速端口间的协同工作；碎片隔离式交换机是介于前两者之间的一种方式，它的数据处理速度比存储转发方式快，但比直通式慢。

(7) 网桥。网桥(bridge)也是局域网使用的连接设备。网桥的作用是扩展网络的距离，减轻网络的负载。在局域网中每条通信线路的长度和连接的设备数都是有最大限度的，如果超载就会降低网络的工作性能。对于较大的局域网，可以采用网桥将负担过重的网络分成多个网络段。当信号通过网桥时，网桥会将非本网段的信号排除掉(即过滤)，使网络信号能够更有效地使用信道，从而达到减轻网络负担的目的。由网桥隔开的网络段仍属于同一局域网，网络地址相同，但分段地址不同。

(8) 路由器。路由器(router)是互联网中使用的连接设备。它可以将两个网络连接在一起，组成更大的网络。被连接的网络可以是局域网也可以是互联网，连接后的网络都可以称为互联网。路由器不仅有网桥的全部功能，还具有路径的选择功能。路由器可根据网络上信息拥挤的程度，自动地选择适当的线路，传递信息。

在互联网中，两台计算机之间传送数据的通路会有很多条，数据包(或分组)从一台计算机出发，中途要经过多个站点才能到达另一台计算机。这些中间站点通常是由路由器组成的。路由器的作用就是为数据包(或分组)选择一条合适的传送路径。用路由器隔开的网络属于不同的局域网地址。

2. 软件系统

计算机网络中的软件按其功能可以划分为数据通信软件、网络操作系统和网络应用软件。

(1) 数据通信软件。数据通信软件是指按着网络协议的要求，完成通信功能的软件，如Telnet客户端、FTP客户端、VPN客户端等。

(2) 网络操作系统。网络操作系统是指能够控制和管理网络资源的软件。网络操作系统的功能作用在两个级别上：在服务器机器上，为在服务器上的任务提供资源管理；在每个工作站机器上，向用户和应用软件提供一个网络环境的“窗口”。这样，向网络操作系统的用户和管理人员提供一个整体的系统控制能力。网络服务器操作系统要完成目录管理、文件管理、安全性、网络打印、存储管理、通信管理等主要服务。工作站的操作系统软件主要完成工作站任务的识别和与网络的连接。即首先判断应用程序提出的服务请求是使用本地资源还是使用网络资源。若使用网络资源则需完成与网络的连接。常用的网络操作系统有：Windows 2003/2000 Server、Unix系统和Linux系统等。

(3) 网络应用软件。网络应用软件是指网络能够为用户提供各种服务的软件，如浏览查询软件、传输软件、电子邮件系统、各类网站、基于网络环境的管理信息系统等。

三、计算机网络通信协议

协议的本质是电脑与电脑之间互相通信并交换信息，这种通信跟人与人之间信息交流一样必须具备一些条件。比如，您给一位美国朋友写信，首先必须使用一种对方也能看懂的语言，然后还得知道对方的通信地址，才能把信发出去。同样，电脑与电脑之间通信，首先也得使用一种双方都能接受的“语言”——通信协议，然后还需要知道电脑彼此的地址，通过协议和地址，电脑与电脑之间才能交流信息，这样形成网络。

在这些电脑之间要不断进行数据交换，要做到有条不紊地交换数据，就必须遵守一些事先约定好的规则，这些规则明确规定了所交换的数据的格式以及相关的同步问题。这些为进行网络数据交换而建立的规则、标准或约定称为通信协议。

由此可知，通信协议是网络上所有设备（网络服务器、计算机及交换机、路由器、防火墙等）之间通信规则的集合，它定义了通信时信息必须采用的格式和这些格式的意义。通信协议是计算机网络不可缺少的部分。在网络的各层中存在着许多协议，接收方和发送方同层的协议必须一致，否则一方将无法识别另一方发出的信息。可以说，通信协议使网络上各种设备能够相互交换信息。常见的协议有：TCP/IP 协议、IPX/SPX 协议、NetBEUI 协议等。在局域网中用得比较多的是 IPX/SPX。如果要访问 Internet，则必须在通信协议中添加 TCP/IP 协议。

（一）通信协议的种类和特点

目前常见的通信协议主要有：NetBEUI、IPX/SPX、NWLink、TCP/IP。在这几种协议中用得最多、最为复杂的当然还是 TCP/IP 协议，最为简单的是 NetBEUI 协议，它简单得不需要任何设置即可成功配置。

1. NetBEUI 协议

NetBEUI（NetBIOS Extended User Interface，用户扩展接口）由 IBM 于 1985 年开发完成。它是一种体积小、效率高、速度快的通信协议。NetBEUI 是专门为几台到百余台 PC 所组成的单网段部门级小型局域网而设计的，它不具有跨网段工作的能力，即 NetBEUI 不具备路由功能，也就是说它不具有“路由”功能，如果您在一服务器或工作站上安装了多个网卡作网桥时，将不能使用 NetBEUI 作为通信协议。

虽然 NetBEUI 存在许多不尽如人意的地方，但它也具有其他协议所不具备的优点。在各种通信协议中，NetBEUI 占用内存最少，在网络中基本不需要任何配置。它是微软公司最为喜爱的一种协议。在微软早期的操作系统如 DOS、Windows 3. x 和 Windows 95/98 中，该协议仍占十分重要的地位，它很适合于广大的网络初学者使用。

2. IPX/SPX 协议

IPX/SPX 协议的全称为：Internetwork Packet Exchange/Sequences Packet Exchange，网际包交换/顺序包交换。它是 NOVELL 公司为了适应网络的发展而开发的通信协议，它的体积比较大，但它在复杂环境下有很强的适应性，同时它也具有“路由”功能，能实现多网段间的跨段通信。当用户接入的是 NetWare 服务器时，IPX/SPX 及其兼容协议应是最好的选择。但如在 Windows 环境中，一般不用它。

IPX/SPX 的工作方式较简单，不需要任何配置，它可通过“网络地址”来识别自己的身份。在整个协议中，IPX 是 NetWare 最底层的协议，它只负责数据在网络中的移动，并不保证数据传输是否成功，而 SPX 在协议中负责对整个传输的数据进行无差错处理。在 NT 中提供了两个 IPX/SPX 的兼容协议：NWLink IPX/SPX 和 NWLink NetBIOS。两者统称为 NWLink 通信协议。它继承了 IPX/SPX 协议的优点，更适应了微软的操作系统和网络环境，当需要利用 Windows 系统进入 NetWare 服务器时，NWLink 通信协议是最好的选择。

3. TCP/IP 协议

TCP/IP 协议的全称是：Transmission Control Protocol/Internet Protocol，即传输控制协议/网际协议。它是目前最常用的一种协议（包括 Internet），也可算是网络通信协议的一种通信标准协议，同时它也是最复杂、最为庞大的一种协议。TCP/IP 协议最早用于 UNIX 系统中，现在是 Internet 的基础协议。

TCP/IP 通信协议具有灵活性，支持任意规模的网络，几乎可连接所有的服务器和工作站，正因为这样的灵活性也带来了它的复杂性。它需要针对不同网络进行不同设置，而且每个节点至少需要一个"IP 地址"、一个"子网掩码"、一个"默认网关"和一个"主机名"。但是在局域网中为了简化 TCP/IP 协议的设置，可以配置一个动态主机配置协议(DHCP)，它可客户端自动分配一个 IP 地址，避免设置冲突和出错。

TCP/IP 通信协议有"路由"功能，它的地址是分级的，不同于 IPX/SPX 协议，这样系统就很容易找到网上的用户，IPX/SPX 协议用的是一种广播协议，它经常会出现广播包堵塞，无法获得最佳网络带宽。

（二）通信协议选择的原则

1. 所选择的协议要与网络结构、功能一致

如果您的网络有网桥等类似路由设备，则必须选择具有路由功能的协议，如 IPX/SPX、TCP/IP 等，不要选择 NetBEUI 作为通信协议。如果网络内没有路由选择功能，只是单一的网段，而且设备和操作系统都比较陈旧的话，则可以考虑使用 NetBEUI 通信协议。

2. 尽量选用一种协议

同一个网络内最好只选择一种通信协议，因为每一种协议都要占用系统的内存资源，影响系统工作效率。在绝大多数情况下，一种协议就完全可以满足联网需求。

3. 保持协议的一致性

当您的网络要与其他网络进行通信时，要注意的是两个网络在协议的选择方面尽量一致，因为如果不一致，会导致在通信时互不相认。一般现在的通信协议标准中 TCP/IP 协议为绝大多数协议所接纳、兼容，因此，安装 TCP/IP 协议一般是不会有这种不相认的现象出现的。

第二节 Internet 技术

1950 年，美国军方在其北部与加拿大境内建立了一个地面防空系统，称为赛其(SAGE)系统，这是人类历史上第一次将计算机与通信设备联系起来，它是计算机网络的雏形。但是严格地说，该系统还不能算是真正的计算机网络，它只能称为联机系统。

到了 20 世纪 60 年代，美国国防部高级研究计划局出资着手于计算机网络的研究，直到 1969 年 12 月建立了四个站点，在这四个站点上由不同厂家生产的四种不同的机器、不同的操作系统、不同的文件格式、不同的终端在一起进行协作与资源共享。这就是世界上第一个计算机网络，称为阿帕网(ARPAnet)。

以后，ARPA 网络不断改进，并逐步投入正常的运行服务，直到 1989 年，正式更名为现今的 Internet。

Internet 是一个由各种不同类型和规模的、独立运行和管理的计算机网络按照一定的通讯协议组成的世界范围的巨大计算机网络——全球性计算机网络，中文译为互联网或因特网。组成 Internet 的计算机网络包括小规模的局域网(LAN)、城市规模的区域网(MAN)以及大规模的广域网(WAN)等。这些网络通过普通电话线、高速率专用线路、卫星、微波和光缆等线路把不同国家的大学、公司、科研部门以及军事和政府等组织的网络连接起来。

一、Internet 的特点和主要功能

从网络的组织形式看，Internet 具有以下几个主要特点：

(1) 在这个互联网络中，一些超级的服务器通过高速的主干网络(光缆、微波或卫星)相连，而一些较小规模网络则通过众多的子干线与这些超级服务器连接。

(2) Internet 没有控制中心，连接因特网的各子网络都是以自愿的原则连接起来的，并通过彼此合作来运作。网络上的每一个使用者都是完全平等的，没有地域的限制和计算机型号的差别。

(3) 在 Internet 上，信息交流是通过一个公共的通信协议来完成的。该协议使得因特上不同的计算机可以毫无障碍地进行交流。

(4) 接入因特网的任何一台计算机必须有一个确定的地址，而且地址不允许重复，以保证信息能准确传递。

Internet 的主要功能可分为以下几类：电子邮件、远程登录、文件传输、客户机服务器连接、网络电话、网络传真和网络可视会议等。目前以前四种应用最为普遍。前四种当中，又以电子邮件和客户机服务器连接中的 WWW 浏览最为普遍。

从 Internet 处理信息的功能来看，可以分为三种形式：一是获取信息(查阅、浏览、下载)；二是展示信息；三是交互信息。

二、Internet 地址和域名系统

Internet 是由许多小的网络构成的国际性大网络，在各个小网络内部使用不同的协议，正如不同的国家使用不同的语言，要使它们之间能进行信息交流，就必须要为网络制定统一的语言标准。在 Internet 网中，标准的通信协议是 TCP/IP 协议(传输控制协议和/网际协议)。如图 2-6 所示，无论采取什么协议的网络，在转到 Internet 网络时，都要采用 TCP/IP 通信协议，从而保证了因特网上各计算机之间的信息交换畅通无阻。

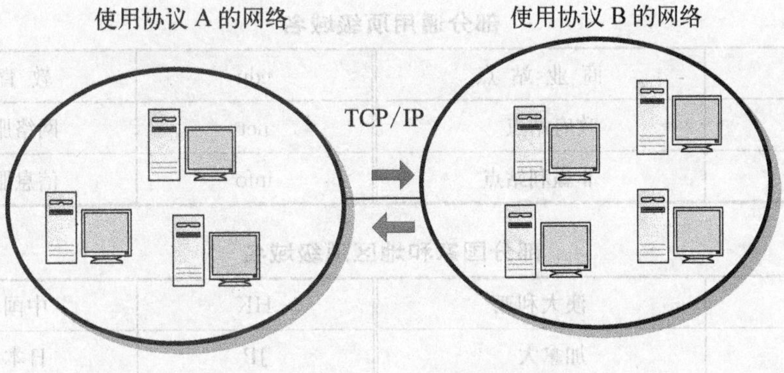
使用协议 A 的网络
使用协议 B 的网络
TCP/IP

图 2-6 Internet 通信工作过程

(一) Internet 地址

为了确保信息在 Internet 上准确地传输，连接到 Internet 上的每一台计算机必须拥有一个唯一的地址，作为 Internet 上每一台计算机的空间定位，这个地址被称为 Internet 地址。Internet 地址的表示形式可以分为两种：数字地址(IP 地址)和文字地址(域名地址)。

1. IP 地址

IP 地址(数字地址)：IP 地址是一个 32 位(bit)的二进制数，每八位为一组，写成由实心圆点“.”隔开的四个十进制数，每个数的取值范围为 0～255。例如，202.108.42.72 是网易

(www. 163. com)的 IP 地址，广西经贸职业技术学院 Web 服务器地址为 219.159.68.15。

IP 地址通常分为网络地址和主机地址两部分。网络地址标识主机所在的网络，主机地址标识网络中的一台主机。

2. 域名

由于 IP 地址过于单调与难记，人们采用域名(domain name)即用一个字符名称，来表示计算机的地址。由此可见，域名仅仅是为了人们便于记忆和使用。事实上，计算机只接受 IP 地址，所以域名必须转换成该计算机所对应的 IP 地址，转换工作就由域名服务器(DNS)来完成。在 Internet 上有许多负责地址转换工作的域名服务器，使用者只要指定其中的一个就可以放心地使用域名了。值得一提的是，虽然每一个域名对应一个 IP 地址，但并不是每一个 IP 地址都有一个域名与之对应。

域名采用层次结构，每一层构成一个子域名，子域名之间由实心圆点“.”隔开，并且从右往左逐步具体化。域名的表示形式为：

主机名.高层域名

例如：www. nn. gx. cn(南宁互联星空)，www. gxjmzy. com(广西经贸职业技术学院)

最后一个“.”的右边部分称为顶级域名(TLD，也称为一级域名)，最后一个“.”的左边部分称为二级域名(SLD)，二级域名的左边部分称为三级域名。以此类推，每一级的域名控制它下一级域名的分配。

根据 Internet 国际特别委员会的规定，顶级域名是由美国 DDNNIC 组织进行登记，规定对于美国以外的国家和地区分别用国别或地区名简称来区分，如：中国 CN、澳大利亚 AU、俄罗斯 RU、日本 JP。常见的顶级域名如表 2-1 所示。

表 2-1

部分通用顶级域名

com	商业站点	edu	教育站点
gov	政府站点	net	网络服务机构
org	非赢利站点	info	信息服务

部分国家和地区顶级域名

AU	澳大利亚	HK	中国香港
CA	加拿大	JP	日本
CN	中国	RU	俄罗斯联邦
DE	德国	UK	英国
FR	法国	KR	韩国

一个机构、单位或个人想在因特网上有自己的域名，需要到专门的经过授权的注册中心进行申请注册。

(二) 统一资源定位器

统一资源定位器又叫 URL(uniform resource locator)，是专为标识 Internet 网上资源位

置而设的一种编址方式，我们平时所说的网页地址指的即是URL。它一般由三部分组成：传输协议：//主机IP地址或域名地址/资源所在路径和文件名，如某校新闻网页的URL为：http://www.gxjmzy.com/news/080420.htm，这里http指超文本传输协议，www.gxjmzy.com是其Web服务器域名地址，news/是网页所在路径，080420.htm才是相应的网页文件。

标识Internet网上资源位置的三种方式如下：

(1) IP地址：219.159.68.15。

(2) 域名地址：www.gxjmzy.com。

(3) URL：http://www.gxjmzy.com/news/080420.htm。

URL可以定位和标识的服务或文件有：

(1) http：文件在Web服务器上。

(2) file：文件在您自己的局部系统或匿名服务器上。

(3) ftp：文件在FTP服务器上。

(4) gopher：文件在gopher服务器上。

(5) wais：文件在wais服务器上。

(6) news：文件在Usenet服务器上。

(7) telnet：连接到一个支持telnet远程登录的服务器上。

三、Internet的接入方式

接入Internet网，首先要涉及一个带宽问题。随着互联网技术的不断发展和完善，接入Internet网的带宽被人们分为窄带和宽带。业内专家普遍认为宽带接入是未来发展方向。

宽带运营商网络结构如图2-7所示。整个城市网络由核心层、汇聚层、边缘汇聚层、接入层组成。社区端到末端用户接入部分就是通常所说的最后一千米，它在整个网络中所处位置如图2-7所示。

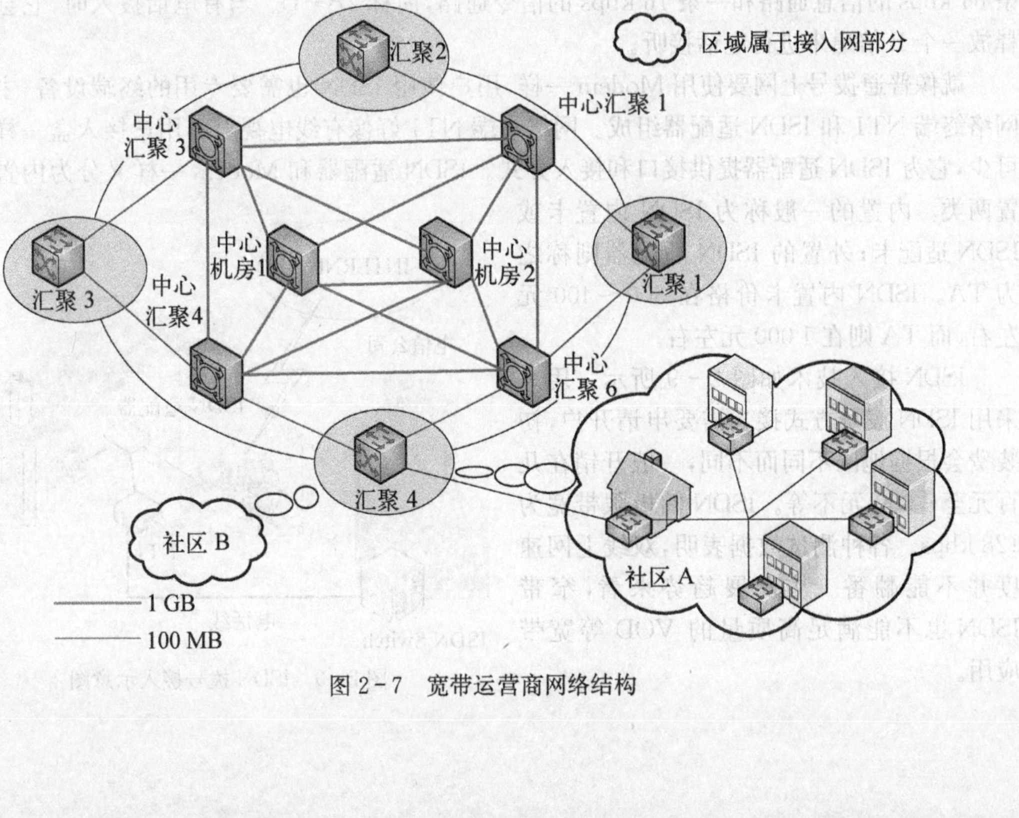
汇聚2
区域属于接入网部分
中心汇聚1
中心汇聚3
中心机房1
中心机房2
汇聚3
汇聚1
中心汇聚4
中心汇聚6
汇聚4
社区B
社区A
1 GB
100 MB

图2-7 宽带运营商网络结构

在接入网中，目前可供选择的接入方式主要有 PSTN、ISDN、DDN、ADSL、VDSL、Cable-Modem、PON 和 LMDS、LAN 等九种，它们各有各的优缺点。

（一）PSTN 拨号接入

PSTN(published switched telephone network，公用电话交换网)技术是利用 PSTN 通过调制解调器拨号实现用户接入的方式。这种接入方式是大家非常熟悉的一种接入方式，目前最高的速率为 56 kbps，已经达到仙农定理确定的信道容量极限，这种速率远远不能够满足宽带多媒体信息的传输需求；但由于电话网非常普及，用户终端设备 Modem 很便宜，大约在 100～500 元之间，而且不用申请就可开户，只要家里有电脑，把电话线接入 Modem 就可以直接上网。因此，对于不常上网的场合，PSTN 拨号接入方式比较经济。

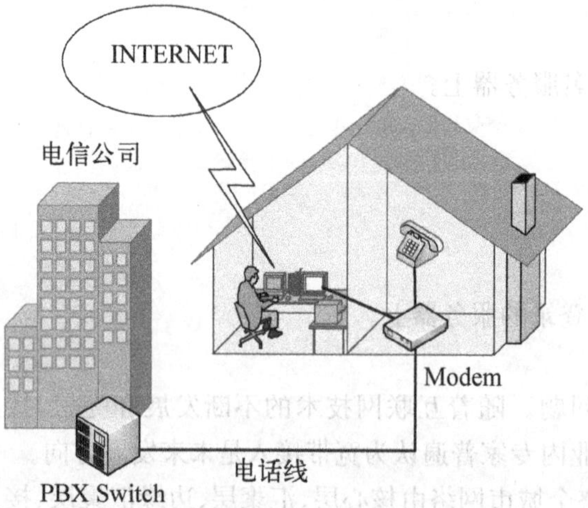
INTERNET
电信公司
Modem
电话线
PBX Switch
图 2－8　PSTN 接入方式示意图

PSTN 接入方式如图 2－8 所示。随着宽带的发展和普及，这种接入方式将被淘汰。

（二）ISDN 拨号接入

ISDN（integrated service digital network，综合业务数字网）接入技术俗称“一线通”，它采用数字传输和数字交换技术，将电话、传真、数据、图像等多种业务综合在一个统一的数字网络中进行传输和处理。用户利用一条 ISDN 用户线路，可以在上网的同时拨打电话、收发传真，就像两条电话线一样。ISDN 基本速率接口有两条 64 kbps 的信息通路和一条 16 kbps 的信令通路，简称 2B＋D。当有电话拨入时，它会自动释放一个 B 信道来进行电话接听。

就像普通拨号上网要使用 Modem 一样，用户使用 ISDN 也需要专用的终端设备，主要由网络终端 NT1 和 ISDN 适配器组成。网络终端 NT1 好像有线电视上的用户接入盒一样必不可少，它为 ISDN 适配器提供接口和接入方式。ISDN 适配器和 Modem 一样又分为内置和外置两类。内置的一般称为 ISDN 内置卡或 ISDN 适配卡；外置的 ISDN 适配器则称之为 TA。ISDN 内置卡价格在 300～400 元左右，而 TA 则在 1 000 元左右。

ISDN 接入技术如图 2－9 所示。用户采用 ISDN 拨号方式接入需要申请开户，初装费会根据地区不同而不同，一般开销在几百元至 1 000 元不等。ISDN 的极限带宽为 128 kbps。各种测试数据表明，双线上网速度并不能翻番。从发展趋势来看，窄带 ISDN 也不能满足高质量的 VOD 等宽带应用。

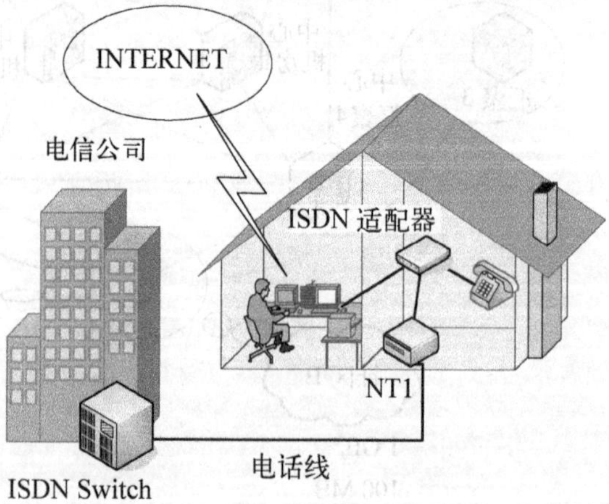
INTERNET
电信公司
ISDN 适配器
NT1
电话线
ISDN Switch
图 2－9　ISDN 拨号接入示意图

（三）DDN专线

DDN是英文 digital data network 的缩写，这是随着数据通信业务发展而迅速发展起来的一种新型网络。DDN的主干网传输媒介有光纤、数字微波、卫星信道等，用户端多使用普通电缆和双绞线。DDN将数字通信技术、计算机技术、光纤通信技术以及数字交叉连接技术有机地结合在一起，提供了高速度、高质量的通信环境，可以向用户提供点对点、点对多点透明传输的数据专线出租电路，为用户传输数据、图像、声音等信息。DDN的通信速率可根据用户需要在N×64 kbps(N=1～32)之间进行选择，当然速度越快租用费用也越高。

用户租用DDN业务需要申请开户。DDN的收费一般可以采用包月制和计流量制，这与一般用户拨号上网的按时计费方式不同。DDN的租用费较贵，普通个人用户负担不起。DDN主要面向集团公司等需要综合运用的单位。DDN按照不同的速率带宽收费也不同。例如，在中国电信申请一条128 kbps的区内DDN专线，月租费大约为1 000元。因此它不适合社区住户的接入，只对社区商业用户有吸引力。

（四）ADSL接入

ADSL(asymmetrical digital subscriber line，非对称数字用户环路)是一种能够通过普通电话线提供宽带数据业务的技术，也是目前极具发展前景的一种接入技术。ADSL素有"网络快车"之美誉，因其下行速率高、频带宽、性能优、安装方便、不需交纳电话费等特点而深受广大用户喜爱，成为继Modem、ISDN之后的又一种全新的高效接入方式。

ADSL接入技术如图2-10所示。ADSL方案的最大特点是不需要改造信号传输线路，完全可以利用普通铜质电话线作为传输介质，配上专用的Modem即可实现数据高速传输。ADSL支持上行速率640 k～1 Mbps，下行速率1～8 Mbps，其有效的传输距离在3千～5千米范围以内。在ADSL接入方案中，每个用户都有单独的一条线路与ADSL局端相连，它的结构可以看作是星型结构。数据传输带宽是由每一个用户独享的。

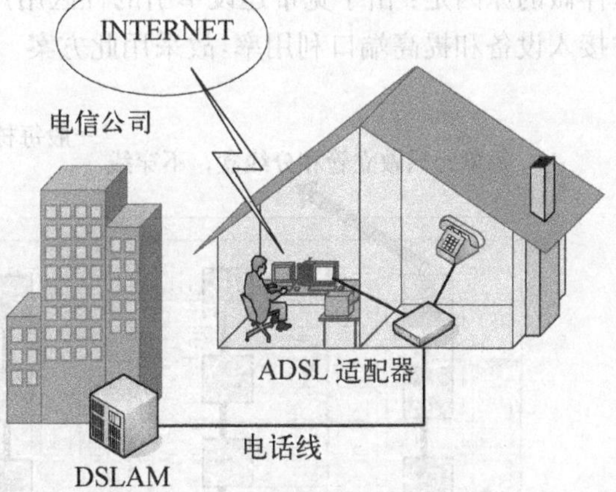
INTERNET
电信公司
ADSL适配器
电话线
DSLAM
图2-10　ADSL接入示意图

（五）VDSL接入

VDSL比ADSL还要快。使用VDSL，短距离内的最大下传速率可达55 Mbps，上传速率可达2.3 Mbps(将来可达19.2 Mbps，甚至更高)。VDSL使用的介质是一对铜线，有效传输距离可超过1 000米。但VDSL技术仍处于发展初期，长距离应用仍需测试，端点设备的普及也需要时间。

目前有一种基于以太网方式的VDSL，接入技术使用QAM调制方式，它的传输介质也是一对铜线，在1.5千米的范围之内能够达到双向对称的10 Mbps传输，即达到以太网的速率。如果这种技术用于宽带运营商社区的接入，可以大大降低成本。基于以太网的VDSL接入方式见图2-11，方案是在机房端增加VDSL交换机，在用户端放置用户端CPE，两者之间通过

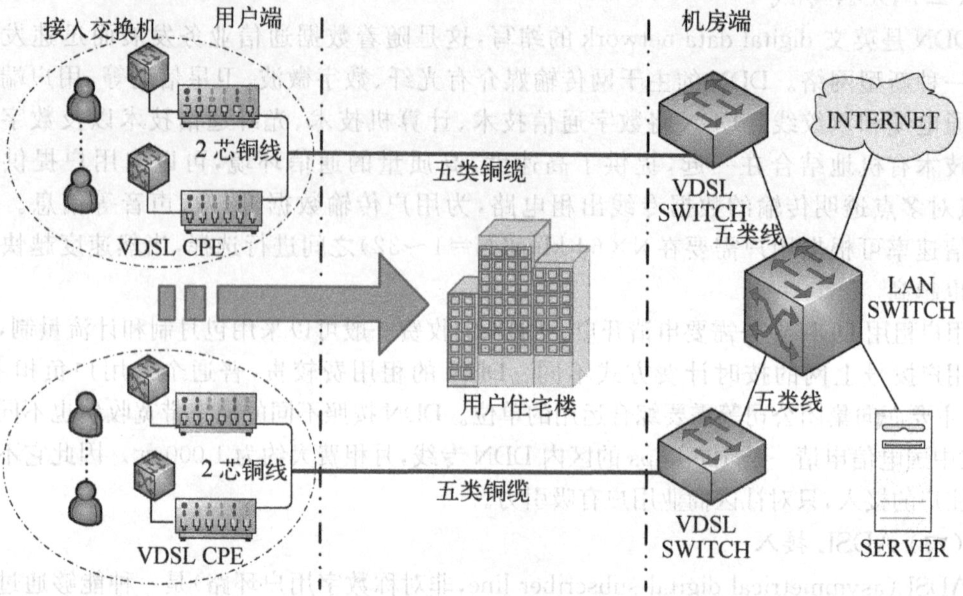
接入交换机
用户端
机房端
2 芯铜线
五类铜缆
INTERNET
VDSL SWITCH
五类线
VDSL CPE
LAN SWITCH
用户住宅楼
五类线
2 芯铜线
五类铜缆
VDSL SWITCH
SERVER
VDSL CPE

图 2-11 基于以太网的 VDSL

室外五类线连接，每栋楼只放置一个 CPE，而室内部分采用如图 2-12 所示的综合布线方案。这样做的原因是：由于宽带建设牵引的社区用户上网率较低，一般在 5%～10%左右。为了节省接入设备和提高端口利用率，故采用此方案。

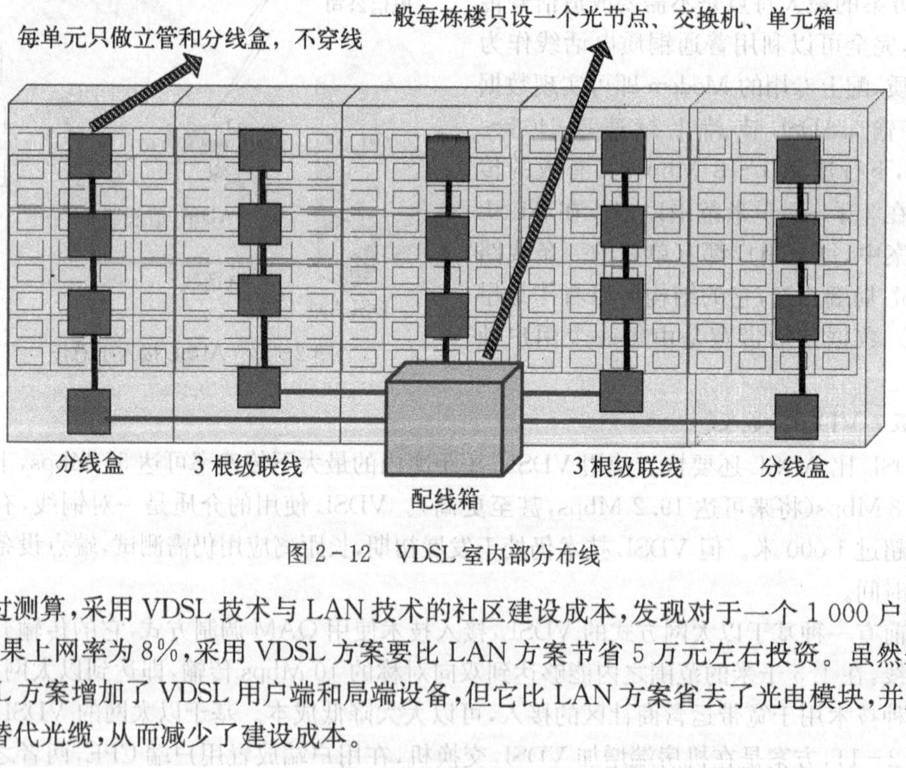
一般每栋楼只设一个光节点、交换机、单元箱
每单元只做立管和分线盒，不穿线
分线盒
3 根级联线
配线箱
3 根级联线
分线盒

图 2-12 VDSL 室内部分布线

经过测算，采用 VDSL 技术与 LAN 技术的社区建设成本，发现对于一个 1 000 户的社区而言，如果上网率为 8%，采用 VDSL 方案要比 LAN 方案节省 5 万元左右投资。虽然表面上看 VDSL 方案增加了 VDSL 用户端和局端设备，但它比 LAN 方案省去了光电模块，并用室外双绞线替代光缆，从而减少了建设成本。

（六）Cable-Modem 接入

Cable-Modem(线缆调制解调器)是近两年开始试用的一种超高速 Modem，它利用现成的有线电视(CATV)网进行数据传输，已是比较成熟的一种技术。随着有线电视网的发展壮大和人们生活质量的不断提高，通过 Cable Modem 利用有线电视网访问 Internet 已成为越来越受业界关注的一种高速接入方式。

由于有线电视网采用的是模拟传输协议，因此网络需要用一个 Modem 来协助完成数字数据的转化。Cable-Modem 与以往的 Modem 在原理上都是将数据进行调制后在 Cable(电缆)的一个频率范围内传输，接收时进行解调，传输机理与普通 Modem 相同，不同之处在于它是通过有线电视 CATV 的某个传输频带进行调制解调的。

Cable Modem 连接方式可分为两种：对称速率型和非对称速率型。前者的 Data Upload(数据上传)速率和 Data Download(数据下载)速率相同，都在 500 kbps～2 Mbps之间；后者的数据上传速率在 500 kbps～10 Mbps 之间，数据下载速率为 2 M～40 Mbps。

采用 Cable-Modem 上网的缺点是由于 Cable Modem 模式采用的是相对落后的总线型网络结构，这就意味着网络用户共同分享有限带宽；另外，购买 Cable-Modem 和初装费也都不算很便宜，这些都阻碍了 Cable-Modem 接入方式在国内的普及。但是，它的市场潜力是很大的，毕竟中国 CATV 网已成为世界第一大有线电视网，其用户已达到 8 000 多万。

另外，Cable-Modem 技术主要是在广电部门原有线电视线路上进行改造时采用。

（七）PON 接入

PON(无源光网络)技术是一种点对多点的光纤传输和接入技术，下行采用广播方式，上行采用时分多址方式，可以灵活地组成树型、星型、总线型等拓扑结构，在光分支点不需要节点设备，只需要安装一个简单的光分支器即可，具有节省光缆资源、带宽资源共享、节省机房投资、设备安全性高、建网速度快、综合建网成本低等优点。

PON 包括 ATM-PON(APON，基于 ATM 的无源光网络)和 Ethernet-PON(EPON，基于以太网的无源光网络)两种。APON 技术发展得比较早，它还具有综合业务接入、QoS 服务质量保证等独有的特点。ITU-T 的 G. 983 建议规范了 ATM-PON 的网络结构、基本组成和物理层接口，我国信息产业部也已制定了完善的 APON 技术标准。

PON 接入设备主要由 OLT、ONT、ONU 组成，由无源光分路器件将 OLT 的光信号分到树形网络的各个 ONU。一个 OLT 可接 32 个 ONT 或 ONU，一个 ONT 可接 8 个用户，而 ONU 可接 32 个用户，因此，一个 OLT 最大可负载 1 024 个用户。PON 技术的传输介质采用单芯光纤，局端到用户端最大距离为 20 千米，接入系统总的传输容量为上行和下行各155 Mbps，每个用户使用的带宽可以从 64 kbps 到 155 Mbps 灵活划分，一个 OLT 上所接的用户共享 155 Mbps 带宽。例如，富士通 EPON 产品 OLT 设备有 A550，ONT 设备有 A501、A550，最大有 12 个 PON 口，每个 PON 中下行至每个 A501 是 100 M 带宽；而每个 PON 口上所接的 A501 上行带宽是共享的。PON 接入技术如图 2 - 13 所示。

经过测算，采用 EPON 技术与 LAN 技术的社区成本投入，发现对于一个拥有 1 000 户的社区，如果上网率为 8%，采用 EPON 方案相比 LAN 方案(室内布线进行了优化)在成本上没有优势，但在以后的维护上会节省维护费用。而室内布线采用优化和没有采用优化的两种

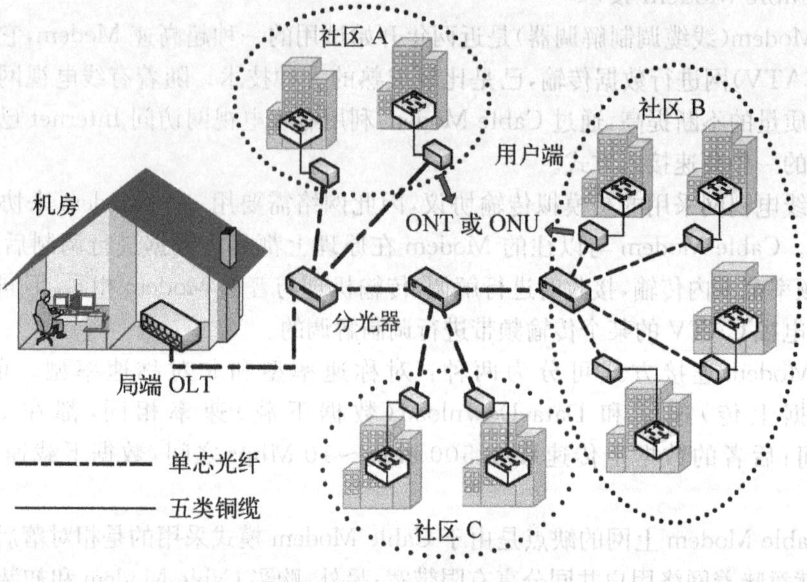
社区 A
社区 B
用户端
机房
ONT 或 ONU
分光器
局端 OLT
单芯光纤
五类铜缆
社区 C

图 2-13　无源光网络接入

LAN 方案在建设成本上差距较大。出现这种差距的原因是：优化方案节省了室内布线的材料，相对施工费也降低了。另外，由于采用集中管理方式，交换机的端口利用率大大增加，从而减少了楼道交换机的数量，相应也就降低了在设备上的投资。

（八）LMDS 接入

这是目前可用于社区宽带接入的一种无线接入技术，如图 2-14 所示。

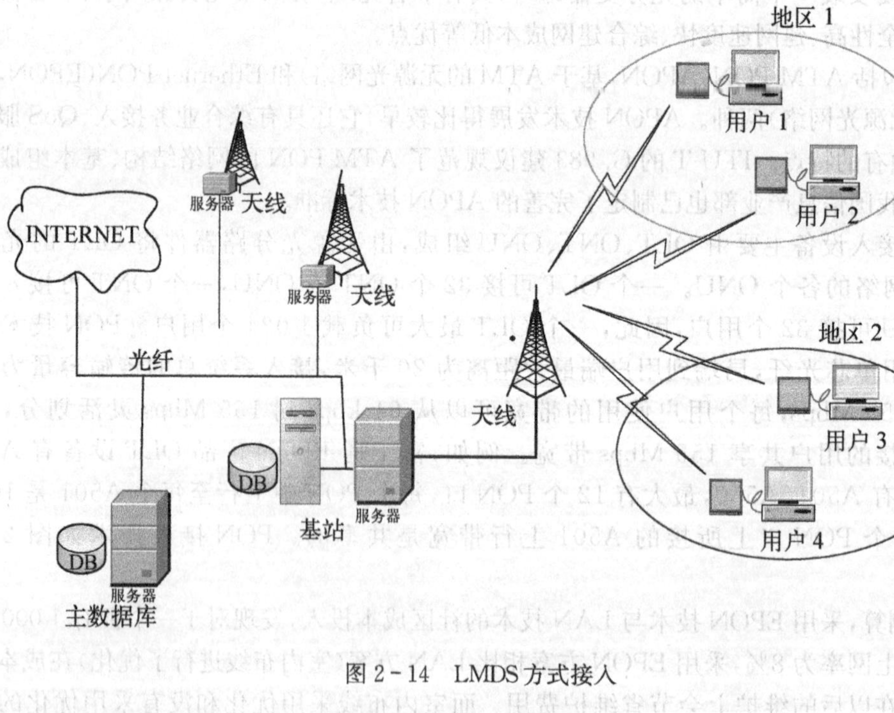
地区 1
用户 1
用户 2
服务器
天线
INTERNET
服务器
天线
光纤
地区 2
天线
用户 3
DB
基站
服务器
用户 4
DB
服务器
主数据库

图 2-14　LMDS 方式接入

在该方式接入中，一个基站可以覆盖直径 20 千米的区域，每个基站可以负载 2.4 万用户，每个终端用户的带宽可达到 25 Mbps。但是，它的带宽总容量为 600 Mbps，每基站下的用户共享带宽，因此一个基站如果负载用户较多，那么每个用户所分到带宽就很小了。故这种技术对于社区用户的接入是不合适的，但它的用户端设备可以捆绑在一起，可用于宽带运营商的城域网互联。其具体做法是：在汇聚点机房建一个基站，而汇聚机房周边的社区机房可作为基站的用户端，社区机房如果捆绑四个用户端，汇聚机房与社区机房的带宽就可以达到100 Mbps。

采用这种方案的好处是可以使已建好的宽带社区迅速开通运营，缩短建设周期。

（九）LAN 方式接入

LAN 方式接入是利用以太网技术，采用光缆＋双绞线的方式对社区进行综合布线。具体实施方案是：从社区机房铺设光缆至住户单元楼，楼内布线采用五类双绞线敷设至用户家里。双绞线总长度一般不超过 100 米，用户家里的电脑通过五类跳线接入墙上的五类模块就可以实现上网。社区机房的出口是通过光缆或其他介质接入城域网。LAN 方式接入如图 2－15 所示。

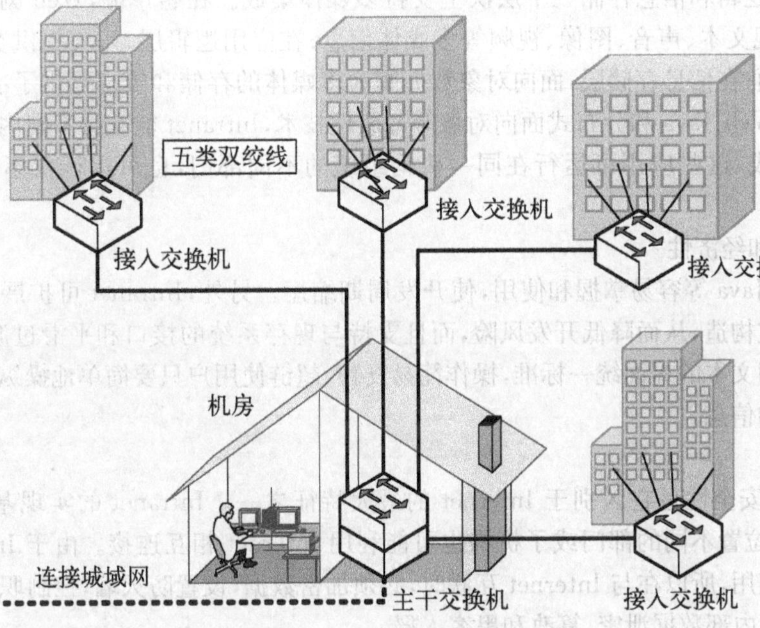
五类双绞线
接入交换机
接入交换机
接入交换机
机房
连接城域网
主干交换机
接入交换机

图 2－15　LAN 方式接入

采用 LAN 方式接入可以充分利用小区局域网的资源优势，为居民提供 10 M 以上的共享带宽，这比现在拨号上网速度快 180 多倍，还可根据用户的需求升级到 100 M 以上。

四、Intranet 技术

（一）Intranet 的定义

Intranet 又称为企业内部网，是 Internet 技术在企业内部的应用。它实际上是采用 Internet 技术建立的企业内部网络，它的核心技术是基于 Web 的计算。Intranet 的基本思想是：在内部网络上采用 TCP/IP 作为通信协议，利用 Internet 的 Web 模型作为标准信息平台，同时建立防火墙把内部网和 Internet 分开。当然 Intranet 并非一定要和 Internet 连接在一起,它完全可以自成一体作为一个独立的网络。

Intranet 的特点主要有以下几方面。

1. 开放性和可扩展性

由于采用了 Internet 的 TCP/IP、FTP、HTML、Java 等一系列标准,Intranet 具有良好的开放性,可以支持不同计算机、不同操作系统、不同数据库、不同网络的互联。在这些相异的平台上,各类应用可以相互移植、相互操作,使它们有机地集成为一个整体。在此基础上,应用的规模也可增量式扩展,先从关键的小的应用着手,在小范围内实施,取得效益和经验后再加以推广和扩展。Intranet 的开放性和可扩展性使之成为构筑机构组织级信息公路的主流。对内方面,Intranet 可将机构内部各自封闭的局域网信息孤岛联成一体,实现机构组织级的信息交流、资源共享和业务运作;对外方面,可方便地接入 Internet,使 Intranet 成为全球信息网的成员,实现世界级信息交流和电子商务。

2. 通用性

Intranet 的通用性表现在它的多媒体集成和多应用集成两个方面。在 Intranet 上,用户可以利用图、文、声、像等各类信息,实现机构组织所需的各种业务管理和信息交流。Intranet 从客户端、应用逻辑和信息存储三个层次上支持多媒体集成。在客户端,Web 浏览器允许在一个程序里展现文本、声音、图像、视频等多媒体信息;在应用逻辑层,Java 提供交互的、三维的虚拟现实界面;在信息存储层,面向对象数据库为多媒体的存储和管理提供了有效的手段。利用 TCP/IP、Web、Java 和分布式面向对象等开放性技术,Intranet 能支持不同内容应用在不同平台上的集成,这些应用可运行在同一机构组织的不同部门,也可运行在不同机构组织之间。

3. 简易性和经济性

HTML 和 Java 等容易掌握和使用,使开发周期缩短。另外,Intranet 可扩展性不仅支持新系统的增量式构造,从而降低开发风险,而且支持与现存系统的接口和平滑过渡,可充分利用已有资源。超文本的界面统一标准,操作简易友善,超链使用户只要简单地操纵鼠标就可浏览和存取所需的信息。

4. 安全性

Intranet 的安全性是它区别于 Internet 的最大特征之一。Intranet 的实现基于 Internet 技术,两个地理位置不同的部门或子机构也可能利用 Internet 相互连接。由于 Intranet 通常主要限于内部使用,所以在与 Internet 互联时,必须加密数据,设置防火墙,控制职员随意接入 Internet,以防止内部数据泄密、篡改和黑客入侵。

(二) Internet 与 Intranet 的比较

Internet 与 Intranet 既有联系又有区别,Internet 被称为国际互联网,简单地说,也就是把全球的电脑信息通过网络连起来,是一个跨越全球的"网络的网络";而 Intranet 是公司内部的信息网,它通过"防火墙"与 Internet 连接并进行安全性分隔。

"防火墙"是只用软件和硬件的方式将两个计算机网络分隔开来的一种"屏障"。只有合法用户才可跨越"防火墙"访问,而非法用户则被"防火墙"拒之门外。这就是 Intranet 靠"防火墙"与 Internet 分隔开来的实际意义。

Internet 与 Intranet 的联系主要表示在 Intranet 继承和发展了 Internet 的许多先进技术,并且 Intranet 与 Internet 进行连接可以交换信息,用户可通过 Intranet 充分享用 Internet 的信息资源。

Intranet 与 Internet 的区别在于以下三点:

(1) Internet 是公众网,任何人都可以访问整个网络信息;而 Intranet 是内部网,未授权的用户无法访问其中的信息。

(2) Internet 十分庞大,管理复杂,运行效率难保障;而 Intranet 相对来说规模小,管理严格,运行性能高。

(3) Internet 的信息主要是公众性的,如广告,新闻,免费软件等。它是一种交流公众信息的手段;而 Intranet 的信息是公司内部的不对外公布,如公司人事、技术、财务、信息等。

(三) Intranet 存在的问题

虽然 Intranet 具有传统 MIS 系统和 LAN 无可比拟的优点,但由于 Intranet 的发展仍处于初级阶段,不少方面尚未成熟,其存在的问题主要表现在以下几个方面:

(1) 规划不足的问题。由于 Intranet 的简易性和经济性,诱使各类机构和企业在无缜密规划的情况下纷纷仓促上马,以致造成失控状态。为避免混乱,Intranet 实施前应该根据本机构的特点和现状进行统一规划,并制定相应的详细实施步骤。

(2) 安全风险问题。只要有接入 Internet 的可能,Intranet 的风险总是存在的。但是,如果能谨慎地设计安全系统,并充分利用如防火墙、公有密钥和私有密钥等成熟的安全性技术,风险是可以大大降低的。

(3) 信息管理的重视问题。Intranet 的优点之一是其信息可以让机构内的所有成员共事,但由此也引发了越权访问、信息泄漏及垃圾数据上网的问题。为此,必须加强对信息管理的重视。

(4) 开发方法和策略缺少问题。目前尚无成熟的方法和策略可用于 Intranet 的规划、设计和实施,大多开发工作只能借助于旧有的方法和策略,这样不利于系统开发的质量和效益。

对于一个公司来说,建立 Internet 主要是为了外部形象和加深别人对公司的认识,而内部数据和内部信息的流动才是 Intranet 站点的主要任务。Internet 和 Web 的确是尽人皆知,正因为如此也成了一个有用信息和无用信息混杂的大杂烩;Web 站点数量的急剧增加导致急需有组织的索引和搜索引擎。Intranet 是 Internet 和 Web 在受控的安全环境下的扩展。

Intranet 的缺点是由于它还太新,而且一直在不断发展变化中,与它配合或为它开发的软件或组件还不太多,但是随着市场的迅速增长,开发者们将会努力弥补各种缺陷,从而使得 Internet 与 Intranet 得到更广泛的应用,在未来世界将给人们带来越来越可观的前景。

第三节 电子数据交换技术

在国际贸易中,由于买卖双方地处不同的国家和地区,因此在大多数情况下,不是简单地直接地面对面地买卖,而必须以银行进行担保,以各种纸面单证为凭证,方能达到商品与货币交换的目的。这时,纸面单证就代表了货物所有权的转移。因此,从某种意义上讲,“纸面单证就是外汇”。

全球贸易额的上升带来了各种贸易单证、文件数量的激增。在现代计算机的应用和功能的不断提高、通信条件和技术的完善、网络大量普及的背景下,以计算机应用、通信网络和数据标准化为基础的 EDI 应运而生。

一、EDI 的概念

EDI 是英文 electronic data interchange 的缩写，中文可译为“电子数据互换”，港、澳及海外华人地区称作“电子资料联通”。国际标准化组织将 EDI 定义为一种电子传输方法，用这种方法，首先将商业或行政事务处理中的报文数据按照一个公认的标准，形成结构化的事务处理的报文数据格式，进而将这些结构化的报文数据经由网络，从计算机传输到计算机。

由此可见，EDI 是一种在公司之间传输订单、发票等作业文件的电子化手段。它通过计算机通信网络将贸易、运输、保险、银行和海关等行业信息，用一种国际公认的标准格式，实现各有关部门或公司与企业之间的数据交换与处理，并完成以贸易为中心的全部过程。它是 20 世纪 80 年代发展起来的一种新型的电子化贸易工具，是计算机、通信和现代管理技术相结合的产物。

EDI 不是用户间的简单的数据交换系统，EDI 用户需要按照国际通用的消息格式发送消息，接收方也需要按照国际统一规定的语法规则，对消息进行处理，并引起其他相关系统的 EDI 综合处理。它的整个过程都是自动完成，不需要人工的干预，减少了差错，提高了效率。例如，有一个工厂采用了 EDI 系统，它通过计算机通信网络接收到来自用户的一笔 EDI 方式的订货单，工厂的 EDI 系统随即检查订货单是否符合要求和工厂是否接收订货，然后向用户回送确认信息。工厂的 EDI 系统根据订货单的要求检查库存，如果需要则向相关的零部件和配套设备厂商发出 EDI 订货单；向铁路、海运、航空等部门预订车辆、舱位和集装箱；以 EDI 方式与保险公司和海关联系，申请保险手续和办理出口手续；向用户开 EDI 发票；同银行以 EDI 方式结算货款等。从订货、库存检查与零部件订货，办理相关手续及签发发货票等全部过程都由计算机自动完成，既快速又准确。

由于使用 EDI 可以减少甚至消除贸易过程中的纸面文件，因此 EDI 又被人们通俗地称为“无纸贸易”。然而，从基本意义来说，电子数据交换的意思并不限于贸易活动，例如医院中的信息交流，现在也已采用 EDI 的思想与方法，并已在国外一些地方得到实际应用。因此，严格地讲，无纸贸易是 EDI 在贸易领域中的实际应用，EDI 的概念应当更广泛一些。当然，在现实的应用中，贸易领域的应用是最快、最多。

EDI 的实质在于“数据不落地”，用技术语言来说，那就是信息存储及传递的介质从纸张转为电磁设备。这样，EDI 就应当包括以下三个基本方面：

(1) 需要进行信息交换的某一应用领域，即 EDI 的环境。例如，国际贸易、国内贸易、医院、图书馆、项目管理等。它限定了需要传递信息的场所以及地点。

(2) 信息交换的流程及规则，即 EDI 的过程。它反映了实际领域中的业务过程，以及与之相伴的信息流程。例如，在贸易过程中，从询价，报价开始，直到付款，交货。中间涉及供应者、购买者、银行、运输公司、保险公司等多种企业(或称角色)，先后几十种信息交换业务需要执行。在实际工作中，这种流程体现为一系列规则与标准。

(3) 信息交流的手段，包括硬件设备、通信设备以及软件，即 EDI 的技术实现。从目前来看，计算机设备、通信设备已经比较普遍，EDI 的应用也没有什么特殊的要求，一般来说不需要特殊的开发。例如，通信线路可以使用已有的各种方式解决，从最简单的电话线到租用卫星专线，需要的是软件的开发。针对某一领域的应用，遵循某一特定的标准，就要有一套专门的软件。解决这一领域的问题是技术方面的任务。

不难看出，EDI 包含了三个方面的内容，即计算机应用、通信网络和数据标准化。其中，计算机应用是 EDI 的条件，通信环境是 EDI 应用的基础，标准化是 EDI 的特征。这三方面相互衔接、相互依存，构成 EDI 的基础框架。

二、EDI 的标准体系

电子数据交换是目前为止最为成熟和使用范围最广泛的电子商务应用系统。其根本特征在于标准的国际化。标准化是实现 EDI 的关键环节。早期的 EDI 标准，只是由贸易双方自行约定，随着使用范围的扩大，出现了行业标准和国家标准，最后形成了统一的国际标准。国际标准的出现，大大地促进了 EDI 的发展。随着 EDI 各项国际标准的推出，以及开放式 EDI 概念模型趋于成熟，EDI 的应用领域不仅只限于国际贸易领域，而且在行政管理、医疗、建筑、环境保护等各个领域都得到广泛应用。可见，EDI 的各项标准是使 EDI 技术得以广泛应用的重要技术支撑，EDI 的标准化工作是在 EDI 发展进程中不可缺少的一项基础性工作。

EDI 标准体系是在 EDI 应用领域范围内的、具有内在联系的标准组成的科学的有机整体。它由若干个分体系构成，各分体系之间又存在着相互制约、相互作用、相互依赖和相互补充的内在联系。我国根据国际标准体系和我国 EDI 应用的实际以及未来一段时期的发展情况，制定了 EDI 标准体系，以《EDI 系统标准化总体规范》作为总体技术文件。该规范是我国 EDI 标准化工作的技术指南，处于主导和支配作用。

根据该规范，EDI 标准体系分基础、单证、报文、代码、通信、安全、管理、应用八个部分，大致情况如下。

1. EDI 基础标准体系

EDI 基础标准体系主要由 UN/EDIFACT 的基础标准和开放式 EDI 基础标准两部分组成，是 EDI 的核心标准体系。其中，EDIFACT 有八项基础标准，包括 EDI 术语、EDIFACT 应用级语法规则、语法规则实施指南、报文设计指南和规则、贸易数据元目录、复合数据元目录、段目录、代码表，我国等同采用了这七项标准。开放式 EDI 基础标准是实现开放式 EDI 最重要、最基本的条件，包括业务、法律、通信、安全标准及信息技术方面的通用标准等，ISO/IECJTC1SC30 推出《开放式 EDI 概念模型》和《开放式 EDI 参考模型》，规定了用于协调和制定现有的和未来的开放式 EDI 标准的总体框架，成为未来开放式 EDI 标准化工作的指南。随之推出的一大批功能服务标准和业务操作标准等将成为指导各个领域 EDI 应用的国际标准。

2. EDI 单证标准体系

EDI 报文标准源于相关业务，而业务的过程则以单证体现。单证标准化的主要目标是统一单证中的数据元和纸面格式，内容相当广泛。其标准体系包括管理、贸易、运输、海关、银行、保险、税务、邮政等方面的单证标准。

3. EDI 报文标准体系

EDI 报文标准是每一个具体应用数据的结构化体现，所有的数据都以报文的形式传输出去或接收进来。EDI 报文标准主要体现于联合国标准报文（United Nations Standard Message，UNSM），其 1987 年正式形成时只有十几个报文，而到 1999 年 2 月止，UN/EDIFACTD. 99A 版已包括 247 个报文，其中有 178 个联合国标准报文（UNSM）、50 个草案报文（Message in Development，MiD）及 19 个作废报文，涉及海关、银行、保险、运输、法律、税务、统计、旅游、零售、医疗、制造业等诸多领域。

4. EDI代码标准体系

在EDI传输的数据中，除了公司名称、地址、人名和一些自由文本内容外，几乎大多数数据都以代码形式发出，为了使交换各方能够理解收到信息的内容，便以代码形式把传输数据固定下来。代码标准是EDI实现过程中不可缺少的一个组成部分。EDI代码标准体系包括管理、贸易、运输、海关、银行、保险、检验等方面的代码标准。

5. EDI通信标准体系

计算机网络通信是EDI得以实现的必备条件。EDI通信标准则是顺利传输以EDI方式发送或接收的数据的基本保证。EDI通信标准体系包括ITU的X. 25、X. 200/ISO7498、X. 400系列/ISO10021、X. 500系列等，其中X. 400系列/ISO10021标准是一套关于电子邮政的国际标准。虽然这套标准，ISO叫做MOTIS，ITU称为MHS，但其技术内容是兼容的，它们和EDI有着更为密切的关系。

6. EDI安全标准体系

由于经EDI传输的数据会涉及商业秘密、金额、订货数量等内容，为防止数据的篡改、遗失，必须通过一系列安全保密的规范予以保证。EDI安全标准体系包括EDI安全规范、电子签名规范、电文认证规范、密钥管理规范、X. 435安全服务、X. 509鉴别框架体系等。为制定EDIFACT安全标准，联合国于1991年成立了UN/EDIFACT安全联合工作组，进行有关标准的制定。

7. EDI管理标准体系

EDI管理标准体系主要涉及EDI标准维护的有关评审指南和规则，包括标准技术评审导则、标准报文与目录文件编制规则、目录维护规则、报文维护规则、技术评审单格式、目录及代码编制原则、EDIFACT标准版本号与发布号编制原则等。

8. EDI应用标准体系

EDI应用标准体系主要指在应用过程中用到的字符集标准及其他相关标准，包括：信息交换用7位编码字符集及其扩充方法；信息交换用汉字编码字符集；通用多八位编码字符集；信息交换用汉字编码字符集辅2集、4集等。

EDI标准体系的框架结构并非一成不变，它将随着EDI技术的发展和EDI国际标准的不断完善而将不断地进行更新和充实。

三、EDI系统的组成

EDI系统一般由如下几个方面组成：

(1) 硬件设备。贸易伙伴的计算机和调制解调器以及通信设施等。

(2) 增值通信网络及网络软件。增值网(VAN)利用现有的通信网，增加EDI服务功能而实现的计算机网络，即网络增值。通信网目前有如下几种：分组交换数据网(PSDV)、电话交换网(PSTN)、数字数据网(DDN)、综合业务数据网(ISDN)、卫星数据网(VSAT)、数字数据移动通信网。

(3) 报文格式标准。EDI是以非人工干预方式将数据及时准确地录入应用系统数据库中，并把应用数据库中的数据自动地传送到贸易伙伴的电脑系统，因此必须有统一的报文格式和代码标准。

(4) 应用系统界面与标准报文格式之间相互转换的软件。该软件的主要功能包括代码和格式的转换等。

(5) 用户的应用系统。EDI 是 EDP(electronic data process,电子数据处理)的延伸,要求各通信伙伴事先做好本单位的计算机开发工作,建立共享数据库。

四、EDI 的实现

(一) EDI 系统功能模型和工作原理

在 EDI 中,EDI 参与者所交换的信息客体称为邮包。在交换过程中,如果接收者从发送者所得到的全部信息包括在所交换的邮包中,则认为语义完整,并称该邮包为完整语义单元(CSU)。CSU 的生产者和消费者统称为 EDI 的终端用户。

在 EDI 工作过程中,所交换的报文都是结构化的数据,整个过程都是由 EDI 系统完成的。EDI 系统结构如图 2-16 所示。

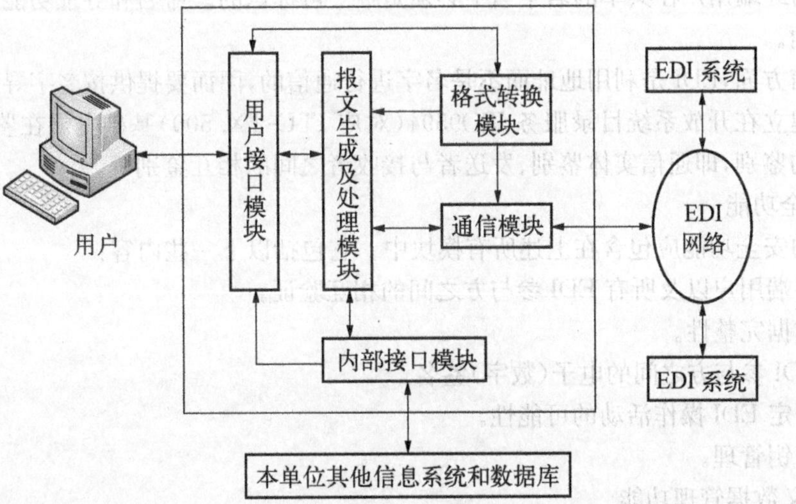
用户
用户接口模块
报文生成及处理模块
格式转换模块
通信模块
内部接口模块
本单位其他信息系统和数据库
EDI 系统
EDI 网络
EDI 系统

图 2-16 EDI 系统结构

1. 用户接口模块

业务管理人员可用此模块进行输入、查询、统计、中断、打印等,及时地了解市场变化,调整策略。

2. 内部接口模块

这是 EDI 系统和本单位内部其他信息系统及数据库的接口,一份来自外部的 EDI 报文,经过 EDI 系统处理之后,大部分相关内容都需要经内部接口模块送往其他信息系统,或查询其他信息系统才能给对方 EDI 报文以确认的答复。

3. 报文生成及处理模块

该模块有两个功能:

(1) 接受来自用户接口模块和内部接口模块的命令和信息,按照 EDI 标准生成订单、发票等各种 EDI 报文和单证,经格式转换模块处理之后,由通信模块经 EDI 网络发给其他 EDI 用户。

(2) 自动处理由其他 EDI 系统发来的报文。在处理过程中要与本单位信息系统相连,获取必要信息并给其他 EDI 系统答复,同时将有关信息送给本单位其他信息系统。

如因特殊情况不能满足对方的要求,经双方 EDI 系统多次交涉后不能妥善解决的,则把这一类事件提交用户接口模块,由人工干预决策。

4. 格式转换模块

所有的EDI单证都必须转换成标准的交换格式。转换过程包括语法上的压缩、嵌套、代码的替换以及必要的EDI语法控制字符。在格式转换过程中要进行语法检查,对于语法出错的EDI报文应拒收并通知对方重发。

5. 通信模块

该模块是EDI系统与EDI通信网络的接口,包括执行呼叫、自动重发、合法性和完整性检查、出错报警、自动应答、通信记录、报文拼装和拆卸等功能。

除以上这些基本模块外,EDI系统还必须具备一些基本功能。

1. 命名和寻址功能

EDI的终端用户在共享的名字当中必须是唯一可标识的。命名和寻址功能包括通信和鉴别两个方面。

在通信方面,EDI是利用地址而不是名字进行通信的,因而要提供按名字寻址的方法。这种方法应建立在开放系统目录服务ISO9594(对应ITU-TX.500)基础上。在鉴别方面,有若干级必要的鉴别,即通信实体鉴别、发送者与接收者之间的相互鉴别等。

2. 安全功能

EDI的安全功能应包含在上述所有模块中。它包括以下一些内容:

(1) 终端用户以及所有EDI参与方之间的相互验证。

(2) 数据完整性。

(3) EDI参与方之间的电子(数字)签名。

(4) 否定EDI操作活动的可能性。

(5) 密钥管理。

3. 语义数据管理功能

完整语义单元(CSU)是由多个信息单元(IU)组成的。其CSU和IU的管理服务功能包括:

(1) IU应该是可标识和可区分的。

(2) IU必须支持可靠的全局参考。

(3) 应能够存取指明IU属性的内容,如语法、结构语义、字符集和编码等。

(4) 应能够跟踪和对IU定位。

(5) 对终端用户提供方便和始终如一的访问方式。

(二) EDI的操作过程

当今世界通用的EDI通信网络,是建立在MHS数据通信平台上的信箱系统,其通信机制是信箱间信息的存储和转发。具体实现方法是在数据通信网上加挂大容量信息处理计算机,在计算机上建立信箱系统,通信双方需申请各自的信箱,其通信过程就是把文件传到对方的信箱中。文件交换由计算机自动完成,在发送文件时,用户只需进入自己的信箱系统。

EDI可以看作是MHS通信子平台,图2-17和图2-18分别表示了EDI信箱系统通信和交换原理,以及完整的通信流程。

通信流程中各功能模块说明如下。

1. 映射——生成EDI平面文件

EDI平面文件(flat file)是通过应用系统将用户的应用文件(如单证、票据)或数据库中的

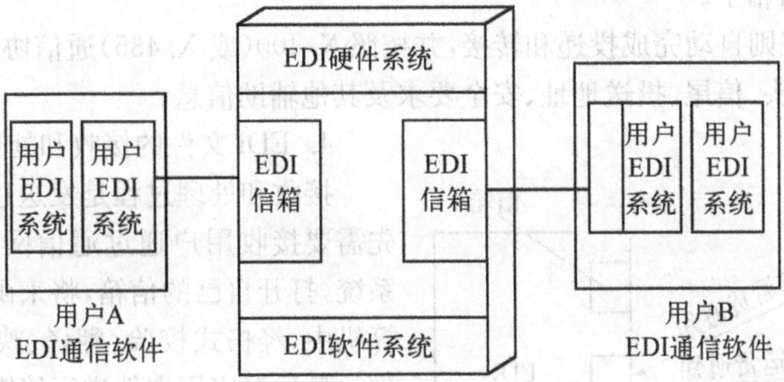
EDI硬件系统
用户 EDI 系统
用户 EDI 系统
EDI 信箱
EDI 信箱
用户 EDI 系统
用户 EDI 系统
用户A
EDI通信软件
EDI软件系统
用户B
EDI通信软件

图 2-17 EDI 信箱系统通信和交换原理

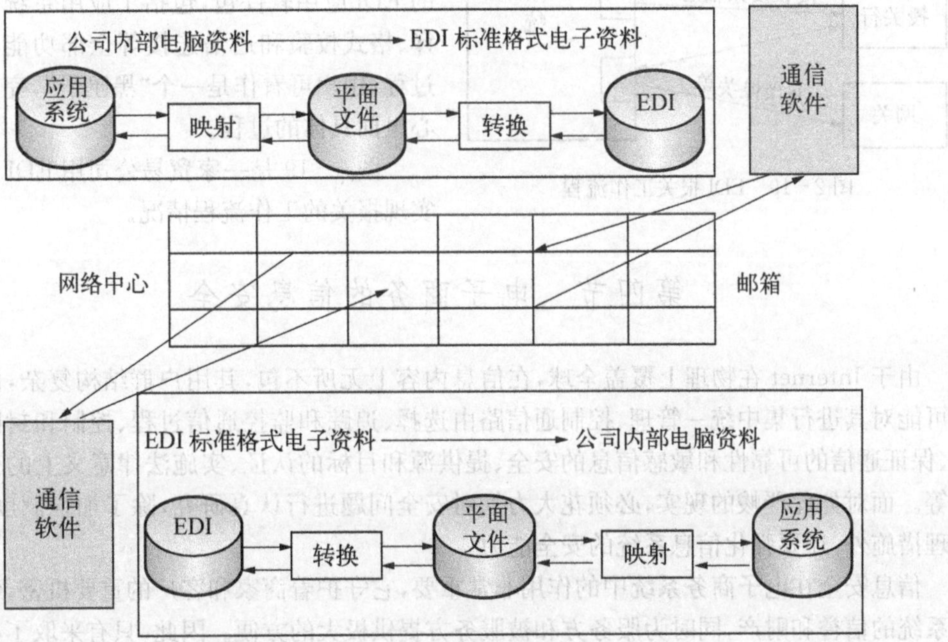
公司内部电脑资料
EDI 标准格式电子资料
应用系统
映射
平面文件
转换
EDI
通信软件
网络中心
邮箱
EDI 标准格式电子资料
公司内部电脑资料
通信软件
EDI
转换
平面文件
映射
应用系统

图 2-18 完整的 EDI 通信流程

数据，映射成的一种标准的中间文件。这一过程称为映射(mapping)。

平面文件是用户通过应用系统直接编辑、修改和操作的单证和票据文件，它可直接阅读、显示和打印输出。

2. 翻译——生成 EDI 标准格式文件

其功能是将平面文件通过翻译软件(translation software)生成 EDI 标准格式文件。

EDI 标准格式文件，就是所谓的 EDI 电子单证，或称电子票据。它是 EDI 用户之间进行贸易和业务往来的依据。EDI 标准格式文件是一种只有计算机才能阅读的 ASCII 文件。它是按照 EDI 数据交换标准(即 EDI 标准)的要求，将单证文件(平面文件)中的目录项，加上特定的分割符、控制符和其他信息生成的一种包括控制符、代码和单证信息在内的 ASCII 码文件。

3. 通信

这一步由计算机通信软件完成。用户通过通信网络，接入 EDI 信箱系统，将 EDI 电子单证投递到对方的信箱中。

EDI信箱系统则自动完成投递和转接，并按照X.400(或X.435)通信协议的要求，为电子单证加上信封、信头、信尾、投送地址、安全要求及其他辅助信息。

4. EDI文件的接收和处理

接收和处理过程是发送过程的逆过程。首先需要接收用户通过通信网络接入EDI信箱系统，打开自己的信箱，将来函接收到自己的计算机中，经格式校验、翻译、映射还原成应用文件。最后对应用文件进行编辑、处理和回复。

在实际操作过程中，EDI系统为用户提供的EDI应用软件包，包括了应用系统、映射、翻译、格式校验和通信连接等全部功能。其处理过程，用户可看作是一个“黑匣子”，完全不必关心里面具体的过程。

图2-19是一家贸易公司用EDI通信网络实现报关的工作流程情况。

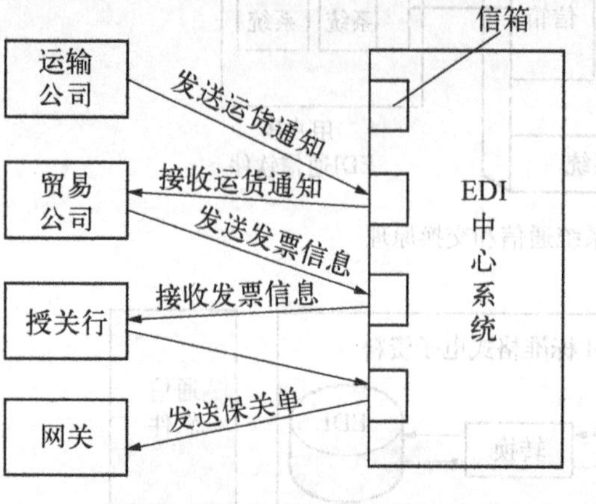
信箱
运输公司
发送运货通知
贸易公司
接收运货通知
发送发票信息
授关行
接收发票信息
网关
发送保关单
EDI中心系统

图2-19 EDI报关工作流程

第四节 电子商务的信息安全

由于Internet在物理上覆盖全球，在信息内容上无所不包，其用户群结构复杂，因此几乎不可能对其进行集中统一管理、控制通信路由选择、追踪和监控通信过程、控制和封闭信息流通、保证通信的可靠性和敏感信息的安全、提供源和目标的认证、实施法律意义上的公证和仲裁等。面对如此严峻的现实，必须花大力气对安全问题进行认真研究，除了加强制度、法规等管理措施外，还要强化信息系统的安全能力。

信息安全在电子商务系统中的作用非常重要，它守护着商家和客户的重要机密，维护着商务系统的信誉和财产，同时为服务方和被服务方提供极大的方便。因此，只有采取了必要和恰当的技术手段，才能充分提高电子商务系统的可用性和可推广性。

一、电子商务中存在的安全威胁

(一) 电子商务信息存储安全隐患

信息存储安全是指电子商务信息在静态存放中的安全。其信息安全隐患主要包括：非授权调用信息和篡改信息。企业的Intranet与Internet连接后，电子商务的信息存储安全面临着内部和外部两方面的隐患：

(1) 内部隐患。它主要是企业的用户故意或无意的非授权调用电子商务信息或未经许可随意增加、删除、修改电子商务信息。

(2) 外部隐患。它主要是外部人员私自闯入企业Intranet，对电子商务信息故意或无意的非授权调用或增加、删除、修改。隐患的主要来源有：竞争对手的恶意闯入、信息间谍的非法闯入以及黑客的骚扰闯入。

(二) 电子商务信息传输安全隐患

信息传输安全是指电子商务运行过程中，物流、资金流汇成信息流后动态传输过程中的安全。其安全隐患主要包括：

(1) 窃取商业秘密。

(2) 攻击网站。

(3) 网上诈骗。

(4) 否认发出信息。

(三) 电子商务交易双方的信息安全隐患

传统商务活动是面对面进行的，交易双方能较容易地建立信任感并产生安全感。而电子商务是买卖双方通过 Internet 的信息流动来实现商品交换的，信息技术手段使不法之徒有机可乘，这就使得电子商务的交易双方在安全感和信任程度等方面都存在疑虑。电子商务的交易双方都面临着信息安全的威胁。

1. 卖方面临的信息安全威胁

(1) 中央系统安全性被破坏。入侵者假冒成合法用户来改变用户数据(如商品送达地方)、解除用户订单或生成虚假订单。

(2) 竞争者检索商品递送状况。恶意竞争者以他人的名义来订购商品，从而了解有关商品的递送状况及货物和库存情况。

(3) 客户资料被竞争者获悉。

(4) 被他人假冒而损害公司的信誉。不诚实的人建立与销售者服务器名字相同的另一个 WWW 服务器来假冒销售者。

(5) 消费者提交订单后不付款。

(6) 虚假订单。

(7) 获取他人的机密数据。比如，某人想要了解另一人在销售商处的信誉时，他以另一人的名字向销售商订购昂贵的商品，然后观察销售商的行动。假如销售商认可该订单，则说明被观察者的信誉高；否则，则说明被观察者的信誉不高。

2. 买方面临的信息安全威胁

(1) 虚假订单。一个假冒者可能会以客户的名字来订购商品，而且有可能收到商品，而此时客户却被要求付款或返还商品。

(2) 付款后不能收到商品。在要求客户付款后，销售商中的内部人员不将订单和钱转发给执行部门，因而使客户不能收到商品。

(3) 机密性丧失。客户可能将秘密的个人数据或自己的身份数据(如 PIN、口令等)发送给冒充销售商的机构，这些信息也可能会在传递过程中被窃听。

(4) 拒绝服务。攻击者可能向销售商的服务器发送大量的虚假订单来枯竭它的资源，从而使合法用户不能得到正常的服务。

综合而言，电子商务系统的安全性要求可归纳为：

(1) 真实性要求：能对信息、实体的真实性进行鉴别。

(2) 机密性要求：保证信息不被泄露给非授权的人或实体。

(3) 完整性要求：保证数据的一致性，防止数据被非授权建立、修改和破坏。

(4) 可用性要求：保证合法用户对信息和资源的使用不会被不正当地拒绝。

(5) 不可否认要求：建立有效的责任机制，防止实体否认其行为。

(6) 可控性要求：能控制使用资源的人或实体的使用方式。

二、电子商务安全体系

当前解决电子商务安全问题的主流思路是从内网出发来考虑以 Internet 为基础的电子商务安全问题。内网将 Internet 技术用于单位、部门和企业专用网，它在原有专用网的基础上增加了服务器和服务器软件、Web 内容制作工具和浏览器，并与 Internet 联通。内联网为公司和单位信息的传播和利用提供了极为便利的条件。内联网中存有大量的内部敏感信息，具有极高的商业、政治和军事价值。内联网是一种半封闭的集中式可控网，既要保证内联网不被非法入侵和破坏，网中的敏感信息不被非法窃取和窜改，同时还要保证网内用户和网外用户之间正常联通，并提供应有的服务。要保证 Internet 基础上建立的电子商务安全性，最根本的是要发展各商家、各部门的内联网并保证它们的安全性。

由于电子商务系统把服务商、客户和银行三方通过 Internet 连接起来，并实现具体的业务操作，因此电子商务安全系统可由三个安全代理服务器及 CA 认证系统构成。它们遵循相同的协议，协调工作，来实现整个电子商务交易数据的完整性、保密性、不可否认性等安全功能。

银行方的安全主要由银行端安全代理、数据库管理系统、审计信息管理系统业务系统等几部分组成。它与服务商或客户进行通信，实现对服务商或者客户的身份认证机制，认证客户和服务商的身份及账号的合法性，保证业务的安全进行。

服务商的安全主要由服务商端安全代理、数据库管理系统、审计信息管理系统、Web 服务器系统等几部分组成。在进行电子商务活动时，服务商的服务器与客户和银行进行双方通信。

在客户方，电子商务的用户通过自己的计算机与 Internet 相连。在客户计算机中，除了 WWW 浏览器软件外，还装有电子商务系统的客户安全代理软件。客户端安全代理的主要任务是负责对客户敏感信息(如交易信息等)进行加密、解密和数字签名，以密文的形式与服务商或银行进行通信，并通过 CA 和服务器端安全代理或银行端安全代理一起实现用户身份认证机。

CA 认证系统是为用户签发证书的机构。CA 服务器由用户注册机构、证书管理机构、存放有效证书和作废证书的数据库、密钥恢复中心及 CA 自身密钥和证书管理中心五个部分组成。

综上所述，电子商务的安全体系结构主要包括：

(1) 支持服务层。它包括密码服务、通信、归档、用户接口和访问控制等模块，提供了实现安全服务的安全通信服务。

(2) 传输层。传输层发送、接收、组织商业活动所需的封装数据条。数据条的基本类型为：签名文本、证书、收据、已签名的陈述、信息、数字化的商品、访问某种服务所需的信息、获得物理商品所需的信息、电子钱。传输层包括付款模块、文档服务模块和证书服务模块。

(3) 交换层。交换层提供封装数据的公平交换服务。这里的公平，是指 A 和 B 同意进行交换，则 A 收到 B 的封装数据条的充要条件是 B 收到 A 的封装数据条。

(4) 商务层。商务层提供了商业方案，如“邮购零售”、“在线销售信息”等。

三、电子商务的安全技术

目前，电子商务系统中使用的安全技术包括加密、电子签名、电子信封、电子证书、防火墙等。

1. 加密

加密技术是最基本的安全技术。其主要功能是提供机密性服务，但在实现其他安全服务时也会使用加密技术。加密技术包括私钥加密和公钥加密。

(1) 私钥加密，又称对称密钥加密，即收发信双方同用一个密钥去加密和解密数据。常用的私钥加密算法包括 DES 和 IDEA 等。

(2) 公钥加密，又称为非对称密钥加密，需要使用一对密钥，一个公开，一个由收信人保存，发信人用公开密钥去加密，而收信人则用私用密钥去解密。民间常用的公钥密码算法有 RSA 和 EIGamal 等。

2. 电子签名

日常生活中时常会有报文与签名同时发送以作为日后查证的保证。在因特网环境中，这可以用电子数字签名作为模拟。电子签名保持了常规手写签名的本质特点，但在形式上可以完全不同。

3. 电子信封

为解决每次传送更换密钥的问题，结合对称加密技术和公开密钥加密技术的优点，提出电子信封的概念：发送者自动生成对称密钥，用它加密原文，将生成的密文连同密钥本身一起再用公开密钥手段传送出去。收信者在解密以后同时得到对称密钥和用它加密的密文。这样保证每次传送都可由发送方选定不同密钥进行。

4. 电子证书

在因特网上设立一个认证机构(CA)，当它核实了用户的甲真实身份以后，签名一份报文给甲，其中含有甲的名字和甲的公开密钥。该报文被称为“电子证书”。以后甲发出的任何报文中都带有这份电子证书，以便收信方核实。同样，CA 也可以给商户、银行等任何参与网上购物的个人或集团发电子证书。

5. 防火墙技术

网络防火墙技术是一种用来加强网络之间访问控制，防止外部网络用户以非法手段通过外部网络进入内部网络，访问内部网络资源，保护内部网络操作环境的特殊网络互联设备。

实操一

电子商务基础设施了解：Internet 接入

【实验目的】

通过本实操，进一步了解 Internet 的接入方式，掌握利用 ADSL 接入 Internet 的设置过程。

【实验环境】

1. 网络环境：开通有 ADSL 服务的线路。

2. 硬件要求：用户计算机配置达到 PⅡ266/4.3G/64MB RAM 以上，ADSL Modem 一台，ADSL 信号分离器一个，双绞线一条；电话接线若干。

3. 软件要求：用户操作系统安装 Windows XP，浏览器 Internet Explorer 5.0 以上。

【实验内容】

按要求安装 ADSL 接入端设备，并使用 Windows XP 新建连接来建立 ADSL 虚拟拨号，从而实现以 ADSL 方式将计算机联入 Internet。

【实验步骤】

步骤 1：安装 ADSL Modem。

按图 2-20 对 ADSL 接入设备进行安装。

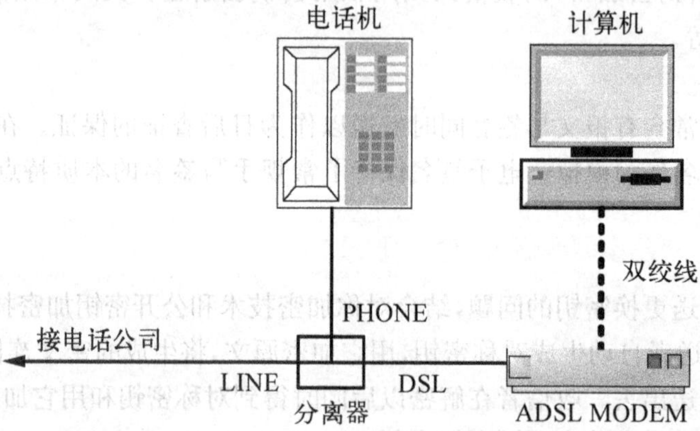
电话机
计算机
双绞线
PHONE
接电话公司
LINE
DSL
分离器
ADSL MODEM

图 2-20　ADSL 设备接线

步骤 2：设置 Windows XP。

1. 依次打开"开始→所有程序→附件→通讯→新建连接向导"，在打开的窗口中选择"下一步"（如图 2-21）。

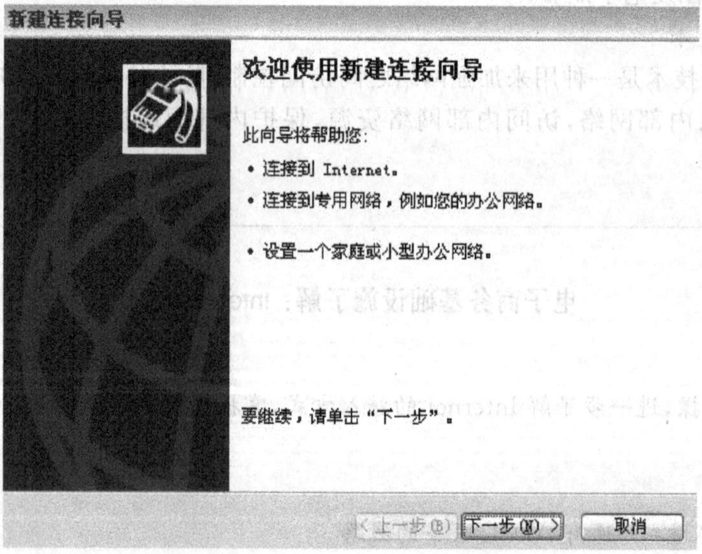
新建连接向导
欢迎使用新建连接向导
此向导将帮助您：
• 连接到 Internet。
• 连接到专用网络，例如您的办公网络。
• 设置一个家庭或小型办公网络。
要继续，请单击"下一步"。
< 上一步(B)
下一步(N) >
取消

图 2-21　新建连接向导欢迎界面

2. 在新出现的窗口中选择第一项"连接到 Internet"，然后再单击"下一步"（如图 2-22）。

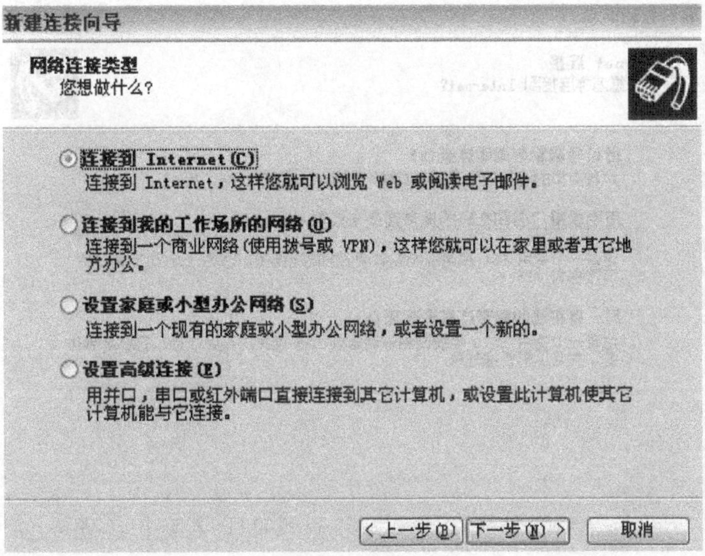
新建连接向导
网络连接类型
您想做什么?
连接到 Internet (C)
连接到 Internet，这样您就可以浏览 Web 或阅读电子邮件。
连接到我的工作场所的网络 (O)
连接到一个商业网络(使用拨号或 VPN)，这样您就可以在家里或者其它地方办公。
设置家庭或小型办公网络 (S)
连接到一个现有的家庭或小型办公网络，或者设置一个新的。
设置高级连接 (E)
用并口，串口或红外端口直接连接到其它计算机，或设置此计算机使其它计算机能与它连接。
< 上一步 (B)
下一步 (N) >
取消

图 2-22 网络连接类型

3. 在新窗口中选择“手动设置我的连接”，再单击“下一步”(如图 2-23)。

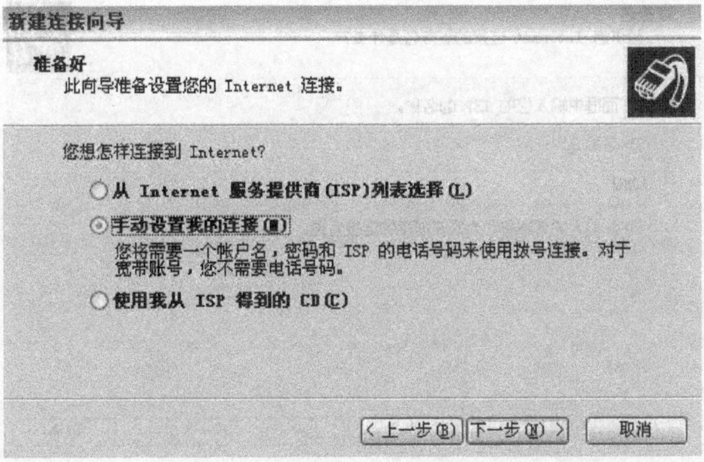
新建连接向导
准备好
此向导准备设置您的 Internet 连接。
您想怎样连接到 Internet?
从 Internet 服务提供商(ISP)列表选择 (L)
手动设置我的连接 (M)
您将需要一个帐户名，密码和 ISP 的电话号码来使用拨号连接。对于宽带账号，您不需要电话号码。
使用我从 ISP 得到的 CD (C)
< 上一步 (B)
下一步 (N) >
取消

图 2-23 连接方式选项 1

4. 在新出现的窗口中有三个选项，第一项是用来建立 56K MODEM 和 ISDN 连接用的，而下面两个选项一个是建立 ADSL 或 CABLE 虚拟拨号用的(“用要求用户名和密码的宽带连接来连接”)，一个是建立 ADSL 或 CABLE 专线接入用的(“用一直在线的宽带连接来连接”)，虚拟拨号就选择第二项“用要求用户名和密码的宽带连接来连接”，然后单击“下一步”(如图 2-24)。

5. 在新出现的窗口中要求您输入“连接名”，随便输入一个你易记的名称即可，如“ADSL”(如图 2-25)。

6. 单击“下一步”之后，在出现的窗口中输入你在 ISP 网络服务提供商那儿申请宽带时获得的用户名和密码(如图 2-26)。

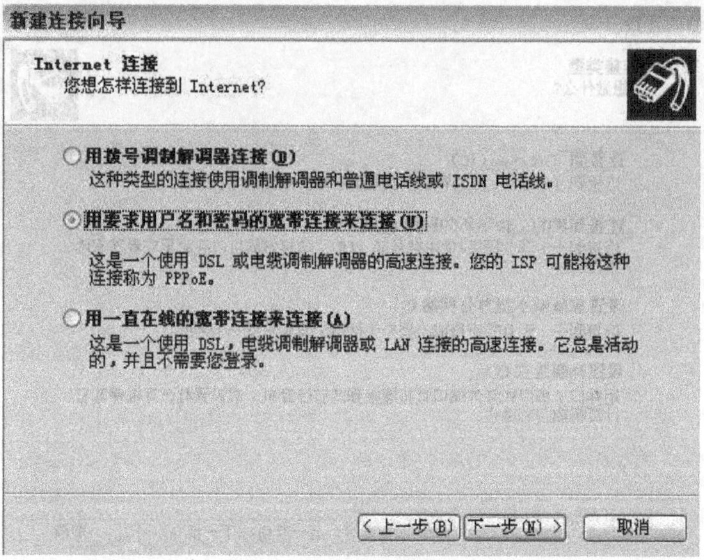
新建连接向导
Internet 连接
您想怎样连接到 Internet?
用拨号调制解调器连接(D)
这种类型的连接使用调制解调器和普通电话线或 ISDN 电话线。
用要求用户名和密码的宽带连接来连接(U)
这是一个使用 DSL 或电缆调制解调器的高速连接。您的 ISP 可能将这种连接称为 PPPoE。
用一直在线的宽带连接来连接(A)
这是一个使用 DSL，电缆调制解调器或 LAN 连接的高速连接。它总是活动的，并且不需要您登录。
< 上一步(B)
下一步(N) >
取消

图 2-24 连接方式选项 2

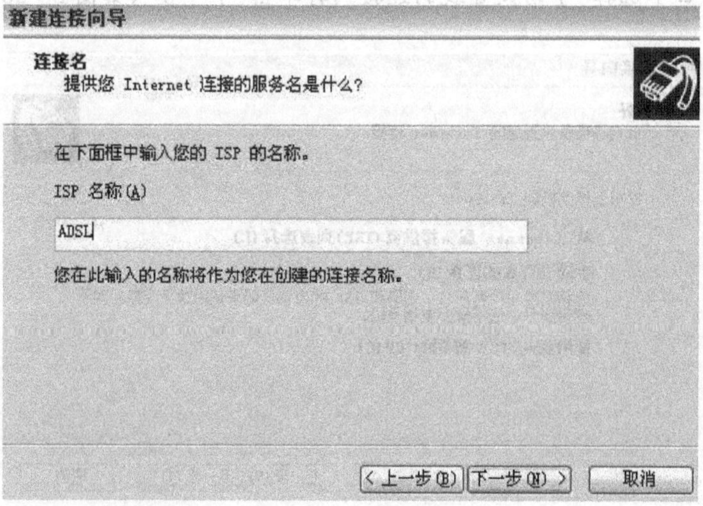
新建连接向导
连接名
提供您 Internet 连接的服务名是什么?
在下面框中输入您的 ISP 的名称。
ISP 名称(A)
ADSL
您在此输入的名称将作为您在创建的连接名称。
< 上一步(B)
下一步(N) >
取消

图 2-25 连接名设置

7. 单击“下一步”之后，选中“在我的桌面上添加一个到此连接的快捷方式”，以方便拨号，最后选“完成”即完成了 Windows XP 中 ADSL 虚拟拨号软件的安装(如图 2-27)。

8. 这时在桌面上或“控制面板”的“网络连接”图标中找到并打开刚才建立的名为“ADSL”的连接图标(如图 2-28)。

9. 在弹出的界面中选择“连接”，成功后就可在 Internet 的世界里遨游了(如图 2-29)。

连接成功以后，桌面右下角任务栏也将出现两个显示器连在一起的图标，双击打开可见您的 ADSL 连接的状态。

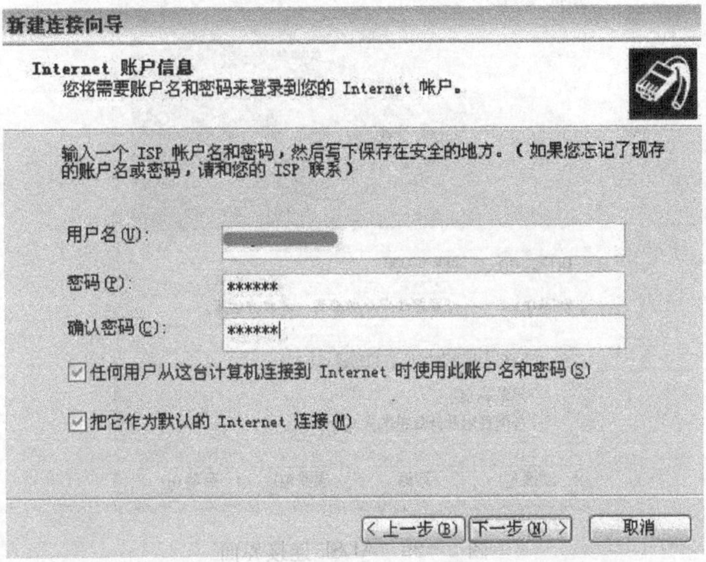
新建连接向导
Internet 账户信息
您将需要账户名和密码来登录到您的 Internet 帐户。
输入一个 ISP 帐户名和密码，然后写下保存在安全的地方。（如果您忘记了现存的账户名或密码，请和您的 ISP 联系）
用户名(U):
密码(P):
******
确认密码(C):
******
任何用户从这台计算机连接到 Internet 时使用此账户名和密码(S)
把它作为默认的 Internet 连接(M)
< 上一步(B)
下一步(N) >
取消

图 2-26　用户名和密码

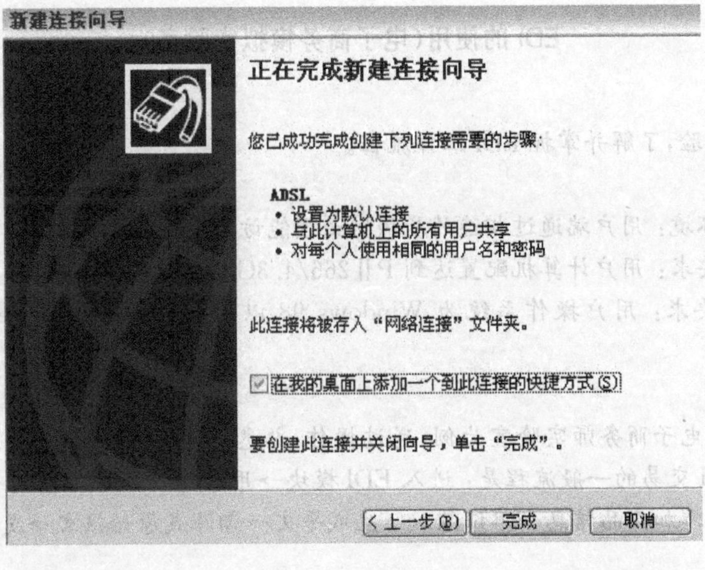
新建连接向导
正在完成新建连接向导
您已成功完成创建下列连接需要的步骤:
ADSL
• 设置为默认连接
• 与此计算机上的所有用户共享
• 对每个人使用相同的用户名和密码
此连接将被存入"网络连接"文件夹。
在我的桌面上添加一个到此连接的快捷方式(S)
要创建此连接并关闭向导，单击"完成"。
< 上一步(B)
完成
取消

图 2-27　完成向导

ADSL

图 2-28　桌面的图标

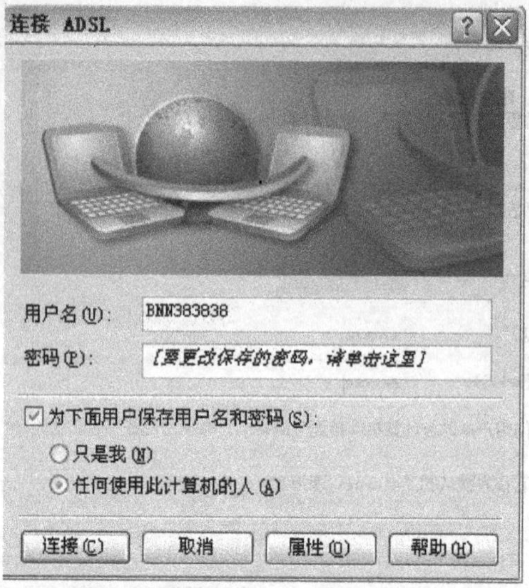
连接 ADSL
用户名(U): BNN383838
密码(P): [要更改保存的密码，请单击这里]
为下面用户保存用户名和密码(S):
只是我(N)
任何使用此计算机的人(A)
连接(C)
取消
属性(O)
帮助(H)

图 2-29 ADSL 连接界面

实操二

EDI 的使用(电子商务模拟实验室)

【实验目的】

通过本实验，了解并掌握 EDI 工作流程。

【实验环境】

1. 网络环境：用户端通过相连的局域网必须能访问 Internet。

2. 硬件要求：用户计算机配置达到 PⅡ266/4.3G/64MB RAM 以上。

3. 软件要求：用户操作系统为 Windows 98 以上，Internet Explorer 5.0 以上浏览器。

【实验内容】

本实验以电子商务师实验室为例，通过操作，熟悉 EDI 交易的全过程。在电子商务实验室中，EDI 交易的一般流程是：进入 EDI 模块→用户注册→添加贸易伙伴类型→添加贸易伙伴→添加产品信息→单证录入→生成平文→翻译成原始报文→发送报文。

【实验步骤】

步骤 1：用户注册。

进入 EDI 模块选择“注册用户注册”，输入基本信息，注册成功。如图 2-30～2-31 所示。

步骤 2：添加贸易伙伴的类型。

会员登录后，选择“贸易伙伴管理”——“类型”——“新增类型”——输入类型后，单击“保存”，添加贸易伙伴的类型。如图 2-32，图 2-33 所示。

步骤 3：添加贸易伙伴的基本信息。

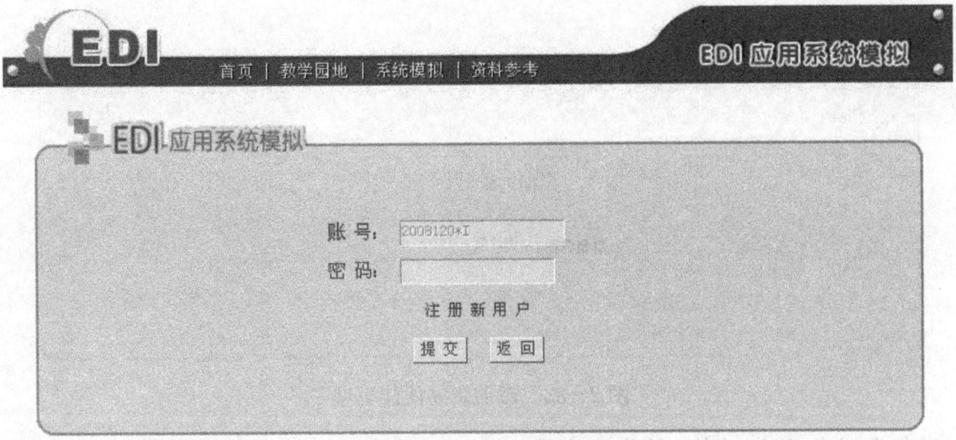
EDI
首页 | 教学园地 | 系统模拟 | 资料参考
EDI应用系统模拟
EDI应用系统模拟
账 号：2008120*I
密 码：
注 册 新 用 户
提 交
返 回

图 2-30　登录界面

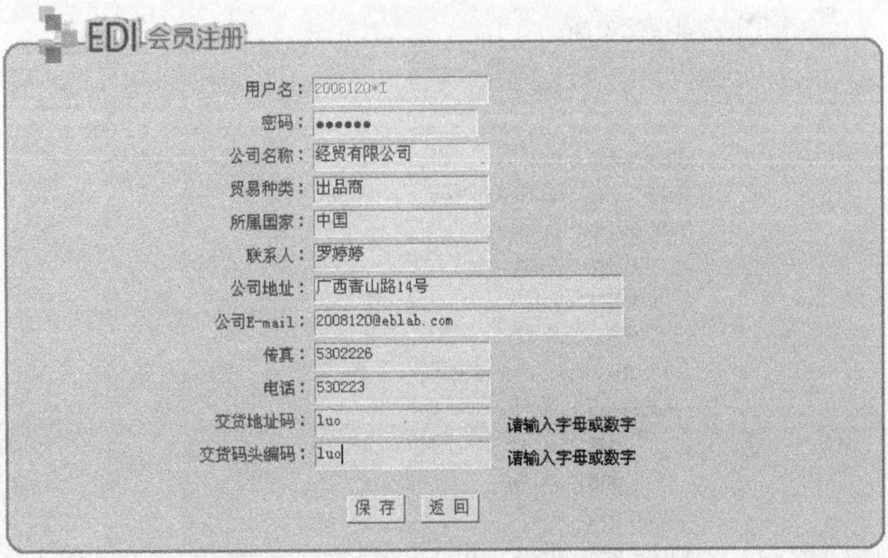
EDI会员注册
用户名：2008120*I
密码：●●●●●●
公司名称：经贸有限公司
贸易种类：出品商
所属国家：中国
联系人：罗婷婷
公司地址：广西青山路14号
公司E-mail：2008120@eblab.com
传真：5302226
电话：530223
交货地址码：luo
请输入字母或数字
交货码头编码：luo
请输入字母或数字
保 存
返 回

图 2-31　会员注册

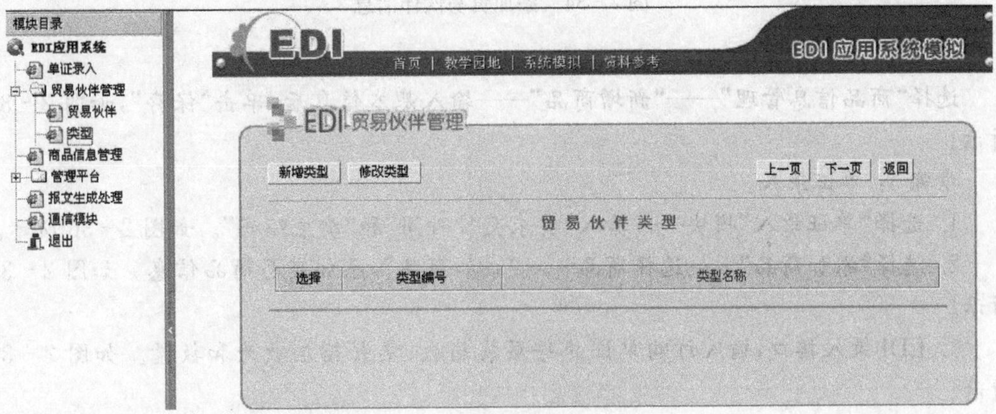
模块目录
EDI应用系统
单证录入
贸易伙伴管理
贸易伙伴
类型
商品信息管理
管理平台
报文生成处理
通信模块
退出
EDI
首页 | 教学园地 | 系统模拟 | 资料参考
EDI应用系统模拟
EDI贸易伙伴管理
新增类型
修改类型
上一页
下一页
返回
贸 易 伙 伴 类 型
选择
类型编号
类型名称

图 2-32　贸易伙伴管理界面

EDI贸易伙伴管理
保存
返回
新增贸易伙伴类型
类型名称：
进口商

图 2-33　添加贸易伙伴类型

增加类型成功后，选择“贸易伙伴管理”——“贸易伙伴”——“新增贸易伙伴”——输入基本信息后，单击“保存”。添加贸易伙伴的基本信息。如图 2-34 所示。

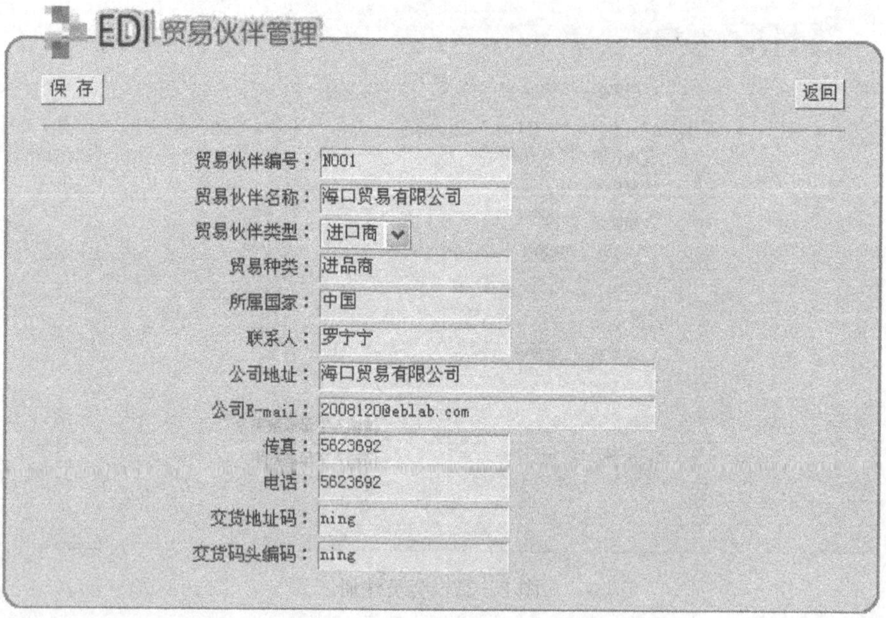
EDI贸易伙伴管理
保 存
返回
贸易伙伴编号：N001
贸易伙伴名称：海口贸易有限公司
贸易伙伴类型：进口商
贸易种类：进品商
所属国家：中国
联系人：罗宁宁
公司地址：海口贸易有限公司
公司E-mail：2008120@eblab.com
传真：5823692
电话：5823692
交货地址码：ning
交货码头编码：ning

图 2-34　添加贸易伙伴信息

步骤 4：商品信息管理。

选择“商品信息管理”——“新增商品”——输入基本信息后，单击“保存”，如图 2-35 所示。

步骤 5：单证录入。

1. 选择“单证录入”模块——输入“要求交货时间”和“卖主编码”。如图 2-36 所示。

2. 选择“添加商品”——选择商品——“添加商品”，添加交易商品信息。如图 2-37 所示。

3. EDI 录入接口，输入订购单证的每层装箱数、集装箱层数为和数量。如图 2-38 所示。

4. 单击“保存单证”。如图 2-39 所示。

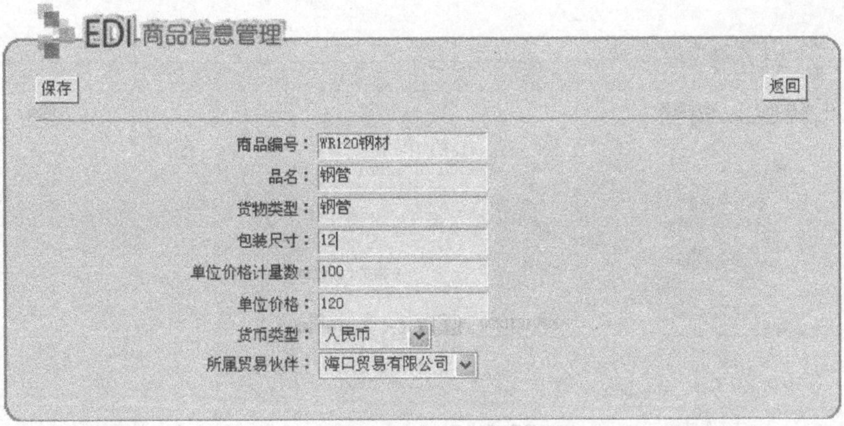
EDI商品信息管理
保存
返回
商品编号：WR120钢材
品名：钢管
货物类型：钢管
包装尺寸：12
单位价格计量数：100
单位价格：120
货币类型：人民币
所属贸易伙伴：海口贸易有限公司

图 2－35 商品信息管理

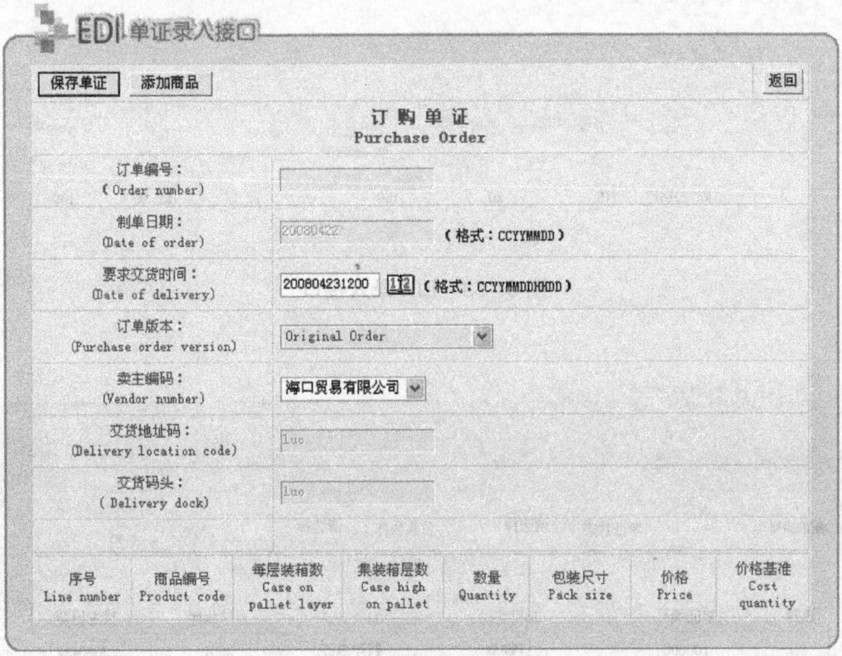
EDI单证录入接口
保存单证
添加商品
返回
订购单证
Purchase Order
订单编号：(Order number)
制单日期：(Date of order)
20080422
(格式：CCYYMMDD)
要求交货时间：(Date of delivery)
200804231200
(格式：CCYYMMDDHHDD)
订单版本：(Purchase order version)
Original Order
卖主编码：(Vendor number)
海口贸易有限公司
交货地址码：(Delivery location code)
luo
交货码头：(Delivery dock)
luo
序号 Line number
商品编号 Product code
每层装箱数 Case on pallet layer
集装箱层数 Case high on pallet
数量 Quantity
包装尺寸 Pack size
价格 Price
价格基准 Cost quantity

图 2－36 单证录入

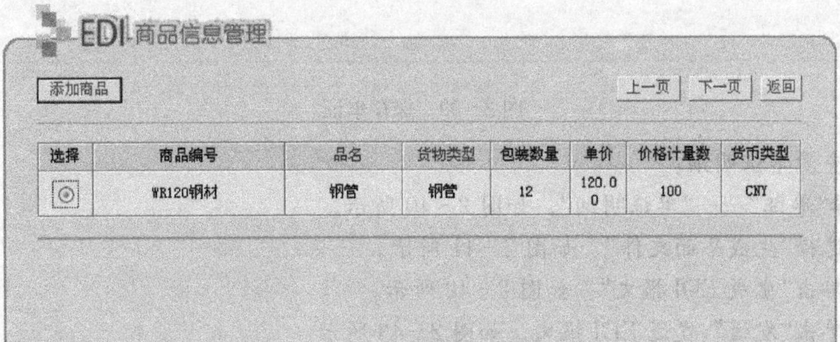
EDI商品信息管理
添加商品
上一页
下一页
返回
选择
商品编号
品名
货物类型
包装数量
单价
价格计量数
货币类型
WR120钢材
钢管
钢管
12
120.00
100
CNY

图 2－37 添加商品

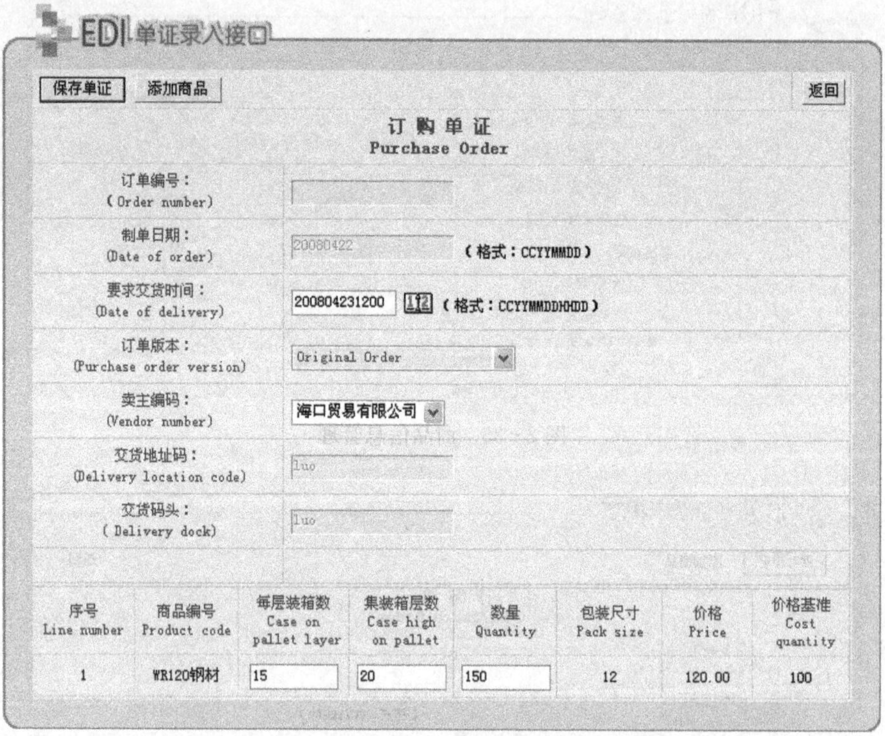
EDI单证录入接口
保存单证
添加商品
返回
订购单证
Purchase Order
订单编号：
(Order number)
制单日期：
(Date of order)
20080422
(格式：CCYYMMDD)
要求交货时间：
(Date of delivery)
200804231200
(格式：CCYYMMDDHHDD)
订单版本：
(Purchase order version)
Original Order
卖主编码：
(Vendor number)
海口贸易有限公司
交货地址码：
(Delivery location code)
luo
交货码头：
(Delivery dock)
luo
序号 Line number
商品编号 Product code
每层装箱数 Case on pallet layer
集装箱层数 Case high on pallet
数量 Quantity
包装尺寸 Pack size
价格 Price
价格基准 Cost quantity
1
WR120钢材
15
20
150
12
120.00
100

图 2-38 EDI录入接口

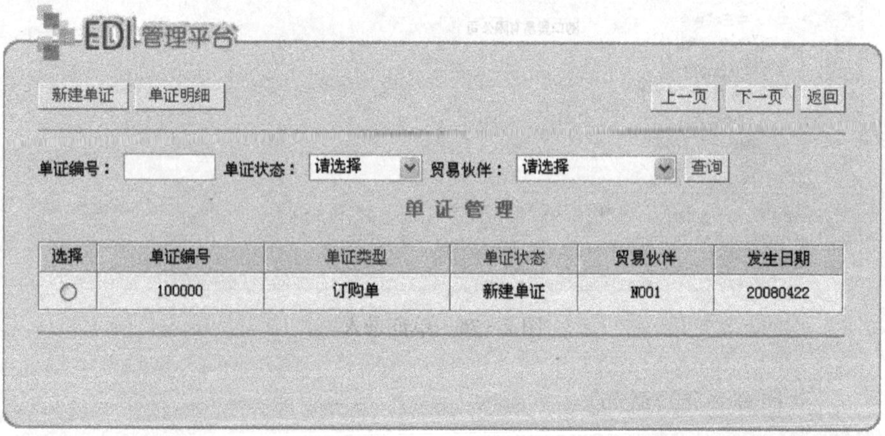
EDI管理平台
新建单证
单证明细
上一页
下一页
返回
单证编号：
单证状态：
请选择
贸易伙伴：
请选择
查询
单证管理
选择
单证编号
单证类型
单证状态
贸易伙伴
发生日期
100000
订购单
新建单证
N001
20080422

图 2-39 保存单证

5. 查看单证明细。

选择“单证”——“单证明细”。如图 2-40 所示。

6. 选择“生成平面文件”。如图 2-41 所示。

7. 单击“生成 EDI 报文”。如图 2-42 所示。

8. 单击“发送”，发送 EDI 报文。如图 2-43 所示。

9. 发送 EDI 报文成功。如图 2-44 所示。

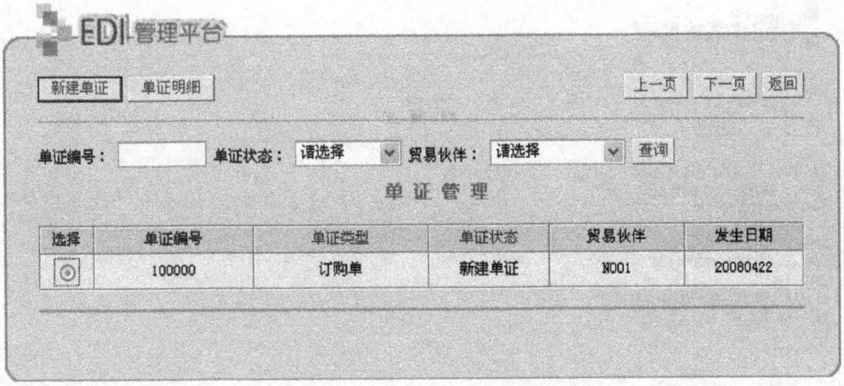

EDI 管理平台
新建单证
单证明细
上一页
下一页
返回
单证编号：
单证状态：
请选择
贸易伙伴：
请选择
查询
单证管理
选择
单证编号
单证类型
单证状态
贸易伙伴
发生日期
100000
订购单
新建单证
N001
20080422

图 2-40　单证明细

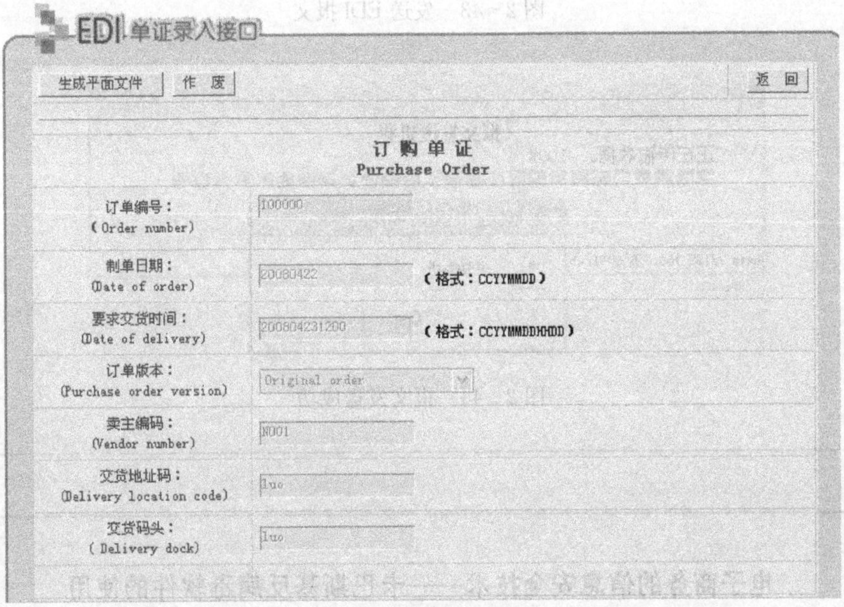

EDI 单证录入接口
生成平面文件
作　废
返　回
订购单证
Purchase Order
订单编号：
（Order number）
100000
制单日期：
（Date of order）
20080422
（格式：CCYYMMDD）
要求交货时间：
（Date of delivery）
200804231200
（格式：CCYYMMDDHHDD）
订单版本：
（Purchase order version）
Original order
卖主编码：
（Vendor number）
N001
交货地址码：
（Delivery location code）
luo
交货码头：
（Delivery dock）
luo

图 2-41　生成平面文件

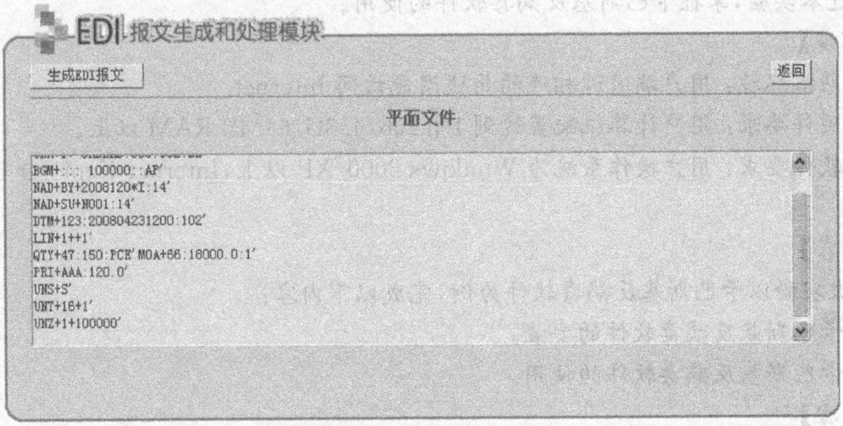

EDI 报文生成和处理模块
生成EDI报文
返回
平面文件
BGM+:::100000::AP'
NAD+BY+2008120*I:14'
NAD+SU+N001:14'
DTM+123:200804231200:102'
LIN+1++1'
QTY+47:150:PCE'MOA+66:18000.0:1'
PRI+AAA:120.0'
UNS+S'
UNT+16+1'
UNZ+1+100000'

图 2-42　生成 EDI 报文

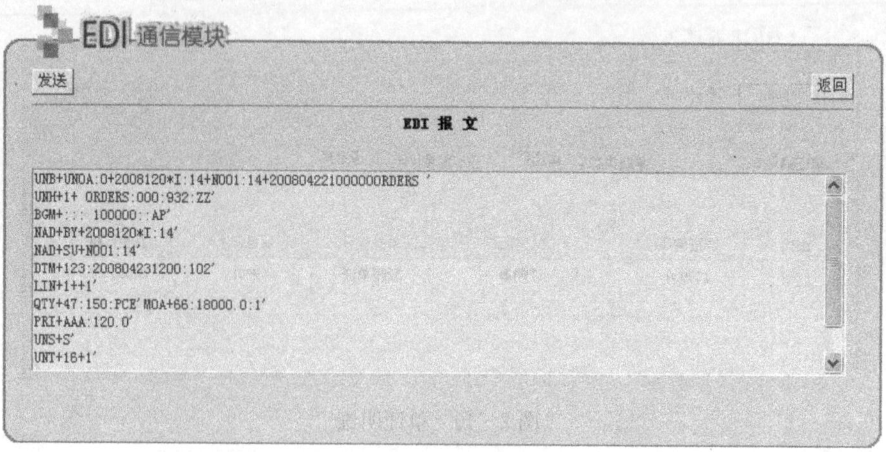
EDI通信模块
发送
返回
EDI 报 文
UNB+UNOA:0+2008120*I:14+N001:14+20080422100000ORDERS '
UNH+1+ ORDERS:000:932:ZZ'
BGM+::: 100000::AP'
NAD+BY+2008120*I:14'
NAD+SU+N001:14'
DTM+123:200804231200:102'
LIN+1++1'
QTY+47:150:PCE'MOA+66:18000.0:1'
PRI+AAA:120.0'
UNS+S'
UNT+16+1'

图 2-43 发送 EDI 报文

报文发送状态 — 网页对话框
报文发送进程
正在传输数据。 100%
Microsoft Internet Explorer
传输完毕
确定
http://192.168.0.6:8081/eb
UNT+16+1'

图 2-44 报文发送成功

实操三

电子商务的信息安全技术——卡巴斯基反病毒软件的使用

【实验目的】

通过本实验，掌握卡巴斯基反病毒软件的使用。

【实验环境】

1. 网络环境：用户端通过相连的局域网能访问 Internet。

2. 硬件要求：用户计算机配置达到 PⅡ266/4.3G/64MB RAM 以上。

3. 软件要求：用户操作系统为 Windows 2000/XP 以上，Internet Explorer 6.0 以上浏览器。

【实验内容】

本次实验以卡巴斯基反病毒软件为例，完成以下内容：

1. 卡巴斯基反病毒软件的安装。

2. 卡巴斯基反病毒软件的使用。

【实验步骤】

步骤 1：安装卡巴斯基反病毒软件。

1. 下载完毕后,双击该图标安装软件。如图 2-45 所示。

kav7.0.0.125sch
安装Kaspersky An...
卡巴斯基实验室

图 2-45　卡巴斯基图标

2. 单击"下一步"。如图 2-46 所示。

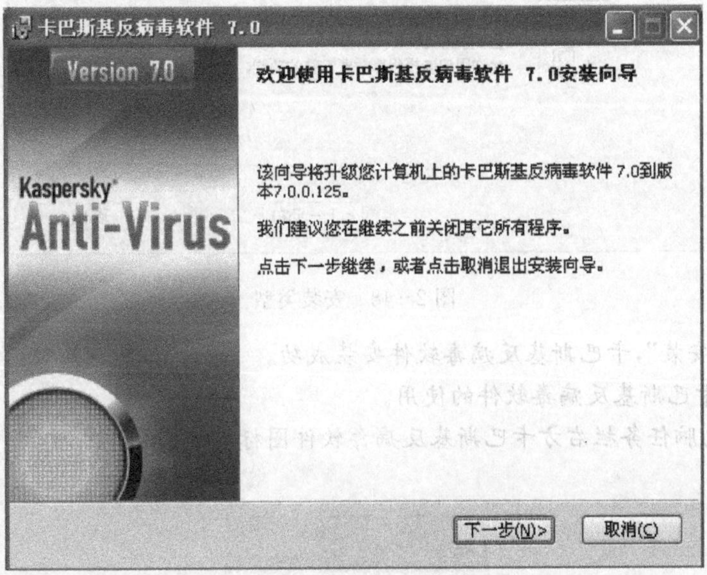
卡巴斯基反病毒软件 7.0
Version 7.0
Kaspersky
Anti-Virus
欢迎使用卡巴斯基反病毒软件 7.0安装向导
该向导将升级您计算机上的卡巴斯基反病毒软件 7.0到版本7.0.0.125。
我们建议您在继续之前关闭其它所有程序。
点击下一步继续，或者点击取消退出安装向导。
下一步(N)>
取消(C)

图 2-46　安装向导欢迎界面

3. 选择"我接受许可协议条款",单击"下一步"。如图 2-47 所示。

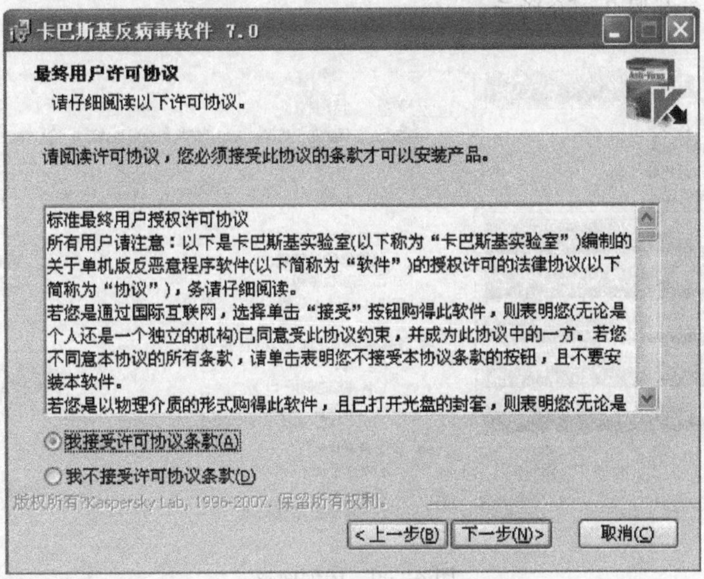
卡巴斯基反病毒软件 7.0
最终用户许可协议
请仔细阅读以下许可协议。
请阅读许可协议，您必须接受此协议的条款才可以安装产品。
标准最终用户授权许可协议
所有用户请注意：以下是卡巴斯基实验室(以下称为"卡巴斯基实验室")编制的关于单机版反恶意程序软件(以下简称为"软件")的授权许可的法律协议(以下简称为"协议")，务请仔细阅读。
若您是通过国际互联网，选择单击"接受"按钮购得此软件，则表明您(无论是个人还是一个独立的机构)已同意受此协议约束，并成为此协议中的一方。若您不同意本协议的所有条款，请单击表明您不接受本协议条款的按钮，且不要安装本软件。
若您是以物理介质的形式购得此软件，且已打开光盘的封套，则表明您(无论是
我接受许可协议条款(A)
我不接受许可协议条款(D)
版权所有 ©Kaspersky Lab, 1996-2007. 保留所有权利。
<上一步(B)
下一步(N)>
取消(C)

图 2-47　安装许可协议

4. 选择"快速安装"。如图 2-48 所示。

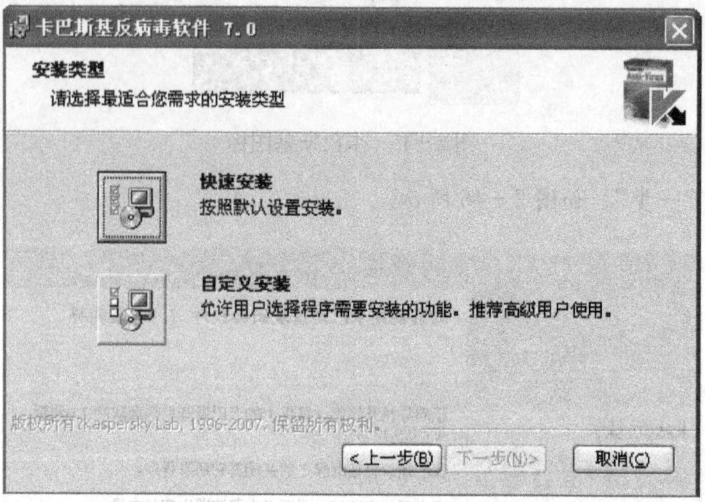
卡巴斯基反病毒软件 7.0
安装类型
请选择最适合您需求的安装类型
快速安装
按照默认设置安装。
自定义安装
允许用户选择程序需要安装的功能。推荐高级用户使用。
版权所有?Kaspersky Lab, 1996-2007。保留所有权利。
<上一步(B)
下一步(N)>
取消(C)

图 2-48 安装类型

5. 单击"安装",卡巴斯基反病毒软件安装成功。

步骤 2：卡巴斯基反病毒软件的使用。

1. 双击电脑任务栏右方卡巴斯基反病毒软件图标。如图 2-49 所示。

22:44

图 2-49 卡巴斯基任务栏右方图标

2. 选择"保护"面板上的"更新数据库",此项用于更新卡巴斯基反病毒软件病毒库,便于查杀病毒。如图 2-50 所示。

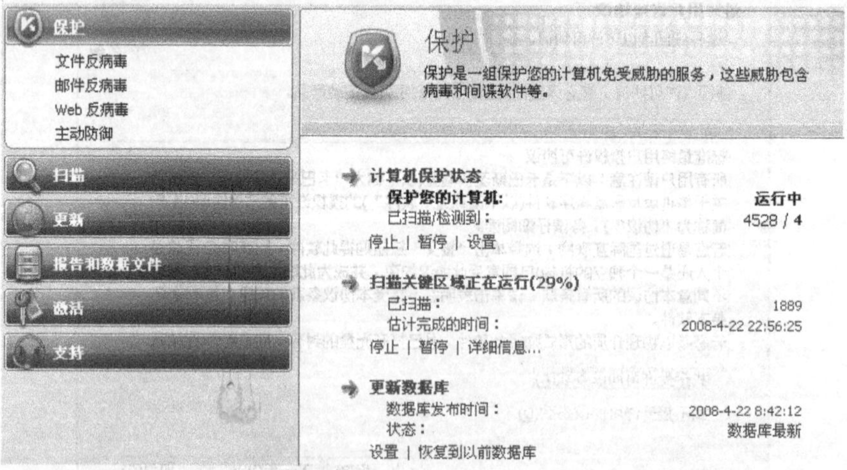
保护
文件反病毒
邮件反病毒
Web 反病毒
主动防御
扫描
更新
报告和数据文件
激活
支持
保护
保护是一组保护您的计算机免受威胁的服务，这些威胁包含病毒和间谍软件等。
计算机保护状态
保护您的计算机:
运行中
已扫描/检测到:
4528 / 4
停止 | 暂停 | 设置
扫描关键区域正在运行(29%)
已扫描:
1889
估计完成的时间:
2008-4-22 22:56:25
停止 | 暂停 | 详细信息...
更新数据库
数据库发布时间:
2008-4-22 8:42:12
状态:
数据库最新
设置 | 恢复到以前数据库

图 2-50 保护面板

3. 打开扫描面板，选择要扫描的对象。如图 2－51 所示。

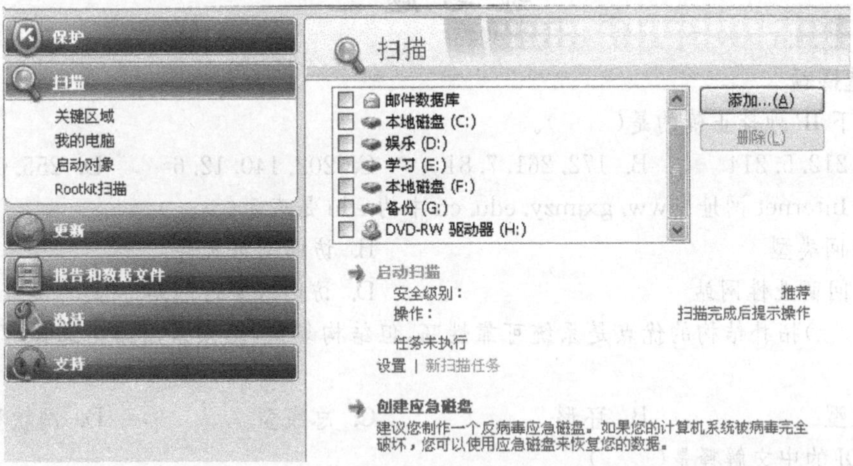
保护
扫描
关键区域
我的电脑
启动对象
Rootkit扫描
更新
报告和数据文件
激活
支持
扫描
邮件数据库
本地磁盘 (C:)
娱乐 (D:)
学习 (E:)
本地磁盘 (F:)
备份 (G:)
DVD-RW 驱动器 (H:)
添加...(A)
删除(L)
启动扫描
安全级别：
推荐
操作：
扫描完成后提示操作
任务未执行
设置 | 新扫描任务
创建应急磁盘
建议您制作一个反病毒应急磁盘。如果您的计算机系统被病毒完全破坏，您可以使用应急磁盘来恢复您的数据。

图 2－51 扫描面板

4. 打开保护面板，分别对文件反病毒、邮件反病毒、WEB 反病毒和主动防御进行基本参数的设置。如图 2－52 所示。

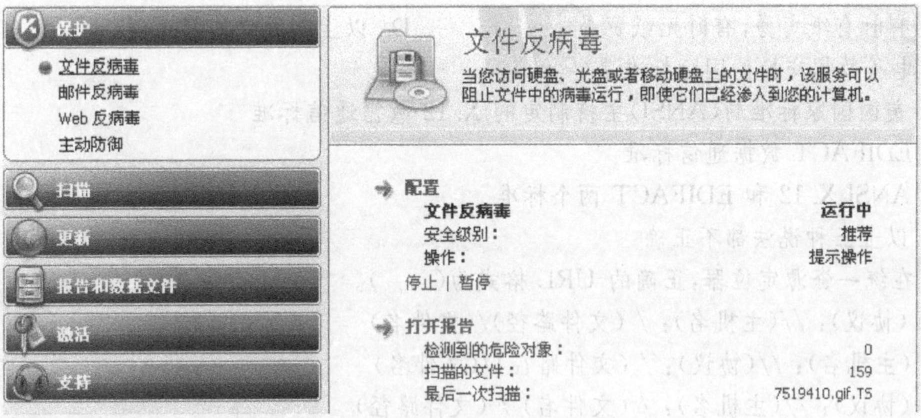
保护
文件反病毒
邮件反病毒
Web 反病毒
主动防御
扫描
更新
报告和数据文件
激活
支持
文件反病毒
当您访问硬盘、光盘或者移动硬盘上的文件时，该服务可以阻止文件中的病毒运行，即使它们已经渗入到您的计算机。
配置
文件反病毒
运行中
安全级别：
推荐
操作：
提示操作
停止 | 暂停
打开报告
检测到的危险对象：
0
扫描的文件：
159
最后一次扫描：
7519410.gif.TS

图 2－52 文件反病毒面板

5. 完成对卡巴斯基反病毒软件的设置。

复习思考题

1. 请结合身边一个网络范例，画出该网络的拓扑，并分析该网络的硬件和软件组成。

2. 请结合实际列举一个使用 Intranet 的范例，并分析该 Intranet 范例的优缺点。

3. 请以实例说明用 EDI 通信网络实现报关的工作流程。

4. 请以实例说明电子商务交易的信息安全隐患主要有哪些。

练习题二

一、单项选择题

1. 以下 IP 地址正确的是(　　)。

A. 0.212.5.214　　B. 172.261.7.81　　C. 202.140.12.6　　D. 255.0.0.255

2. 在 Internet 网址 www.gxjmzy.edu.cn 中的 edu 是表示(　　)。

A. 访问类型　　B. 访问文本文件

C. 访问商业性网站　　D. 访问教育性网站

3. (　　)拓扑结构的优点是系统可靠性高,但结构复杂,必须采用路由选择算法与流量控制方法。

A. 星型　　B. 环形　　C. 总线型　　D. 网状型

4. EDI 的中文解释是(　　)。

A. 企业数据传输　　B. 电子数据交换

C. 企业资源计划　　D. 电子资金转账

5. 电子数据交换 EDI 是一种(　　)。

A. 有纸贸易　　B. 无纸贸易

C. 有时有纸贸易,有时无纸贸易　　D. 以上三种说法都正确

6. 电子数据交换的国际标准是(　　)。

A. 美国国家标准局(ANSI)主持制定的 X.12 数据通信标准

B. EDIFACT 数据通信标准

C. ANSI X.12 和 EDIFACT 两个标准

D. 以上三种说法都不正确

7. 在统一资源定位器,正确的 URL 格式为(　　)。

A. (协议)://(主机名):/(文件路径)/(文件名)

B. (主机名)://(协议):/(文件路径)/(文件名)

C. (协议)://(主机名):/(文件名)/(文件路径)

D. (协议)://(端口号):/(文件路径)/(文件名)

8. 在电子商务安全体系中,以下不属于银行方安全部分的是(　　)。

A. 银行端安全代理　　B. 数据库管理系统

C. Web 服务器系统　　D. 审计信息管理系统

9. Internet 是目前全世界规模最大、信息资源最多的计算机网络,它是一个(　　)。

A. 外部网　　B. 专用网　　C. 公共信息网　　D. 城域网

10. 以下不属于电子商务系统使用的安全技术的是(　　)。

A. 加密　　B. 电子签名　　C. 电子信封　　D. 系统备份

二、多项选择题

1. 计算机网络按分布距离可分为(　　)。

A. 局域网　　B. 城域网　　C. 互联网　　D. 广域网

2. 计算机网络的功能有(　　)。

A. 实现资源共享　　B. 进行数据信息的集中和综合处理
C. 节省软硬件设备的开销　　D. 提高计算机的安全性

3. 从技术上讲,电子数据交换包括要素有(　　)。

A. 计算机硬件　　B. 计算机软件
C. EDI 软件　　D. 通信网络

4. 在 Internet 接入中,可供选择的接入方式包括(　　)。

A. LAN　　B. ADSL　　C. VDSL　　D. Cable Modem

第三章　电子商务模式

【内容提要】 本章将从电子商务几种模式应用出发，对电子商务的实际操作作了大概的介绍，基本涵盖了电子商务常见的几种模式的相关内容。阐明了企业、个人如何利用互联网开展商业活动及其发展前景。

引例

阿 里 巴 巴

2008 年 3 月 18 日，阿里巴巴网络有限公司(香港联合交易所股份代号：1688)公布截至 2007 年 12 月 31 日，经审核全年年度业绩：财报业绩超出高盛、摩根等所有大投行预期，340%的盈利增长。阿里巴巴交出了出色的答卷。在全球股市震荡中，阿里巴巴的卓越业绩被投资者一致看好。如图 3-1 所示。

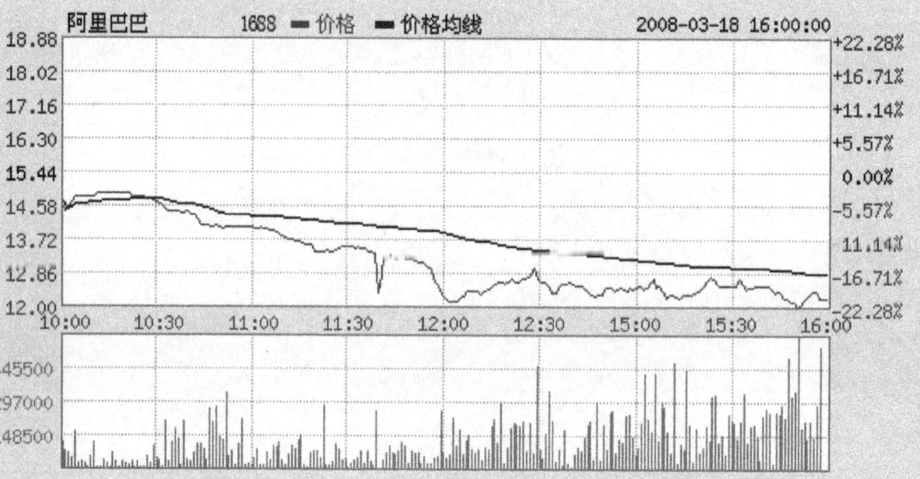

阿里巴巴
1688 价格 价格均线
2008-03-18 16:00:00
18.88
18.02
17.16
16.30
15.44
14.58
13.72
12.86
12.00
+22.28%
+16.71%
+11.14%
+5.57%
0.00%
-5.57%
11.14%
-16.71%
-22.28%
10:00
10:30
11:00
11:30
12:00
12:30
15:00
15:30
16:00
445500
297000
148500

图 3-1　阿里巴巴 2008 年 3 月 18 日股价图

2007 年阿里巴巴全年业绩概要：

营业收入由 2006 年的 13.639 亿元人民币上升 58.6%至 2007 年的 21.628 亿元人民币。

毛利由 2006 年的 11.262 亿元人民币上升 67.2%至 2007 年的 18.826 亿元人民币 。

营业利润由 2006 年的 2.685 亿元人民币上升 199.6%至 2007 年的 8.043 亿元人民币。

（续上）

营业利润率由2006年的19.7%上升至2007年的37.2%。

净利润（权益拥有人应占盈利——GAAP）由2006年的2.199亿元人民币上升340.0%至2007年的9.678亿元人民币。

2007年每股盈利（基本及摊薄后）为20.41港元，较2006年上升357.6%。

主要营运数据

阿里巴巴两个网上交易市场的注册用户数目由2006年年底的1 980万名增加39.6%至2007年年底的2 760万名。截至2007年12月31日，我们的国际交易市场及中国交易市场分别拥有440万名和2 320万名注册用户。

我们的交易市场的网上商铺总数由2006年底的210万个增加42.7%至2007年年底的300万个。截至2007年12月31日，阿里巴巴的国际交易市场及中国交易市场分别拥有697 563个和2 259 283个商铺。两个网上交易市场的付费会员由2006年的219 098名上升39.5%至2007年的305 545名。

对于公司去年的表现，阿里巴巴首席执行官卫哲表示："我们于2007年创下了骄人的业绩。本年度付费会员数目的强劲增长和付费会员平均付费金额的上升带动了我们2007年的收入增长。我们过去一年加强了新市场开拓，并且为客户开发及提供更多的增值服务，同时我们更加着重于提升客户服务质量。2008年，我们计划继续投资于拓展海外市场、开发新产品、完善客户服务，也会重点投资于我们的员工发展，藉此来实现强劲及长远的业务增长。"

阿里巴巴集团董事会主席马云表示："我们致力为中国及亚洲的中小企业打造电子商务的基础建设，并且创建一套阿里巴巴电子商务生态系统。我们将为我们的客户、员工和股东创造长远的持续增长的价值。我相信2008年对于我们团队来说将会是更加激动人心的一年。"

2007年，阿里巴巴全年业绩：

阿里巴巴公布截至2007年12月31日，全年度的总营业收入为21.628亿元人民币，较2006年上升58.6%。总营业收入的增长主要由国际交易市场及中国交易市场的付费会员数目和付费会员平均消费金额两者的增加所带动。

阿里巴巴截至2007年年底拥有305 545名付费会员，较2006年底上升39.5%。

国际交易市场的营业收入由2006年的9.919亿元人民币上升至2007年的15.477亿元人民币，占全年总营业收入71.6%，这增长主要来自"中国供应商"会员数目以及增值服务销售额的增加。由于我们作了进一步的地域拓展，"中国供应商"的付费会员由2006年年底的18 682名增加至2007年年底的27 384名；而阿里巴巴的国际诚信通付费会员由2006年年底的10 843名增加至2007年年底的12 152名。本年度阿里巴巴调整了关键词收费服务的价格结构，也开始向客户推销阿里软件的解决方案，该协同销售为阿里巴巴营业收入的增长作出了贡献。

（续上）

中国交易市场的营业收入由2006年的3.720亿元人民币上升至2007年的6.151亿元人民币，占全年总收入28.4%。此项增长反映了客户基础及每会员平均消费的增加。于2007年年底，阿里巴巴的中国交易市场拥有266 009名“中国诚信通”会员，较2006年年底净增76 436名。另外，我们于2007年新开发的黄金展位及品牌推广展位的增值服务，也广受客户欢迎。

2007年的毛利为18.826亿元人民币，比2006年增长67.2%。阿里巴巴的毛利率于2007年得到改善，由2006年的82.6%上升至87.0%。

2007年的总经营开支为10.982亿元人民币，较2006年上升25.4%。为了确保阿里巴巴长远的业务增长，我们投资于地域的拓展、新产品和服务的开发、市场推广以及员工培训，这些都导致本年度经营开支的上升。但阿里巴巴的经营开支占营业收入的百分比由2006年的64.2%下降至2007年的50.8%，充分体现了我们的规模效益。

2007年的营业利润（扣除股权报酬开支后）为8.043亿元人民币，较2006年上升199.6%。营业利润率由2006年的19.7%上升至2007年的37.2%。2007年全年未扣除股权报酬开支的营业利润（非GAAP）为9.564亿元人民币，较2006年增长150.1%。未扣除股权报酬开支的营业利润率（非GAAP）由2006年的28.0%上升至2007年的44.2%。利润率增长主要受惠于规模经济的优势。

阿里巴巴于2007年所得的利息收入为4.063亿元人民币，扣除6 120万元人民币的外汇兑换损失后，得到3.451亿元人民币的净财务收入。

2007年的权益拥有人应占盈利为9.678亿元人民币，较2006年的2.199亿元人民币上升340.0%。若扣除2007年首次公开发售超额认购所得的利息收入3.5亿元人民币以及主要与募集资金相关的6 120万元人民币的外汇兑换损失后，阿里巴巴的2007年的实际净利润则为6.785亿元人民币，较2006年上升208.5%。

其他财务数据

2007年的递延收入及预收账款达19.198亿元人民币，较2006年增长53.1%。该高额递延收入及预收账款显示了阿里巴巴的业务模式拥有高度的可预测性，并且为下年度的营业收入奠定了坚实的基础。

经常性自由现金流（非GAAP）是反映阿里巴巴独特经营模式下的盈利能力的重要指标，在2007年阿里巴巴取得13.164亿元人民币的经常性自由现金流，较2006年上升80.9%。

（资料来源：http://page.china.alibaba.com/shtml/about/ali_china7_news1_61.shtml）

从阿里巴巴的年报中我们可以看到，国内的电子商务还处于初级发展阶段；在经历了互联网泡沫的洗礼后，它定位明确，它的定位就是它的目标：为中小企业服务。国内有千千万万的中小企业，因为企业资金有限，难以自己开发销售渠道，信息不多，所以阿里巴巴就是提供中小企业销售信息和销售资源，帮助它们更好、更快、更准确地找到销售渠道和目标群体等，所以也就有了阿里巴巴的口号：让天下没有难做的生意。阿里巴巴的商业模式在国内的运作也更为接近国情，虽没有现成的可参照的商业模式，但阿里巴巴走出了一条更适合国内中小企业发展的电子商务模式，并取得了初步的成功。

第一节 B2B电子商务模式

一、B2B商业模式分析

2007年，尽管纳斯达克股市的激烈震荡使互联网的发展面临前所未有的挑战，很多人认为互联网和电子商务笼罩在严冬之中。但是，传统企业以日益增长的电子商务交易额告诉大家：纳斯达克并不是电子商务的全部，传统的行业和企业才是电子商务发展的核心力量。

国内B2B类电子商务网站代表有：阿里巴巴（传统型）、慧聪（传统型）、金银岛（纯电子商务模式）、买卖网（后起新秀，声称融合了阿里巴巴和慧聪的模式）。

1年多来网盛科技、阿里巴巴等企业在内地和香港的先后成功上市，极大地刺激了B2B交易模式的增长，一批有特点、有潜力、初具规模的行业B2B网站已成为风险投资商的关注焦点。就C2C和B2C另两大电子商务模式而言，其2007年交易规模也分别超过了400亿元和50亿元。

从参与交易的主体来看，企业对企业的电子商务(B2B)模式代表着电子商务的未来。企业与企业之间的交易规模远大于企业与顾客之间的交易，两者相差一个数量级。

从企业电子商务的交易过程来看，它是涉及交易主体、交易环境和交易方式的完整交易体系。

国内的B2B主营业务主要有三种类型：第一类，通过网络提供交易软件和平台的业务（本身生产工具产品，提供给真正的消费品生产销售厂商，国内以阿里巴巴为代表）；第二类，通过网络实现交易职能的中介业务（本身不生产商品，只是销售商品，如国美网上购物、苏宁网上商城）；第三类，通过网络提供信息产品和服务的业务（自己本身生产产品，并销售这些产品，如海尔商城）。

根据电子商务实施平台的不同，B2B商业模式可以分为以下几种类型。

（一）企业自身的电子商务

企业利用自身的信息资源建立网站或电子商务平台，发布企业及产品相关的信息，并进行产品或服务的在线交易活动。就其具体实施方式的不同，可以分为以下几种：企业门户、企业网站、网上直销、在线采购等。虽然企业自己建立B2B网站虽然降低了购销成本，但建网所需的巨额投资却增加了成本；同时，网站运作方式又使企业面临巨大风险，买卖双方均难以形成规模，不能有效解决商品过剩或短缺的现象。明智的企业不应该自己去做B2B商业网站，而应该进入中立的B2B网站，无风险地享用B2B的社会资源。这样既能获得便宜的采购信息又能大幅度地降低成本。因为企业自己做网站造成建交易立平台方本质上的不中立，会使众多的参与者在不公平的状态下运行商务，发展前景具有很大局限性。

(二) 水平 B2B 电子商务

面向中间交易市场的 B2B。这种交易模式是水平 B2B。它是将各个行业中相近的交易过程集中到一个场所，为企业的采购方和供应方提供了一个交易的机会，如阿里巴巴、环球资源网等。阿里巴巴是中国最早的电子商务网站之一，凭借地处中小企业最为发达的江浙地区，及全球最大 B2B 电子商务市场的品牌优势，积累了各个行业的客户数超过 2 000 万户，市场占有率超过 50%，是综合电子商务国内市场的唯一寡头。但随着用户的需求分层也在悄然催生新的电子商务模式，B2B 综合门户网站也开始进行细分；综合电子商务模式和垂直电子商务模式的竞争不仅不会分道扬镳，而且更可能相互渗透、趋于融合。

(三) 行业(垂直)B2B 电子商务

一个由第三方建立的行业电子商务平台上，行业内的所有公司都利用这个平台完成公司的销售和采购工作，进行网上交易。行业垂直类 B2B 的优势是专业性强，针对性强，最了解客户的需求。调查显示，2007 年企业化运营的 B2B 网站总数已经超过 4 500 家，而 2006 年当时的数字是 2 000 家，相当于 1 年的时间中国 B2B 行业网站在翻倍发展。具备盈利能力的是2 300家，总营业额收入达到了 647 亿元，而 2006 年是 100 亿元，这个数字在飞速增加。一些行业网站 CEO 也谈到了，2007 年的盈利规模超过 2006 年，从业人员超过了 19 万人。

这种网上交易市场是电子商务发展到一定阶段后出现的一种商业模式，以其立体化、智能化、开放性、通用性、专业性展现在公众面前，这是真正意义上的在线交易模式，它协调了整个供应链机制，实现了从客户到供应商的完全联通，也使企业的内部流程与外部交易完全一体化；网上交易市场聚集了大量的信息及商业机会，使其价格具备可比性、合理性，从而使整个市场充满了竞争性，无形中推动了整个交易市场的发展；通过供应链管理，保证了销售渠道的畅通；实时的交易，使交易和供应几乎同时发生，使供应商及时了解物料需求状况，实现企业零库存；快速、实时、柔性的交易模式，及其完善而流畅的服务与物流配送体制，使电子商务达到了高级阶段。B2B 电子商务是水平与垂直两种交易体系的交互。网上交易市场是这两条交易体系的衍生和完善，以其综合、立体的构架服务，加快市场响应，并为企业提供解决方案。

预计 B2B 未来发展方向将有以下几种趋势：

(1) 业务国际化。一批 B2B 电子商务企业在上市融资后，无论是在产品还是业务领域都将拓展到海外市场，而国际的一些 B2B 厂商也在谋求中国业务的开拓和发展，如国内的以上市的阿里巴巴以及一些准备上市或已上市的其他厂商参与进来。

(2) 服务外延化。在资讯服务的基础上，提供诸如软件服务、支付、物流、信用担保等更多的服务项目和内容。

(3) 行业纵深化。国内再次出现类似阿里巴巴、慧聪等综合性的细分的 B2B 平台的可能性不大，行业垂直化发展将是未来 B2B 电子商务发展的方向之一。

(4) 市场集中化。先进入者累积了一定规模用户和较高知名度具备先发优势，市场份额可能逐步扩大，而一些获得资本支持的 B2B 网站也将迈开收购合并步伐，预计除非在政策性很强行业有新参与者加入，否则市场集中度将逐步提高。

(5) 资本紧密化。随着几大 B2B 平台相继成功上市，预计不久将会有 2～3 家发展较好的企业实现上市或融资，而已成功的上市企业的投资并购活动将逐步展开和加快。

二、B2B模式的发展潜力

据统计，全球在互联网上进行的电子商务贸易额中，每100亿美元中有3/4是企业间的贸易。

2008年，中国互联网协会DCCI数据中心发布的调查报告显示，2007年，中国B2B电子商务交易增长超过25%，交易规模达到12 500亿元人民币。来自能源、化工、制造、流通等领域大型行业企业的深度介入，是其市场规模大幅增长的核心动力。

报告预计，未来两年中国B2B电子商务规模将继续高速增长，2008年将达16 200亿元，2009年将突破21 000亿元。

另据iResearch艾瑞咨询最新推出的《2007～2008中国B2B电子商务发展报告》数据显示，2007年，阿里巴巴总营收同比增长65.4%，达22.5亿元，以企业营收计算的市场份额由51%上升至57.3%；专注于外贸领域的环球资源也保持了良好的增长势头，以15.3%位居第二。

我国中小企业和非公有制企业数量已超过4 200万户，只有9%的中小企业实施了电子商务，我国还有90%以上B2B潜在用户，B2B电子商务服务市场还有很大的发展潜力。

1999年，正是中国互联网全盘西化的疯狂时节。由于盲目跟进欧美风向而鲜有创新，很多网络公司为了获得VC的青睐或短期的成功，企业满足于模式上甚至产品上的跟风和抄袭，一旦获得融资，又狂热地进行跑马圈地，于是，在短期内耗尽了持续发展的能量，或昙花一现，或渐渐沉沦。而当时阿里巴巴却在准备着厚积薄发，最终一鸣惊人，成就了今日上市互联网公司。

为何阿里巴巴能够成功？至2007年国内有约3 300万家中小企业，为广大中小企业提供服务的商业模式成就了阿里巴巴。在建立阿里巴巴之时，马云就充分认识到，阿里巴巴的目标是通过让包括生产自行车、小五金等在内的绝大多数中国中小型企业进行贸易往来，并把它们与全球连锁供应商连到一起，从而打造为一个全球性的网上电子交易市场。所以电子商务，商务是本，电子充其量只是一种技术手段。既然是以商业服务为主，就要贴近中国市场和中国企业特点的需求。

通过互联网，阿里巴巴创立了自己独特的经营模式：一是向全球买家展示中国企业；二是向中国企业提供国际买家，将中国企业长此以往的商业习惯向更高一级的行为阶层推进，使它们迅速地向网络商务靠拢，从而为海外企业所熟悉，开拓海外市场。

三、B2B模式发展存在的问题

调查数据显示，我国中小企业和非公有制企业数量已超过4 200万户，占全国企业总数的99.8%。其中在工商部门注册的中小企业430多万户、个体经营户3 800多万户。只有9%的中小企业实施了电子商务，中小企业不参与基于第三方平台的B2B，除了企业自身的因素问题外，国内B2B电子商务企业服务水平普遍偏低，解决方法过于单一也是一个重要原因。中小企业之所以对B2B"一问三不知"，其焦点还是在国内B2B电子商务普遍存在诚信问题上。

（一）B2B电子商务中的诚信问题

电子商务在国内经过近10年的发展后，在经济发展中的影响力与日俱增，但由于一直没有一部相关的法律法规予以规范，电子商务在发展过程中也面临着诚信等问题的困扰。虽然

2007年12月商务部出台了《关于促进电子商务规范发展的意见》，要求规范电子商务信息传播、交易、电子支付和商品配送等行为。

但关于如何解决电子商务诚信问题，一直没有一个很好的解决办法。阿里巴巴除了企业诚信产品外，又将支付宝引入B2B电子商务交易，慧聪网携手全球领先的信用管理机构邓白氏对各行业的供应商进行资信认证，金银岛与中国银行合作，推出“硬信用”平台来确保交易安全性以及各级CA认证中心。也有业内专家提出了实名制，即对电子商务的经营者要求实名注册，办理工商登记。但是，对于电子商务实行实名制，能否解决目前的诚信问题，我们也确存在很大的疑问。

例如，一位自称是××公司的业务主管，说所任职的公司要定购一批30万元以上的订单，要求回扣10%，也就是3万元，以后陆续还会有订单。王老板听了，马上答应，这个老板还比较谨慎，要求先汇10万元的定金过来再打回扣，结果那位××公司业务主管将10万元转账至这家公司的公司账户上。王老板一看，定金都来了，就放松警惕，将3万元回扣转入对方私人账户，准备生产。但第二天，财务就告诉王老板账户上10万元不见了。在这个例子中，就涉及一个公司账户转账时限问题。××公司的业务主管在24小时内，不能提取资金，且可进行撤销。而私人账户是可以即时提取的，所以这家公司白白损失了3万元。这里我们提到的是一个诚信问题，说明国内企业诚信的缺失。

（二）中小企业整体信息化水平低

我国有3 300多万家大中小型企业，其中99%是中小企业。由于中小企业资金有限，管理手段落后，领导信息化意识不强，普遍投入不足，基础薄弱，因此，国内中小企业信息化整体水平较低，特别是传统行业的小企业，信息化还处于初级水平或是基本没有，这是制约我国电子商务发展的根本问题。

（三）相关法律法规和制度不健全

做生意就避免不了发生纠纷，而网上纠纷又有其独特性。由于电子商务是一种“无纸化”的全新贸易方式，它需要针对性的法规来加以规范，以保证这一新兴的贸易方式按照其自身的规律安全、健康的发展。

国内电子商务也经过了10年的发展。2007年3月，商务部发布了《关于网上交易的指导意见（暂行）》，明确了电子商务的交易主体资格以及网上交易的基本原则；12月商务部就电子商务有关问题又出台了《关于促进电子商务规范发展的意见》，但国家对电子商务仍缺乏明确的政策。

四、B2B发展前景分析

由国家发展和改革委员会、国务院信息化工作办公室、信息产业部日前联合发布的《中国中小企业信息化发展报告（2007）》和《全国中小企业信息化调查报告（2007）》显示，我国中小企业和非公有制企业数量已超过4 200万户，占全国企业总数的99.8%。2006年，中国互联网B2B电子商务网站总营收为28.1亿元人民币，2007年增长率为49.8%，总营收为42.1亿元人民币。预计未来两年我国B2B电子商务网站的总营收规模进一步增加，2008年将达61.7亿元，2009年市场规模将达89.8亿元。

但是，有的中小企业对信息化促进企业发展的作用、效果以及政府对信息化建设的支持政策措施不够了解；现有80%的中小企业具有信息化能力或已接入互联网，但用于企业业务的只占44.2%,只有9%的中小企业实施了电子商务,4.8%的企业应用了ERP;我国中小企业信息化的社会服务体系还不健全,覆盖面较小,服务内容不完善,除信息服务、技术支持外,还有很多领域没有形成服务网络。

未来电子商务发展格局将明显发生变化。其主要表现在:① 市场份额高度集中,竞争激烈,综合类B2B电子商务平台与垂直类B2B电子商务平台相互博弈。目前,国内B2B市场份额中,阿里巴巴市场份额接近70%,优势明显,网盛科技、环球资源、中国制造网和慧聪网也发展迅速,实力增长加快。② 业务国际化,国内B2B电子商务企业在上市融资后,无论是在产品还是业务领域都将拓展到海外市场,而国际的一些B2B企业也正谋求在中国业务的开拓和发展。③ 行业纵深化,中国供应商、中国钢铁网、EC21、化工网等约20家网站,在B2B电子商务市场或行业垂直市场内也有较高的知名度,处于较为稳定的发展阶段。目前B2B行业网站大多数还是非常有信心的,只有10.71%的网站认为现在希望被并购或者被卖掉,大部分网站希望上市,寻找新的利润增长点。

实操一

注册阿里巴巴普通会员

【实验目的】

掌握如何在B2B电子商务网站上,如阿里巴巴(www.alibaba.com.cn)进行免费会员注册和开通免费商铺。

【实验环境】

1. 硬件要求:用户PⅢ1300/10G/256MB RAM以上。

2. 软件要求:用户操作系统为Windows 2000 Professional以上,连接Internet网络,Internet Explorer 6.0以上浏览器。

【实验要求】

1. 免费会员注册。

2. 开通免费商铺。

【实验步骤】

以阿里巴巴为例注册免费会员和开通免费商铺

1. 在浏览器地址栏中输入www.alibaba.com和www.alibaba.com.cn,进入阿里巴巴国际站和中国站,如图3-2和图3-3所示。

2. 免费注册。点击图3-3上方的"免费注册",注册成为阿里巴巴的普通会员。

注意:请使用真实有效的E-mail地址,方便客户与您联系。如图3-4和图3-5,注册后请按提示收取E-mail完成邮箱的确认。

3. 选择注册会员服务类型,选择注册变通会员。如图3-6所示。

4. 阿里巴巴系统会自动将验证信息发送到我们填写的信箱。如图3-7所示。

5. 登录邮箱,打开"阿里巴巴会员注册中心"ali@alibaba-inc.com,点击确认。如图3-8所示。

6. 注册成功,设置会员信息。如图3-9和图3-10所示。

到这里,我们就成功地注册成为阿里巴巴普通会员了。

http://www.alibaba.com/
Live Search
Alibaba.com - The world's largest online B2B marketpl...
Set as your home page | Bookmark
Welcome to Alibaba.com! Join Free | Sign In | TradeManager | Help | 翻译此页
Alibaba.com
Global trade starts here.™
For Buyers
For Sellers
My Alibaba
Community
News
国内贸易
Products
Selling Leads
Suppliers
Buyers
Trade Shows
Find Your SuperDeals
Select Country/Region
Search
More search options
Popular Searches: car mp3 player, shoes, cement, handbags, cell phones, fashion T-shirts, plywood, fabric, jewellery, ATV 250CC
Browse by Category
Agriculture
Apparel
Automobile
Business Services
Chemicals
Computer Hardware & Software
Free!
Unparalleled opportunities for profit in the China market!
Join Export-to-China Now!
Hot News
Alibaba.com Launches New China TrustPass Product for Individuals
Trade with the World
China
India
All Regions
Latest Buying Leads
Latest Selling Leads
Looking For Strap...
22-Jul
LCD For Htc Cruis...
22-Jul
Black box
22-Jul
Sell Candy Bag
22-Jul
Join Free!
New to Alibaba? Join Free Now!
Display Your Products
Post Your Purchase Requests

图 3-2　阿里巴巴国际站主页

http://www.alibaba.com.cn
阿里巴巴是全球领先的B2B电子商务网上贸易平台
设为首页 | 添加到收藏夹
阿里贷款 | 出口服务 | 诚信通 | 会员培训 | 竞价排名 | 黄金展位 | 阿里旺旺 | 阿里工具条 | 采购工具 | 阿里助手 | 客服中心
阿里巴巴
Alibaba.com.cn
全球领先的网上贸易市场和商人社区
登录
免费注册
旺铺直达
发布信息
点此下载阿里工具条，做生意更快捷！
首页
找公司
加工
库存二手
批发进货
创业加盟
展会
商业服务
找买家
价格行情
视频
商友
资讯
论坛
博客
图库
请输入您需要的产品名称
找产品
标王直达
[搜索排行榜]
在搜索中位列前五?
产品
求购信息
热门关键字：
仅2招，解决创业资金难题！
立即查看
看阿里
赢在中国
APEC峰会
媒体超市
阿里软件欲造30家上市公司
马云获日本企业家大奖
给你一个问倒马云的机会
情系灾区，阿里爱心在延续
注册会员
加入诚信通
网上贸易从此开始
热门活动
批发市场
批发市场 进货首选
教你发批发信息
清仓甩货促销新品
新品画册集
批发特供
推广公司
发布信息
寻找买家
阿里软件
最新供应信息
最新求购信息
供应聚酰胺
求购丝巾
17:50
17:50
[上海上海市..]
[浙江义乌市]
发布供求信息
发布求购信息

图 3-3　阿里巴巴中国站主页

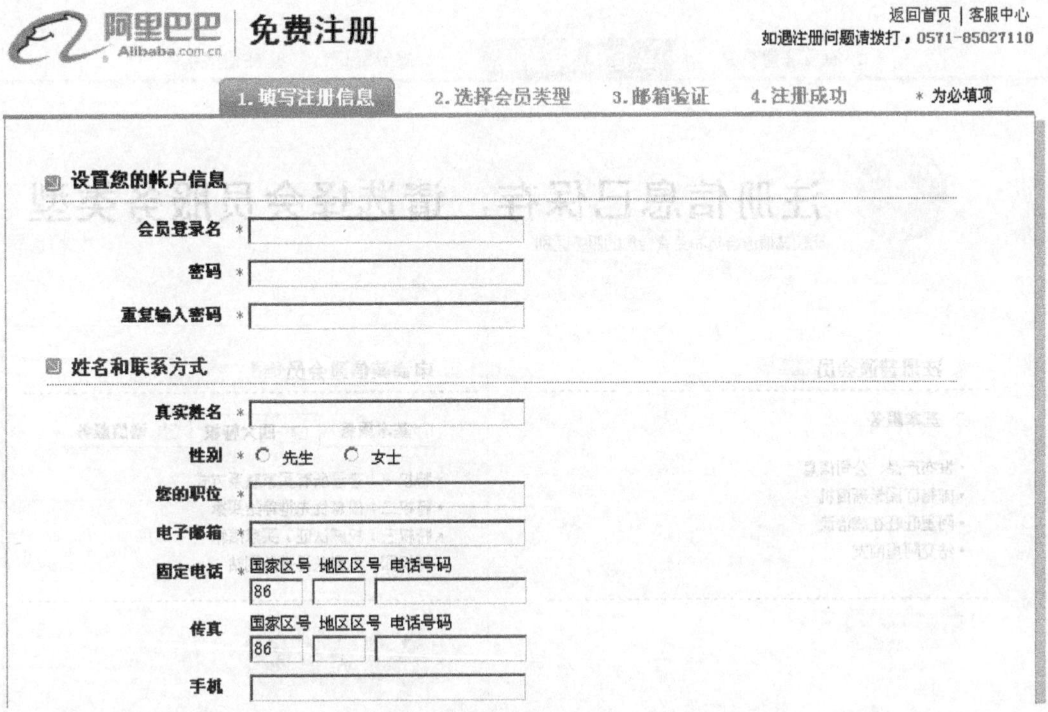
阿里巴巴
Alibaba.com.cn
免费注册
返回首页 | 客服中心
如遇注册问题请拨打，0571-85027110
1.填写注册信息
2.选择会员类型
3.邮箱验证
4.注册成功
* 为必填项
设置您的帐户信息
会员登录名 *
密码 *
重复输入密码 *
姓名和联系方式
真实姓名 *
性别 * 先生 女士
您的职位 *
电子邮箱 *
固定电话 * 国家区号 地区区号 电话号码
86
传真 国家区号 地区区号 电话号码
86
手机

图 3-4 阿里巴巴中国站注册页面(1)

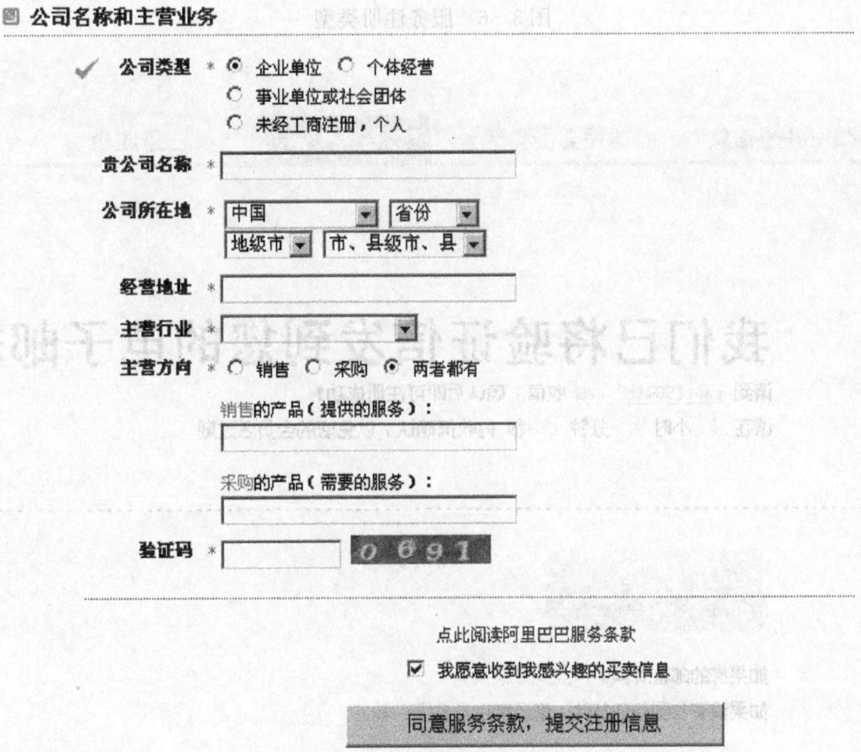
公司名称和主营业务
公司类型 * 企业单位 个体经营
事业单位或社会团体
未经工商注册，个人
贵公司名称 *
公司所在地 * 中国 省份
地级市 市、县级市、县
经营地址 *
主营行业 *
主营方向 * 销售 采购 两者都有
销售的产品（提供的服务）：
采购的产品（需要的服务）：
验证码 * 0691
点此阅读阿里巴巴服务条款
我愿意收到我感兴趣的买卖信息
同意服务条款，提交注册信息

图 3-5 阿里巴巴中国站注册页面(2)

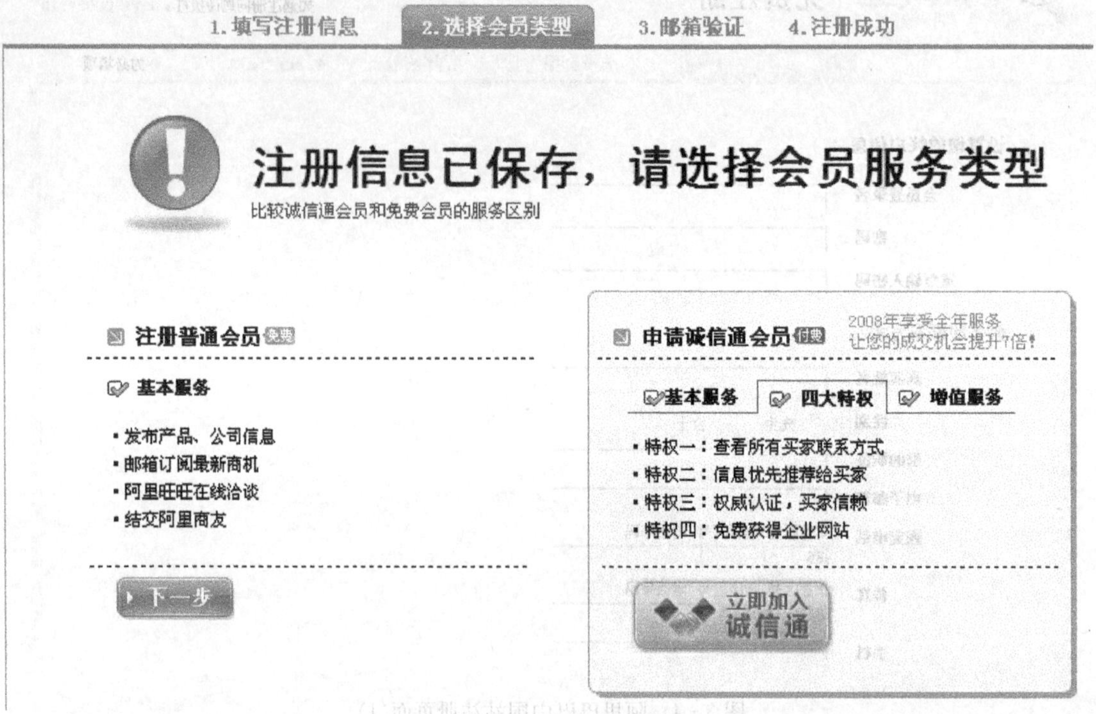
1.填写注册信息
2.选择会员类型
3.邮箱验证
4.注册成功
注册信息已保存，请选择会员服务类型
比较诚信通会员和免费会员的服务区别
注册普通会员 免费
基本服务
·发布产品、公司信息
·邮箱订阅最新商机
·阿里旺旺在线洽谈
·结交阿里商友
下一步
申请诚信通会员 付费
2008年享受全年服务
让您的成交机会提升7倍!
基本服务
四大特权
增值服务
·特权一：查看所有买家联系方式
·特权二：信息优先推荐给买家
·特权三：权威认证，买家信赖
·特权四：免费获得企业网站
立即加入
诚信通

图 3－6　服务注册类型

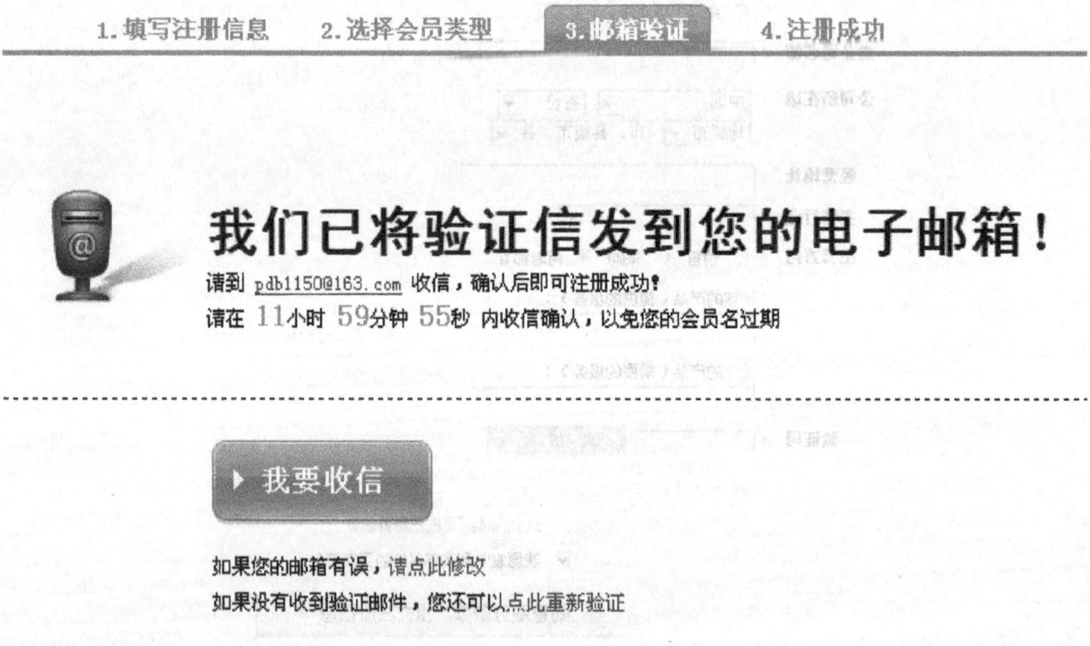
1.填写注册信息
2.选择会员类型
3.邮箱验证
4.注册成功
我们已将验证信发到您的电子邮箱！
请到 pdb1150@163.com 收信，确认后即可注册成功!
请在 11小时 59分钟 55秒 内收信确认，以免您的会员名过期
我要收信
如果您的邮箱有误，请点此修改
如果没有收到验证邮件，您还可以点此重新验证

图 3－7　发送验证信息

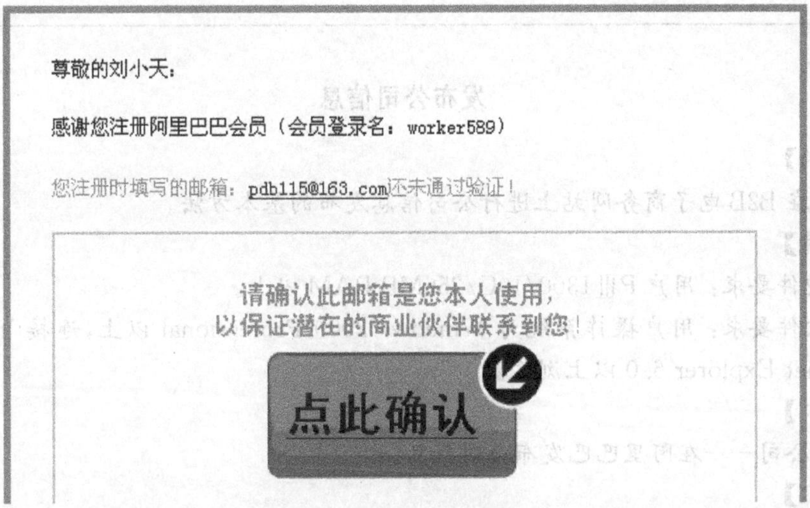
尊敬的刘小天：
感谢您注册阿里巴巴会员（会员登录名：worker589）
您注册时填写的邮箱：pdb115@163.com还未通过验证！
请确认此邮箱是您本人使用，
以保证潜在的商业伙伴联系到您！
点此确认

图 3－8　确认验证信息

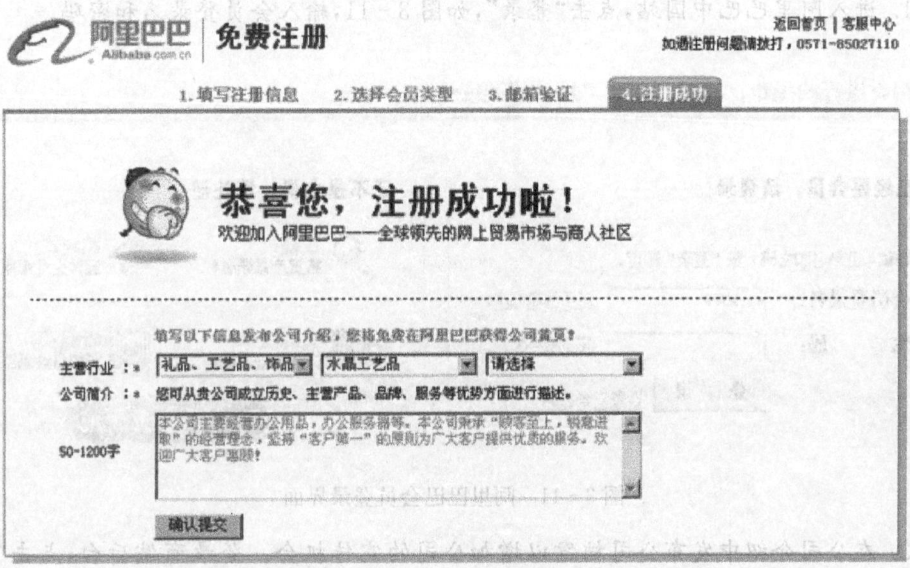
阿里巴巴
Alibaba.com.cn
免费注册
返回首页 | 客服中心
如遇注册问题请拨打，0571-85027110
1.填写注册信息
2.选择会员类型
3.邮箱验证
4.注册成功
恭喜您，注册成功啦！
欢迎加入阿里巴巴——全球领先的网上贸易市场与商人社区
填写以下信息发布公司介绍，您将免费在阿里巴巴获得公司黄页！
主营行业：
礼品、工艺品、饰品
水晶工艺品
请选择
公司简介：
您可从贵公司成立历史、主营产品、品牌、服务等优势方面进行描述。
50-1200字
确认提交

图 3－9　会员信息提交

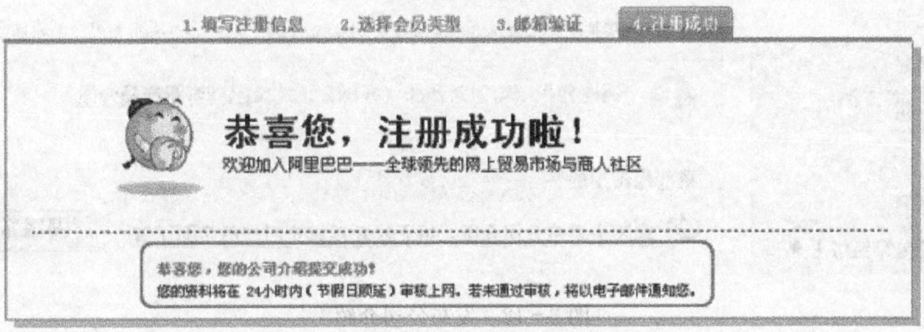
1.填写注册信息
2.选择会员类型
3.邮箱验证
4.注册成功
恭喜您，注册成功啦！
欢迎加入阿里巴巴——全球领先的网上贸易市场与商人社区
恭喜您，您的公司介绍提交成功！
您的资料将在 24小时内（节假日顺延）审核上网。若未通过审核，将以电子邮件通知您。

图 3－10　注册成功

实操二

发布公司信息

【实验目的】

掌握在B2B电子商务网站上进行公司信息发布的基本方法。

【实验环境】

1. 硬件要求：用户PⅢ1300/10G/256MB RAM以上。

2. 软件要求：用户操作系统为Windows 2000 Professional以上，连接Internet网络，Internet Explorer 6.0以上浏览器。

【实验要求】

展示公司——在阿里巴巴发布公司信息。

【实验步骤】

以阿里巴巴为例进行发布公司信息

1. 进入阿里巴巴中国站，点击"登录"，如图3-11，输入会员登录名和密码。

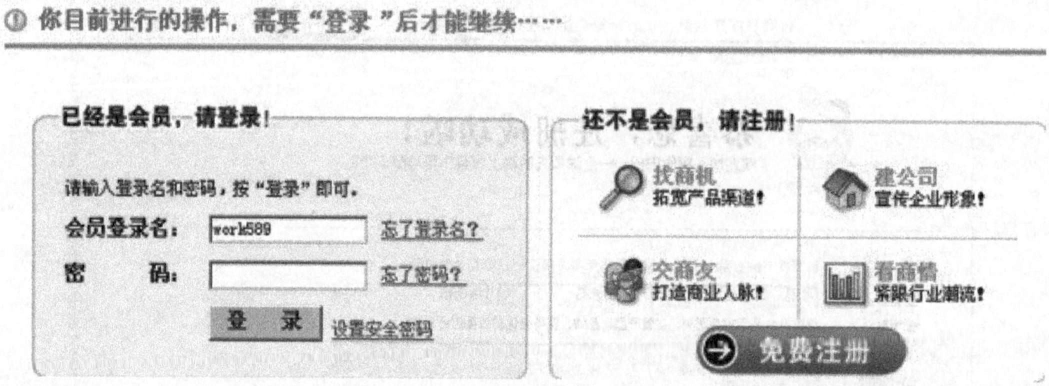
你目前进行的操作，需要"登录"后才能继续……
已经是会员，请登录！
请输入登录名和密码，按"登录"即可。
会员登录名：
work589
忘了登录名？
密 码：
忘了密码？
登 录
设置安全密码
还不是会员，请注册！
找商机
拓宽产品渠道！
建公司
宣传企业形象！
交商友
打造商业人脉！
看商情
紧跟行业潮流！
免费注册

图3-11 阿里巴巴会员登录界面

2. 在公司介绍中发布公司档案以增加公司的宣传机会。登录商铺后台，点击"公司介绍"或立即发布，如图3-12所示。

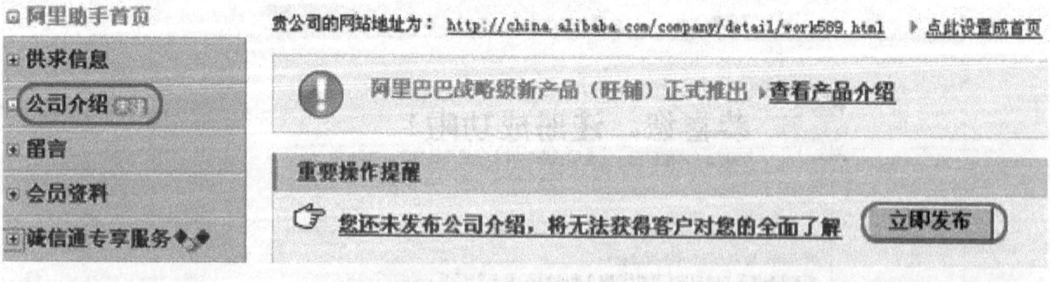
阿里助手首页
供求信息
公司介绍
留言
会员资料
诚信通专享服务
贵公司的网站地址为：
http://china.alibaba.com/company/detail/work589.html
点此设置成首页
阿里巴巴战略级新产品（旺铺）正式推出
查看产品介绍
重要操作提醒
您还未发布公司介绍，将无法获得客户对您的全面了解
立即发布

图3-12 发布公司介绍

3. 填写公司基本信息及相关资料(注：公司介绍必须是50～1 200个字)，填写完毕点击"下一步"。如图3-13和图3-14所示。

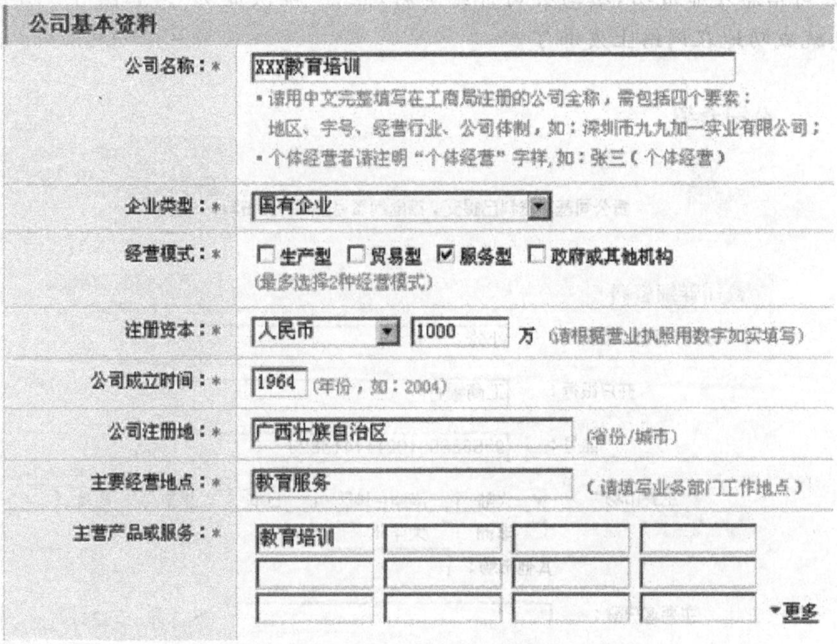
公司基本资料
公司名称：*
XXX教育培训
·请用中文完整填写在工商局注册的公司全称，需包括四个要素：
地区、字号、经营行业、公司体制，如：深圳市九九加一实业有限公司；
·个体经营者请注明“个体经营”字样，如：张三（个体经营）
企业类型：*
国有企业
经营模式：*
生产型
贸易型
服务型
政府或其他机构
(最多选择2种经营模式)
注册资本：*
人民币
1000
万（请根据营业执照用数字如实填写）
公司成立时间：*
1964
(年份，如：2004)
公司注册地：*
广西壮族自治区
(省份/城市)
主要经营地点：*
教育服务
（请填写业务部门工作地点）
主营产品或服务：*
教育培训
更多

图 3－13　公司基本资料

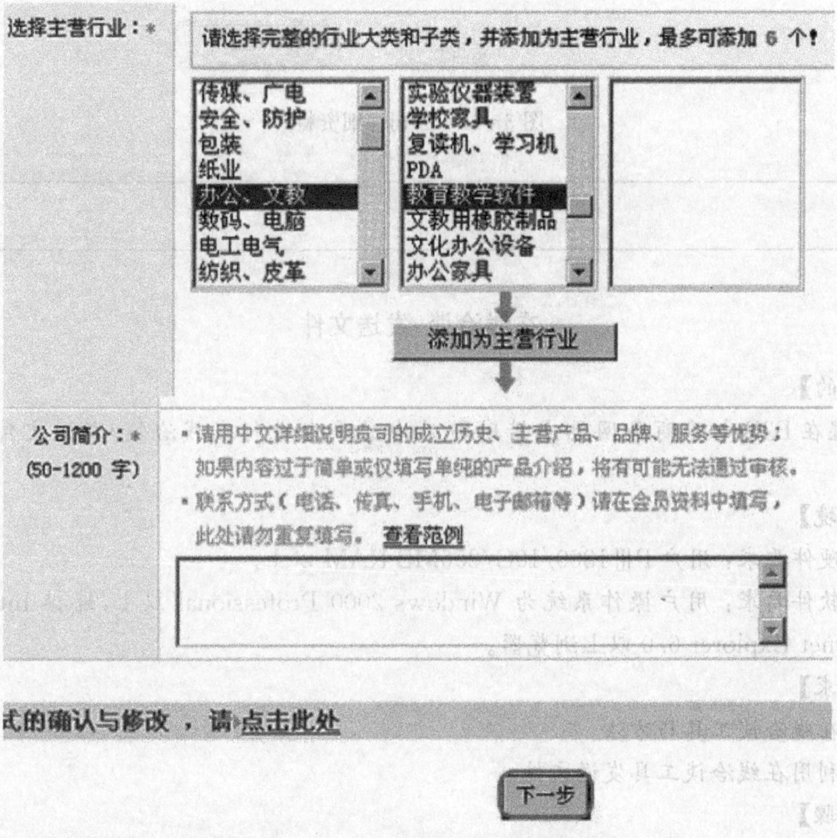
选择主营行业：*
请选择完整的行业大类和子类，并添加为主营行业，最多可添加 6 个！
传媒、广电
安全、防护
包装
纸业
办公、文教
数码、电脑
电工电气
纺织、皮革
实验仪器装置
学校家具
复读机、学习机
PDA
教育教学软件
文教用橡胶制品
文化办公设备
办公家具
添加为主营行业
公司简介：*
(50-1200 字)
·请用中文详细说明贵司的成立历史、主营产品、品牌、服务等优势；
如果内容过于简单或仅填写单纯的产品介绍，将有可能无法通过审核。
·联系方式（电话、传真、手机、电子邮箱等）请在会员资料中填写，
此处请勿重复填写。 查看范例
式的确认与修改 ，请点击此处
下一步

图 3－14　主营业务及公司简介

4. 公司信息发布成功，填写公司详细资料，点击“确认提交”。如图 3-15 所示。公司的信息就成功地在网络上发布了。

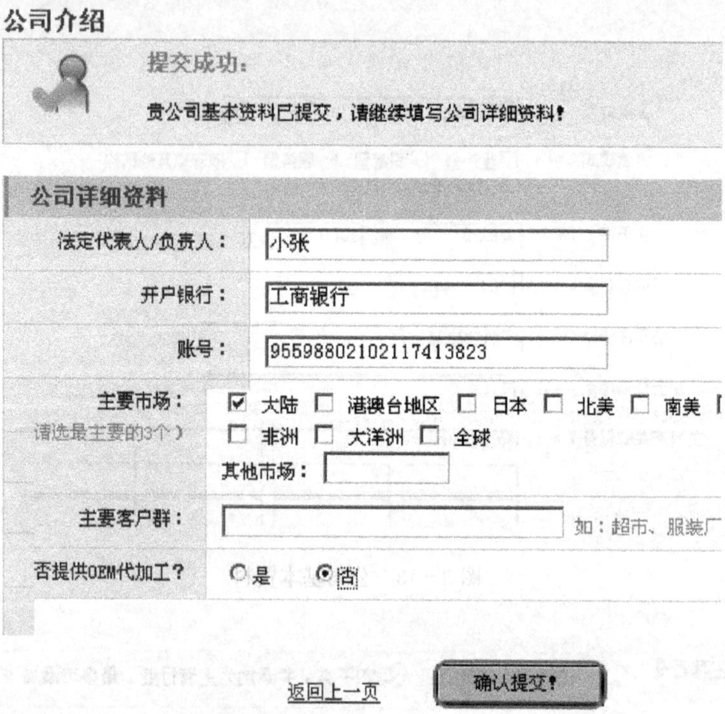
公司介绍
提交成功：
贵公司基本资料已提交，请继续填写公司详细资料！
公司详细资料
法定代表人/负责人：
小张
开户银行：
工商银行
账号：
95598802102117413823
主要市场：
请选最主要的3个）
大陆
港澳台地区
日本
北美
南美
非洲
大洋洲
全球
其他市场：
主要客户群：
如：超市、服装厂
否提供OEM代加工？
是
否
返回上一页
确认提交！

图 3-15　公司详细资料

实操三

在线洽谈/发送文件

【实验目的】

掌握在 B2B 电子商务网站上借助即时沟通平台进行在线洽谈/发送文件的基本方法。

【实验环境】

1. 硬件要求：用户 PⅢ1300/10G/256MB RAM 以上。

2. 软件要求：用户操作系统为 Windows 2000 Professional 以上，连接 Internet 网络，Internet Explorer 6.0 以上浏览器。

【实验要求】

1. 在线洽谈工具与方法。

2. 利用在线洽谈工具发送文件。

【实验步骤】

以阿里巴巴贸易通为例，贸易通采购流程。如图 3-16 所示。

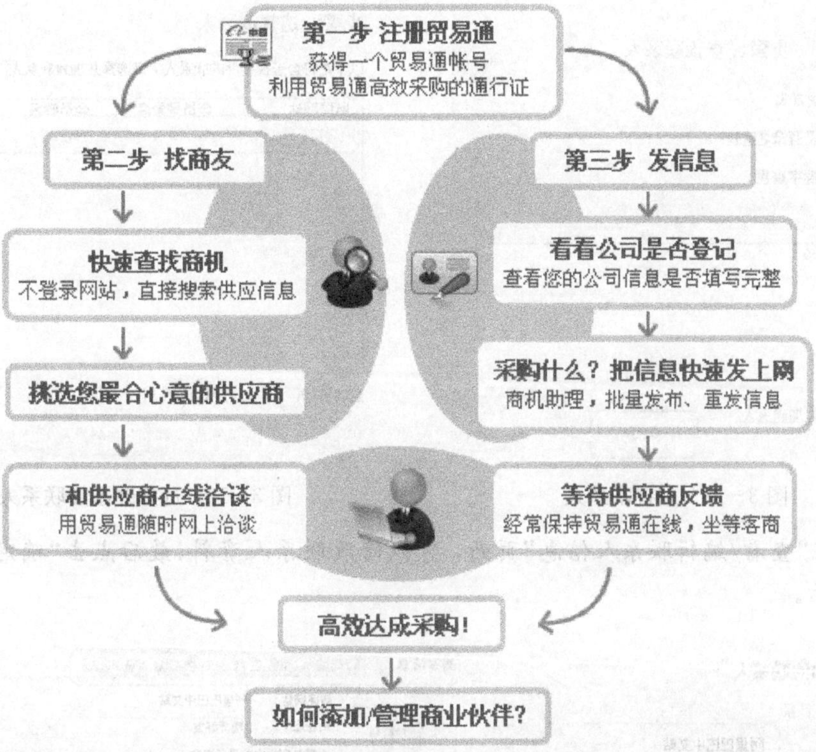
第一步 注册贸易通
获得一个贸易通帐号
利用贸易通高效采购的通行证
第二步 找商友
第三步 发信息
快速查找商机
不登录网站，直接搜索供应信息
看看公司是否登记
查看您的公司信息是否填写完整
挑选您最合心意的供应商
采购什么？把信息快速发上网
商机助理，批量发布、重发信息
和供应商在线洽谈
用贸易通随时网上洽谈
等待供应商反馈
经常保持贸易通在线，坐等客商
高效达成采购！
如何添加/管理商业伙伴？

图 3-16 阿里巴巴的“贸易通”采购流程

1. 进入阿里巴巴中国站，点击阿里巴巴首页右上角的“阿里旺旺”链接，进入阿里旺旺下载页面下载“阿里旺旺(贸易通版)”软件。

2. 安装阿里旺旺(略)。

3. 运行阿里旺旺进行登录。

如果是第一次安装阿里旺旺，则在安装完毕后，会弹出“阿里旺旺注册向导”的窗口。

如果企业已经是阿里巴巴网站的会员，可以直接用阿里巴巴会员名和密码登录。

如果企业还不是阿里巴巴网站的会员，请根据注册向导的指示，完成新用户注册：填入会员登录名，密码，邮箱，真实姓名，验证码等资料，点击“立即注册”即可。注册成功后，就会自动登录阿里旺旺。

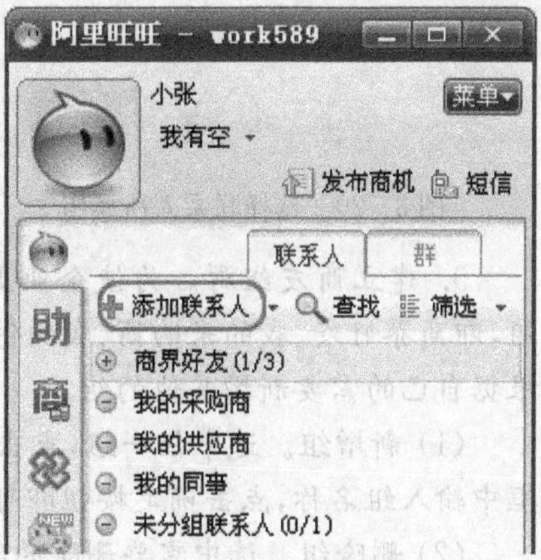
阿里旺旺 - work589
小张
我有空
菜单
发布商机
短信
联系人
群
添加联系人
查找
筛选
商界好友 (1/3)
我的采购商
我的供应商
我的同事
未分组联系人 (0/1)

图 3-17 添加联系人

4. 利用阿里旺旺搜索商业伙伴。点击联系人列表页面的“添加联系人”按钮。如图 3-17 所示。

5. 直接输入联系人的 ID，点击“查找”。如图 3-18所示。

6. 在筛选出的联系人列表中，选择联系人，点击“加为联系人”。如图 3-19 所示。

7. 选择联系人所在组，点击“添加”按钮。如图 3-20 所示。

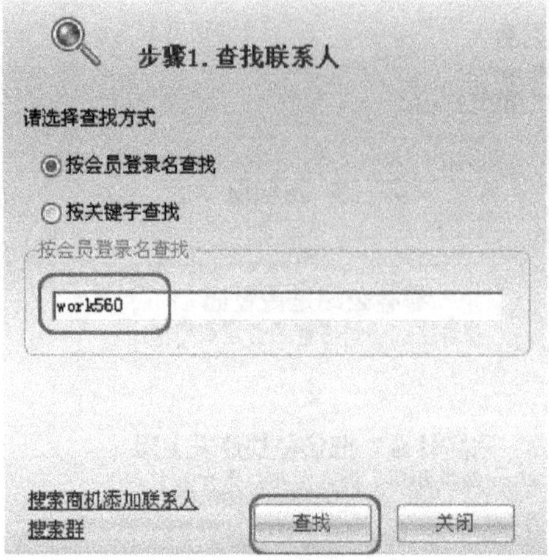
步骤1. 查找联系人
请选择查找方式
按会员登录名查找
按关键字查找
按会员登录名查找
work560
搜索商机添加联系人
搜索群
查找
关闭

图 3-18 查找联系人

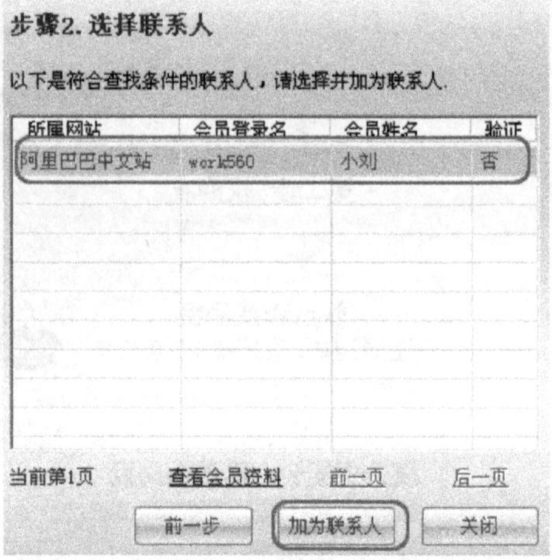
步骤2. 选择联系人
以下是符合查找条件的联系人，请选择并加为联系人.
所属网站
会员登录名
会员姓名
验证
阿里巴巴中文站
work560
小刘
否
当前第1页
查看会员资料
前一页
后一页
前一步
加为联系人
关闭

图 3-19 选择并添加联系人

8. 在“查看/编辑联系人信息”页面，可以修改联系人资料，最后点击“确定”。如图3-21所示。

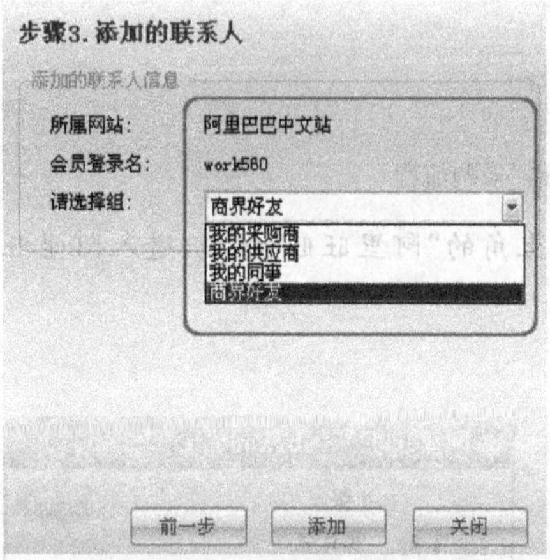
步骤3. 添加的联系人
添加的联系人信息
所属网站:
阿里巴巴中文站
会员登录名:
work560
请选择组:
商界好友
我的采购商
我的供应商
我的同事
商界好友
前一步
添加
关闭

图 3-20 选择联系人所属组

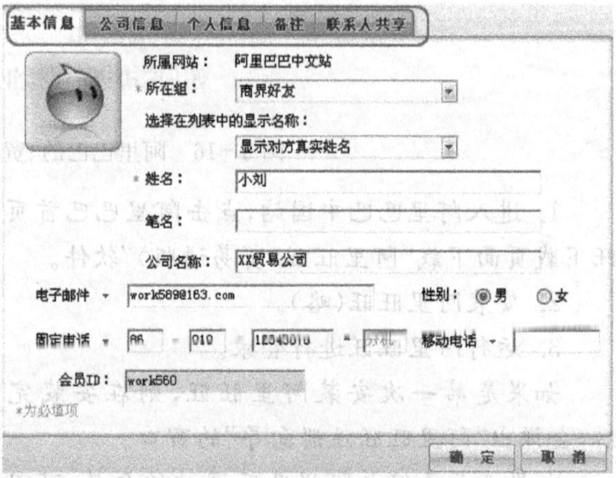
基本信息
公司信息
个人信息
备注
联系人共享
所属网站:
阿里巴巴中文站
所在组:
商界好友
选择在列表中的显示名称:
显示对方真实姓名
姓名:
小刘
公司名称:
XX贸易公司
电子邮件
性别:
男
女
固定电话
移动电话
会员ID:
work560
*为必填项
确 定
取 消

图 3-21 修改联系人资料

9. 建立商友组群。为使企业更方便地整理商友资料，阿里旺旺给出了默认的5个组，即商界好友、我的采购商、我的供应商、合作伙伴、我的同事、未分组商友。企业也可以根据自己的需要新增其他的组。

(1) 新增组。选中任一组，点击鼠标右键，选择快捷菜单“增加组”，在系统弹出对话框中输入组名称，点击确定按钮即可。

(2) 删除组。选中需要删除的组，点击鼠标右键，在弹出菜单中选择“删除组”，点击“是”按钮即可。

(3) 添加商友到组。在商友列表中，选中某商友点击右键；选择“移动商友到其他组”即可。

(4) 设置商友意向等级。

10. 即时洽谈。在即时洽谈窗口中，企业可以看到商友的网络名片，内容包括他的个人图片、姓名、公司(发布公司介绍后有此项)、主营行业、主营产品、供求信息等,若对方是诚信通会员,网络名片中还包含诚信通档案的相关内容:“查看档案”和“给我评价”。阿里旺旺还可以视频通话,即在对话窗口上,点击“视频通话”或者“语音通话”的按钮,在商业伙伴列表,选中某个商友,鼠标右击,在菜单中选择“开始视频通话”或者“开始语音通话”选项。企业可以在此与对方进行网上洽谈,也可以给对方发送产品图片或文件,并可进行语音或视频聊天,也可以给对方发送手机短信;还可以在“名片”右边的“商机展厅”中查看该商友发布的供求信息,也可以向该商友推荐您自己的供求信息;还可以点击表情按钮,选择合适的表情图标,为洽谈增添活泼的气氛。另外,阿里旺旺还可以邀集3人在网上召开一个小型的视频 / 语音会议。

11. 查看最近聊天记录。打开与某商友对话的聊天窗口,即可显示最近与该商友的聊天记录内容。

12. 传送文件。

(1) 发送文件。在联系人列表中,选中某商友,然后在 主窗口菜单中选择“工具/发送文件或图片 ”或者右击鼠标,在弹出菜单中选择“发送文件或图片”,然后在弹出对话框中点击“浏览”按钮,选择想要发送的文件,还可以在下面填入一些文件说明,点击“发送”按钮,等待对方接收文件了。对方确认接收后,发送文件开始,并显示发送进度条。您可以选择“发送完毕后关闭此对话框”,则系统会在文件传输完以后自动关闭这个对话框。也可以在与商友的“聊天窗口”中,点击工具栏“发送文件”按钮,给对方发送文件。

(2) 接收文件。当其他商友给您发送文件时,会弹出一个文件接收提示框,您可以选择“接收”或者“拒绝”文件。当选择“接收”时,文件便开始传输,并显示接收进度条。您可以选择“接收完毕后关闭此对话框”,则系统会在文件传输完以后自动关闭这个对话框;也可以选择“自动打开文件所在目录”,则在文件接收完毕后,会自动打开文件保存的目录。

13. 利用在线洽谈(贸易通)销售产品,如图 3-22 所示。

(1) 销售。把信息快速发上网。方法是点击阿里旺旺主页面右上角的“发布商机”按钮;在“商机助理”页面,填写信息内容,新建一条信息;可直接“发布”,或“保存”后,双击该条信息,打开“信息编辑”窗口,点击“另存为”按钮,批量发布同类产品信息。

(2) 等待采购商主动联系:经常保持阿里旺旺在线,让买家主动找上门,即时洽谈。

(3) 快速寻找采购商。方法是在搜索框中输入产品名或公司名,点击“搜索”按钮,在下拉框中选择“采购信息”即可。

(4) 选定合适的采购商。在采购商发布的信息中,结合企业供应的产品,选择合适的采购商。

(5) 和采购商在线洽谈。选中最适合的信息,查看详细内容后;点击“立即洽谈”标志,与采购商第一时间交流洽谈。

阿里旺旺的一个新功能是“阿里旺旺群”,包括商务服务、客户管理系统、商务文档、雅虎翻译、股市行情、商业资讯等。只要点击阿里旺旺左侧 tab 页面的“商务服务”就可以进入该版块使用各个功能。

国内买卖主要平台有:阿里巴巴、慧聪网、中国化工网、搜捕网、亚商服务通、万国商

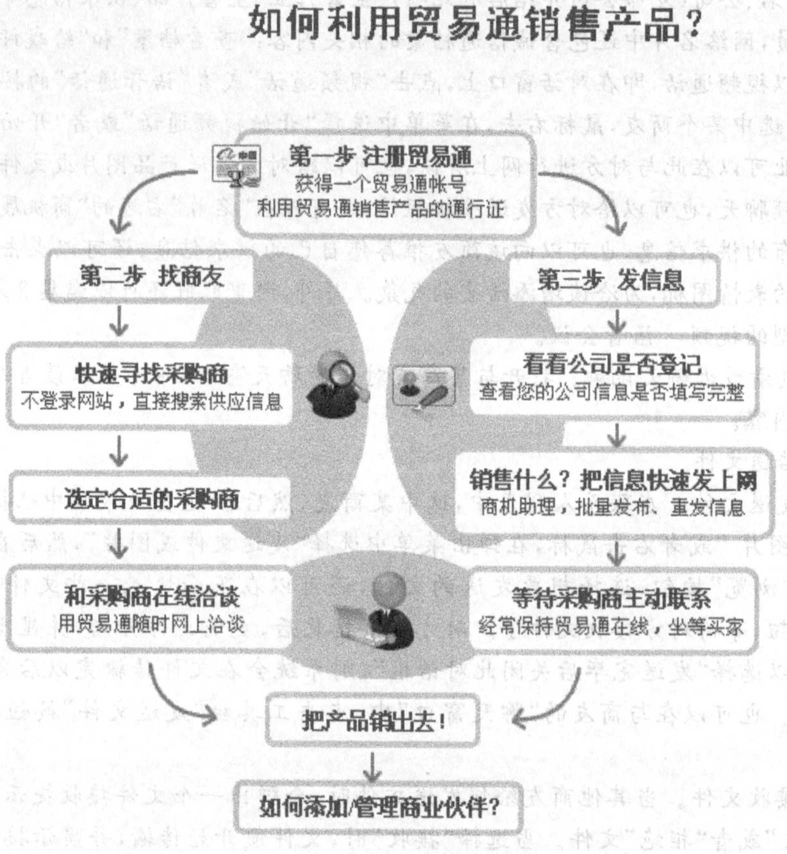
如何利用贸易通销售产品？
第一步 注册贸易通
获得一个贸易通帐号
利用贸易通销售产品的通行证
第二步 找商友
快速寻找采购商
不登录网站，直接搜索供应信息
选定合适的采购商
和采购商在线洽谈
用贸易通随时网上洽谈
第三步 发信息
看看公司是否登记
查看您的公司信息是否填写完整
销售什么？把信息快速发上网
商机助理，批量发布、重发信息
等待采购商主动联系
经常保持贸易通在线，坐等买家
把产品销出去！
如何添加/管理商业伙伴？

图 3-22 贸易通销售产品流程

业网、中国供应商、金银岛、搜狐商机、外贸英才网、金泉商务网、中国产品平台、买卖网、EC.com.cn、八方资源网、全球五金网、义乌小商品网、商务基地网、中国五金网、金蚕网、万通商联、易龙商务网、中文掌商网、维信网、中国大黄页、新世纪商务网、贸易联络家、新时代资讯网、中国厂商网、赛门商贸网、中国买卖网、全球制造网、中国工商贸易网、中国商品交易中心、中国工商网、中国医药网、中国纺织网等。

第二节 B2C 电子商务模式

一、B2C 商业模式分析

从 1999 年开始，阿里巴巴、eBay、拍拍、携程、百度、当当网作为电子商务时代的先行者，奠定了电子商务发展的基础，同时也培育了 B2C 市场。《Netguide2008 中国互联网调查报告》相关市场分析显示，2007 年，我国各 B2C 电子商务网站总收入为 52.2 亿元人民币，较 2006 年的 39.1 亿元人民币增长 33.5%。随着网络购物环境的好转，未来两年 B2C 电子商务交易模式将更受欢迎。用户数和年平均消费金额均会提高，预计 2008 年 B2C 电子商务营收规模将超过 70.9 亿元人民币，2009 年有望增长至约 98.6 亿元人民币。

作为国内的B2C在线销售，网上零售市场刚刚起步，无论从深度和宽度，都还处在初期发展阶段。目前，国内比较活跃的B2C网站据统计超过1 000多家，卓越网和当当网作为国内最具影响力的纯网络起家的B2C网上商城，虽然它们在B2C领域先走一步，但它们并没有获得太大的成功。而淘宝网于2008年4月依托淘宝网在C2C平台积累的用户和资源，推出全新的B2C平台，并致力于为品牌厂商开拓网上零售渠道，扩大品牌在网络消费者中的影响力，打破传统零售靠压榨生产企业来转移其自身成本的局面。通过降低交易成本冲击市场，创造生产者、消费者、淘宝的三赢局面的经营理念是否能将B2C带动起来呢？在这么多的网站当中，除国美电器、苏宁电器外，目前大型传统卖场还没有进入B2C的迹象；假设，当沃尔玛、家乐福、华联、王府井等国内国际大型超市都凭借其遍布各地的零售网络开始进入互联网开展网络业务的那一天，现有的B2C市场的生存空间还能剩下多少？

二、B2C模式的发展潜力

投资中国的研究报告指出，2007年，中国电子商务行业共发生15个投资案例，其中B2C行业占据60%，B2C行业已经并将继续成为中国电子商务最热门的投资行业。2008年，国内电子商务肯定会取得巨大的进步，未来个体将会是消费主体。

推动网购快速发展的原因是：网民数急剧增长，目前，我国网民总数为1.7亿人，仅次于美国的2.15亿人。2007年，已有超过5 500万消费者上网购物，比2006年同期的4 310万增长了27.6%。上网购物已经成为主流消费人群的消费习惯。

消费者去年人均消费金额达到1 080元，突破1 000元大关，占据中国城镇居民人均可支配金额7.64%。

中国互联网络信息中心近日公布一项调查结果也显示，我国网民中有17.9%在半年内有过网上购物的经历，五六年后这个数字将会呈现直线增长。

此外，国家统计局指出，以目前的增长势头预计，到2012年，中国网络购物市场将突破1万亿元大关。届时，网络购物市场将占据社会消费品零售总额5%～8%的份额。

三、B2C模式发展存在的问题

B2C发展至今天，为何火不起来？物流、支付、产品一直是困扰阻碍B2C电子商务乃至电子商务发展的三大难题。因为物流占用了成本，支付考验国人的诚信，而产品则决定网上商城的人气。

1. 网上购物的体验感不强

在电子商务中，电子是手段，商务是核心。B2C在用户界面的友好和方便性上。经过几年来的发展，现在的购物网站的功能已经越来越完善了，但消费者对于传统的购物习惯更倾向于可见可触摸的实物体验式的消费，更多时候还在于体验购物的过程，对于网上虚拟的购物环境还存在疑虑。特别是针对女性消费者而言，购物的过程就是一种乐趣；而对网上商店的不信任、技术性太强的交互界面、提供的图像和文字信息等不如传统门店的实物商品展示及导购员的解说那样生动精彩，从而阻碍了消费者的购买决心。传统的商品展示，商店可以塑造出商品的个性，网上商店则往往做不到。

2. 缺少实体企业及售后服务

除了行业领先的前几家有实体的B2C网上商城（当当、卓越、携程、西单商场等），绝大部分B2C网上商店都是没有实体店面、没有品牌优势、没有资金实力的小企业，诚信度差，使之成为B2C发展的最大瓶颈。而应当由传统零售业和连锁企业经营的B2C电子商务市场，现在却由纯网络公司、商务公司或称得上是网上交易市场的C2C平台的个人卖家经营。由于B2C供货商往往由于与消费者相距太远或者投资售后服务中心费用太高而很难提供良好的售后服务，并且从产品的数量和种类来看，B2C目前尚无法和传统商业模式竞争，而其提供的商品售后服务也无法支持B2C发展成为重要的零售业态。既然是B2C，没有“B”(企业)的广泛参与，“to”就无从谈起了。

3. 身份认证不完善、诚信依然制约发展

我国中小企业居多，它们没有实力单独开展电子商务，需要中介机构提供服务。目前主要存在的问题是很多经营网上业务的企业没有严格按照要求去认证、注册，或者是认证机构把关不严，以至于给不法分子留下了钻空子的机会。

虽然也出现支付宝这样较为完善的约束双方诚信交易行为的方法，也可以说淘宝已经在很大程度上突破了支付的瓶颈及商家与消费者之间的信用问题。但在网上商品价格参差不齐，网店商品的价格差距较大，商品价格混乱，往往广告是一个价格，而进到网站后又是一个价格，更有甚者，在付款时还会有一个不一样的价格出现。可同时面对三四个不一样的价格怎么让消费者建立起对商家的信任?

4. 线下物流配送

物流系统的完善与发展是电子商务发展的前提，电子商务活动中最大的障碍来自它的最后一段的物流环节——商品配送环节。B2C采用的物流配送形式主要有邮政体系配送(特别是EMS体系)、网店自建配送体系(在目标市场范围内设置送货点)、借助第三方物流企业三类。邮政的普通邮递速度慢，而EMS服务收费偏高；EMS特快专递服务，也难以在购物的当天把货品送达，而这是大多数消费者非常关注的，特别是一些保持期短的商品；邮政系服务水平偏低，容易造成包装破损、货物损坏。而网店自建配送中心和配送点及其运转需要大量投资，必然带来成本的增加，且配送点的设定难以确定，存货也会带来库存积压的风险。采用第三方物流企业送货方式，往往由于送货量较小，虽然解决了送达时间较慢的问题，但送货成本也随之增加，甚至比邮政EMS还高。

四、B2C发展前景分析

线下传统零售商逐步开展B2C业务，产业链上下游将深度合作随着线上零售环境的进一步好转，传统线下零售商将继续加快线上业务，包括线下的大型卖场(国美、苏宁)、直销厂商等，加快B2C网上销售渠道建设。产业链上下游将深度合作，作为拥有大浏览量及人气的综合B2C电子商务厂商将成为传统领域厂商进入互联网进行推广的门户。B2C网站与传统厂商之间的合作会继续加深。

1. 传统零售业发展电子商务优势明显

首先，传统的零售型企业都有多年的实体经营，诚信和产品品质、售后服务品质方面都可以让网购用户放心；其次，传统零售业庞大的供应链所提供的丰富产品也可以给网购用户提供充分的选择和更多购买机会，形成更高的消费额，并保证其较完善的售后服务；再次，传统零售业可以很容易地利用信息技术与第三方物流建立对接，并形成物流高效率和低成本的优势；最后，也就是最重要的是，传统零售企业拥有一大批深谙消费者消费心理和行为习惯、产品品质的专业人才，而这些专业人才正是B2C电子商务企业所缺乏的。看看传统零售业是如何使用花样繁多的打折、促销、积分、赠送、返利等手段来诱惑消费者形成一而再再而三的频繁购买、大批量的购买，并且提供多样的会员服务与优惠，我们就可预测，一旦这种方式被移植到 B2C 网购市场，将带来什么样的变化。但为何传统零售企业未进入 B2C，影响中国传统零售业迟迟未进入 B2C 电子商务领域的原因大致有两个方面：一个是认为支付问题未解决，传统消费模式改变是否能被大众接受；另一个是如果建设企业级 B2C 电子商务的基础投入过于巨大，风险就会比较大。

2. B2C 进入垂直细分阶段

据易观国际调查显示，随着 B2C 市场的逐步成熟，B2C 领域将进入用户细分的市场阶段。垂直类平台往往有明确的定位，目标客户比较清晰，产品以一类或几类为主，具有渠道和专注细分市场的优势。例如，红孩子、PPG、北斗手机网等垂直型线上 B2C 厂商的进入，母婴用品、男士衬衫、手机等商品的在线销售开始获得线上 B2C 用户的认可。在 2007 年之前，B2C 用户在线购买的商品种类以图书、音像等出版物以及虚拟产品为主，当当、卓越、云网一直占据市场份额前三位。目前占据中国 B2C 电子商务市场份额前两位的当当和卓越的市场份额之和还不到 15%，剩余的大部分市场份额被各种垂直 B2C 电子商务平台瓜分。预计，未来将会有更多的厂商进入垂直细分线上 B2C 市场，消费者可选择的商品种类也会更加丰富，B2C 用户的每户平均收入也将有明显提升。在很长一段时间内，B2C 电子商务市场仍将呈现分散性的竞争结构，而且将有越来越多的传统行业进入 B2C 电子商务市场。

实操

戴尔网上订购

【实验目的】

通过实验，了解，完成网上商品订购，能够完成日常的网上产品的购买。

【实验环境】

1. 硬件要求：用户 PⅢ1300/10G/256MB RAM 以上。

2. 软件要求：用户操作系统为 Windows 2000 Professional 以上，连接 Internet 网络，Internet Explorer 6.0 以上浏览器。

【实验内容】

订购 DELL INSPIRON 1525 笔记本电脑(注：实验时可根据产品更新自行选择)。

【实验步骤】

1. 登录戴尔中国网站首页(www.dell.com.cn)，以客户定位为进行选择，我们以订购家庭与家庭办公笔记本电脑为例，选择家庭与家庭办公。如图 3-23 所示。

2. 选择笔记本电脑。如图 3-24 所示。

3. 在戴尔笔记本电脑首页，我们可以看到热销产品以及产品比较信息。如图 3-25 所示。如果你要购买其他产品，也可以通过以下菜单转到相应产品页面进行选购。如图 3-26 所示。

4. 我们现在选择一台适合我们自己的笔记本电脑，现在以选购 DELL INSPIRON 1525 笔记本为例，我们可以以戴尔提供的配置作为起点，单击“自选配置”按钮进行购买。如图 3-27 所示。

http://www1.ap.dell.com/content/default.aspx?c=cn&l=zh&s=gen&~ck=bt
转到 搜索
客户特选主页 | 支持
关键字查询
DELL
用于家庭
用于办公
用于数据中心
放心在线购买 或 浏览戴尔指定零售商店
或 拨打销售电话 800-858-0888
隆重推荐全新
Dell Studio 笔记
本电脑
11种颜色可供选择,内外兼修,
秀出个性自我
1 2 3
最新产品
焦点新闻
热卖信息

图 3 - 23 戴尔中国网站首页

地址
http://www1.ap.dell.com/content/default.aspx?c=cn&l=zh&s=gen&~ck=bt
DELL
用于家庭
用于办公
用于数据中心
笔记本电脑
台式机
打印机和墨盒
电子产品和附件
查看所有产品
隆
Dell Studio 笔记
本电脑

图 3 - 24 戴尔笔记本电脑

热销产品
家庭入门型
多媒体娱乐型
轻薄移动型
所有笔记本
配备1GB内存
15.4"
14.1"
15.4"
DELL™ INSPIRON™ 1525
笔记本
标配不带摄像头黑色套件
精致新潮设计
超薄体验便捷移动
原价 RMB5,799
网上折扣 RMB900
网上折后价 RMB4,899
截至 2008/4/25
DELL™ INSPIRON™ 1420
笔记本
标配不带摄像头黑色套件
基础入门 高清阔屏
可移动性 多彩选择
原价 RMB6,699
网上折扣 RMB1,100
网上折后价 RMB5,599
截至 2008/4/25
DELL™ INSPIRON™ 1520
笔记本
标配不带摄像头黑色套件
8色彩壳任你选择
随时随地的网络连接
原价 RMB7,999
网上折扣 RMB1,000
网上折后价 RMB6,999
截至 2008/4/25

图 3-25 产品信息比较

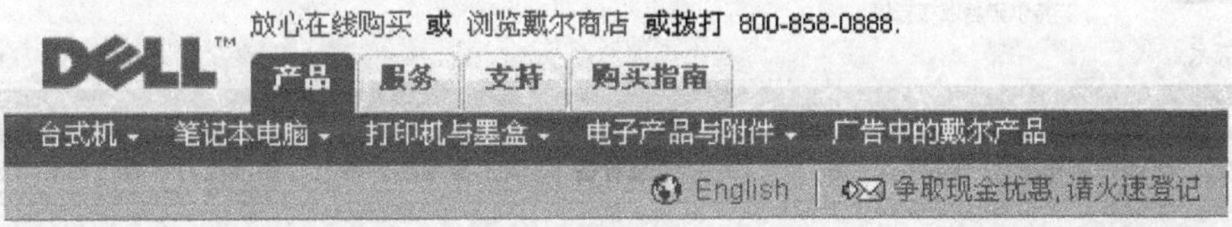
放心在线购买 或 浏览戴尔商店 或拨打 800-858-0888.
DELL
产品
服务
支持
购买指南
台式机
笔记本电脑
打印机与墨盒
电子产品与附件
广告中的戴尔产品
English
争取现金优惠，请火速登记

图 3-26 其他产品菜单

DELL™ INSPIRON™ 1525
笔记本
标配不带摄像头黑色套件
精致新潮设计
超薄体验便捷移动
原价 RMB5,799
网上折扣 RMB900
网上折后价 RMB4,899
截至 2008/4/25
自选配置
获得详情

图 3-27 选择自选配置购买

5. 在选择系统配件页面，我们可以根据自己的需求选择电脑配置，每项可选配置后都标有差价，如图3-28所示。在我们选择完毕后，统会重新计算总价，在页面右下角看到时时更新的总价。如图3-29和图3-30所示。

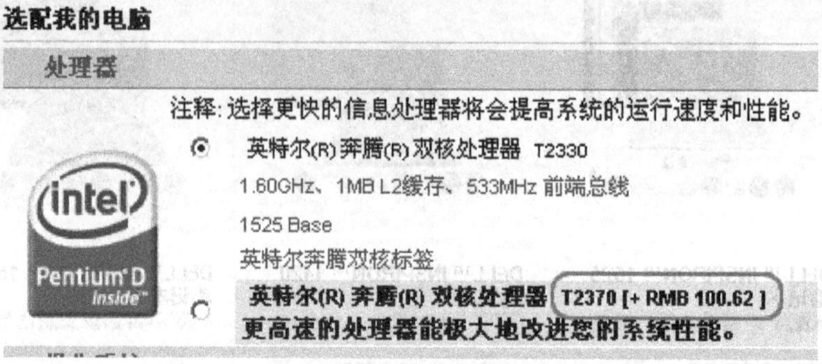
选配我的电脑
处理器
注释：选择更快的信息处理器将会提高系统的运行速度和性能。
英特尔(R)奔腾(R)双核处理器 T2330
1.60GHz、1MB L2缓存、533MHz 前端总线
1525 Base
英特尔奔腾双核标签
英特尔(R)奔腾(R)双核处理器 T2370 [+ RMB 100.62]
更高速的处理器能极大地改进您的系统性能。

图3-28　可选配置项差价

选配我的电脑
处理器
了解更多
注释：选择更快的信息处理器将会提高系统的运行速度和性能。
英特尔(R)奔腾(R)双核处理器 T2330 [- RMB 100.62]
英特尔(R)奔腾(R)双核处理器 T2370
更高速的处理器能极大地改进您的系统性能。
1.73GHz, 1 MB L2 缓存, 533MHz前端总线
1525 Base
英特尔奔腾双核标签
操作系统
了解更多
如需帮助，请拨打免费电话 800 858 0999
总价格（本页上显示的价格已含增值税与运费）：RMB 4,999.41

图3-29　选择电脑CPU配置及重新计算后的总价

内存
了解更多
注释：戴尔推荐2GB内存，它可迎合 Vista Aero 完美体验或同时运行多样应用程序。
1GB (2x512) 667MHz 双通道 DDR2 SDRAM 内存 [- RMB 200.07]
2GB (2x1G) 667MHz双通道DDR2 SDRAM内存
内存升级是最经济地提升电脑性能的方式之一。
4GB (2x2G) 667MHz 双通道DDR2 SDRAM 内存 [+ RMB 1999.53]
实际使用内存小于4GB的物理内存。
如需帮助，请拨打免费电话 800 858 0999
总价格（本页上显示的价格已含增值税与运费）：RMB 5,098.86

图3-30　选择电脑内存及重新计算后的总价

6. 选择完毕单击页面上方或下方的“继续”按钮。如图3-31所示。

7. 在这里，我们可以同时为我们的电脑选择需要购买的配件，选择配件后，页面的右下角亦为时时显示重新计算后的总价。如图3-32所示。

8. 挑选完配件，选择“继续”按钮。如图3-33所示。

选择系统配件
Dell(TM) Inspiron(TM) 1525 Notebook
E-VALUE CODE : R510424
网上价格（已含所有折扣）
RMB 5,098.86
(本页上显示的价格已含增值税与运费)
可通过以下配置选项订制您的系统。当配置改变时，价格也会相应变动。可以通过点击 "了解更多 " 更深入了解各配件，当完成所有配置后，请下拉到页面底端，点击 "继续 " 进入下一环节。
前一页
继续

图 3-31　配件选择完毕后

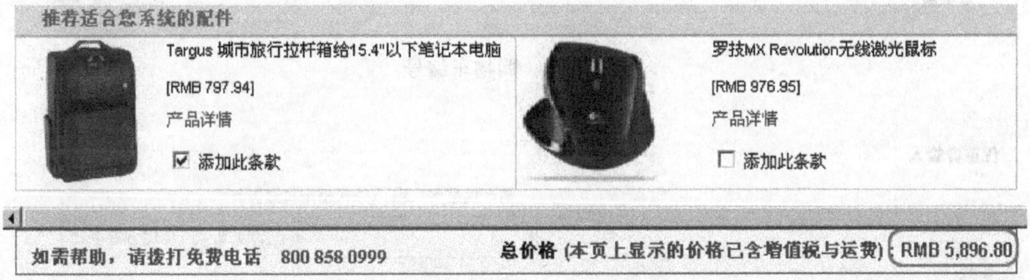
推荐适合您系统的配件
Targus 城市旅行拉杆箱给15.4"以下笔记本电脑
[RMB 797.94]
产品详情
添加此条款
罗技MX Revolution无线激光鼠标
[RMB 976.95]
产品详情
添加此条款
如需帮助，请拨打免费电话 800 858 0999
总价格 (本页上显示的价格已含增值税与运费) RMB 5,896.80

图 3-32　可选配件

选择附件
Dell(TM) Inspiron(TM) 1525 Notebook
E-VALUE CODE : R510424
网上价格（已含所有折扣）
RMB 5,896.80
(本页上显示的价格已含增值税与运费)
以下是戴尔配件推荐列表，如需完整的配件清单，请拨打上面的免费电话.
前一页
继续

图 3-33　选择完附件后

9. 在这个页面会成功生成一个购物车编号，在页面下方可以看到我们定购的产品列表及单价。如图 3-34 所示。

10. 如果我们有从其他途径获得的优惠券，在这里输入优惠券代码，完成所有操作后，单击“继续”按钮。如图 3-35 所示。

11. 进入客户信息填写页面，首选填写联系信息，如图 3-36 所示。

12. 填写送货地址信息，为保证 DELL 与我们能顺利联系，我们应尽可能把信息填写得详细。并确定寄送发票地址是否与送货地址相同，如相同则在“我的寄送发票地址和送货地址相同”前打勾。如图 3-37 所示。

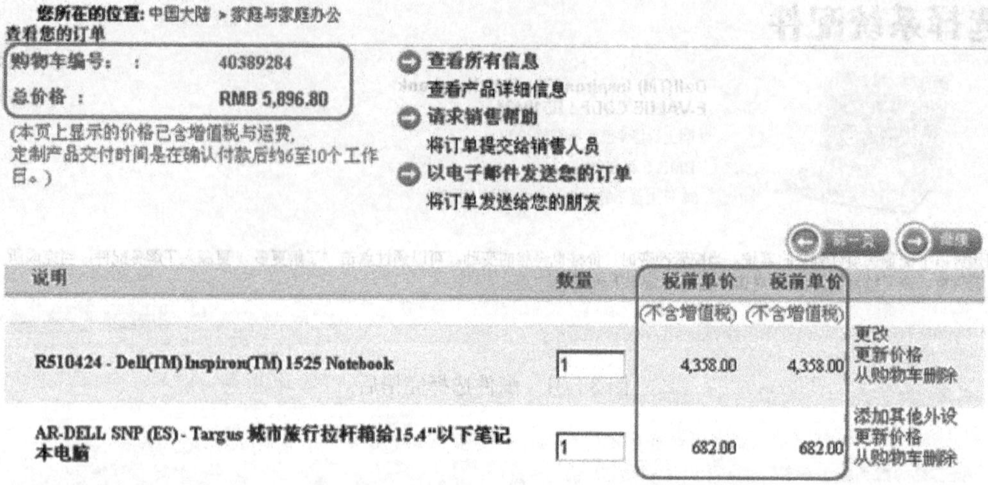
您所在的位置: 中国大陆 > 家庭与家庭办公
查看您的订单
购物车编号: : 40389284
总价格 : RMB 5,896.80
(本页上显示的价格已含增值税与运费,定制产品交付时间是在确认付款后约6至10个工作日。)
查看所有信息
查看产品详细信息
请求销售帮助
将订单提交给销售人员
以电子邮件发送您的订单
将订单发送给您的朋友
说明
数量
税前单价 (不含增值税)
税前单价 (不含增值税)
R510424 - Dell(TM) Inspiron(TM) 1525 Notebook
1
4,358.00
4,358.00
更改
更新价格
从购物车删除
AR-DELL SNP (ES) - Targus 城市旅行拉杆箱给15.4"以下笔记本电脑
1
682.00
682.00
添加其他外设
更新价格
从购物车删除

图 3-34　购物车编号

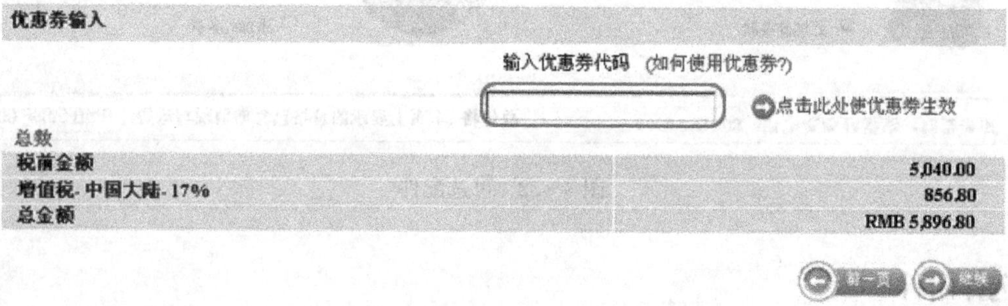
优惠券输入
输入优惠券代码 (如何使用优惠券?)
点击此处使优惠券生效
总数
税前金额 5,040.00
增值税- 中国大陆- 17% 856.80
总金额 RMB 5,896.80

图 3-35　优惠券代码输入窗口

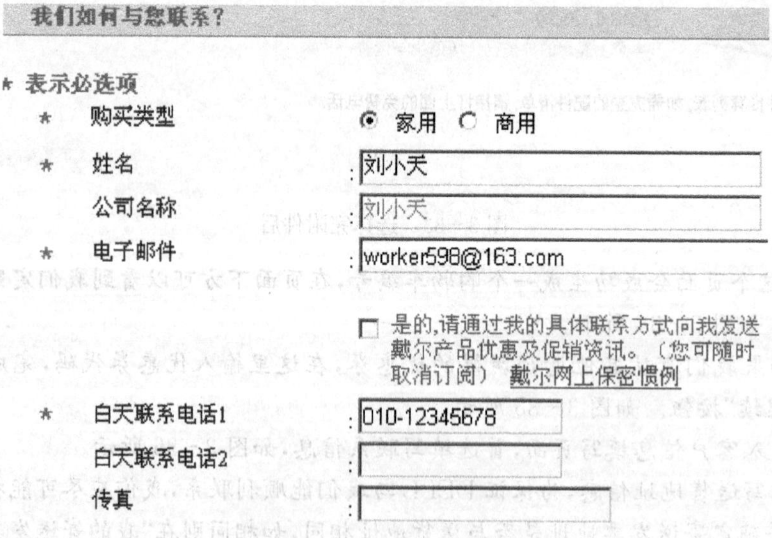
我们如何与您联系?
* 表示必选项
* 购买类型
家用
商用
* 姓名
刘小天
公司名称
刘小天
* 电子邮件
worker598@163.com
是的,请通过我的具体联系方式向我发送戴尔产品优惠及促销资讯。(您可随时取消订阅) 戴尔网上保密惯例
* 白天联系电话1
010-12345678
白天联系电话2
传真

图 3-36　客户联系信息填写

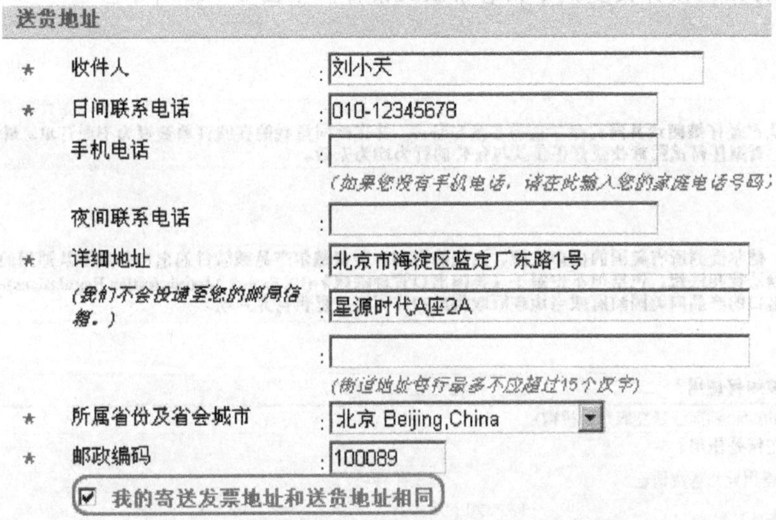

送货地址

*	收件人	:刘小天
*	日间联系电话	:010-12345678
	手机电话	:
		(如果您没有手机电话，请在此输入您的家庭电话号码)
	夜间联系电话	:
*	详细地址	:北京市海淀区蓝定厂东路1号
	(我们不会投递至您的邮局信箱。)	:星源时代A座2A
		:
		(街道地址每行最多不应超过15个汉字)
*	所属省份及省会城市	:北京 Beijing,China
*	邮政编码	:100089
	☑ 我的寄送发票地址和送货地址相同	

图 3-37 填写送货地址及确定发票寄送地址

13. 填写完所有信息后，选择一种适合我们的付款方式，单击"继续"按钮往下。如图 3-38 所示。

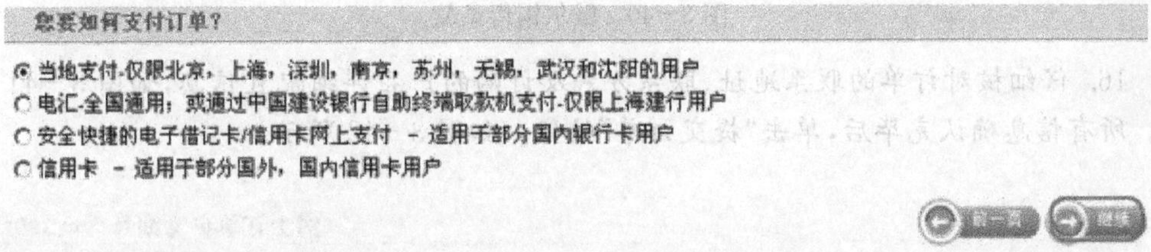

您要如何支付订单？

○ 当地支付-仅限北京，上海，深圳，南京，苏州，无锡，武汉和沈阳的用户
○ 电汇-全国通用；或通过中国建设银行自助终端取款机支付-仅限上海建行用户
○ 安全快捷的电子借记卡/信用卡网上支付 - 适用于部分国内银行卡用户
○ 信用卡 - 适用于部分国外，国内信用卡用户

图 3-38 付款方式选择

14. 根据我们选择的付款方式，完成付款相关信息填写。如图 3-39 所示。

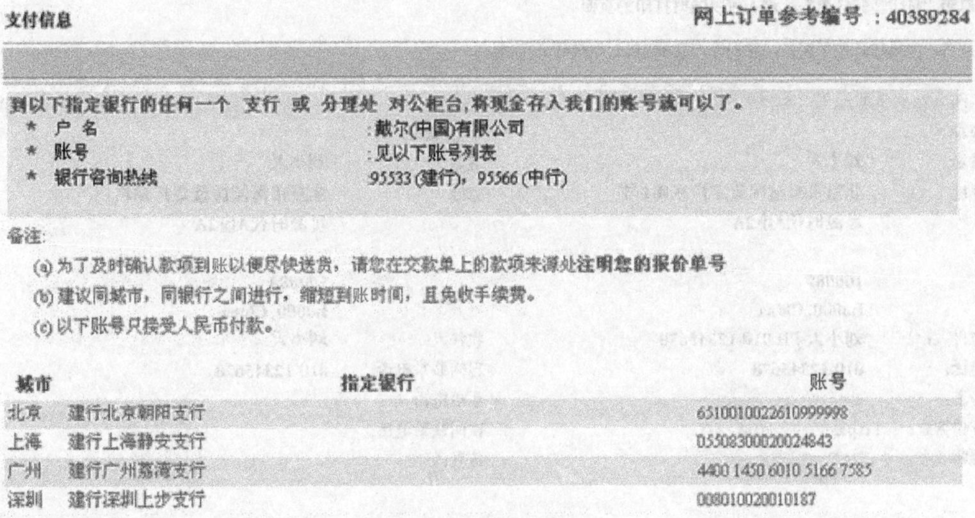

支付信息   网上订单参考编号：40389284

到以下指定银行的任何一个 支行 或 分理处 对公柜台，将现金存入我们的账号就可以了。
* 户 名   :戴尔(中国)有限公司
* 账 号   :见以下账号列表
* 银行咨询热线   :95533 (建行)，95566 (中行)

备注：

(a) 为了及时确认款项到账以便尽快送货，请您在交款单上的款项来源处注明您的报价单号

(b) 建议同城市，同银行之间进行，缩短到账时间，且免收手续费。

(c) 以下账号只接受人民币付款。

城市	指定银行	账号
北京	建行北京朝阳支行	6510010022610999998
上海	建行上海静安支行	0550830020024843
广州	建行广州荔湾支行	4400 1450 6010 5166 7585
深圳	建行深圳上步支行	008010020010187

图 3-39 付款信息

15. 请仔细阅读并接受戴尔销售条款及条件。如图 3－40 所示。

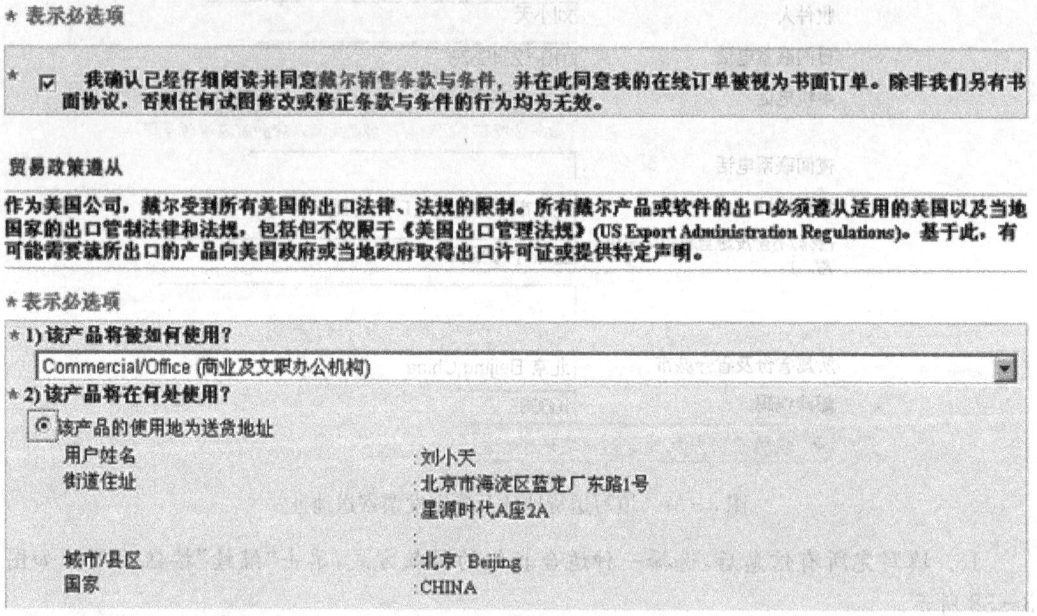

* 表示必选项

* ☑ 我确认已经仔细阅读并同意戴尔销售条款与条件，并在此同意我的在线订单被视为书面订单。除非我们另有书面协议，否则任何试图修改或修正条款与条件的行为均为无效。

贸易政策遵从

作为美国公司，戴尔受到所有美国的出口法律、法规的限制。所有戴尔产品或软件的出口必须遵从适用的美国以及当地国家的出口管制法律和法规，包括但不仅限于《美国出口管理法规》(US Export Administration Regulations)。基于此，有可能需要就所出口的产品向美国政府或当地政府取得出口许可证或提供特定声明。

* 表示必选项

* 1) 该产品将被如何使用?

Commercial/Office (商业及文职办公机构)

* 2) 该产品将在何处使用?

⊙ 该产品的使用地为送货地址

用户姓名	:刘小天
街道住址	:北京市海淀区蓝定厂东路1号
	:星源时代A座2A
	:
城市/县区	:北京 Beijing
国家	:CHINA

图 3－40　戴尔销售条款

16. 仔细核对订单的联系地址、联系方式及订购的产品详细配置信息，如图 3－41 所示。所有信息确认完毕后，单击“提交订单”按钮。如图 3－42 所示。

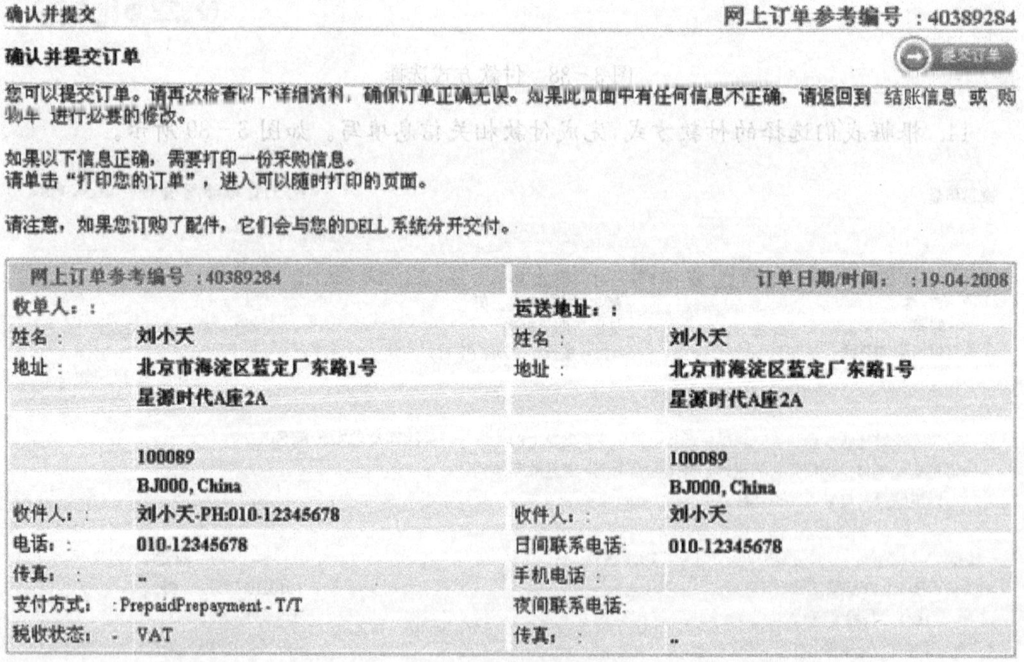

确认并提交　　网上订单参考编号 ：40389284

确认并提交订单　　提交订单

您可以提交订单。请再次检查以下详细资料，确保订单正确无误。如果此页面中有任何信息不正确，请返回到 结账信息 或 购物车 进行必要的修改。

如果以下信息正确，需要打印一份采购信息。
请单击“打印您的订单”，进入可以随时打印的页面。

请注意，如果您订购了配件，它们会与您的DELL系统分开交付。

网上订单参考编号 ：40389284		订单日期/时间：	：19-04-2008
收单人：：		运送地址：：	
姓名：	刘小天	姓名：	刘小天
地址：	北京市海淀区蓝定厂东路1号	地址：	北京市海淀区蓝定厂东路1号
	星源时代A座2A		星源时代A座2A
	100089		100089
	BJ000, China		BJ000, China
收件人：：	刘小天-PH:010-12345678	收件人：：	刘小天
电话：：	010-12345678	日间联系电话：	010-12345678
传真：：	..	手机电话：	
支付方式：	：PrepaidPrepayment - T/T	夜间联系电话：	
税收状态：	- VAT	传真：：	..

图 3－41　订单地址信息

税前金额
5,040.00
VAT17%
856.80
币种 ：Chinese Renminbi
总计
RMB 5,896.80
提交订单

图 3-42　提交订单

17. 至此，我们就完成了戴尔网站在线订购产品的全过程。如图 3-43 所示。

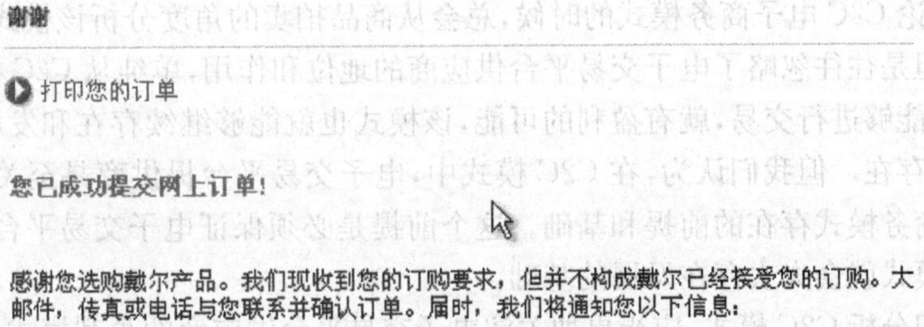
谢谢
打印您的订单
您已成功提交网上订单!
感谢您选购戴尔产品。我们现收到您的订购要求，但并不构成戴尔已经接受您的订购。大
邮件，传真或电话与您联系并确认订单。届时，我们将通知您以下信息:

图 3-43　完成订购

18. 我们可以选择打印订单，以备查阅；戴尔订单处理人员，也会在 24 小时内与我们联系(注：仅限工作日)，以确认订单细节。如填写的邮箱地址有效，我们还会收到来自 AP、Webmaster 的网上订购确认邮件。

第三节　C2C 电子商务模式

一、C2C 电子商务模式分析

从 1999 年开始，随着互联网热潮的涌起，个人对个人的电子商务模式(C2C)逐渐进入了国人的视野，不过那时的情况同如今相比有着本质的区别。最初对网上 C2C 电子商务模式的构想就是一个线上二手跳蚤市场：一个人把自己不再使用或闲置的物品信息发布在网上等待需要的人来购买它。其构成要素，除了包括买卖双方外，还包括电子交易平台供应商，也即类似于现实中的跳蚤市场场地提供者和管理员。这种简单的模式却很难给 C2C 网站带来收益，网站本身在一笔交易中的影响力更是微乎其微，因为在这种关系中网站所扮演的角色本质上仅仅是一个消息发布平台。

在 C2C 交易模式中，电子交易平台供应商有着举足轻重的作用。

首先，网络的范围如此广阔，如果没有一个知名的、受买卖双方信任的供应商提供平台，将买卖双方聚集在一起，在这个信息爆炸式传递的网络，单靠双方漫无目的地搜索是很难发现彼此，并促成交易的。

其次，电子交易平台提供商往往还扮演监督和管理的职责，负责对买卖双方的诚信进行监督和管理，负责对交易行为进行监控，最大限度地避免欺诈等行为的发生，保障买卖双方的权益。

再次，电子交易平台提供商还能够为买卖双方提供技术支持服务，包括帮助卖方建立个人店铺,发布产品信息,制定价格策略、帮助买方比较和选择产品以及支付系统或电子支付等。虽然C2C在很长一段时期内不太稳定,没有一个成熟的市场环境。但不知从什么时候开始,类似"免费网上开店创业"、"网上开店做生意"的口号纷纷从各大C2C网商的口中喊出。随着这此起彼伏的口号声,C2C模式也从本质上开始了改变。今天再打开淘宝、易趣、雅宝这些C2C网站的时候,面对你的卖家早已不再是"某某某"的名字了,取而代之的是类似"××精品店"、"××专卖店"、"××时尚店"这样的网店名称了。此时出售的商品大都也不再是二手物品,而是包装完好的全新商品。正是由于有了这些有实力的网商的技术支持,C2C的模式才能够短时间内迅速为广大用户所接受。

人们在讨论C2C电子商务模式的时候,总会从商品拍卖的角度分析该模式存在的合理性和发展潜力,但是往往忽略了电子交易平台供应商的地位和作用,单纯从C2C模式本身来说,买卖双方只要能够进行交易,就有盈利的可能,该模式也就能够继续存在和发展;忽略了交易平台供应商的存在。但我们认为,在C2C模式中,电子交易平台提供商是至关重要的一个角色,它是这个商务模式存在的前提和基础。这个前提是必须保证电子交易平台供应商实现盈利,否则这个模式就会失去存在发展的基础。

因此,我们分析C2C模式,应当更加关注电子交易平台供应商的盈利模式和能力,这才是C2C模式的重点,也是C2C模式区别于其他模式的重要特点。

eBay易趣、淘宝网等都是这样的电子交易平台供应商。

对一个电子商务电子交易平台来说,消费者的体验、消费者是否满意将意味着一切。不好的体验,对网商的服务不满意将使消费者选择别的电子交易市场,而好的体验好的服务则可以吸引他们今后再次前来。反过来说,电子交易平台提供商同样要依存于C2C的买卖双方,平台提供商的利润来源,无非是广告、佣金、会员费、服务费以及金融服务的利润等。其中,主要的利润均来自买家和卖家,也是最终的消费者。以eBay为例,它的广告收入只占总收入的5%,其余的利润,大都产生在商品交易的过程中。

因此,平台提供商要想生存和发展,必须为其会员提供更加完善和个性化的服务,最大限度地提高会员的忠诚度,并不断发展新的会员、提供完善的交易服务。

以淘宝网网上交易市场为例,2007年6月30日,淘宝网会员数就达3 990万人,每天的在线商品数接近7 500万件,人气指数1个淘宝=600家大卖场,而家乐福、联华这样的大卖场,一个门店一天的平均客流量为1.1万人左右,也就是淘宝网一天的人流量相当于近600个大卖场。在2007年上半年淘宝的总成交额就突破157亿元人民币。

买家、卖家、电子交易平台提供商,三者相互依存,密不可分,共同构成了C2C电子商务模式的基本要素。随着C2C模式的不断成熟和发展,电子交易平台供应商还能够为买卖双方提供保险、借贷等金融类服务,更好地、更完善地为买卖双方提供交易服务。

二、C2C模式的发展潜力

目前在中国,据中国互联网络信息中心公布的第二十次中国互联网发展统计调查报告。截至2007年6月,中国网民人数已经达到1.62亿,仅次于美国2.11亿的网民规模,位居世界第二。每天大约有几十万、上百万人在互联网上进行着交易。这些不见面的卖家和买家,在网上看货、论价、成交。

从理论上来说,C2C模式是最能够体现互联网的精神和优势的,数量巨大、地域不同、时间不一的买方和同样规模的卖方通过一个平台找到合适的对家进行交易,在传统领域要实现这样大工程几乎是不可想像。与传统的交易市场相比，它不再受到时间和空间的限制，节约了大量的市场沟通成本，其价值是显而易见的。

易观国际数据显示，2006年国内C2C市场的总交易额为258.35亿元，这一数据在2007年上半年已达到192.5亿元，同比增长73.4%，预计到2010年，这一数字会达到789亿元。更重要的是，目前内地1.62亿网民中，"网络购物"使用率只有25.5%。中国互联网络信息中心(CNNIC)发布的《2006年中国C2C网上购物调查报告》显示，上海、北京和广州为国内C2C接受程度最高的城市，当时其网上购物的渗透率仅为16.2%。2007年7月，CNNIC发布的《第20次中国互联网络发展状况统计报告》称，在内地1.62亿网民中，"网络购物"使用率也只达到25.5%。

百度相关人士指出，"中国C2C市场还处于发育期的标志是，首先，这一领域的领先者还在亏损运营；其次，C2C占中国零售商业的比例还不到1%，而美国是4%，韩国是12%"。业内分析人士认为，"处于发育阶段意味着这一市场的份额竞争将很不稳定且急剧变化"。

而另外一个数据则更彰显C2C市场广阔的发展前景。根据CNNIC的数据，今年三季度C2C交易额占商品零售总额的0.8%。2003年，这一数据为0.12%，预计到2010年将达到2.8%。可见，C2C目前还只是一个小众市场，背后仍潜伏着巨大增量。尽管中国网络购物市场已经发展了将近10年，但还没有经过充分的竞争，市场机会很大。

从实际操作来说，首先，C2C能够为用户带来真正的实惠。C2C电子商务不同于传统的消费交易方式。过去，卖方往往具有决定商品价格的绝对权力，而消费者的议价空间非常有限；拍卖网站的出现，则使得消费者也有决定产品价格的权力，并且可以通过消费者相互之间的竞价结果，让价格更有弹性空间。因此，在这种网上竞拍过程中，消费者在掌握了议价的主动权后，其获得的实惠是实实在在的。其次，C2C能够吸引用户。打折永远是吸引消费者的制胜良方，在网上买一套衣服的价格在传统店铺一般只能买一件，有的甚至只是大商场专卖店的一到两折，而且款式相当多，运气好了还能拍个更低的价格。由于拍卖网站上经常有商品打折，并且有像淘宝网这样占C2C交易份额半壁江山的平台提供商，承诺的"免费提供交易平台三年"，从而成本降低，加上网络减少了很多中间环节的费用，使网上产品的价格理所当然地便宜，消费者最终受益，这也是诸多"网购一族"选择此方式购物的主要原因之一。对于注重实惠的中国消费者来说，这无疑能引起消费者的关注。对于有明确目标的消费者(用户)，他们也会受利益驱动而频繁光顾C2C；而那些没有明确目标的潜在消费者(用户)，他们会为了享受购物过程中的乐趣而流连于C2C。如今C2C网站上就已经存在不少这样的潜在消费群体。他们并没有什么明确的消费目标。他们花大量时间在C2C网站上游荡只是为了看看有什么新奇的商品，有什么商品特别便宜。对于他们而言，这是一种很特别的休闲方式。因此，从吸引"注意力"的能力来说，C2C的确是一种能吸引"眼球"的商务模式。

然而，我们要判断一个商业模式是否可行，是否具有发展潜力，理论证明固然重要，更重要的一点，是要看这样的模式能否为参与者带来实实在在的盈利或者盈利期望。

那么C2C模式实际操作结果与发展潜力如何呢？说到C2C的电子商务模式，就不能不谈到eBay。eBay开业一年实现盈利。1998年，它的净利润已经达到240万美元。同年9月，eBay就在纳斯达克上市(当时股价为18美元)，股价曾一度攀升至200美元以上。2008年，eBay第一季度商品上架数量的稳固，以及渠道反馈的超预期，暗示出该公司第一季度的业绩将会达到业绩预期的高端水平。2008年，eBay第一季度的营收为20.7亿美元，较去年同期的

17.7 亿美元增长 17%，每股净利润有望达到 39 美分，去年同期为每股 33 美分。这是 eBay 自创出近两年来的股价新低后，eBay 股价在过去的 3 周中已上涨了近 20%，而纳斯达克科技股指数在同期的涨幅却不足 2%。

三、C2C 模式发展存在的问题

eBay 易趣、淘宝网等都是 C2C 电子交易平台供应商。雅虎、亚马逊等门户网站和电子商务网站纷纷在自己的网站上做起了 C2C 业务，尽管不能与淘宝、eBay 一较长短，但是无一例外地都非常成功，发展迅速。2003 年 6 月，就在阿里巴巴巨资推出淘宝网前 1 个月，eBay 宣布对中国的易趣网追加投资，支付 1.5 亿美元现金购买易趣美国公司的剩余股份，实现对易趣的完全控制，而易趣网仅仅用了 60 万美元启动。2007 年 10 月 18 日，百度宣布正式进军 C2C 领域，百度计划基于独有的搜索技术和强大的社区资源，建立全新的网上个人交易平台。结合电子商务的发展趋势，这预示着电子商务将进入"ESE 基于搜索引擎的电子商务（e-commerce based on search engine）＋以社区为基础的电子商务 ESC（e-commerce based on community）"时代。中国电子商务市场将越来越大，C2C 交易额也会滚雪球式地增多。

C2C 模式虽然具有很大的发展潜力，但是仍然面临许多问题，并且，这些问题如果不能得到妥善的解决，将可能影响和制约 C2C 电子商务的发展。

特别是国内电子商务处在起步阶段，无论从制度、技术、信用体系等方面都存在很多不完善的地方，我们必须更加重视，以积极的态度去解决这些问题。

（一）盈利来源

即便已经在 C2C（网上个人交易）市场上拥有高达 70%的占有率，淘宝目前却依然在盈利的边缘挣扎。但是，这一尴尬的现状并未阻挠其他互联网企业进军 C2C 市场，反而成为中国网络巨头扎堆其间的最好理由：C2C 市场是尚未充分竞争的"蓝海"，市场前景巨大。虽然依靠"免费模式"打败了 eBay，但淘宝却也由于"免费的商业模式"给自己带来了盈利的压力，不得不面对依然亏损的尴尬局面。即便如此，市场后入者腾讯 QQ 仍是坚定的"免费模式"支持者。因为，坚持收费的 eBay 成为中国 C2C 市场的一个反面教材：面对一系列的市场挫败，无奈变身为如今的 TOM 易趣，市场份额从最初的 90%萎缩至如今的不足 7%。

目前，国内 C2C 行业在淘宝网"免费模式"的冲击下，行业整体至今尚未盈利，面临盈利模式不清晰、发展方向不明确的问题。

免费是一把双刃剑，曾经让中国的 C2C 市场风起水涌，但也让淘宝、eBay 易趣身陷泥塘欲罢不能！作为中国 C2C 市场免费的创造者淘宝一来到世间就声嘶力竭地坚持免费原则，这使淘宝推出没几年就获得了市场的半壁江山。而被淘宝拖下水的易趣也被逼无奈变收费服务为免费服务。

这几年的 C2C 市场也确实因大量资金的投入支撑起来的免费服务让 C2C 热闹非凡，但这种情况又能维持多久呢？分析师认为，C2C 跟搜索一样，是改变生活的需求。而在中国则表现为无法盈利的黑洞，但只要是互联网的基础需求，未来一定有巨大空间。

不过，所谓的 C2C 市场未来将盈利，这个未来究竟有多远？百度在发布进军 C2C 市场时仅仅给出了一个进入时间，从未敢妄言何时盈利。而马化腾也只是把腾讯"拍拍"作为一个未来的发展方向。

"到 2008 年 10 月份之前，淘宝都不会采取收费策略。至于之后是否会收费，怎么收费，这些问题都还不在目前考虑范围内，淘宝甚至可能之后仍然免费。"淘宝新闻发言人金建杭曾表示。关于盈利的问题，淘宝公关经理卢维兴接受记者采访时称，"大规模盈利的前提一个是消费环境成熟，一个是用户成熟。而目前来看，还无法估计这个时间点。此外，收取交易费未必是收费的主要模式，应该还有一些其他的合适方式"。

事实也确实如此，从目前来看，淘宝在免费的前提下，已经开始慢慢摸索出独特的盈利模式。2007年7月，淘宝网对外宣布试水网络营销业务，开始通过卖广告、提供增值服务等全新的方式来赚钱。

（二）法律制度完善问题

网上交易、电子商务都是近几年才出现的新鲜事物，各国都在积极探讨制定合适的法律来规范电子商务的行为。而目前，由于法律的不完善，不仅使参与网上交易的个人、企业的权益得不到保障，更会使网上拍卖成为一种新的销赃手段。如第三方支付可能成为某些人通过制造虚假交易来实现资金非法转移套现，以及洗钱等违法犯罪活动的工具。

（三）交易信用与风险控制

互联网跨越了地域的局限，把全球变成一个巨大的"超级大卖场"，而互联网的虚拟性决定了C2C的交易风险更加难以控制。这时，电子交易平台提供商必须扮演主导地位，必须建立起一套合理的交易机制，一套有利于交易在线达成的机制。以C2C最为重要的诚信体系为例，目前网上专门有所谓的"刷钻"从业人员，根据淘宝的诚信体系漏洞，通过建立售卖低价产品的店铺，短时间内快速增加交易从而提升诚信级别，之后再将诚信级别高的店铺转让出去，以此获利。

（四）在线支付方式

目前，从网站上的交易来看，B2C只有不到20%是通过网上支付实现的，货到付款几乎占据80%以上。而C2C的网上支付比例就更低了。目前而言，买卖双方通过网下直接面对面交易是主流，电子交易平台供应商根本无法对交易进行控制。如果说通过网上支付进行交易，网站收取交易佣金不存在太多障碍的话，从网下交易中收取佣金的可能性就不大了。这主要是因为目前国内信用体系还不完善，而且国内的金融结算体系还不能完全适应电子商务的要求，其安全性不够，没有完备的认证体系，无法消除用户对交易安全性的顾虑。一直以来，安全支付都是制约电子商务发展的最大瓶颈之一。

为了解决这个问题，就算目前在30多家国内支付平台之中，以53.29%的市场份额排名第一在线支付系统"支付宝"也存在与银行系统集成并不紧密的问题。

（五）技术实力有待提高

由于互联网的特点，基于互联网开展业务的公司必须具备很强的技术实力。对于C2C电子交易平台提供商来说，技术更是至关重要。只有拥有先进的技术，才能保证网络服务的不间断、保证用户资料的完整和准确，才能为用户提供更为安全和理想的交易环境。

"技术为王"经过Google和百度等在资本市场上演绎神话的互联网公司诠释之后，似乎成为华尔街评判互联网企业是否有更大发展潜力的一个标准。新入局C2C市场的百度把技术创新提升到C2C竞争中最为关键的层面。

"一个好的C2C网站，每天要成交近千万件商品，拥有上亿次的访问流量。这已经不仅仅是一个交易服务提供的范畴，更是一个产品和技术保障的范畴。现阶段，在中国要做C2C，技术门槛实际上是很高的。随着用户规模的扩大，产品和技术将越来越成为公司发展和壮大的瓶颈。"百度产品副总裁俞军称。

业内人士也指出，中国的C2C平台虽然发展多年，但在技术创新上存在很多不足。如商品交易商存在很多问题——买、卖家之间缺乏畅通的交流；商品越来越多而站内搜索不完善，很多买家无法迅速找到自己所需的物品；卖家很难通过平台系统来展现自身店面优势，在售后服务和用户分享上也存在很多缺失。

在这方面，eBay拥有痛苦的经验。1999年夏天，eBay网站陷入了瘫痪，拍卖活动中断了22个小时。这次灾难给eBay留下了难以磨灭的痛苦回忆：交易费用损失了几百万美元，股票市值蒸发数十亿美元。随后，eBay公司就制定了一项至关重要的原则：必须保证网站稳定安全运行，7×24原则，每天24小时，每周7天不间断安全稳定运行。

四、C2C发展前景分析

如前所述，C2C电子商务模式在中国有很大的发展空间，有中国庞大的用户群作基础，中国的C2C运营商一定能够有所作为。我国的电子商务宏观环境逐步改善，电子商务市场产业链逐渐成熟，市场规模稳步提升，电子商务发展成为国家"十一五"规划的重要组成部分。这些因素都拉动了中国线上C2C电子商务市场高速增长。

(1) 国内会产生数个规模相当、具备影响力、受消费者信赖的电子交易平台提供商，如淘宝、拍拍、TOM易趣等。经过多年的市场培育，C2C市场正在努力摆脱"烧钱时代"，逐步进入收益期。通过残酷的竞争，实力不够、服务不完善、品牌建设不合理、技术能力低的提供商必然遭到淘汰。国内会产生数个规模相当、具备影响力、受消费者信赖的电子交易平台提供商。

(2) 各种支付手段将得到广泛的应用。伴随信用卡使用的推广以及技术的提高，在线支付必将在C2C领域内得到广泛的应用。有了这样先进的支付方式，供应商能够更好地控制交易风险，评估用户信用程度，同时也能获得更多的盈利。同时网上支付信用体系正在逐步建立，网民对网上支付的认可度逐渐增强。在企业电子商务领域，淘宝、拍拍都已经为登录其平台的个人、企业开通了电子支付接口，方便他们更好地开展业务。

(3) 电子交易平台提供商将在政策允许的框架内开展有针对性的金融服务业务。信用风险问题如何解决？国人道德素质的提高、经济能力的提升固然是很重要的方面。换个角度考虑，平台供应商同样可以采用多种方式来帮助用户避免风险，如开展信用贷款、在线交易保险等金融服务类方式。2008年1月20日，阿里巴巴集团旗下子公司支付宝联合中国建设银行，推出了支付宝卖家信贷服务。符合信贷标准的淘宝卖家，以其已成交而没收到货款的交易为担保，以卖家个人名义向中国建设银行申请贷款，用于解决个人的短期资金需求。支付宝卖家信贷服务单笔可贷款额度下限为50元，上限为5 000元，累计可贷额度最高可达10万元。相信随着电子商务的不断发展，会有更多的金融服务可以提供给用户。

实操一

注册免费会员和开通免费的个人网上商店

【实验目的】

掌握如何在C2C电子商务网站淘宝(www.taobao.com)进行免费会员注册，并开通免费的个人网上商店。

【实验环境】

1. 硬件要求：用户 PⅢ1300/10G/256MB RAM 以上。

2. 软件要求：用户操作系统为 Windows 2000 Professional 以上，连接 Internet 网络，Internet Explorer 6.0 以上浏览器。

【实验要求】

1. 注册免费会员。

2. 开通免费的个人网上商店。

【实验步骤】

以淘宝网(www.taobao.com)为例注册免费会员，并开通免费的个人网上商店。如图 3-44 所示。

点击免费注册
输入用户名和邮箱
输入验证码
确认服务协议
登录邮箱激活

图 3-44 注册步骤

1. 启动 IE 浏览器，在地址栏中输入 www.taobao.com，进入淘宝网主页，如图 3-45 所示。

http://www.taobao.com/
淘宝网 Taobao.com
七月特卖
新品速递

图 3-45 淘宝网(www.taobao.com)主页

2. 进入淘宝网主页后，点击“免费注册”，并填写基本信息，包括：会员名、密码、邮箱等信息。填写基本信息应注意的事项：

(1) 会员名填写的要求。会员名一经注册不能更改，会员名由 5～20 个字符(包括小写字母、数字、下划线、中文)组成；一个汉字为两个字符，推荐使用中文会员名。

建议填写后先点击“检查会员名”查看该会员名是否已经有人使用。

(2) 电子邮件的填写要求。输入一个常用的电子邮件地址，淘宝会向这个邮箱发送确认邮件和所有交易信息。

(3) 校验码只有输入法是在英文的半角状态下输入才有效。注册基本信息填写完成后，仔细阅读服务条款，直接点击“同意以下服务条款，提交注册信息”按钮后，系统会进入启动账户的页面。如图 3-46、图 3-47 和图 3-48 所示。

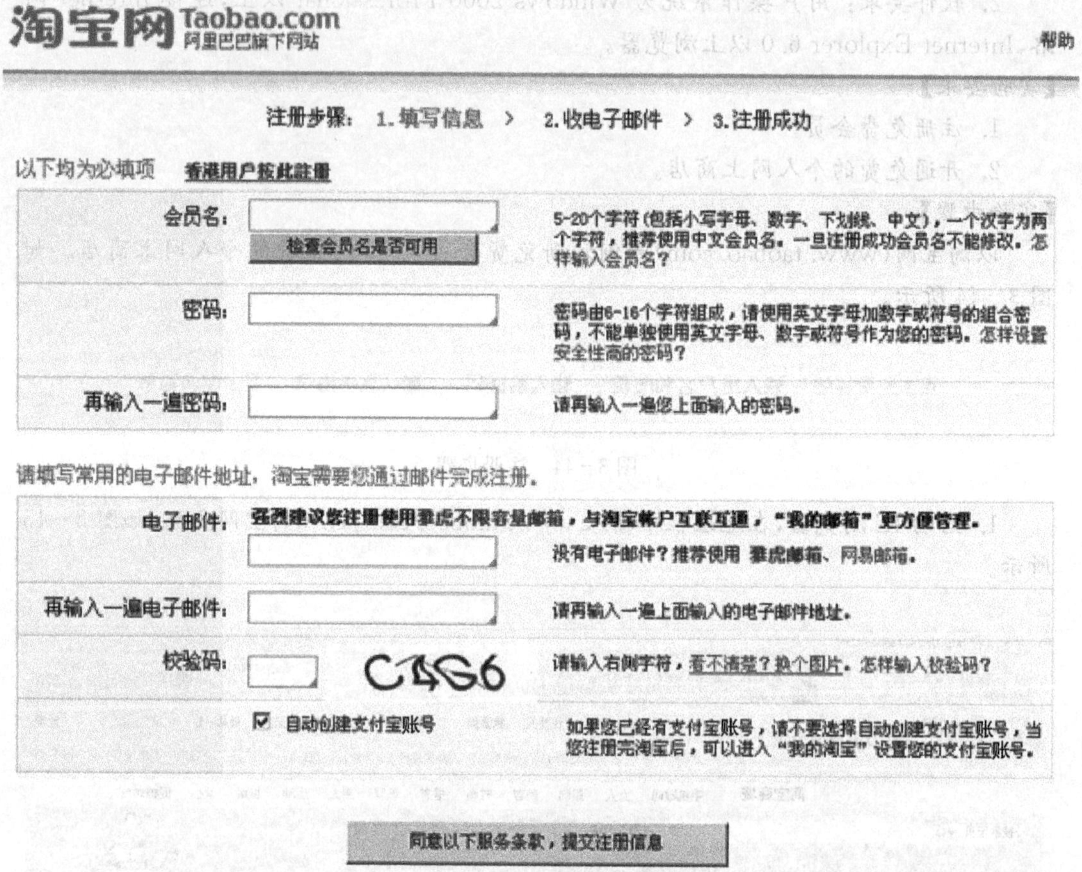
淘宝网 Taobao.com
阿里巴巴旗下网站
帮助
注册步骤：1.填写信息 > 2.收电子邮件 > 3.注册成功
以下均为必填项 香港用户按此註冊
会员名：
检查会员名是否可用
5-20个字符(包括小写字母、数字、下划线、中文)，一个汉字为两个字符，推荐使用中文会员名。一旦注册成功会员名不能修改。怎样输入会员名？
密码：
密码由6-16个字符组成，请使用英文字母加数字或符号的组合密码，不能单独使用英文字母、数字或符号作为您的密码。怎样设置安全性高的密码？
再输入一遍密码：
请再输入一遍您上面输入的密码。
请填写常用的电子邮件地址，淘宝需要您通过邮件完成注册。
电子邮件：
强烈建议您注册使用雅虎不限容量邮箱，与淘宝帐户互联互通，"我的邮箱"更方便管理。
没有电子邮件？推荐使用 雅虎邮箱、网易邮箱。
再输入一遍电子邮件：
请再输入一遍上面输入的电子邮件地址。
校验码：
C4G6
请输入右侧字符，看不清楚？换个图片。怎样输入校验码？
自动创建支付宝账号
如果您已经有支付宝账号，请不要选择自动创建支付宝账号，当您注册完淘宝后，可以进入"我的淘宝"设置您的支付宝账号。
同意以下服务条款，提交注册信息

图 3-46　会员注册填写基本信息

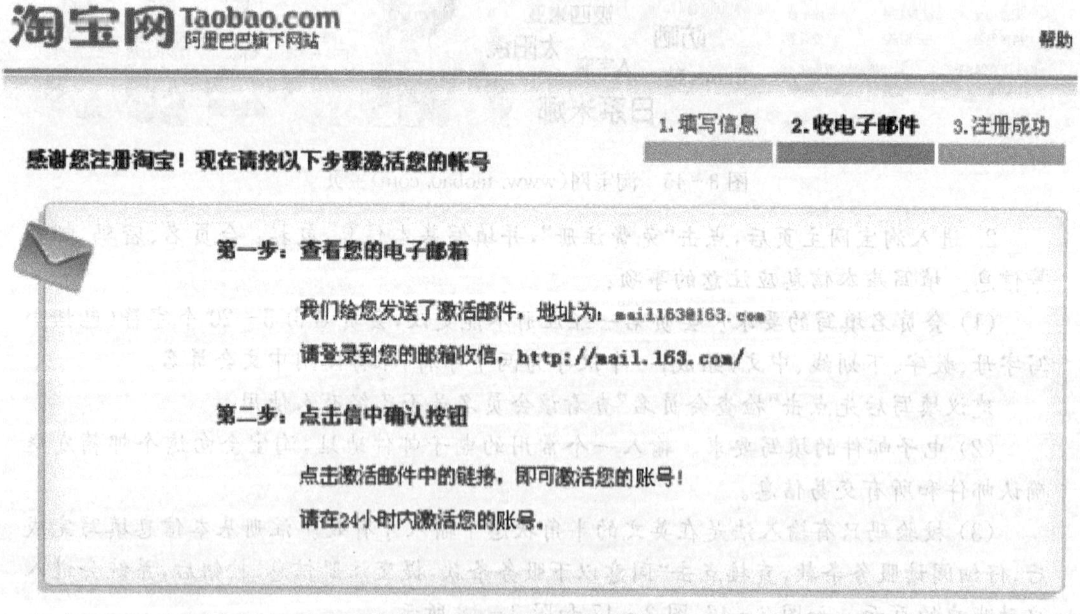
淘宝网 Taobao.com
阿里巴巴旗下网站
帮助
1.填写信息 2.收电子邮件 3.注册成功
感谢您注册淘宝！现在请按以下步骤激活您的帐号
第一步：查看您的电子邮箱
我们给您发送了激活邮件，地址为：mail163@163.com
请登录到您的邮箱收信，http://mail.163.com/
第二步：点击信中确认按钮
点击激活邮件中的链接，即可激活您的账号！
请在24小时内激活您的账号。

图 3-47　会员确认注册时填写的基本信息

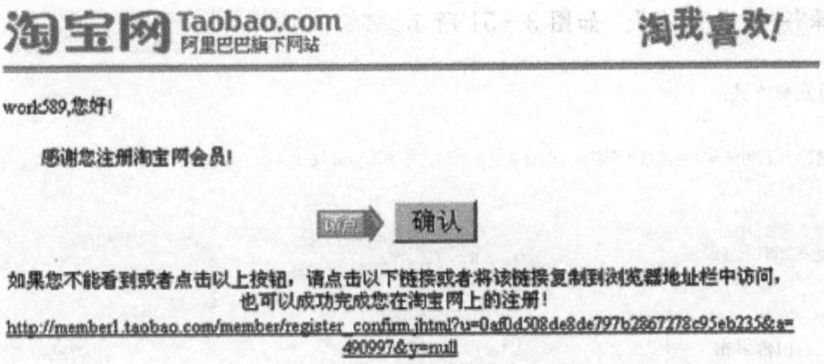
淘宝网 Taobao.com
阿里巴巴旗下网站
淘我喜欢!
work589,您好!
感谢您注册淘宝网会员!
确认
如果您不能看到或者点击以上按钮，请点击以下链接或者将该链接复制到浏览器地址栏中访问，
也可以成功完成您在淘宝网上的注册!
http://member1.taobao.com/member/register_confirm.jhtml?u=0af0d508de8de797b2867278c95eb235&a=490997&y=null

图 3－48　激活电子邮件

3. 接收并激活电子邮件。到注册时填写的电子邮箱中查收并激活邮件,即点击邮件中的蓝色链接部分,激活会员账号。如图 3－48 所示。

4. 注册成功。点击蓝色链接之后我们就可以看到注册成功的页面了,表明注册已经成功了。如图 3－49 所示。

您好，work589！ 首页 搜索 站内信 淘宝旺旺 收藏夹 支付宝 客服中心
淘宝网 Taobao.com
阿里巴巴旗下网站
我要买 我要卖 我的淘宝 诚信安全 导购中心
注册成功啦！
work589，欢迎您加入淘宝！
在这里，您可以享受到诚信、活泼、时尚、高效的网络交易文化。

图 3－49　注册成功

5. 淘宝网上免费开店。点击“现在就去卖宝贝”(注:发布 10 件宝贝并保持出售状态才可以)。如图 3－50 所示。

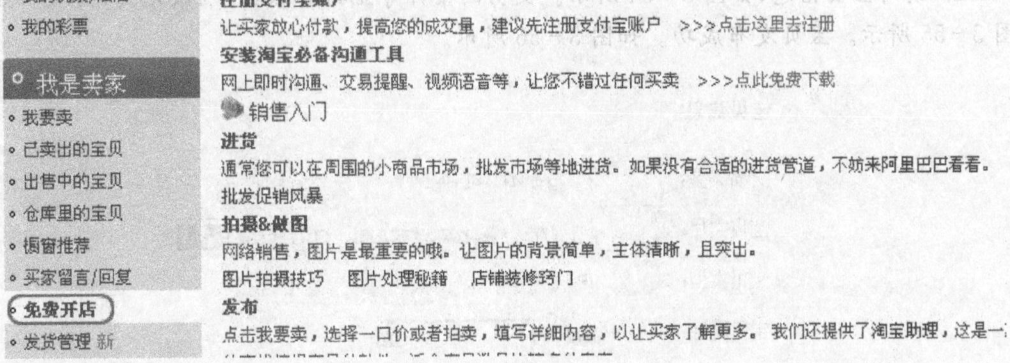
竞拍中的宝贝
竞拍结束的宝贝
团购的宝贝
卖家回复/留言
求购宝贝
我的收藏
我的会员卡
我的机票/酒店新
我的彩票
我是卖家
我要卖
已卖出的宝贝
出售中的宝贝
仓库里的宝贝
橱窗推荐
买家留言/回复
免费开店
发货管理 新
赚你人生的第一桶金，0成本创业，从淘宝开始...
发布10件宝贝（保持出售中的状态哦），就可以免费开店了 现在就去卖宝贝>>
准备工作
实名认证
在淘宝网卖宝贝，首先需要通过实名认证 >>>到我的淘宝申请实名认证
注册支付宝账户
让买家放心付款，提高您的成交量，建议先注册支付宝账户 >>>点击这里去注册
安装淘宝必备沟通工具
网上即时沟通、交易提醒、视频语音等，让您不错过任何买卖 >>>点此免费下载
销售入门
进货
通常您可以在周围的小商品市场，批发市场等地进货。如果没有合适的进货管道，不妨来阿里巴巴看看。
批发促销风暴
拍摄&做图
网络销售，图片是最重要的哦。让图片的背景简单，主体清晰，且突出。
图片拍摄技巧 图片处理秘籍 店铺装修窍门
发布
点击我要卖，选择一口价或者拍卖，填写详细内容，以让买家了解更多。我们还提供了淘宝助理，这是一

图 3－50　免费开店

6. 选择“一口价发布”。如图 3－51 所示。

请选择宝贝发布方式：
淘宝提醒您：请核对您发布的商品是否符合最新商品发布规则，2005年11月1日起，自然季度内违规发布商品满30和60件将会被限制交易1周和1个月。
设定固定价格
让买家可以立刻购买。
一口价发布
无底价起拍
让买家竞价购买。
拍卖发布
发布团购权限必须
以上,并且好评率达到97%。
团购发布

图 3－51 一口价发布宝贝

7. 宝贝分类。选择宝贝所属分类，如图 3－52 所示。确定宝贝所属分类，点击“已阅读以下规则，继续”。如图 3－53 所示。

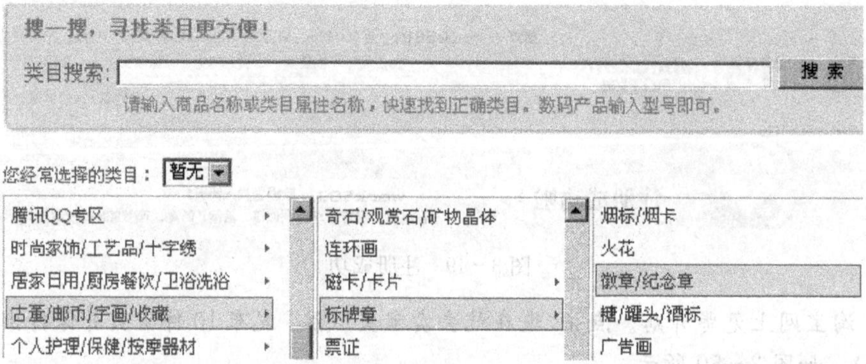
搜一搜，寻找类目更方便！
类目搜索：
搜索
请输入商品名称或类目属性名称，快速找到正确类目。数码产品输入型号即可。
您经常选择的类目：
暂无
腾讯QQ专区
时尚家饰/工艺品/十字绣
居家日用/厨房餐饮/卫浴洗浴
古董/邮币/字画/收藏
个人护理/保健/按摩器材
奇石/观赏石/矿物晶体
连环画
磁卡/卡片
标牌章
票证
烟标/烟卡
火花
徽章/纪念章
糖/罐头/酒标
广告画

图 3－52 选择宝贝分类

您当前选择的是：古董/邮币/字画/收藏 > 标牌章 > 徽章/纪念章
已阅读以下规则，继续

图 3－53 确认分类选择

8. 填写宝贝信息，如图 3－54 所示。交易的条件等无误后点击“确认无误，提交”，如图 3－55 所示。宝贝发布成功。如图 3－56 所示。

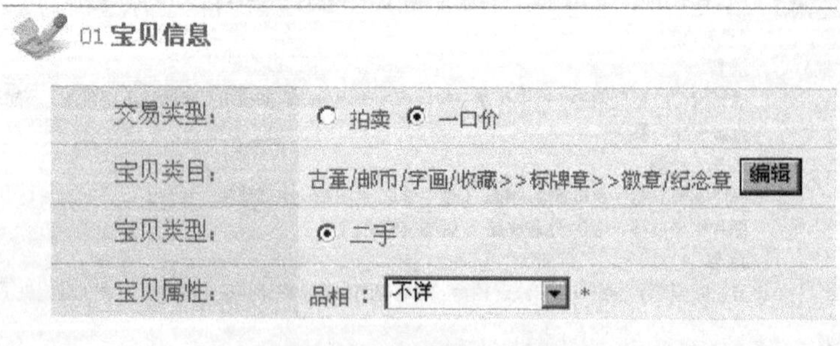
01 宝贝信息
交易类型：
拍卖
一口价
宝贝类目：
古董/邮币/字画/收藏>>标牌章>>徽章/纪念章
编辑
宝贝类型：
二手
宝贝属性：
品相：
不详
*

图 3－54 填写宝贝信息

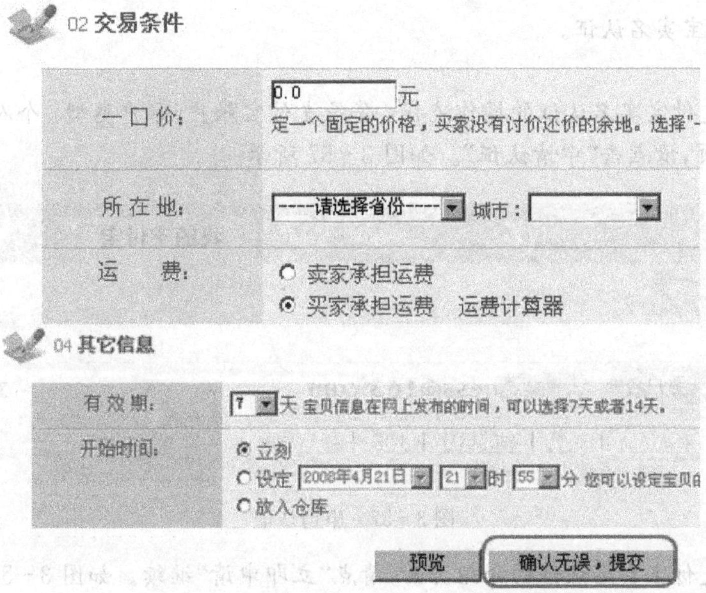

02 交易条件
一 口 价:
0.0 元
定一个固定的价格，买家没有讨价还价的余地。选择"-
所 在 地:
----请选择省份----
城市：
运　　费:
卖家承担运费
买家承担运费　运费计算器
04 其它信息
有 效 期:
7 天 宝贝信息在网上发布的时间，可以选择7天或者14天。
开始时间:
立刻
设定 2008年4月21日 21 时 55 分 您可以设定宝贝的
放入仓库
预览
确认无误，提交

图 3－55　交易的条件

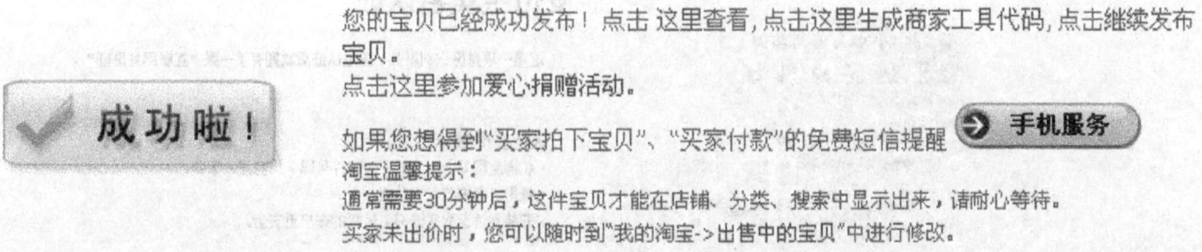

成功啦！
您的宝贝已经成功发布！点击 这里查看，点击这里生成商家工具代码，点击继续发布宝贝。
点击这里参加爱心捐赠活动。
如果您想得到"买家拍下宝贝"、"买家付款"的免费短信提醒
手机服务
淘宝温馨提示：
通常需要30分钟后，这件宝贝才能在店铺、分类、搜索中显示出来，请耐心等待。
买家未出价时，您可以随时到"我的淘宝->出售中的宝贝"中进行修改。

图 3－56　宝贝发布成功

9. 只要发布 10 件商品，通过了淘宝认证，有支付宝账号并通过实名认证，我们的小店就可以开张了。并且根据自己的风格来进行布置，如同一间网下实体店铺。开店成功后，可以在"管理我的店铺"进行布置。

实操二

支付宝实名认证申请操作流程

【实验目的】

掌握如何在 C2C 电子商务网站淘宝(www. taobao. com)进行支付宝的实名认证操作。

【实验环境】

1. 硬件要求：用户 PⅢ1300/10G/256MB RAM 以上。

2. 软件要求：用户操作系统为 Windows 2000 Professional 以上，连接 Internet 网络，Internet Explorer 6.0 以上浏览器。

【实验要求】

申请支付宝实名认证。

【实验步骤】

1. 申请支付宝实名认证的操作流程：登录支付宝账户(账户类型：个人账户)，在“我的支付宝”首页，请点击“申请认证”。如图 3-57 所示。

我要收款
我要付款
交易管理
我的支付宝
安全中心
我的支付宝首页
账户查询
充值
提现
我的账户
刘 ，支付宝账户名
[redacted]ness@163.com
支付宝担保交易
查询余额
申请认证
提现
我的积分
卡通
账户明细
我的账户
选择商品

图 3-57 申请认证

2. 进入支付宝实名认证的介绍页面，请点“立即申请”继续。如图 3-58 所示。

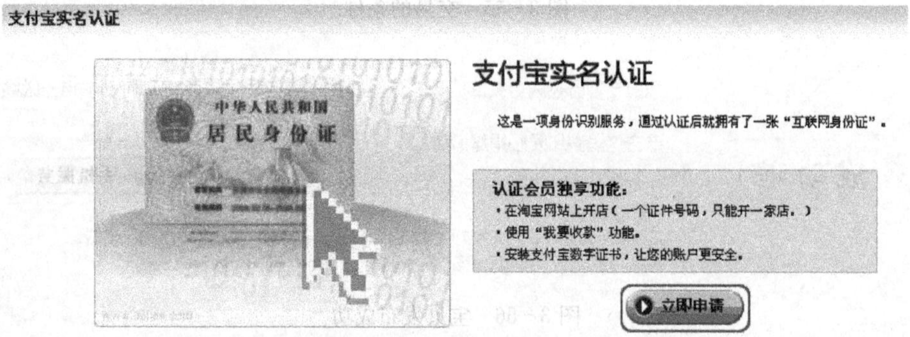
支付宝实名认证
中华人民共和国
居民身份证
支付宝实名认证
这是一项身份识别服务，通过认证后就拥有了一张“互联网身份证”。
认证会员独享功能：
· 在淘宝网站上开店（一个证件号码，只能开一家店。）
· 使用“我要收款”功能。
· 安装支付宝数字证书，让您的账户更安全。
立即申请

图 3-58 立即申请实名认证

3. 仔细阅读支付宝实名认证服务协议后，点击“我已经阅读并同意接受以上协议”按钮，进入支付宝实名认证。如图 3-59 所示。

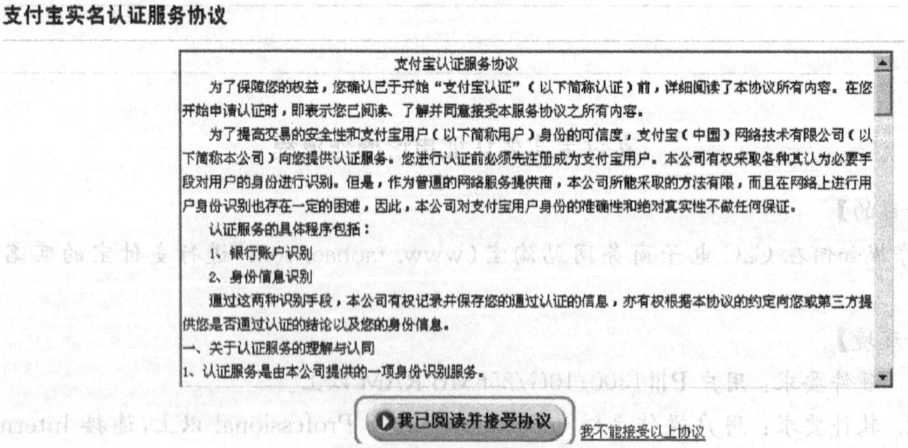
支付宝实名认证服务协议
支付宝认证服务协议
为了保障您的权益，您确认已于开始“支付宝认证”（以下简称认证）前，详细阅读了本协议所有内容。在您开始申请认证时，即表示您已阅读、了解并同意接受本服务协议之所有内容。
为了提高交易的安全性和支付宝用户（以下简称用户）身份的可信度，支付宝（中国）网络技术有限公司（以下简称本公司）向您提供认证服务。您进行认证前必须先注册成为支付宝用户。本公司有权采取各种其认为必要手段对用户的身份进行识别。但是，作为普通的网络服务提供商，本公司所能采取的方法有限，而且在网络上进行用户身份识别也存在一定的困难，因此，本公司对支付宝用户身份的准确性和绝对真实性不做任何保证。
认证服务的具体程序包括：
1、银行账户识别
2、身份信息识别
通过这两种识别手段，本公司有权记录并保存您的通过认证的信息，亦有权根据本协议的约定向您或第三方提供您是否通过认证的结论以及您的身份信息。
一、关于认证服务的理解与认同
1、认证服务是由本公司提供的一项身份识别服务。
我已阅读并接受协议
我不能接受以上协议

图 3-59 实名认证协议

4. 有两种进行实名认证的方式可选，请选择其中一种，点击“立即申请”。如通过“支付宝卡通”来进行实名认证，点“立即申请”按照提示步骤来申请开通。如图 3-60 所示。

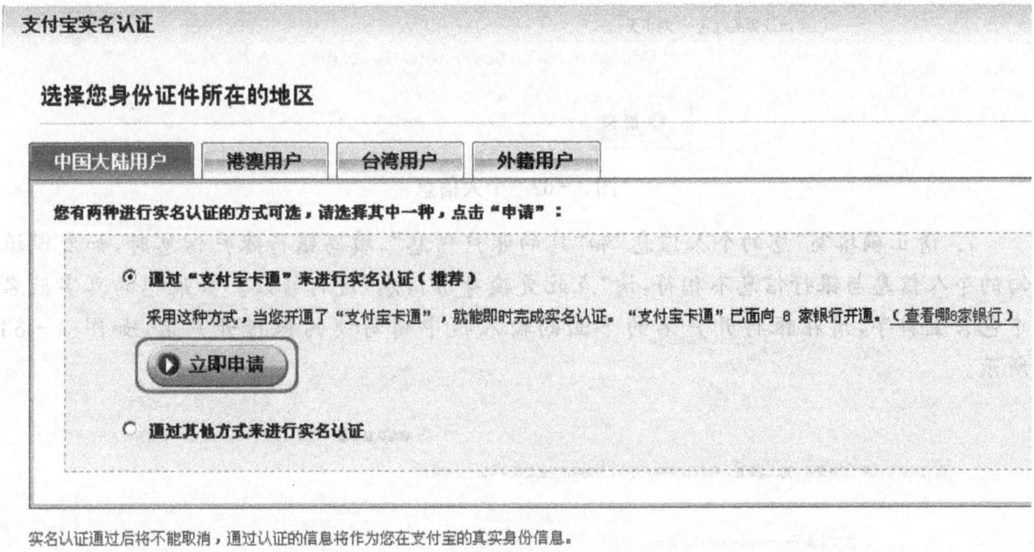
支付宝实名认证
选择您身份证件所在的地区
中国大陆用户
港澳用户
台湾用户
外籍用户
您有两种进行实名认证的方式可选，请选择其中一种，点击“申请”：
通过“支付宝卡通”来进行实名认证（推荐）
采用这种方式，当您开通了“支付宝卡通”，就能即时完成实名认证。“支付宝卡通”已面向 8 家银行开通。（查看哪8家银行）
立即申请
通过其他方式来进行实名认证
实名认证通过后将不能取消，通过认证的信息将作为您在支付宝的真实身份信息。

图 3-60 支付宝卡通申请

5. 我们选择“通过其他方式来进行实名认证”，点“立即申请”。如图 3-61 所示。请正确选择您身份证件所在的地区，正确选择后才能顺利地完成您的支付宝实名认证。

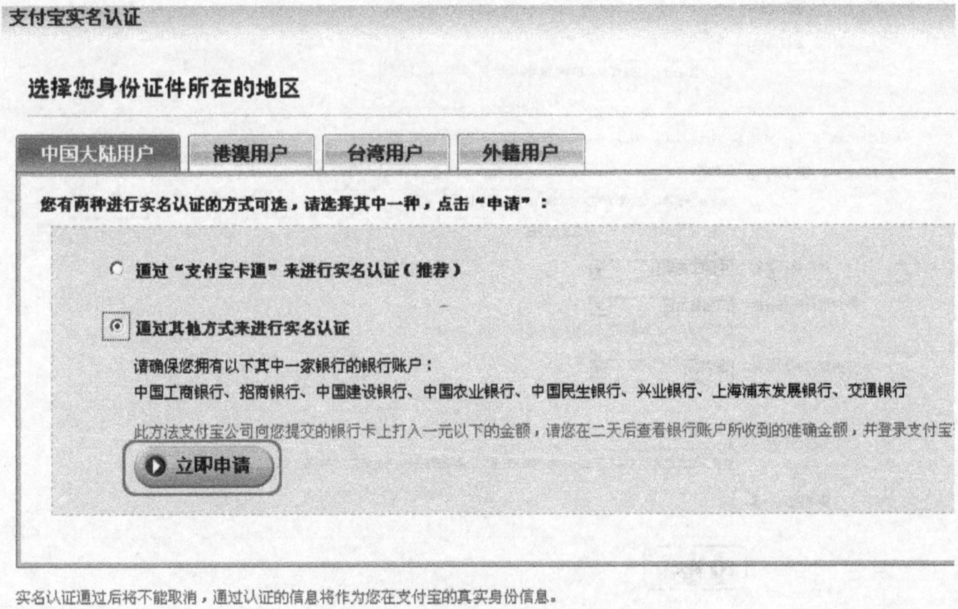
支付宝实名认证
选择您身份证件所在的地区
中国大陆用户
港澳用户
台湾用户
外籍用户
您有两种进行实名认证的方式可选，请选择其中一种，点击“申请”：
通过“支付宝卡通”来进行实名认证（推荐）
通过其他方式来进行实名认证
请确保您拥有以下其中一家银行的银行账户：
中国工商银行、招商银行、中国建设银行、中国农业银行、中国民生银行、兴业银行、上海浦东发展银行、交通银行
此方法支付宝公司向您提交的银行卡上打入一元以下的金额，请您在二天后查看银行账户所收到的准确金额，并登录支付宝
立即申请
实名认证通过后将不能取消，通过认证的信息将作为您在支付宝的真实身份信息。

图 3-61 其他方式申请实名认证

6. 填写个人信息。请正确填写您的身份证件号码及真实姓名，点“提交”继续。如图 3-62所示。

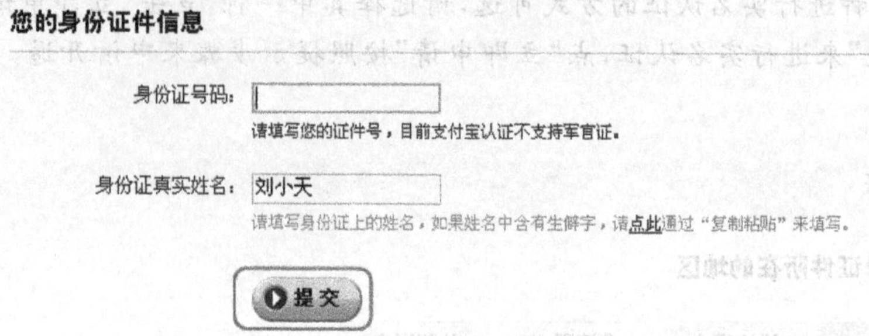
您的身份证件信息
身份证号码：
请填写您的证件号，目前支付宝认证不支持军官证。
身份证真实姓名： 刘小天
请填写身份证上的姓名，如果姓名中含有生僻字，请点此通过“复制粘贴”来填写。
提交

图 3－62　个人信息

7. 请正确填写“您的个人信息”和“您的账户信息”，填写银行账户信息时，如发现填写的个人信息与银行信息不相符，请“点此更换身份信息”进行修改。如果您的真实姓名中包含生僻字，请在银行开户名的下面的输入框中填写您的银行开户名，如图 3－63 所示。

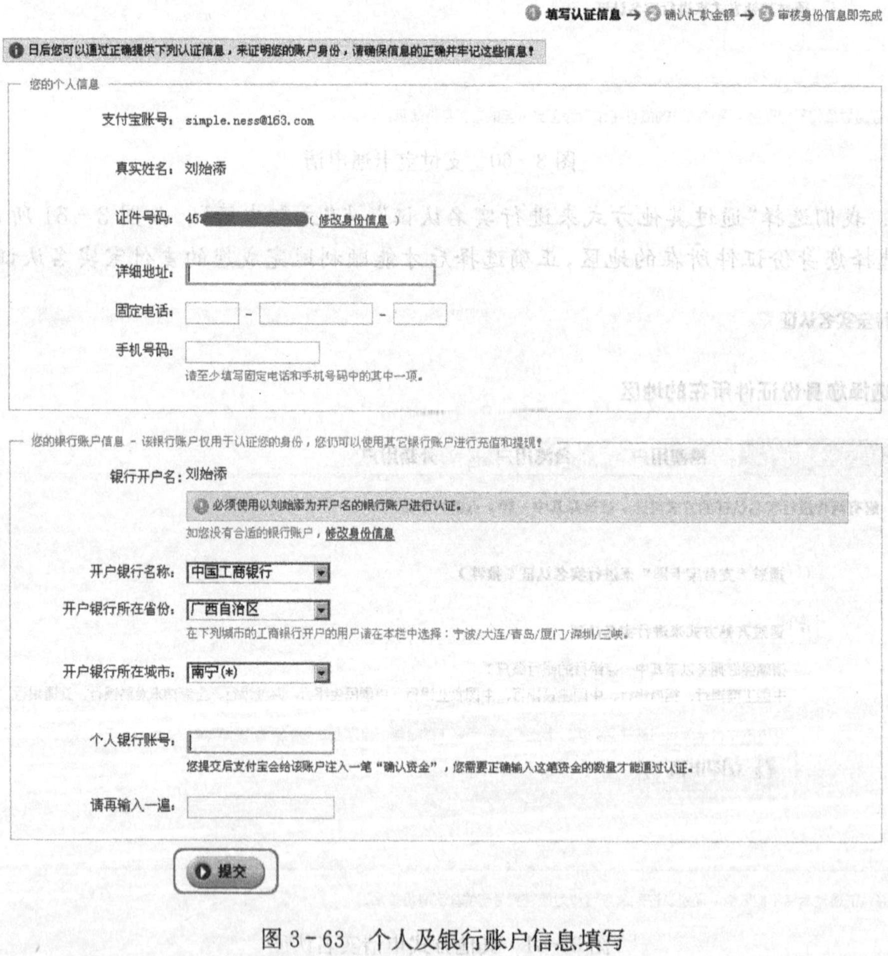
填写认证信息 → 确认汇款金额 → 审核身份信息即完成
日后您可以通过正确提供下列认证信息，来证明您的账户身份，请确保信息的正确并牢记这些信息！
您的个人信息
支付宝账号： simple.ness@163.com
真实姓名： 刘始添
证件号码： 45[redacted]（修改身份信息）
详细地址：
固定电话：
手机号码：
请至少填写固定电话和手机号码中的其中一项。
您的银行账户信息 - 该银行账户仅用于认证您的身份，您仍可以使用其它银行账户进行充值和提现！
银行开户名： 刘始添
必须使用以刘始添为开户名的银行账户进行认证。
如您没有合适的银行账户，修改身份信息
开户银行名称： 中国工商银行
开户银行所在省份： 广西自治区
在下列城市的工商银行开户的用户请在本栏中选择：宁波/大连/青岛/厦门/深圳/三峡。
开户银行所在城市： 南宁(*)
个人银行账号：
您提交后支付宝会给该账户注入一笔“确认资金”，您需要正确输入这笔资金的数量才能通过认证。
请再输入一遍：
提交

图 3－63　个人及银行账户信息填写

8. 核对您所填写的“您的个人信息”和“您的银行账户”，确认无误请点“确认提交”保存所填写的信息。如图 3－64 所示。

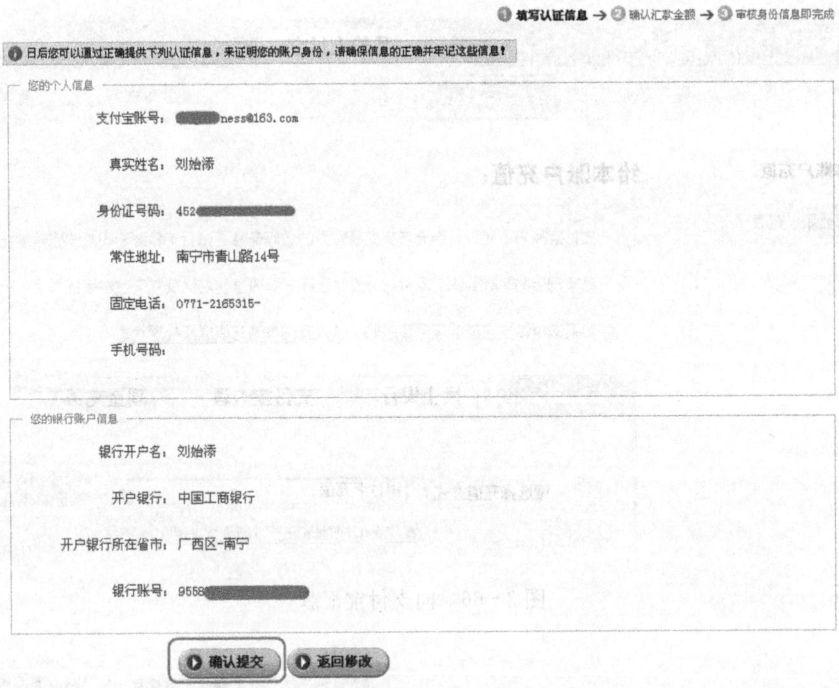

❶ 填写认证信息 → ❷ 确认汇款金额 → ❸ 审核身份信息即完成
日后您可以通过正确提供下列认证信息，来证明您的账户身份，请确保信息的正确并牢记这些信息！
您的个人信息
支付宝账号：[redacted]ness@163.com
真实姓名：刘始添
身份证号码：452[redacted]
常住地址：南宁市青山路14号
固定电话：0771-2165315-
手机号码：
您的银行账户信息
银行开户名：刘始添
开户银行：中国工商银行
开户银行所在省市：广西区-南宁
银行账号：9558[redacted]
确认提交
返回修改

图 3-64 确认个人及银行账户信息

9. 认证申请提交成功，等待支付宝公司向您提交的银行卡上打入1元以下的金额，并请在2天后查看银行账户所收到的准确金额，再登录支付宝账户，点“申请认证”进入输入所收到的金额。如图3-65所示。

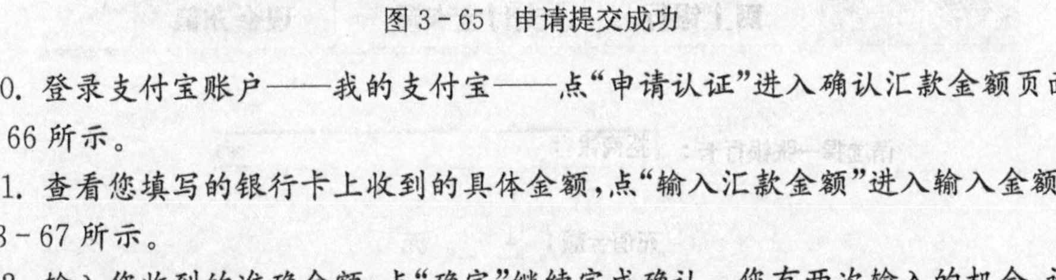

认证申请成功提交！
请 2 天后到银行柜台或网上银行查看您的 招商银行 账户（********4777）汇入一笔确认资金（1.00元内）。
查询到您银行账户内的确认资金后，请登录支付宝网站，在“我的支付宝”的右上角，点击“申请认证”，输入准确的金额并提交。
查看“确认汇款金额”的有关帮助。

图 3-65 申请提交成功

10. 登录支付宝账户——我的支付宝——点“申请认证”进入确认汇款金额页面。如图3-66所示。

11. 查看您填写的银行卡上收到的具体金额，点“输入汇款金额”进入输入金额页面。如图3-67所示。

12. 输入您收到的准确金额，点“确定”继续完成确认。您有两次输入的机会，请正确填写您收到的准确金额，两次失败后需要重新提交银行账户进行审核。如图3-68和图3-69所示。

13. 输入的金额正确后，即时审核您填写的身份信息，请耐心等待2秒钟。如图3-70所示。

14. 审核通过，即通过支付宝实名认证。如图3-71所示。

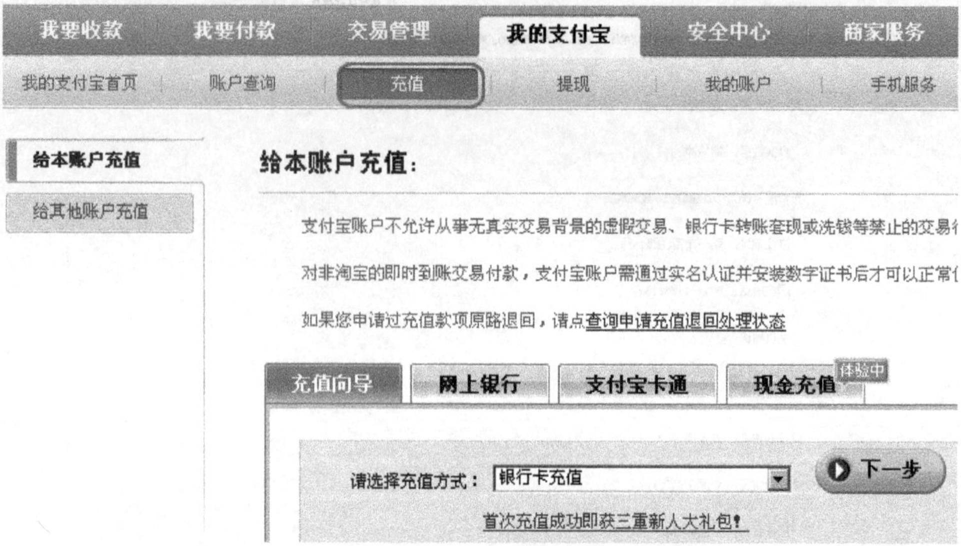
我要收款
我要付款
交易管理
我的支付宝
安全中心
商家服务
我的支付宝首页
账户查询
充值
提现
我的账户
手机服务
给本账户充值
给其他账户充值
给本账户充值：
支付宝账户不允许从事无真实交易背景的虚假交易、银行卡转账套现或洗钱等禁止的交易1
对非淘宝的即时到账交易付款，支付宝账户需通过实名认证并安装数字证书后才可以正常1
如果您申请过充值款项原路退回，请点查询申请充值退回处理状态
充值向导
网上银行
支付宝卡通
现金充值
体验中
请选择充值方式：
银行卡充值
下一步
首次充值成功即获三重新人大礼包！

图 3-66 向支付宝汇款

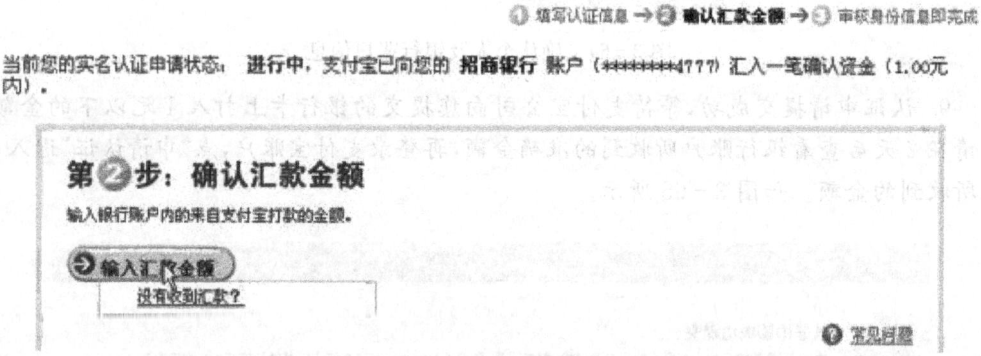
填写认证信息 → 确认汇款金额 → 审核身份信息即完成
当前您的实名认证申请状态： 进行中，支付宝已向您的 招商银行 账户（********4777）汇入一笔确认资金（1.00元内）。
第2步：确认汇款金额
输入银行账户内的来自支付宝打款的金额。
输入汇款金额
没有收到汇款？
常见问题

图 3-67 进入输入金额页面

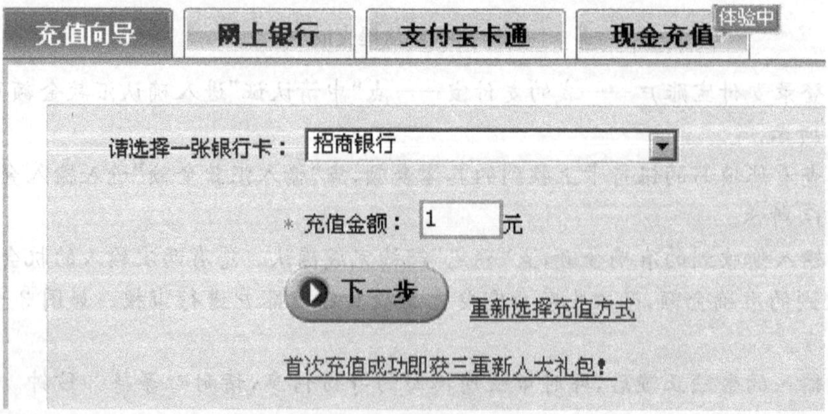
充值向导
网上银行
支付宝卡通
现金充值
体验中
请选择一张银行卡：
招商银行
* 充值金额：
1
元
下一步
重新选择充值方式
首次充值成功即获三重新人大礼包！

图 3-68 填写汇款金额

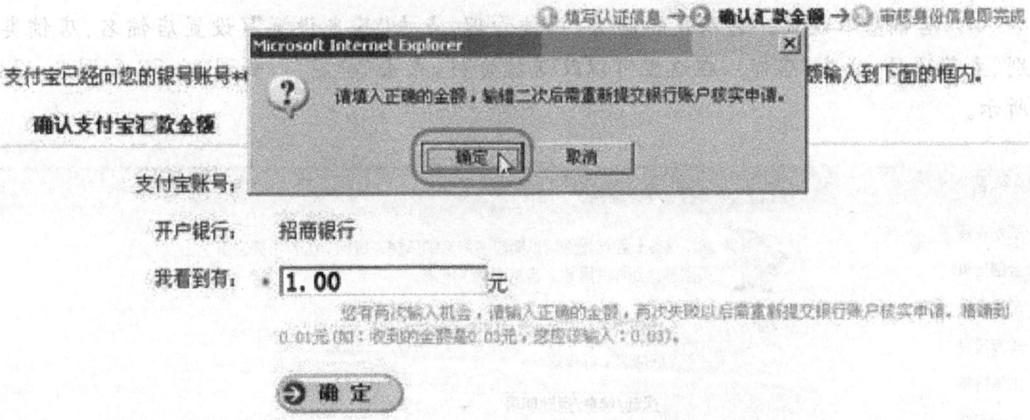
填写认证信息 → 确认汇款金额 → 审核身份信息即完成
Microsoft Internet Explorer
请填入正确的金额，输错二次后需重新提交银行账户核实申请。
确定
取消
确认支付宝汇款金额
支付宝账号:
开户银行: 招商银行
我看到有: * 1.00 元
您有两次输入机会，请输入正确的金额，两次失败以后需重新提交银行账户核实申请。精确到0.01元(如：收到的金额是0.03元，您应该输入：0.03)。
确 定

图 3－69 汇款金额二次确认

信息审核中...
系统正在核实您的认证信息，请您耐心等待2秒钟...

图 3－70 信息审核

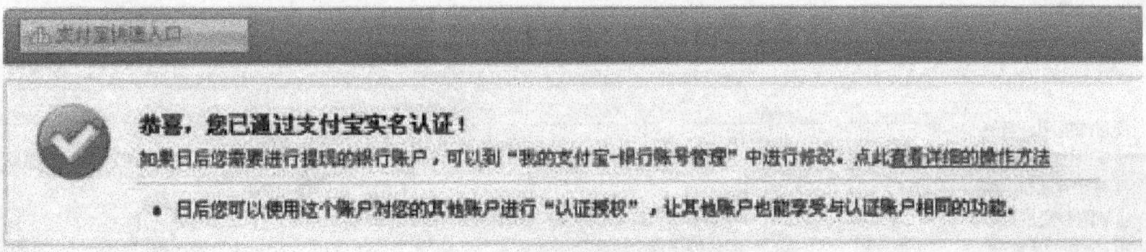
恭喜，您已通过支付宝实名认证！
如果日后您需要进行提现的银行账户，可以到“我的支付宝-银行账号管理”中进行修改。点此查看详细的操作方法
日后您可以使用这个账户对您的其他账户进行“认证授权”，让其他账户也能享受与认证账户相同的功能。

图 3－71 通过支付宝实名认证

实操三

店 铺 管 理

【实验目的】

掌握如何在 C2C 电子商务网站淘宝(www. taobao. com)进行店铺的管理。

【实验环境】

1. 硬件要求：用户 PⅢ1300/10G/256MB RAM 以上。

2. 软件要求：用户操作系统为 Windows 2000 Professional 以上，连接 Internet 网络，Internet Explorer 6.0 以上浏览器。

【实验要求】

对淘宝店铺进行管理、设置。

【实验步骤】

1. 店铺基本设置。进入我的淘宝，店铺管理，点击“基本设置”（设置店铺名、店铺类别、主营项目、公告、店标），在这里可以改店铺资料，点击“确定”。如图 3-72 和图 3-73 所示。

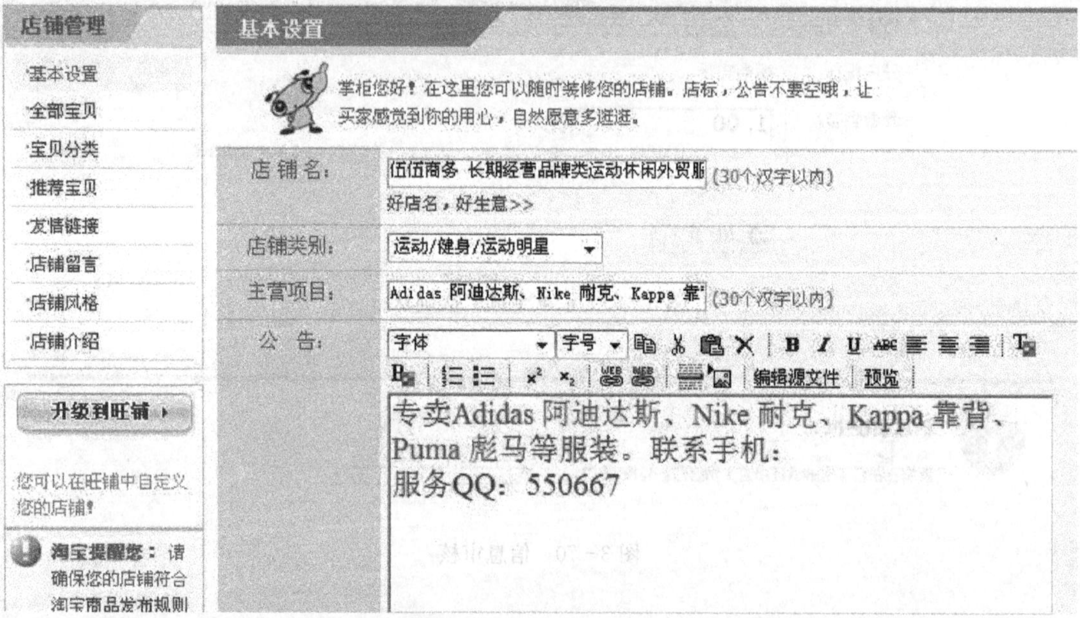
店铺管理
基本设置
基本设置
全部宝贝
宝贝分类
推荐宝贝
友情链接
店铺留言
店铺风格
店铺介绍
升级到旺铺
您可以在旺铺中自定义您的店铺！
淘宝提醒您：请确保您的店铺符合淘宝商品发布规则
掌柜您好！在这里您可以随时装修您的店铺。店标，公告不要空哦，让买家感觉到你的用心，自然愿意多逛逛。
店 铺 名：
伍伍商务 长期经营品牌类运动休闲外贸服
(30个汉字以内)
好店名，好生意>>
店铺类别：
运动/健身/运动明星
主营项目：
Adidas 阿迪达斯、Nike 耐克、Kappa 靠
(30个汉字以内)
公 告：
字体
字号
编辑源文件
预览
专卖Adidas 阿迪达斯、Nike 耐克、Kappa 靠背、Puma 彪马等服装。联系手机：
服务QQ：550667

图 3-72 修改店铺信息

及店铺规则。自然季度内违规发布商品满30件和60件将会被限制交易1周和1个月；重复铺货式开店行为，将被限制发布商品30天，情节严重者，将被永久限制发布权限。
浏览...
(仅支持gif和jpg，限制大小80K以内，100*100px)
10分钟搞定个性店标
店 标：
店标
公告
确 定

图 3-73 确定店铺信息修改

2. 店铺管理。点击“全部宝贝”，显示所有发布的宝贝。你可以在这里修改你的宝贝信息，可以删除、下架。如图 3-74 所示。

3. 宝贝分类。方便顾客更快搜索到所需要的感兴趣的商品信息，单击“宝贝分类”，在这里添加宝贝分类。如图 3-75 所示。

4. 推荐宝贝。在这里可以把人气比较旺的商品或销量比较大的宝贝放在这里。这样，提高顾客的点击率，提高宝贝的销量。如图 3-76 所示。

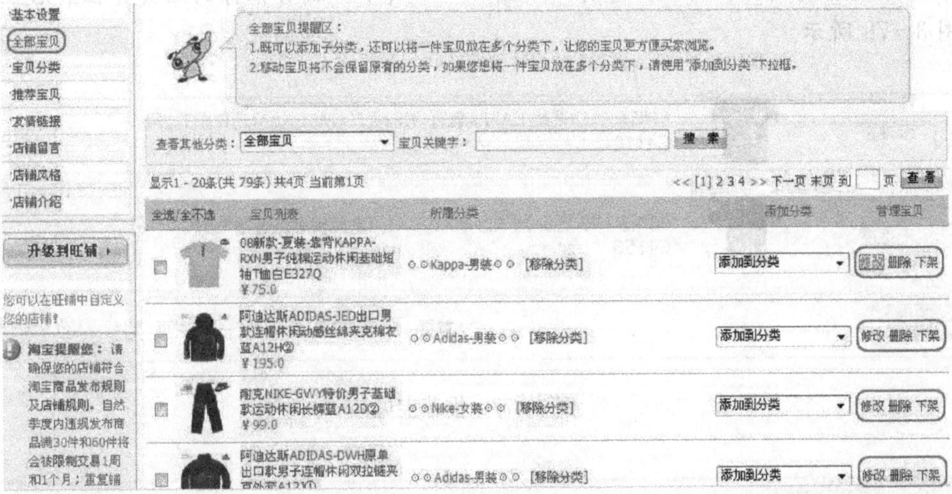

图 3－74 显示所有宝贝

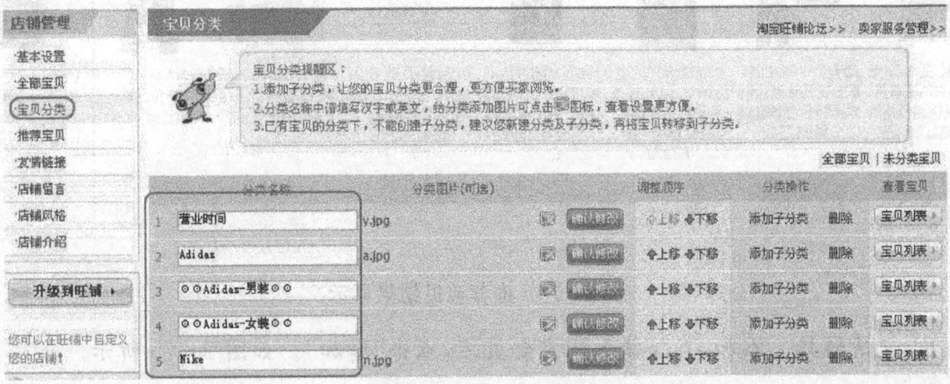

图 3－75 宝贝分类

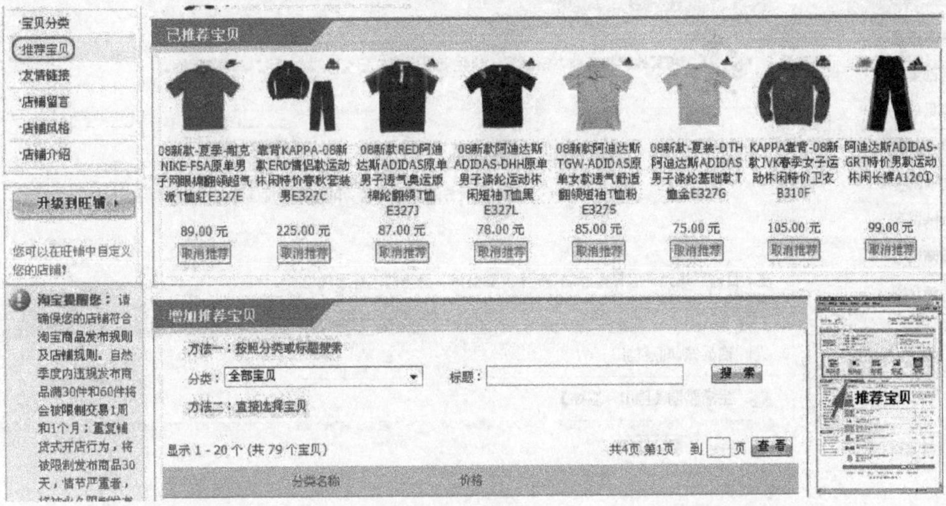

图 3－76 推荐宝贝

5. 选定推荐的宝贝，点击“推荐”，如图 3-77 所示。成功推荐的宝贝会在最后显示。如图 3-78 所示。

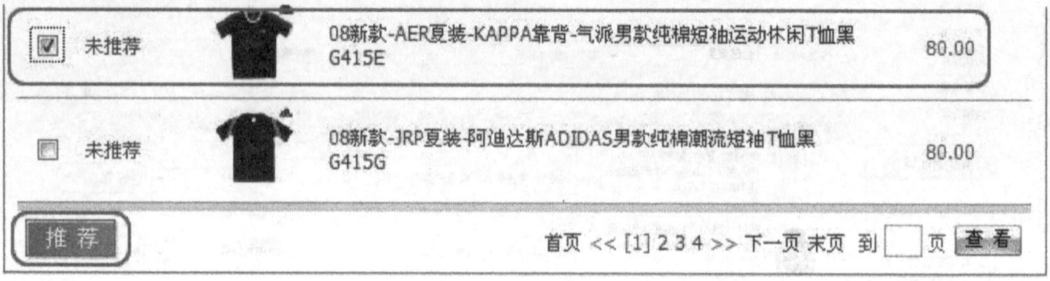
未推荐
08新款-AER夏装-KAPPA靠背-气派男款纯棉短袖运动休闲T恤黑
G415E
80.00
未推荐
08新款-JRP夏装-阿迪达斯ADIDAS男款纯棉潮流短袖T恤黑
G415G
80.00
推 荐
首页 << [1] 2 3 4 >> 下一页 末页 到 页 查看

图 3-77 推荐宝贝

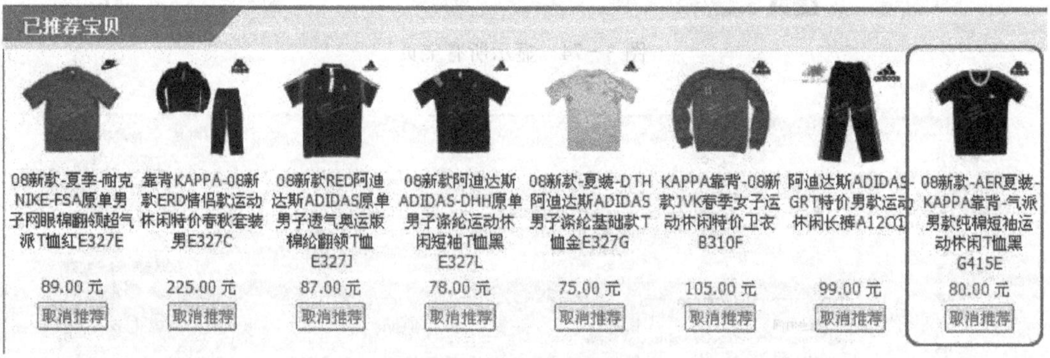
已推荐宝贝
08新款-夏季-耐克NIKE-FSA原单男子网眼棉翻领超气派T恤红E327E
89.00 元
靠背KAPPA-08新款ERD情侣款运动休闲特价春秋套装男E327C
225.00 元
08新款RED阿迪达斯ADIDAS原单男子透气奥运版棉纶翻领T恤E327J
87.00 元
08新款阿迪达斯ADIDAS-DHH原单男子涤纶运动休闲短袖T恤黑E327L
78.00 元
08新款-夏装-DTH阿迪达斯ADIDAS男子涤纶基础款T恤金E327G
75.00 元
KAPPA靠背-08新款JVK春季女子运动休闲特价卫衣B310F
105.00 元
阿迪达斯ADIDAS-GRT特价男款运动休闲长裤A12O①
99.00 元
08新款-AER夏装-KAPPA靠背-气派男款纯棉短袖运动休闲T恤黑G415E
80.00 元
取消推荐

图 3-78 推荐宝贝结果显示

6. 友情链接。添加，直接输入淘宝会员名，点击“增加”。如图 3-79 所示。

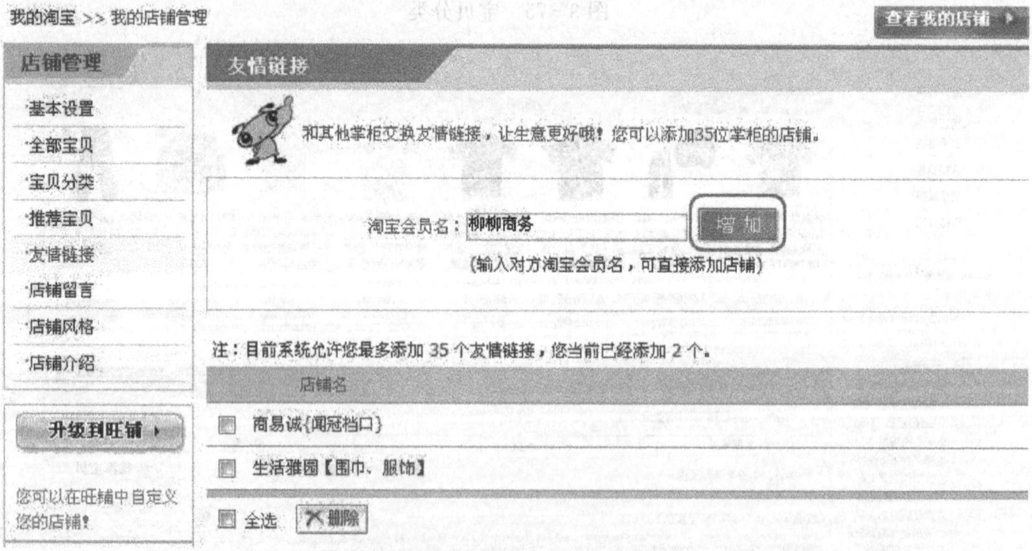
我的淘宝 >> 我的店铺管理
查看我的店铺
店铺管理
基本设置
全部宝贝
宝贝分类
推荐宝贝
友情链接
店铺留言
店铺风格
店铺介绍
升级到旺铺
您可以在旺铺中自定义您的店铺!
友情链接
和其他掌柜交换友情链接，让生意更好哦！您可以添加35位掌柜的店铺。
淘宝会员名：柳柳商务
增 加
(输入对方淘宝会员名，可直接添加店铺)
注：目前系统允许您最多添加 35 个友情链接，您当前已经添加 2 个。
店铺名
商易诚{闻冠档口}
生活雅园【围巾、服饰】
全选
删除

图 3-79 增加友情链接

7. 确认后。在最下面显示，如果不想要的链接，选定删除就可以了。如图 3 - 80 所示。

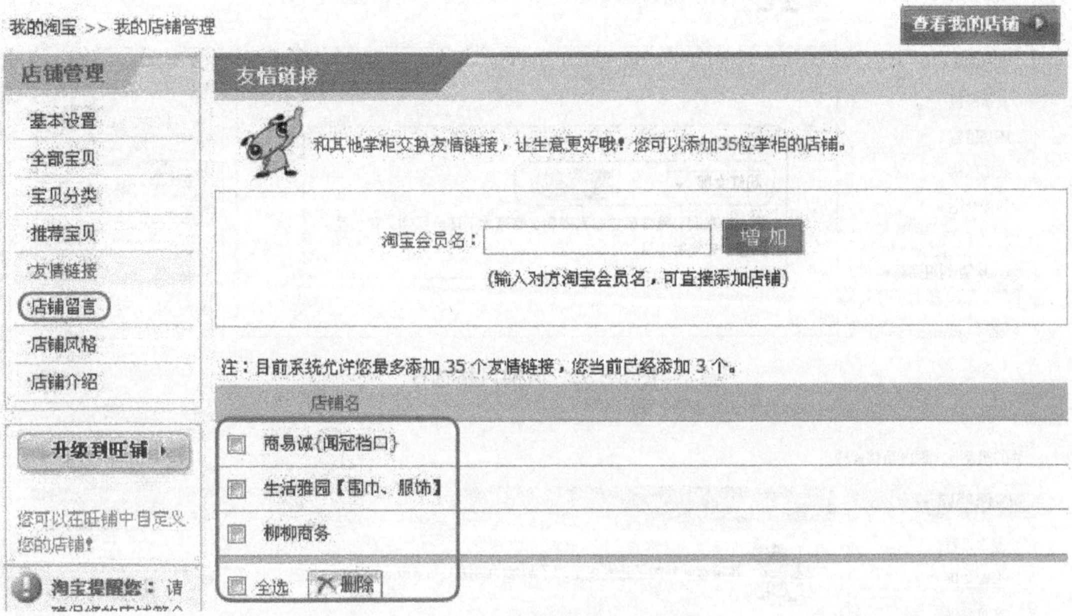
我的淘宝 >> 我的店铺管理
查看我的店铺
店铺管理
友情链接
基本设置
全部宝贝
宝贝分类
推荐宝贝
友情链接
店铺留言
店铺风格
店铺介绍
和其他掌柜交换友情链接，让生意更好哦！您可以添加35位掌柜的店铺。
淘宝会员名：
增加
(输入对方淘宝会员名，可直接添加店铺)
注：目前系统允许您最多添加 35 个友情链接，您当前已经添加 3 个。
店铺名
商易诚{闻冠档口}
生活雅园【围巾、服饰】
柳柳商务
全选
删除
升级到旺铺
您可以在旺铺中自定义您的店铺！
淘宝提醒您：请

图 3 - 80 友情链接的删除

8. 店铺留言。有顾客留言了，可以在这里看到并回复顾客留言。如图 3 - 81 所示。

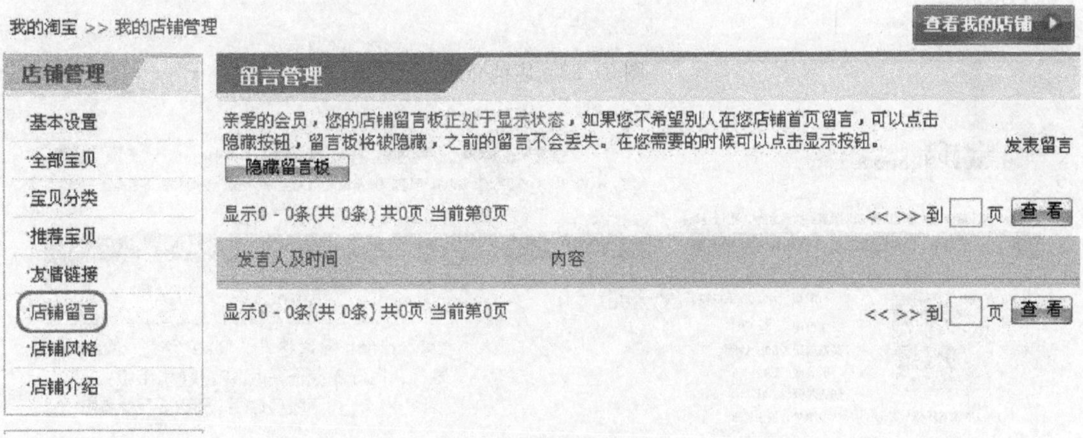
我的淘宝 >> 我的店铺管理
查看我的店铺
店铺管理
留言管理
基本设置
全部宝贝
宝贝分类
推荐宝贝
友情链接
店铺留言
店铺风格
店铺介绍
亲爱的会员，您的店铺留言板正处于显示状态，如果您不希望别人在您店铺首页留言，可以点击隐藏按钮，留言板将被隐藏，之前的留言不会丢失。在您需要的时候可以点击显示按钮。
发表留言
隐藏留言板
显示0 - 0条(共 0条) 共0页 当前第0页
<< >> 到 页 查看
发言人及时间
内容
显示0 - 0条(共 0条) 共0页 当前第0页
<< >> 到 页 查看

图 3 - 81 顾客留言

9. 店铺风格。每个店铺都是自己的装扮，自己风格，把最喜欢的风格选出来，在这里我选择的是粉红女郎。如图 3 - 82 所示。

10. 店铺介绍。把店铺的特色介绍给顾客，包括联系方式、主营宝贝等，都可以在这里展示，方便顾客的了解店铺信息(可用 HTML 装扮)。如图 3 - 83 所示。

11. 最后查看自己的店铺风格。如图 3 - 84 和图 3 - 85 所示。

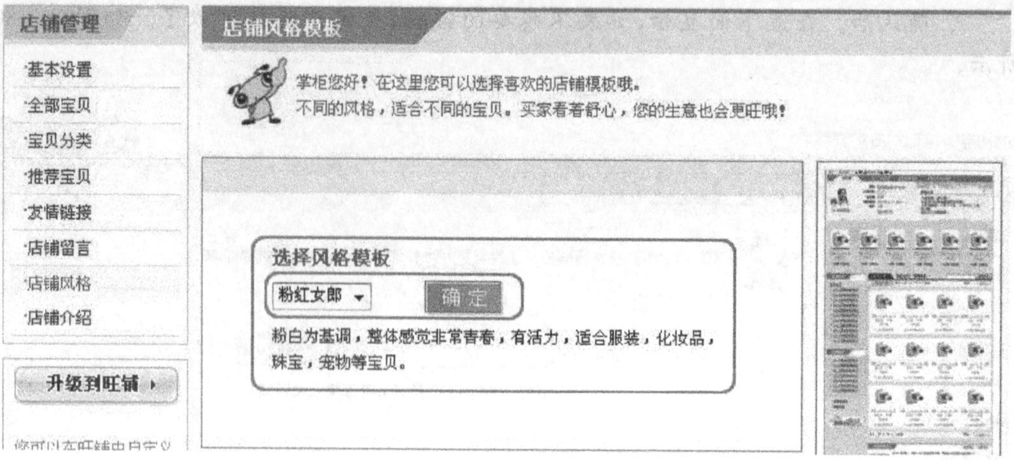
店铺管理
基本设置
全部宝贝
宝贝分类
推荐宝贝
友情链接
店铺留言
店铺风格
店铺介绍
升级到旺铺
店铺风格模板
掌柜您好！在这里您可以选择喜欢的店铺模板哦。
不同的风格，适合不同的宝贝。买家看着舒心，您的生意也会更旺哦！
选择风格模板
粉红女郎
确 定
粉白为基调，整体感觉非常青春，有活力，适合服装，化妆品，珠宝，宠物等宝贝。

图 3－82　店铺风格选择

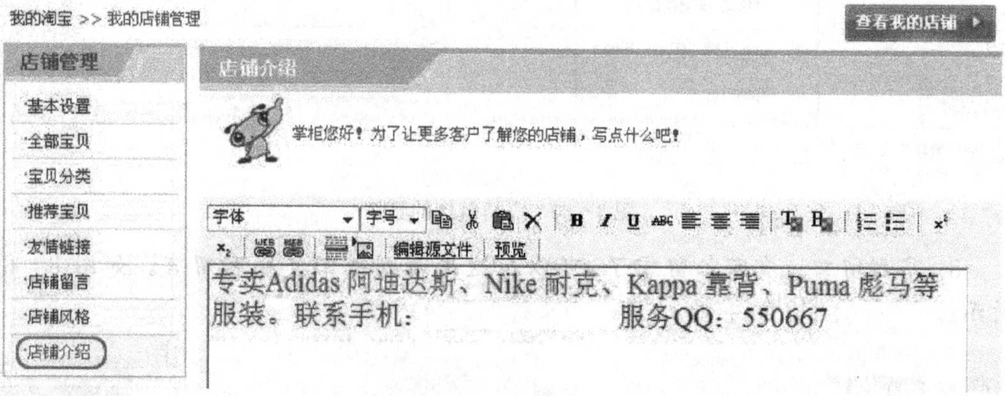
我的淘宝 >> 我的店铺管理
查看我的店铺
店铺管理
基本设置
全部宝贝
宝贝分类
推荐宝贝
友情链接
店铺留言
店铺风格
店铺介绍
掌柜您好！为了让更多客户了解您的店铺，写点什么吧！
字体
字号
编辑源文件
预览
专卖Adidas 阿迪达斯、Nike 耐克、Kappa 靠背、Puma 彪马等服装。联系手机：　　服务QQ：550667

图 3－83　店铺介绍

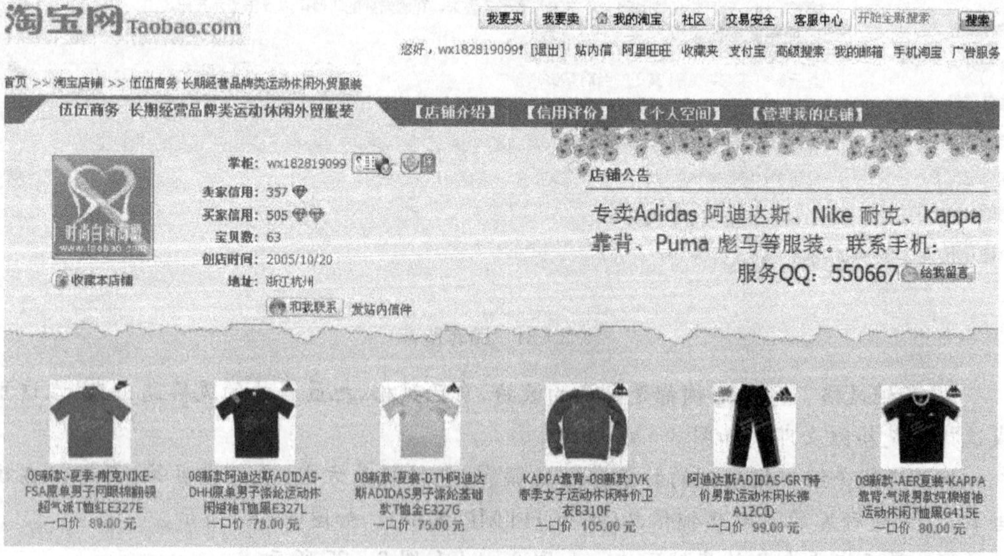
淘宝网 Taobao.com
我要买
我要卖
我的淘宝
社区
交易安全
客服中心
搜索
首页 >> 淘宝店铺 >> 伍伍商务 长期经营品牌类运动休闲外贸服装
伍伍商务 长期经营品牌类运动休闲外贸服装
【店铺介绍】
【信用评价】
【个人空间】
【管理我的店铺】
掌柜：wx182819099
卖家信用：357
买家信用：505
宝贝数：63
创店时间：2005/10/20
地址：浙江杭州
收藏本店铺
和我联系
发站内信件
店铺公告
专卖Adidas 阿迪达斯、Nike 耐克、Kappa 靠背、Puma 彪马等服装。联系手机：
服务QQ：550667
给我留言

图 3－84　店铺风格显示

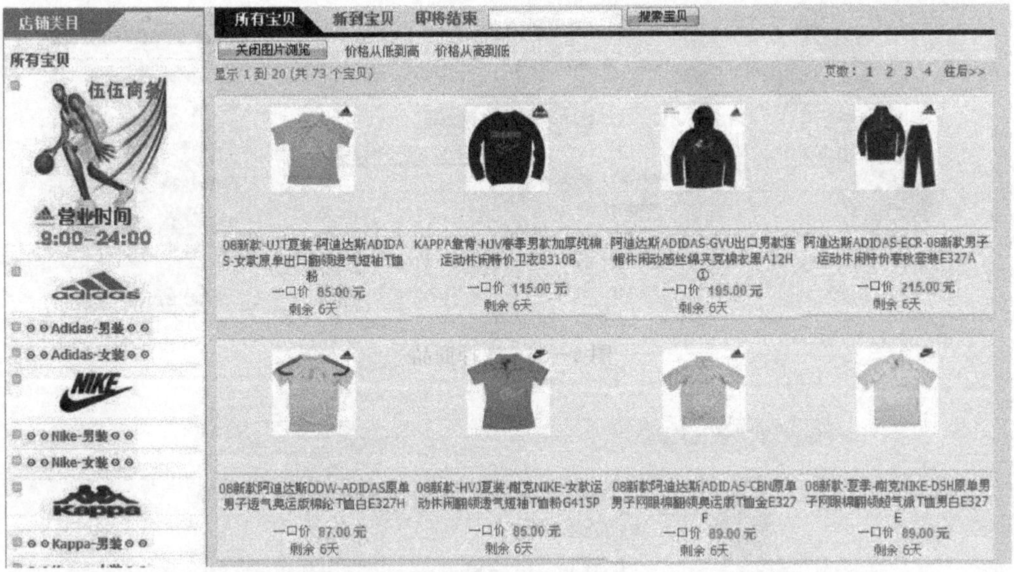
店铺类目
所有宝贝
新到宝贝
即将结束
搜索宝贝
关闭图片浏览
价格从低到高
价格从高到低
营业时间
9:00-24:00

图 3-85 店铺风格显示

12. 至此,店铺管理就这样轻松完成了。

实操四

淘宝购买宝贝

【实验目的】

掌握如何在C2C电子商务网站淘宝(www.taobao.com)进行宝贝交易。

【实验环境】

1. 硬件要求:用户PⅢ1300/10G/256MB RAM以上。

2. 软件要求:用户操作系统为Windows 2000 Professional以上,连接Internet网络,Internet Explorer 6.0以上浏览器。

【实验要求】

在淘宝上进行交易,购买自己喜爱的宝贝。

【实验步骤】

1. 登录淘宝(www.taobao.com),找到需要购买的商品,买家点购买商品页面。如图3-86所示。

2. 确认宝贝价格,如图3-87所示,填买家联系方式。如图3-88所示。

3. 填写购买数量、验证码,确认购买。如图3-89所示。

4. 进入支付页面,买家付款确认。如图3-90所示。

5. 确认付款后,会出现卖家卖商品信息。如图3-91所示。

6. 卖家查看买家是否付款,等待买家付款。如图3-92所示。

7. 买家付款成功。如图3-93所示。

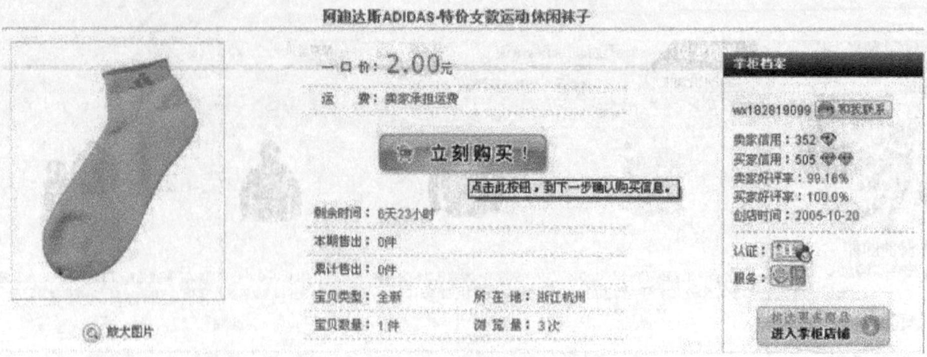
阿迪达斯ADIDAS-特价女款运动休闲袜子
一口价：2.00元
运　费：卖家承担运费
立刻购买！
点击此按钮，到下一步确认购买信息。
剩余时间：8天23小时
本期售出：0件
累计售出：0件
宝贝类型：全新
所 在 地：浙江杭州
宝贝数量：1件
浏 览 量：3次
放大图片
掌柜档案
wx182819099 和我联系
卖家信用：352
买家信用：505
卖家好评率：99.16%
买家好评率：100.0%
创店时间：2005-10-20
认证：
服务：
进入掌柜店铺

图 3－86　选择商品

确认宝贝价格与交易条件
宝贝名称：　阿迪达斯ADIDAS-特价女款运动休闲袜子
当前价格：　2.00 元
付款方式：　支付宝
所 在 地：　浙江杭州
卖家：wx182819099 和我联系

图 3－87　交易价格

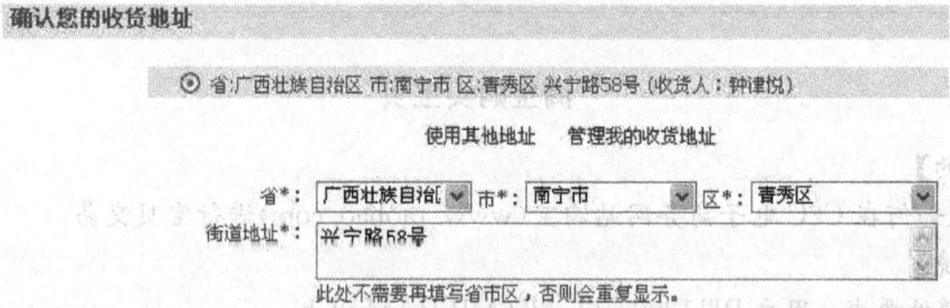
确认您的收货地址
省:广西壮族自治区 市:南宁市 区:青秀区 兴宁路58号 (收货人：钟津悦)
使用其他地址　管理我的收货地址
省*：广西壮族自治[
市*：南宁市
区*：青秀区
街道地址*：兴宁路58号
此处不需要再填写省市区，否则会重复显示。

图 3－88　收货地址

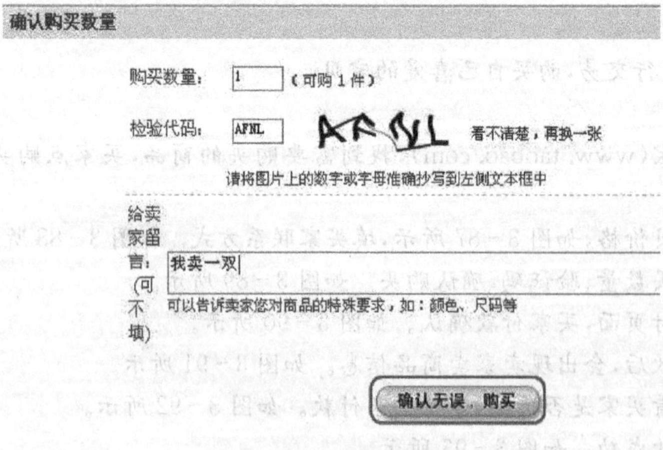
确认购买数量
购买数量：1　（可购 1 件）
检验代码：AFNL
看不清楚，再换一张
请将图片上的数字或字母准确抄写到左侧文本框中
给卖家留言：（可不填）
我卖一双
可以告诉卖家您对商品的特殊要求，如：颜色、尺码等
确认无误，购买

图 3－89　确认购买

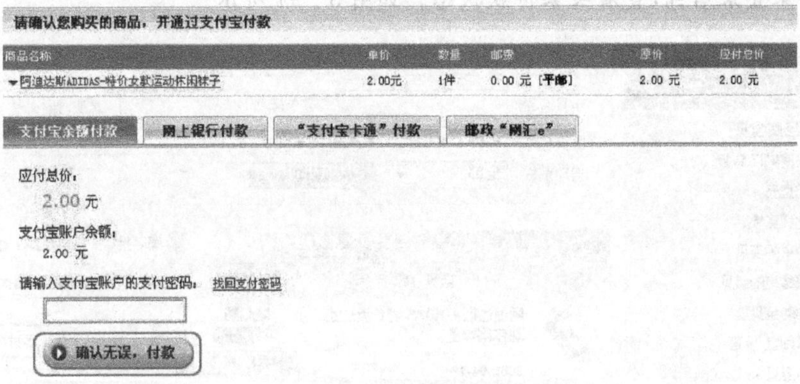
请确认您购买的商品，并通过支付宝付款
商品名称 单价 数量 邮费 原价 应付总价
阿迪达斯ADIDAS-特价女款运动休闲袜子 2.00元 1件 0.00 元 [平邮] 2.00 元 2.00 元
支付宝余额付款
网上银行付款
"支付宝卡通"付款
邮政"网汇e"
应付总价：
2.00 元
支付宝账户余额：
2.00 元
请输入支付宝账户的支付密码：
找回支付密码
确认无误，付款

图 3-90 买家付款

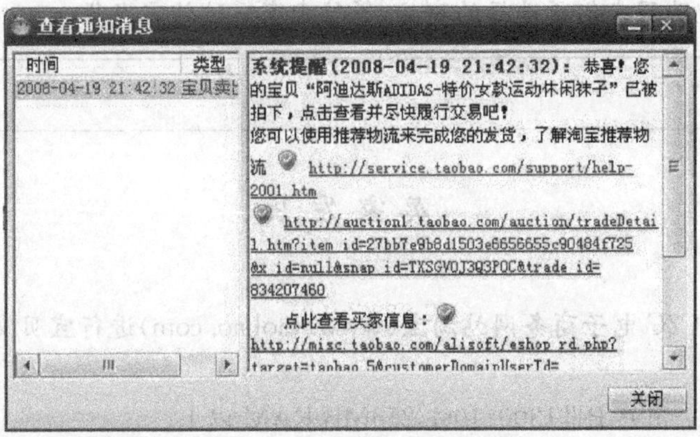
查看通知消息
时间
类型
2008-04-19 21:42:32 宝贝卖出
系统提醒(2008-04-19 21:42:32)：恭喜！您的宝贝"阿迪达斯ADIDAS-特价女款运动休闲袜子"已被拍下，点击查看并尽快履行交易吧！
您可以使用推荐物流来完成您的发货，了解淘宝推荐物流
http://service.taobao.com/support/help-2001.htm
点此查看买家信息：
关闭

图 3-91 卖家商品信息

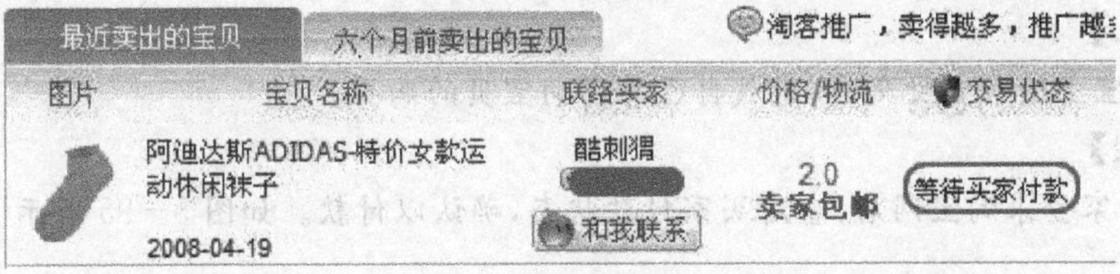
最近卖出的宝贝
六个月前卖出的宝贝
淘客推广，卖得越多，推广越
图片
宝贝名称
联络买家
价格/物流
交易状态
阿迪达斯ADIDAS-特价女款运动休闲袜子
2008-04-19
酷刺猬
和我联系
2.0
卖家包邮
等待买家付款

图 3-92 查看买家是否付款

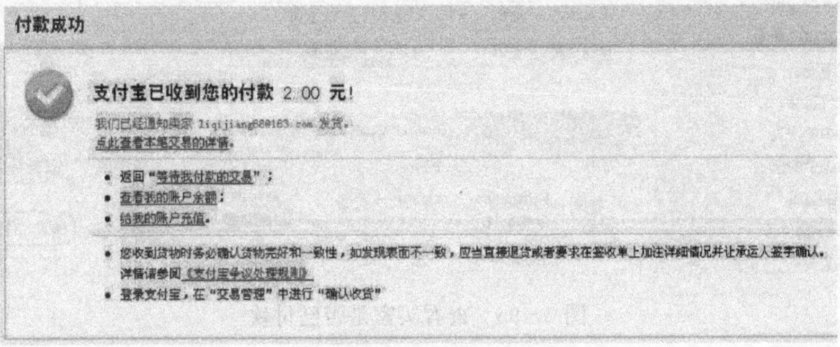
付款成功
支付宝已收到您的付款 2.00 元！
点此查看本笔交易的详情。
返回"等待我付款的交易"；
查看我的账户余额；
给我的账户充值。
登录支付宝，在"交易管理"中进行"确认收货"

图 3-93 买家付款成功

8. 卖家登录店铺,查看买家付款状态。如图 3-94 所示。

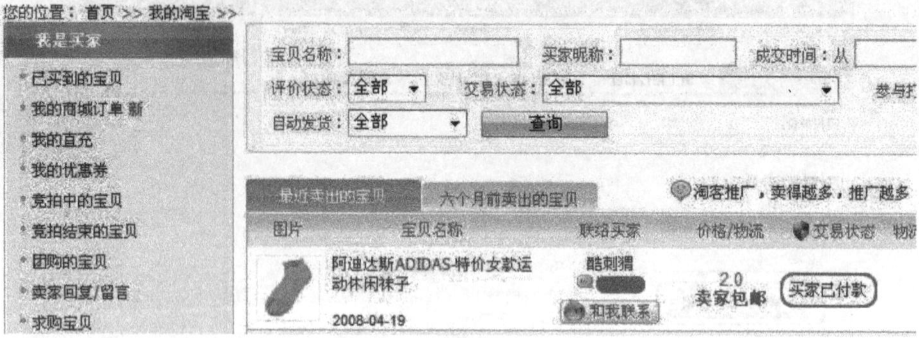
您的位置：首页 >> 我的淘宝 >>
我是买家
已买到的宝贝
我的商城订单 新
我的直充
我的优惠券
竞拍中的宝贝
竞拍结束的宝贝
团购的宝贝
卖家回复/留言
求购宝贝
宝贝名称：
买家昵称：
成交时间：从
评价状态：全部
交易状态：全部
自动发货：全部
查询
最近卖出的宝贝
六个月前卖出的宝贝
淘客推广，卖得越多，推广越多
图片
宝贝名称
联络买家
价格/物流
交易状态
阿迪达斯ADIDAS-特价女款运动休闲袜子
2008-04-19
酷刺猬
和我联系
2.0
卖家包邮
买家已付款

图 3-94　卖家查看付款状态

至此,我们就购买我们所选择的商品,等待卖家通过物流发货。

实操五

卖 家 发 货

【实验目的】

掌握如何在 C2C 电子商务网站淘宝(www.taobao.com)进行宝贝交易。

【实验环境】

1. 硬件要求:用户 PⅢ1300/10G/256MB RAM 以上。

2. 软件要求:用户操作系统为 Windows 2000 Professional 以上,连接 Internet 网络,Internet Explorer 6.0 以上浏览器。

【实验要求】

在淘宝上进行宝贝交易,完成自己喜爱的宝贝的购买。

【实验步骤】

1. 卖家登录淘宝网店,查看买家付款状态,确认以付款。如图 3-95 所示。

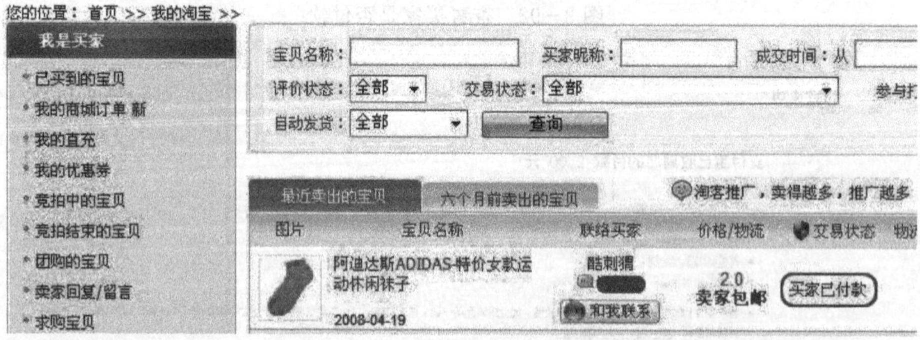
您的位置：首页 >> 我的淘宝 >>
我是买家
已买到的宝贝
我的商城订单 新
我的直充
我的优惠券
竞拍中的宝贝
竞拍结束的宝贝
团购的宝贝
卖家回复/留言
求购宝贝
宝贝名称：
买家昵称：
成交时间：从
评价状态：全部
交易状态：全部
自动发货：全部
查询
最近卖出的宝贝
六个月前卖出的宝贝
淘客推广，卖得越多，推广越多
图片
宝贝名称
联络买家
价格/物流
交易状态
阿迪达斯ADIDAS-特价女款运动休闲袜子
2008-04-19
酷刺猬
和我联系
2.0
卖家包邮
买家已付款

图 3-95　查看买家是否已付款

2. 卖家确认付款后,选择已付款商品进行发货。如图 3-96 所示。

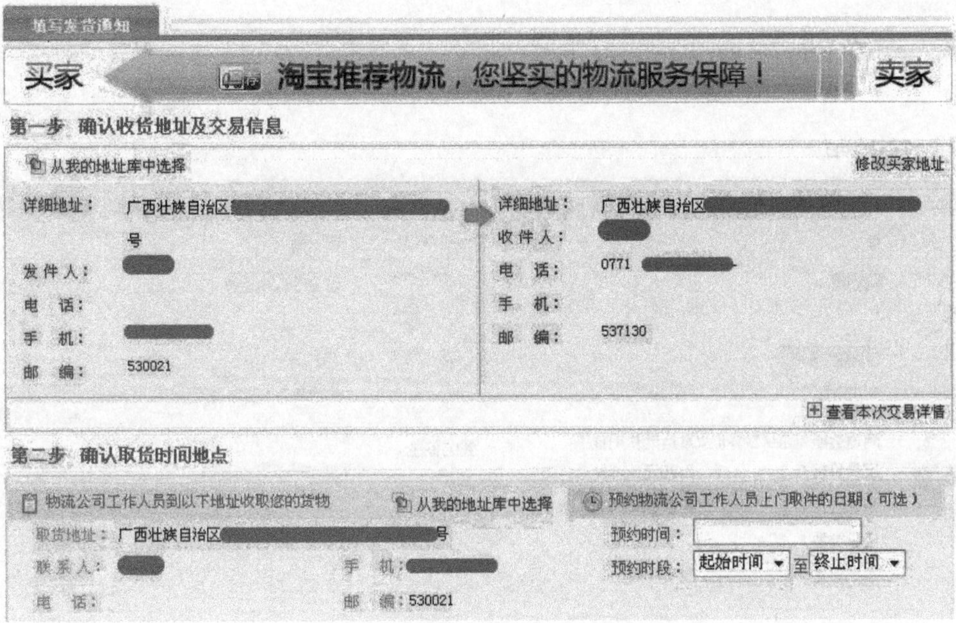
填写发货通知
买家
淘宝推荐物流，您坚实的物流服务保障！
卖家
第一步 确认收货地址及交易信息
从我的地址库中选择
修改买家地址
详细地址： 广西壮族自治区[redacted]号
发件人：[redacted]
电 话：
手 机：[redacted]
邮 编： 530021
详细地址： 广西壮族自治区[redacted]
收件人：[redacted]
电 话： 0771 [redacted]
手 机：
邮 编： 537130
查看本次交易详情
第二步 确认取货时间地点
物流公司工作人员到以下地址收取您的货物
从我的地址库中选择
预约物流公司工作人员上门取件的日期（可选）
取货地址：广西壮族自治区[redacted]号
联系人：[redacted]
手 机：[redacted]
电 话：
邮 编：530021
预约时间：
预约时段： 起始时间 至 终止时间

图 3-96 选择已付款的订单发货

3. 选择物流公司送货，在里我们选 EMS 填单，单击“确定”。如图 3-97 所示。

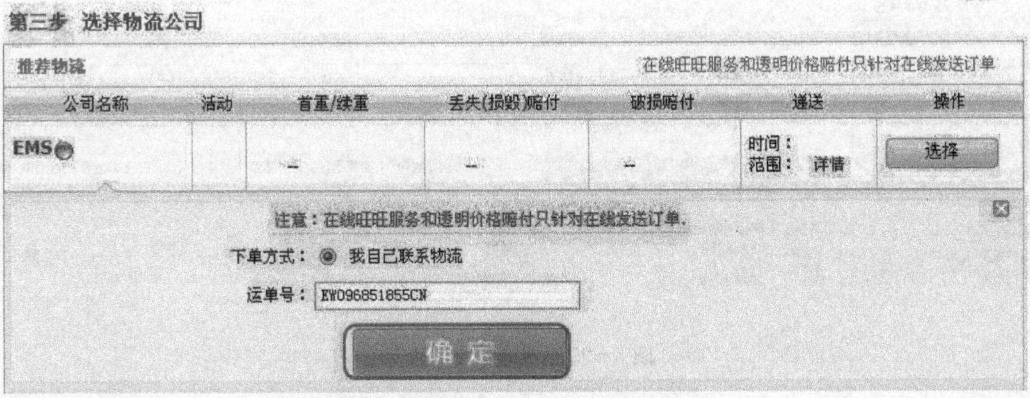
第三步 选择物流公司
推荐物流
在线旺旺服务和透明价格赔付只针对在线发送订单
公司名称
活动
首重/续重
丢失(损毁)赔付
破损赔付
递送
操作
EMS
时间：
范围： 详情
选择
注意：在线旺旺服务和透明价格赔付只针对在线发送订单.
下单方式： 我自己联系物流
运单号： EW096851855CN
确 定

图 3-97 选择物流公司送货

4. 进入配送信息确认，等待买家确认收货。如图 3-98 所示。

5. 我的淘宝，浏览已卖出的宝贝。如图 3-99 所示。

6. 等待物流发货给买家。买家在“我的淘宝”查看卖家是否发货。如图 3-100 所示。

7. 买家收到商品。质量没有问题，同意付款。如图 3-101 所示。

8. 输入支付密码，确定支付货款给卖家。如图 3-102 所示。

9. 交易成功后，最后还需要相互评价。买家评价如图 3-103 所示。

10. 买家已经确认付款，卖家对买家进行评价，选择要评价的订单，点击“评价”。如图 3-104 所示。

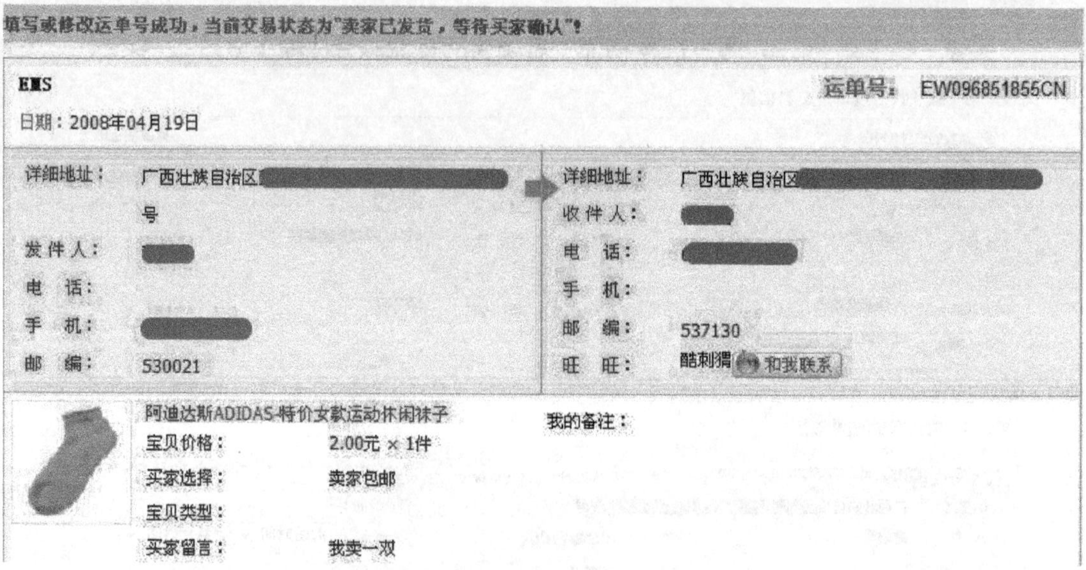
填写或修改运单号成功，当前交易状态为"卖家已发货，等待买家确认"！
EMS
运单号： EW096851855CN
日期：2008年04月19日
详细地址： 广西壮族自治区[redacted]号
发件人： [redacted]
电 话：
手 机： [redacted]
邮 编： 530021
详细地址： 广西壮族自治区[redacted]
收件人： [redacted]
电 话： [redacted]
手 机：
邮 编： 537130
旺 旺： 酷刺猬 和我联系
阿迪达斯ADIDAS-特价女款运动休闲袜子
宝贝价格： 2.00元 × 1件
买家选择： 卖家包邮
宝贝类型：
买家留言： 我卖一双
我的备注：

图 3－98　等待买家确认收货信息

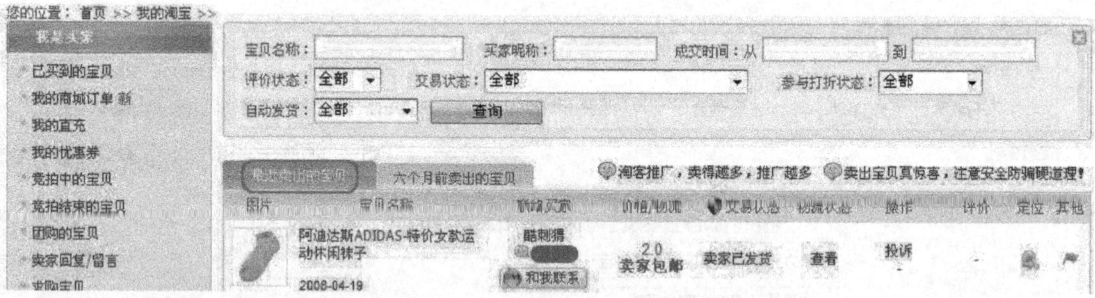
您的位置：首页 >> 我的淘宝 >>
已买到的宝贝
我的商城订单 新
我的直充
我的优惠券
竞拍中的宝贝
竞拍结束的宝贝
团购的宝贝
卖家回复/留言
宝贝名称：
买家昵称：
成交时间：从
到
评价状态：全部
交易状态：全部
参与打折状态：全部
自动发货：全部
查询
六个月前卖出的宝贝
淘客推广，卖得越多，推广越多
卖出宝贝真惊喜，注意安全防骗硬道理！
阿迪达斯ADIDAS-特价女款运动休闲袜子
2008-04-19
酷刺猬
[redacted]
和我联系
2.0
卖家包邮
卖家已发货
查看
投诉

图 3－99　浏览已卖出宝贝

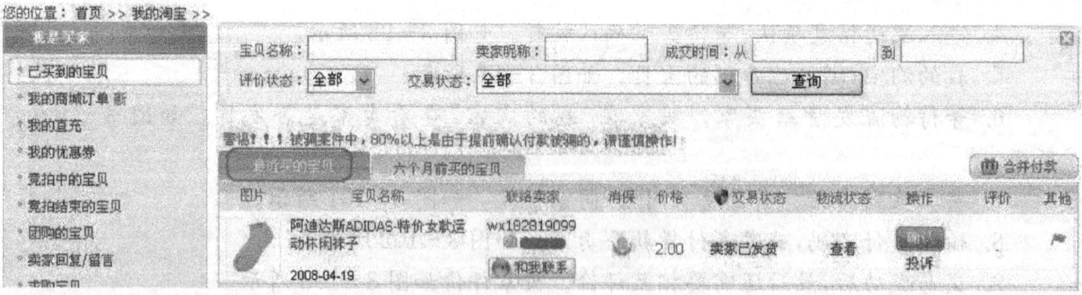
您的位置：首页 >> 我的淘宝 >>
已买到的宝贝
我的商城订单 新
我的直充
我的优惠券
竞拍中的宝贝
竞拍结束的宝贝
团购的宝贝
卖家回复/留言
宝贝名称：
卖家昵称：
成交时间：从
到
评价状态：全部
交易状态：全部
查询
六个月前买的宝贝
合并付款
图片
宝贝名称
联络卖家
价格
交易状态
物流状态
操作
评价
其他
阿迪达斯ADIDAS-特价女款运动休闲袜子
2008-04-19
wx182819099
[redacted]
和我联系
2.00
卖家已发货
查看
投诉

图 3－100　查看卖家是否发货

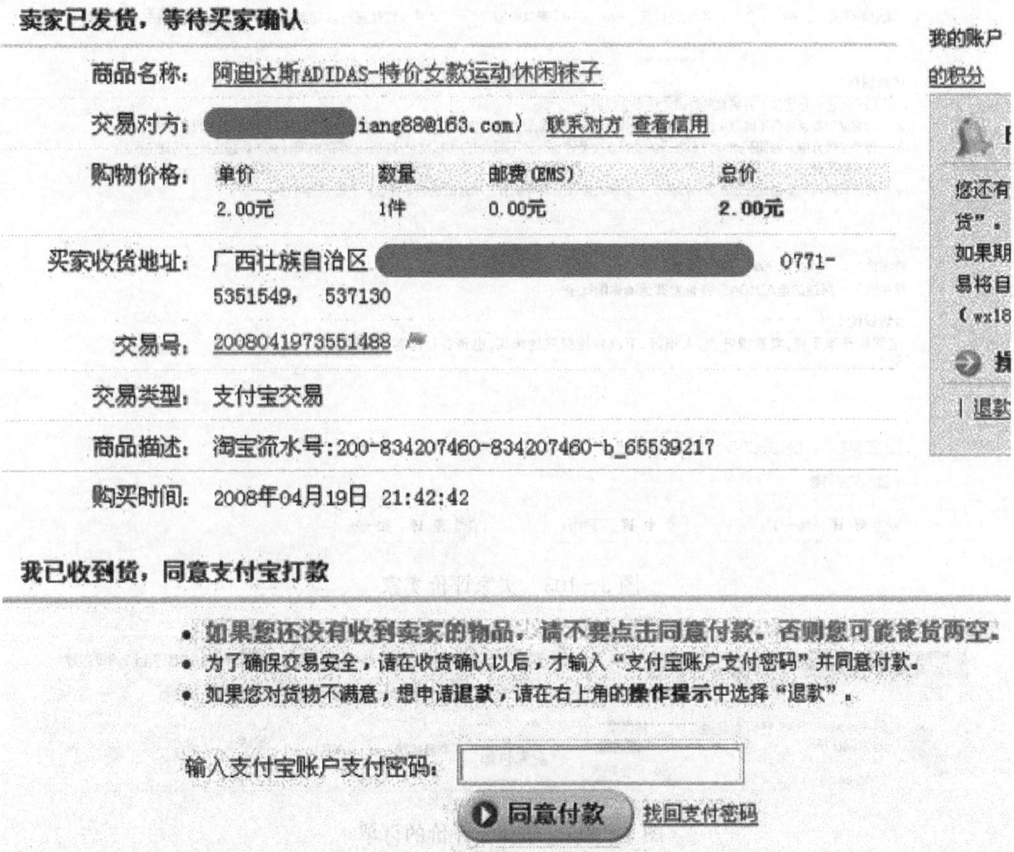
卖家已发货，等待买家确认
我的账户
的积分
商品名称：阿迪达斯ADIDAS-特价女款运动休闲袜子
交易对方：[redacted]iang88@163.com） 联系对方 查看信用
购物价格：单价 数量 邮费(EMS) 总价
2.00元 1件 0.00元 2.00元
买家收货地址：广西壮族自治区[redacted] 0771-5351549， 537130
交易号：2008041973551488
交易类型：支付宝交易
商品描述：淘宝流水号:200-834207460-834207460-b_65539217
购买时间：2008年04月19日 21:42:42
我已收到货，同意支付宝打款
如果您还没有收到卖家的物品，请不要点击同意付款。否则您可能钱货两空。
为了确保交易安全，请在收货确认以后，才输入“支付宝账户支付密码”并同意付款。
如果您对货物不满意，想申请退款，请在右上角的操作提示中选择“退款”。
输入支付宝账户支付密码：
同意付款
找回支付密码

图 3 - 101　同意支付

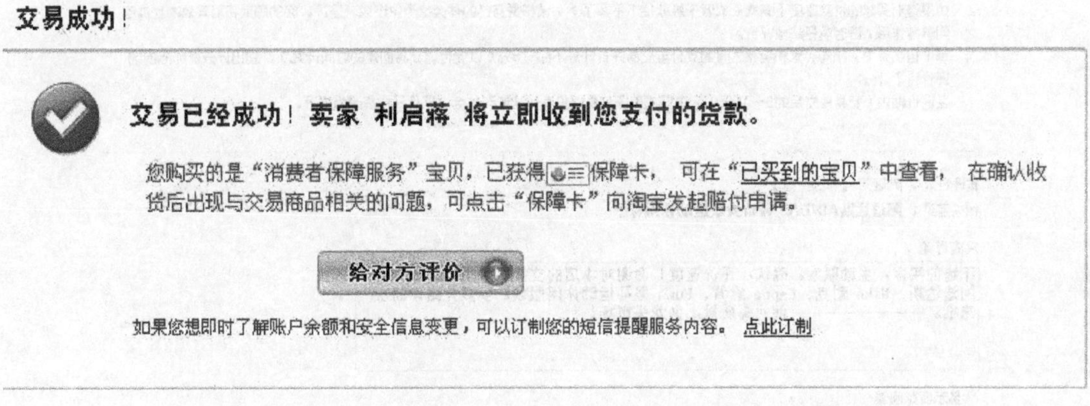
交易成功！
交易已经成功！卖家 利启蒋 将立即收到您支付的货款。
您购买的是“消费者保障服务”宝贝，已获得保障卡，可在“已买到的宝贝”中查看，在确认收货后出现与交易商品相关的问题，可点击“保障卡”向淘宝发起赔付申请。
给对方评价
如果您想即时了解账户余额和安全信息变更，可以订制您的短信提醒服务内容。点此订制

图 3 - 102　支付货款成功

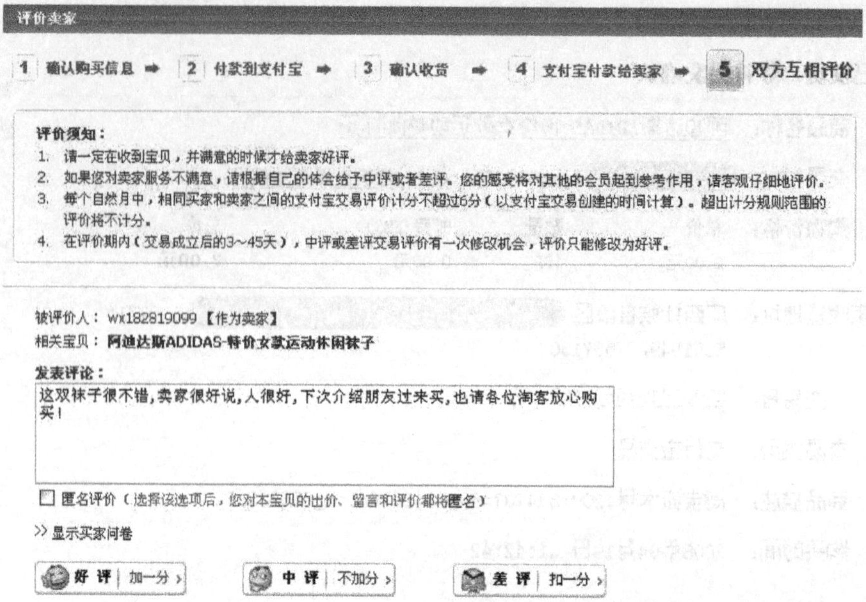
评价卖家
1 确认购买信息 ➡ 2 付款到支付宝 ➡ 3 确认收货 ➡ 4 支付宝付款给卖家 ➡ 5 双方互相评价
评价须知：
1. 请一定在收到宝贝，并满意的时候才给卖家好评。
2. 如果您对卖家服务不满意，请根据自己的体会给予中评或者差评。您的感受将对其他的会员起到参考作用，请客观仔细地评价。
3. 每个自然月中，相同买家和卖家之间的支付宝交易评价计分不超过6分（以支付宝交易创建的时间计算）。超出计分规则范围的评价将不计分。
4. 在评价期内（交易成立后的3～45天），中评或差评交易评价有一次修改机会，评价只能修改为好评。
被评价人：wx182819099【作为卖家】
相关宝贝：阿迪达斯ADIDAS-特价女款运动休闲袜子
发表评论：
这双袜子很不错,卖家很好说,人很好,下次介绍朋友过来买,也请各位淘客放心购买！
匿名评价（选择该选项后，您对本宝贝的出价、留言和评价都将匿名）
>> 显示买家问卷
好 评 | 加一分
中 评 | 不加分
差 评 | 扣一分

图 3－103　买家评价卖家

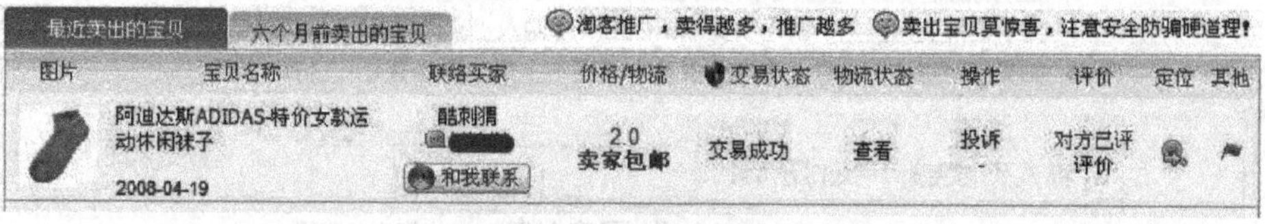
最近卖出的宝贝
六个月前卖出的宝贝
淘客推广，卖得越多，推广越多
卖出宝贝莫惊喜，注意安全防骗硬道理！
图片 宝贝名称 联络买家 价格/物流 交易状态 物流状态 操作 评价 定位 其他
阿迪达斯ADIDAS-特价女款运动休闲袜子
2008-04-19
酷刺猬
[redacted]
和我联系
2.0
卖家包邮
交易成功
查看
投诉
对方已评
评价

图 3－104　选择要评价的订单

11. 单击“评价”后，卖家对买家进行评价。如图 3－105 所示。

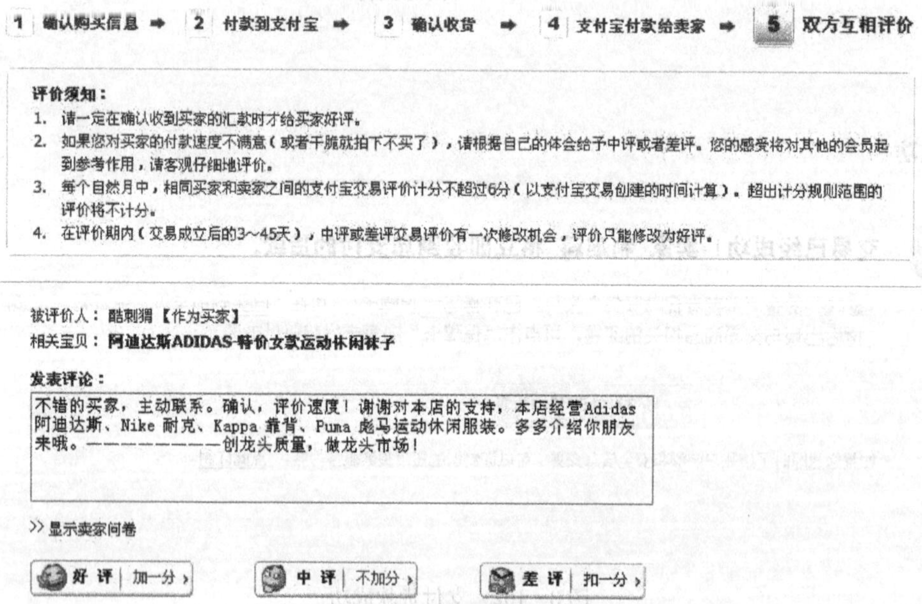
1 确认购买信息 ➡ 2 付款到支付宝 ➡ 3 确认收货 ➡ 4 支付宝付款给卖家 ➡ 5 双方互相评价
评价须知：
1. 请一定在确认收到买家的汇款时才给买家好评。
2. 如果您对买家的付款速度不满意（或者干脆就拍下不买了），请根据自己的体会给予中评或者差评。您的感受将对其他的会员起到参考作用，请客观仔细地评价。
3. 每个自然月中，相同买家和卖家之间的支付宝交易评价计分不超过6分（以支付宝交易创建的时间计算）。超出计分规则范围的评价将不计分。
4. 在评价期内（交易成立后的3～45天），中评或差评交易评价有一次修改机会，评价只能修改为好评。
被评价人：酷刺猬【作为买家】
相关宝贝：阿迪达斯ADIDAS-特价女款运动休闲袜子
发表评论：
不错的买家，主动联系。确认，评价速度！谢谢对本店的支持，本店经营Adidas阿迪达斯、Nike 耐克、Kappa 靠背、Puma 彪马运动休闲服装。多多介绍你朋友来哦。—————————创龙头质量，做龙头市场！
>> 显示卖家问卷
好 评 | 加一分
中 评 | 不加分
差 评 | 扣一分

图 3－105　卖家评价买家

12. 确定评价。如图 3－106 所示。

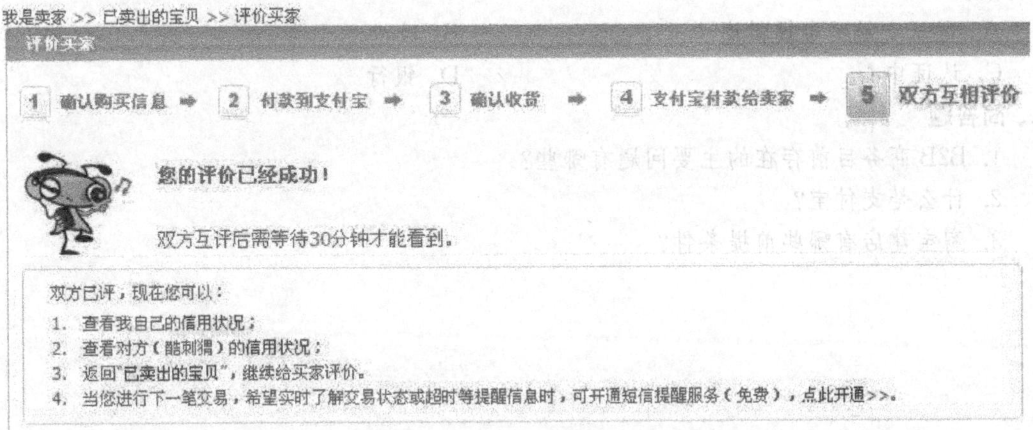
我是卖家 >> 已卖出的宝贝 >> 评价买家
评价买家
1 确认购买信息
2 付款到支付宝
3 确认收货
4 支付宝付款给卖家
5 双方互相评价
您的评价已经成功！
双方互评后需等待30分钟才能看到。
双方已评，现在您可以：
1. 查看我自己的信用状况；
2. 查看对方（酷刺猬）的信用状况；
3. 返回"已卖出的宝贝"，继续给买家评价。
4. 当您进行下一笔交易，希望实时了解交易状态或超时等提醒信息时，可开通短信提醒服务（免费），点此开通>>。

图 3－106 双方互相评价成功

13. 到这里，淘宝完整的宝贝交易流程就成功结束。

复习思考题

1. 观察你身边的人和事，你认为哪些地方出现了电子商务的应用？

2. 在学习完本章内容后，你对电子商务的几种模式都有什么样的认识？与你之前了解的电子商务有哪些区别？

3. 在 B2B 电子商务网站如阿里巴巴、慧聪等注册一个商铺或网店，并对商铺进行装饰和管理，同时在这些网站上发布和检索供求信息，利用即时通讯工具如贸易通等进行交易洽谈。

4. 通过网上实战，了解和掌握 C2C 交易流程与技巧。

练习题三

一、选择题

1. B2B 未来发展方向有（　　）。

A. 业务国际化　B. 服务外延化　C. 行业纵深化　D. 市场集中化
E. 资本紧密化

2. 商务部《关于网上交易的指导意见（暂行）》发布时间是（　　）。

A. 2007 年 3 月　B. 2007 年 5 月　C. 2007 年 8 月　D. 2007 年 12 月

3. B2B 商业模式可以分为（　　）。

A. 企业自身的电子商务　B. 水平 B2B 电子商务
C. 行业（垂直）B2B 电子商务　D. 传统电子商务

4. 电子商务的手段和核心是（　　）。

A. 电子、商务　B. 商务、电子　C. 网络、交易　D. 交易、网络

5. 买家、卖家、(　　),三者相互依存,密不可分,共同构成了C2C电子商务模式的基本要素。

A. 电子交易平台提供商　　B. 政府

C. 认证中心　　D. 银行

二、简答题

1. B2B商务目前存在的主要问题有哪些?

2. 什么是支付宝?

3. 淘宝建店有哪些前提条件?

第四章　网络营销

【内容提要】 本章从网络营销概述、网上市场调研、网络营销策略三个方面阐述了网络营销相关内容，重点阐述了网络营销四种策略即网络营销产品策略、价格策略、渠道策略及促销策略，并根据每节内容设置了相应的实操。

引例　一个网络营销的典范——海尔网络营销的成功案例

作为中国家电企业的一面旗帜，海尔在网络营销上也走在了很多企业的前面。

早在2002年，海尔就建立起了网络会议室，在全国主要城市开通了9999客服电话的做法。在“非典”时真正体现出它巨大的商业价值和独有的战略魅力。海尔如鱼得水般地坐在了视频会议桌前调兵遣将。通过BBP交易平台，每月接到6 000多个销售订单，定制产品品种逾7 000个，采购的物料品种达15万种。新物流体系降低呆滞物资73.8%，库存占压资金减少67%。

几年前，海尔集团采用了SAP公司为之搭建的国际物流中心，成为国内首家达到世界领先水平的物流中心。“网络营销远非广告和销售渠道，它更重要的是企业系统化的网络体制”。王汝林认为海尔就是这种典范。

在要么触网、要么死亡的互联网时代，海尔作为国内外一家著名的电器公司，迈出了非常重要的一步。海尔公司2000年3月开始与SAP公司合作，首先进行企业自身的ERP改造，随后便着手搭建BBP采购平台。从平台的交易量来讲，海尔集团可以说是中国最大的一家电子商务公司。在海尔，仓库不再是储存物资的水库，而是一条流动的河，河中流动的是按单来采购生产必需的物资，也就是按订单来进行采购、制造等活动，这样，从根本上消除了呆滞物资，消灭了库存。海尔集团每个月平均接到6 000多个销售订单，这些订单的定制产品品种达7 000多个，需要采购的物料品种达15万余种。新的物流体系将呆滞物资降低了73.8%，仓库面积减少了50%，库存资金减少了67%。

海尔通过整合内部资源，优化外部资源使供应商由原来的2 336家优化至978家，国际化供应商的比例却上升了20%，建立了强大的全球供应链网络，有力地保障了海尔产品的质量和交货期。不仅如此，更有一批国际化大公司已经以其高科技和新技术参与到海尔产品的前端设计中，目前可以参与产品开发的供应商比例已高达32.5%，实现三个JIT(just in time)，即JIT采购、JIT配送和JIT分拨物流的同步流程。

（续上）

目前通过海尔的BBP采购平台，所有的供应商均在网上接受订单，并通过网上查询计划与库存，及时补货，实现JIT采购；货物入库后，物流部门可根据次日的生产计划利用ERP信息系统进行配料，同时根据看板管理4小时送料到位，实现JIT配送；生产部门按照B2B、B2C订单的需求完成订单以后，满足用户个性化需求的定制产品通过海尔全球配送网络送达用户手中。目前海尔在中心城市实行8小时配送到位，区域内24小时配送到位，全国4天以内到位。

在企业外部，海尔CRM（客户关系管理）和BBP电子商务平台的应用架起了与全球用户资源网、全球供应链资源网沟通的桥梁，实现了与用户的零距离。目前，海尔100%的采购订单由网上下达，使采购周期由原来的平均10天降低到3天；网上支付已达到总支付额的20%。在企业内部，计算机自动控制的各种先进物流设备不但降低了人工成本、提高了劳动效率，还直接提升了物流过程的精细化水平，达到质量零缺陷的目的。计算机管理系统搭建了海尔集团内部的信息高速公路，能将电子商务平台上获得的信息迅速转化为企业内部的信息，以信息代替库存，达到零营运资本的目的。

——本案例引自中国网络营销网(http://www.tinlu.com/n2907c44.aspx)

第一节　网络营销概述

一、网络营销的定义

网络营销（online marketing或cyber marketing）全称是网络直复营销，属于直复营销的一种形式，是企业营销实践与现代信息通讯技术、计算机网络技术相结合的产物，是指企业以电子信息技术为基础，以计算机网络为媒介和手段而进行的各种营销活动（包括网络调研、网络新产品开发、网络促销、网络分销、网络服务等）的总称。

网络营销概念的同义词包括：网上营销、互联网营销、在线营销、网络行销等。这些词汇说的都是同一个意思，网络营销就是以互联网为主要手段而开展的营销活动。

目前对网络营销还难以给出其完善、严格的定义，但是广义地说，凡是以互联网为主要手段进行的、为达到一定的营销目的的营销活动，都可称之为网络营销。网络营销的突出特点是利用互联网作为手段，从而达到营销的目的。网络营销贯穿于企业开展网上经营的整个过程，从信息发布、信息收集到开展以网上交易为主的电子商务阶段，网络营销一直都是一项重要的内容。狭义的网络营销是指组织或个人基于开放便捷的互联网络，对产品、服务所进行的一系列经营活动，从而达到满足组织或个人需求的全过程。网络营销是一种新型的商业营销模式。

从“营销”的角度，可以将网络营销定义为：网络营销是企业整体营销战略的一个组成部分，是为实现企业总体经营目标所进行的，以互联网为基本手段营造网上经营环境的各种活动。

二、网络营销的特点

市场营销中最重要也最本质的是组织和个人之间进行信息传播和交换，如果没有信息交换，交易也就是无本之源。正因为如此，互联网具有营销所要求的某些特性，使得网络营销呈现以下一些特点：

（1）跨时空。网络营销是建立在新的时空观念之上的。新的电子时空观，已经使人们的生活和工作极大地突破了空间和时间的限制。企业借助互联网提供的全球性、全天候的虚拟空间，只要建立好自己的网站，充分利用网络技术就可以每天24小时不间断地为全球各地的消费者提供服务。

（2）多媒体。互联网络被设计成可以传输多种媒体的信息，如文字、声音、图像等信息，使得为达成交易而进行的信息交换可以多种形式进行，可以充分发挥营销人员的创造性和能动性。

（3）交互式。通过网络营销，信息传播模式由单向变为双向，消费者在网络营销中起主导作用。在网络环境下，信息的传播模式有着互动性：企业在网络上发布信息、消费者主动上网选择信息。这样的信息传递模式给消费者带来了更大的选择自由，并能直接通过网络完成交易。

（4）拟人化。互联网络上的促销是一对一的、理性的、消费者主导的、非强迫性的、循序渐进式的，而且是一种低成本与人性化的促销，避免推销员强行推销的干扰，并通过信息提供与交互式交谈，与消费者建立长期良好的关系。

（5）成长性。互联网络使用数量快速成长并遍及全球，使用者多半年轻，属于中产阶级，具有高教育水平。由于这部分群体购买力强而且具有很强的市场影响力，因此是一个极具开发潜力的市场。

（6）整合性。互联网络上的营销可由商品信息至收款、售后服务一气呵成，因此也是一种全程的营销渠道。另外，企业可以借助互联网络将不同的营销活动进行统一规划和协调实施，以统一的传播资讯向消费者传达信息，避免不同的传播渠道中的不一致性产生的消极影响。

（7）超前性。互联网络是一种功能强大的营销工具，它同时兼渠道、促销、电子交易、互动顾客服务以及市场信息分析与提供等多种功能。它所具备的一对一营销能力，恰好符合定制营销与直复营销的未来趋势。

（8）高效性。电脑可存储大量的信息供销费者查询，可传送的信息数量与精确度远远超过其他媒体，并能顺应市场需要，及时更新产品或调整价格，因此能及时有效地了解并满足顾客的需求。

（9）经济性。网络营销可以降低企业的经营成本，从而使产品或服务的价格有更大的下调空间。通过互联网络进行信息交换，代替以前的实物交换，一方面可以减少印刷与邮递的成本，可以无店销售，免交租金，节约水电与人工成本，另一方面可以减少由迂回多次交换带来的损耗。

（10）技术性。网络营销是建立在以高技术作为支撑的互联网络的基础上，企业实施网络营销必须有一定的技术投入和技术支持，改变传统的组织形态，提升信息管理部分的功能，引进懂营销与电脑技术的复合型人才，在未来能具备市场竞争优势。

三、网络营销的基本职能

网络营销的基本职能表现在八个方面：网络品牌、网站推广、信息发布、销售促进、销售渠道、顾客服务、顾客关系、网上调研。下面是八项职能的详细解释。

(1) 网络品牌。网络营销的重要任务之一就是在互联网上建立并推广企业的品牌，以及让企业的网下品牌在网上得以延伸和拓展。网络营销为企业利用互联网建立品牌形象提供了有利的条件，无论是大型企业还是中小企业都可以用适合自己企业的方式展现品牌形象。网络品牌建设是以企业网站建设为基础，通过一系列的推广措施，达到顾客和公众对企业的认知和认可。网络品牌价值是网络营销效果的表现形式之一，通过网络品牌的价值转化实现持久的顾客关系和更多的直接收益。

(2) 网站推广。这是网络营销最基本的职能之一。在几年前，有人甚至认为网络营销就是网址推广。相对于其他功能来说，网址推广显得更为迫切和重要，网站所有功能的发挥都要以一定的访问量为基础。所以，网址推广是网络营销的核心工作。

(3) 信息发布。网站是一种信息载体，通过网站发布信息是网络营销的主要方法之一，同时，信息发布也是网络营销的基本职能。所以也可以这样理解，无论哪种网络营销方式，结果都是将一定的信息传递给目标人群，包括顾客/潜在顾客、媒体、合作伙伴、竞争者等。

(4) 销售促进。营销的基本目的是为增加销售提供帮助，网络营销也不例外，大部分网络营销方法都与直接或间接促进销售有关，但促进销售并不限于促进网上销售，事实上，网络营销在很多情况下对于促进网下销售十分有价值。

(5) 销售渠道。一个具备网上交易功能的企业网站本身就是一个网上交易场所。网上销售是企业销售渠道在网上的延伸，网上销售渠道建设也不限于网站本身，还包括建立在综合电子商务平台上的网上商店，以及与其他电子商务网站不同形式的合作等。

(6) 顾客服务。互联网提供了更加方便的在线顾客服务手段，从形式最简单的 FAQ(常见问题解答)，到邮件列表，以及 BBS、聊天室等各种即时信息服务，顾客服务质量对于网络营销效果具有重要影响。

(7) 顾客关系。良好的顾客关系是网络营销取得成效的必要条件，通过网站的交互性、顾客参与等方式在开展顾客服务的同时，也增进了顾客关系。

(8) 网上调研。通过在线调查表或者电子邮件等方式，可以完成网上市场调研，相对传统市场调研，网上调研具有高效率、低成本的特点，因此，网上调研成为网络营销的主要职能之一。

开展网络营销的意义就在于充分发挥各种职能，让网上经营的整体效益最大化，因此，仅仅由于某些方面效果欠佳就否认网络营销的作用是不合适的。网络营销的职能是通过各种网络营销方法来实现的。网络营销的各个职能之间并非相互独立，同一个职能可能需要多种网络营销方法的共同作用，而同一种网络营销方法也可能适用于多个网络营销职能。

四、网络营销与传统营销

(一) 网络营销与传统营销的比较

网络营销并非独立的，而是企业整体营销策略中的组成部分。网络营销与传统营销相结合形成一个相辅相成，互相促进的营销体系。无论网络营销还是传统营销，基本的营销原理是相同的，仅仅表现在一些方法上的差异。

1. 网络营销和传统营销的相同点

网络营销与传统营销的一致性首先表现在两者之间的目的是相同的，并且在营销策略上可以实现融合。

网络营销和传统营销的相同点表现在以下几个方面：

（1）两者都是企业的一种经营活动。

（2）两者都需要完成企业的既定目标。

（3）两者都把满足消费者需求作为一切活动的出发点。

（4）两者对消费者需求的满足，不仅停留在现实需求上，而且还包括潜在需求。

2. 网络营销和传统营销的区别

与传统的市场营销相比，网络营销较之传统营销方式，从理论到方法上都有了很大变化。网络营销与传统营销的区别主要有以下几方面：

（1）产品定位。产品可以是有形的也可以是无形的，而在传统营销领域却很难做到。

（2）价格竞争。与传统营销方式如电视或平面媒体广告相比，网络营销费用较低。

（3）销售手段。网络营销具有"距离为零、时差为零"的优势，改变了传统的迂回模式，可以采用直接的销售模式，实现零库存、无分销商的高效运作。

（4）营销方式。由于网络传播的广泛性和快速性和网络营销的互动性，使网络营销方式具有更丰富的内涵和实现方式。

（5）营销策略。网络营销的决策内容更多、响应速度更快。

（二）网络营销对传统营销的冲击

网络营销作为一种全新营销理念和实践活动，正在并将继续对营销理论、传统营销产生巨大冲击。就理论而言，消费者的消费行为、习惯正在改变，营销理论将随之产生变化，网络营销对传统的营销理论的冲击，就体现在：

（1）对市场细分标准与方法的冲击。在网络营销中，消费者的个性化需求导致细分更"细"，市场细分难度增大，表现在标准的变化以及细分的程度差异，除了传统的细分标准，还按是否上网、上网能力、上网时间、使用的语种等新的细分标准对目标消费者进行分群。

（2）对消费者的作用进行新的认识。在网络营销中，消费者不再是出于被动接受的地位。营销策略已从消极、被动地适应消费者向积极、主动地与消费者沟通、交流转化。

（3）深化差异化营销理论。由于消费者行为显著个性化，更注重环境和消费者行为分析。

（4）创新市场调查研究方法。需要收集的信息更多，分析数据库和客户信息等方法也更加多样化，如统计网页的点击率、访问次数、浏览时间、兴趣、消费行为和习惯等。

（5）更加注重研究互动的、整合的网络营销。在营销策略上，会更加注重研究互动的、整合的网络营销。

（6）建立新的营销传播理论。由于网络信息传播的即时性、跨时空、个性化等新特征，必将促使新的营销传播理论出现。

（三）网络营销与传统营销的整合

网络营销与传统营销并不矛盾，可以把两个方面结合起来使用，形成多种优势。如何处理好网络营销与传统营销的整合，能否比竞争对手更有效地唤起顾客对产品的注意和需要，成为企业开展网络营销能否成功的关键。

1. 整合营销的含义

网络整合营销基于信息互联网之上，主要有三个方面的含义：

（1）传播资讯的统一性。企业用一个声音说话，消费者无论从哪种媒体所获得的信息都是统一的、一致的。

(2) 互动性。企业与消费者之间展开富有意义的交流，能够迅速、准确、个性化地获得信息和反馈信息。

(3) 目标营销。企业的一切营销活动都应围绕企业目标来进行，实现全程营销。

2. 开展整合营销应注意的问题

(1) 确定网络"观众"主页(home page)的版面设计，编排必须围绕企业的目标顾客群，而不只是一堆绚丽的图片和空泛的文字说明。

(2) 企业的全面总动员。积极参与相关的行业组织，扩大企业的知名度，以便在相关行业的网站上能方便地搜寻到企业的节点。

(3) 满足顾客的信息需要。企业不仅设立网络节点时要求正确、清楚、易于联想，而且要意识到网络营销的重要内容是信息服务，注意满足顾客访问网站时的信息需要。

(4) 及时回应顾客的需求。网络化经营的企业对于顾客反馈必须及时反应，设专门职能部门处理，利用 E-mail、线上常问问题(online FAQ)等与顾客进行双向沟通。

(5) 控制营销绩效。企业应随时统计进站访问的顾客次数与顾客信息，做好顾客资料管理、消费者分析及成本效果分析，以便及时修正营销策略。

实操

网络营销信息发布

【实验目的】

通过登录 Internet 上某个 BtoB 或 BtoC 网站，使学生掌握在营销网站上免费发布商务信息的流程。

1. 了解营销网站的特点。

2. 了解营销网站的结构。

3. 了解营销网站的模块。

4. 了解如何在营销网站上免费发布供求信息。

【实验环境】

1. 实验方式：用户端通过相连的局域网访问 Internet。

2. 硬件要求：用户 PⅡ266/4.3G/64MB RAM 以上。

3. 软件要求：用户操作系统为 Windows 98 以上，Internet Explorer 5.0 以上浏览器。

【实验要求】

1. 熟悉营销网站的结构。

2. 熟悉营销网站的模块。

3. 发布网络营销信息。

【实验步骤】

以阿里巴巴为例发布网络营销信息。

步骤一：启动 Internet Explore 浏览器，在地址栏中输入 http://www.alibaba.com 和 http://china.alibaba.com/，进入阿里巴巴国际站和中国站，如图 4-1 和图 4-2 所示。

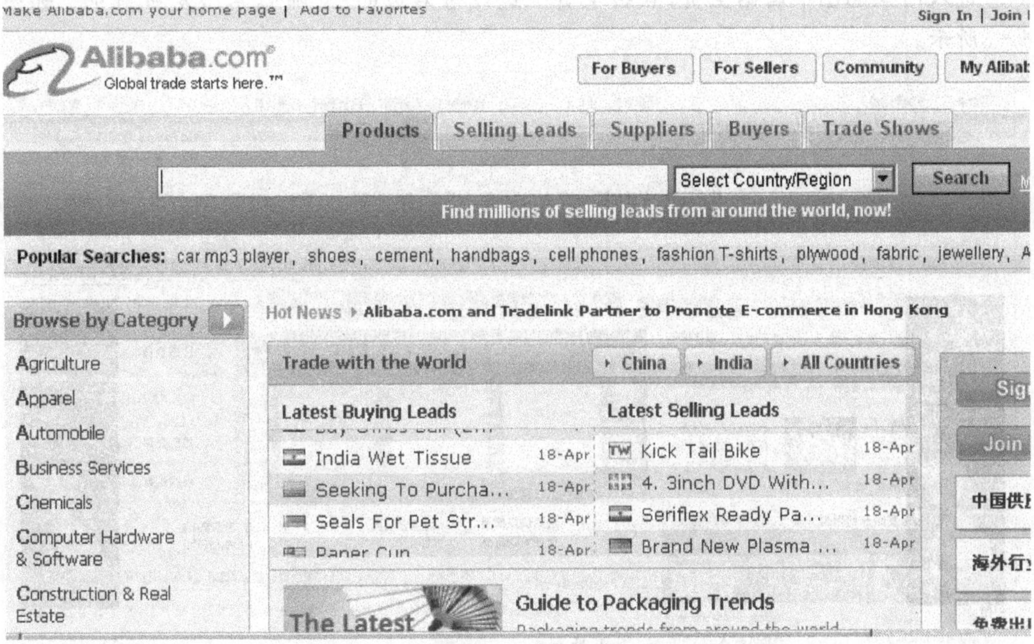
Make Alibaba.com your home page | Add to Favorites
Sign In | Join
Alibaba.com
Global trade starts here.™
For Buyers
For Sellers
Community
Products
Selling Leads
Suppliers
Buyers
Trade Shows
Select Country/Region
Search
Find millions of selling leads from around the world, now!
Popular Searches: car mp3 player, shoes, cement, handbags, cell phones, fashion T-shirts, plywood, fabric, jewellery,
Browse by Category
Agriculture
Apparel
Automobile
Business Services
Chemicals
Computer Hardware & Software
Construction & Real Estate
Hot News
Alibaba.com and Tradelink Partner to Promote E-commerce in Hong Kong
Trade with the World
China
India
All Countries
Latest Buying Leads
India Wet Tissue 18-Apr
Seeking To Purcha... 18-Apr
Seals For Pet Str... 18-Apr
Latest Selling Leads
Kick Tail Bike 18-Apr
4. 3inch DVD With... 18-Apr
Seriflex Ready Pa... 18-Apr
Brand New Plasma ... 18-Apr
Join
Guide to Packaging Trends
The Latest

图 4-1　阿里巴巴国际站主页

设为首页 | 添加到收藏夹
阿里贷款 | 出口服务 | 诚信通 | 竞价排名 | 黄金展位 | 阿里旺旺 | 阿里工具条 | 采购工具 | 阿里助手 | 客服中心
阿里巴巴
Alibaba.com.cn
全球领先的网上贸易市场和商人社区
登录
免费注册
商铺直达
发布信息
点此下载阿里工具条，做生意更快捷!
找产品
找公司
找加工
库存二手
批发进货
创业加盟
找展会
找服务
找买家
价格行情
视频
商友圈
资讯
论坛
博客
帮帮
请输入您需要的产品名称
找一下
标王直达
如何采购
在搜索中位列前五?
产品
求购信息
为了我们的蓝天，请贡献你的一份力量!
注册会员
推广公司
寻找买家
最新供应信息
最新求购信息
行业市场
上网做生意，首选诚信通
买卖无风险
发布信息
关闭

图 4-2　阿里巴巴中国站主页

步骤二：免费注册(见第三章实操)。

步骤三：开通后的会员，便可以在商务中心进行信息的发布了。

步骤四：发布网络营销信息。

发布网络营销信息有以下三种方法：

方法一：通过主页发布供应和求购商机。

进入阿里巴巴中国站主页，点击主页上边或者右边的“发布信息”，发布商机。如图4-3所示。

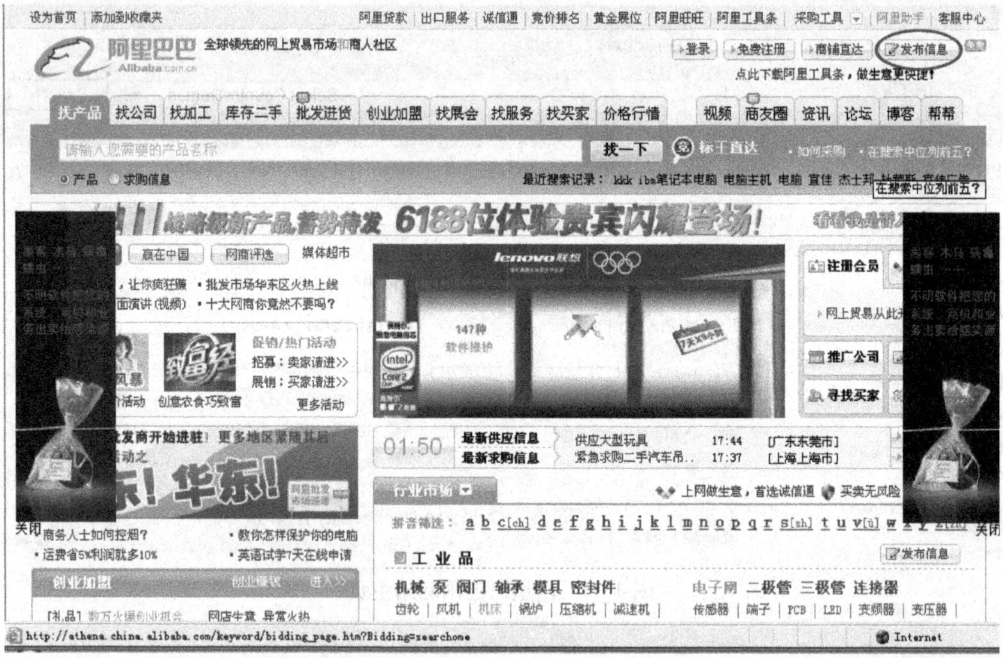
设为首页 | 添加到收藏夹
阿里贷款 | 出口服务 | 诚信通 | 竞价排名 | 黄金展位 | 阿里旺旺 | 阿里工具条 | 采购工具 | 阿里助手 | 客服中心
阿里巴巴 Alibaba.com.cn
全球领先的网上贸易市场和商人社区
登录 免费注册 商铺直达 发布信息
点此下载阿里工具条，做生意更快捷!
找产品 找公司 找加工 库存二手 批发进货 创业加盟 找展会 找服务 找买家 价格行情
视频 商友圈 资讯 论坛 博客 帮帮
请输入您需要的产品名称
找一下
产品 求购信息
最近搜索记录：
战略级新产品蓄势待发 6188位体验贵宾闪耀登场!
注册会员
推广公司
寻找买家
最新供应信息 供应大型玩具 17:44 [广东东莞市]
最新求购信息 紧急求购二手汽车吊.. 17:37 [上海上海市]
行业市场
上网做生意，首选诚信通 买卖无风险
工业品
发布信息
机械 泵 阀门 轴承 模具 密封件
电子网 二极管 三极管 连接器
齿轮 | 风机 | 机床 | 锅炉 | 压缩机 | 减速机
传感器 | 端子 | PCB | LED | 变频器 | 变压器
创业加盟
http://athena.china.alibaba.com/keyword/bidding_page.htm?Bidding=searchone
Internet

图4-3 通过阿里巴巴中国站首页网络营销信息

方法二：登录商铺后台(用登录名和密码登录阿里巴巴网站首页右上角的阿里助手)，点击“供求信息”下的“发布供求信息”，选择信息发布类型。如图4-4所示。

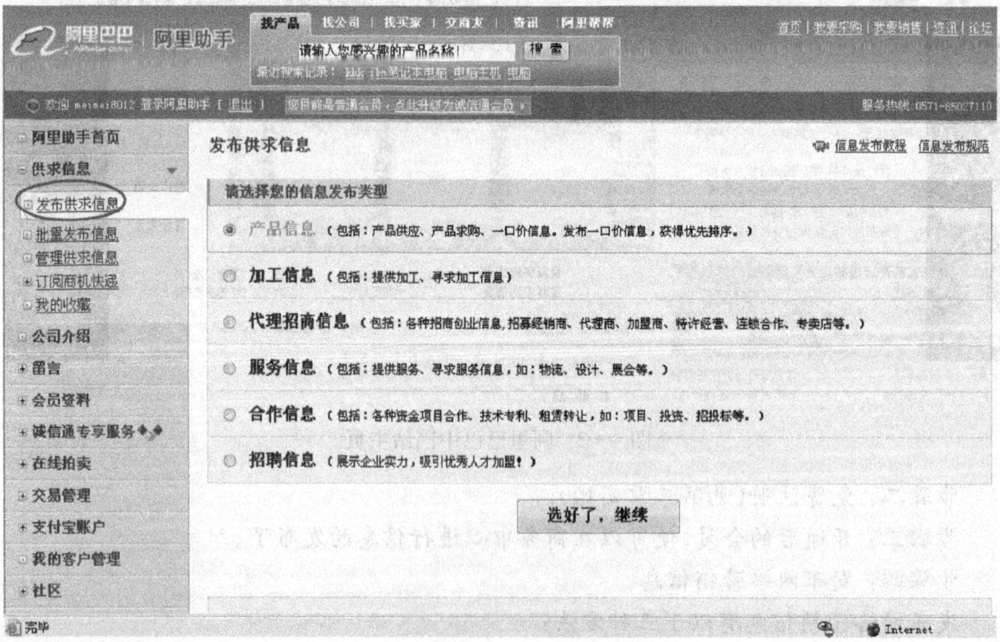
阿里巴巴 | 阿里助手
找产品 找公司 找买家 交商友 资讯 阿里帮帮
请输入您感兴趣的产品名称!
搜索
首页 | 我要采购 | 我要销售 | 资讯 | 论坛
阿里助手首页
供求信息
发布供求信息
批量发布信息
管理供求信息
订阅商机快递
我的收藏
公司介绍
留言
会员资料
诚信通专享服务
在线拍卖
交易管理
支付宝账户
我的客户管理
社区
发布供求信息
信息发布教程 信息发布规范
请选择您的信息发布类型
产品信息（包括：产品供应、产品求购、一口价信息。发布一口价信息，获得优先排序。）
加工信息（包括：提供加工、寻求加工信息）
代理招商信息（包括：各种招商创业信息，招募经销商、代理商、加盟商、特许经营、连锁合作、专卖店等。）
服务信息（包括：提供服务、寻求服务信息，如：物流、设计、展会等。）
合作信息（包括：各种资金项目合作、技术专利、租赁转让，如：项目、投资、招投标等。）
招聘信息（展示企业实力，吸引优秀人才加盟!）
选好了，继续
完毕
Internet

图4-4 通过阿里助手发布网络营销信息

方法三：通过阿里巴巴"阿里旺旺"的"发布商机"入口，也可以发布供求信息，它同网站的发布效果是一样的。如图 4-5 所示。

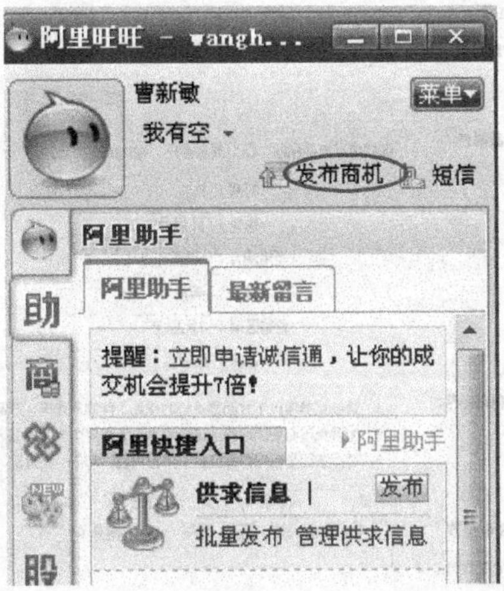
阿里旺旺 - wangh...
曹新敏
我有空
菜单
发布商机
短信
阿里助手
最新留言
提醒：立即申请诚信通，让你的成交机会提升7倍！
阿里快捷入口
阿里助手
供求信息
发布
批量发布 管理供求信息

图 4-5 通过"阿里旺旺"发布网络营销信息

注：选择合适的行业类别，注册信息中需要带有完整的人名和公司名，信息描述中不要带上联系方式，避免发布重复信息，在发布信息的时候尽可能填写参数，带上图片，产品描述详细，如果是诚信通会员，可以使用专业颁发布信息，更吸引买家和卖家。

步骤五：发布供求信息，共分以下三步。

第一步：填写基本信息。如图 4-6 所示。

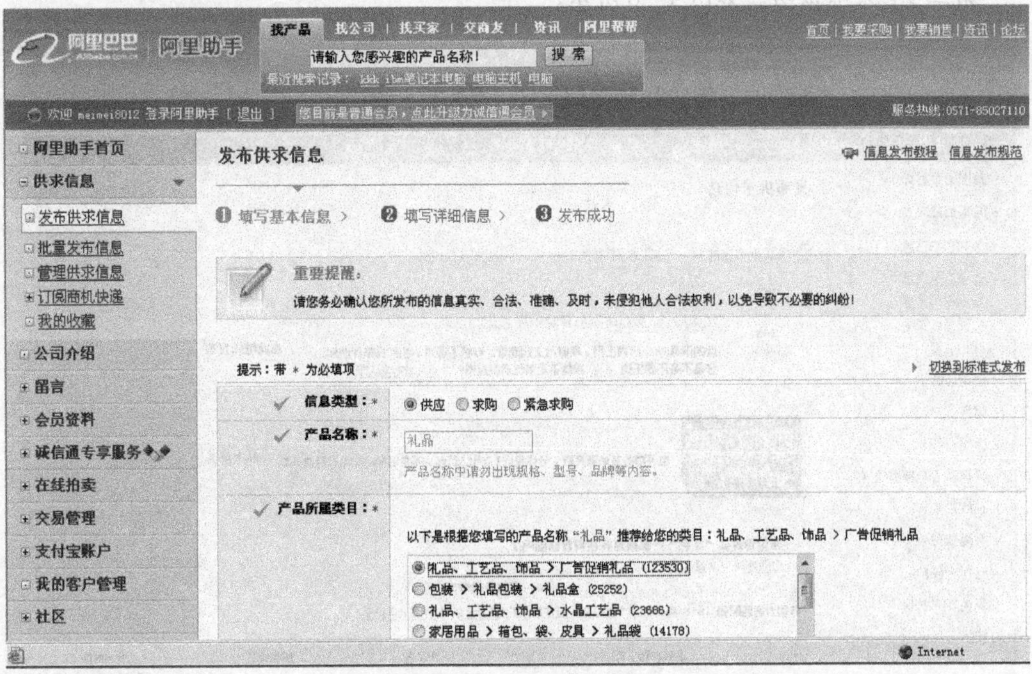
阿里巴巴 | 阿里助手
找产品 找公司 找买家 交商友 资讯 阿里帮帮
请输入您感兴趣的产品名称！
搜索
发布供求信息
填写基本信息 填写详细信息 发布成功
重要提醒：
请您务必确认您所发布的信息真实、合法、准确、及时，未侵犯他人合法权利，以免导致不必要的纠纷！
提示：带 * 为必填项
信息类型：*
供应 求购 紧急求购
产品名称：*
礼品
产品所属类目：*
阿里助手首页
供求信息
发布供求信息
批量发布信息
管理供求信息
订阅商机快递
我的收藏
公司介绍
留言
会员资料
诚信通专享服务
在线拍卖
交易管理
支付宝账户
我的客户管理
社区

图 4-6 填写基本信息

第二步：填写详细信息。如图 4-7 所示。

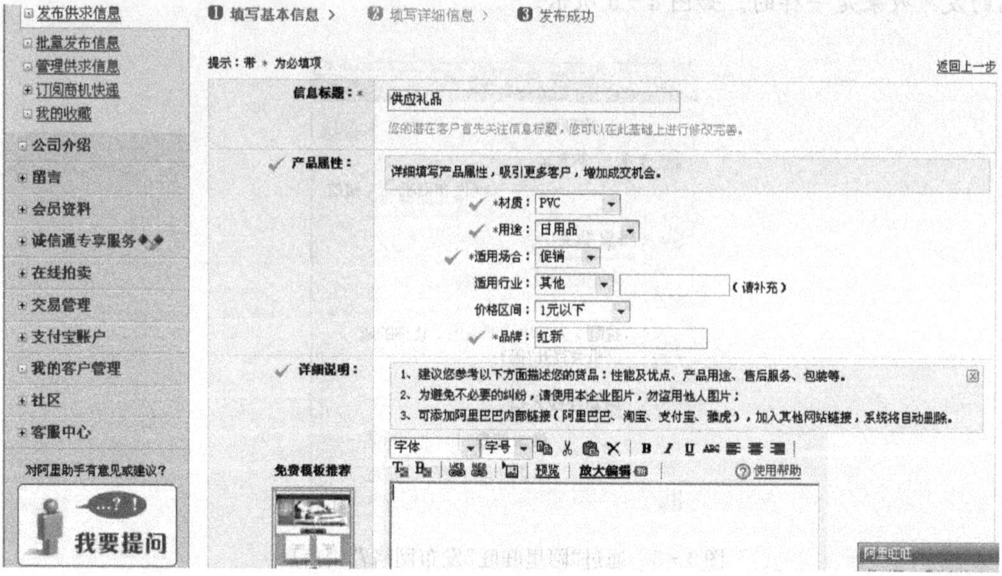
发布供求信息
批量发布信息
管理供求信息
订阅商机快递
我的收藏
公司介绍
留言
会员资料
诚信通专享服务
在线拍卖
交易管理
支付宝账户
我的客户管理
社区
客服中心
对阿里助手有意见或建议？
我要提问
填写基本信息 >
填写详细信息 >
发布成功
提示：带 * 为必填项
返回上一步
信息标题：*
供应礼品
您的潜在客户首先关注信息标题，您可以在此基础上进行修改完善。
产品属性：
详细填写产品属性，吸引更多客户，增加成交机会。
*材质：PVC
*用途：日用品
*适用场合：促销
适用行业：其他
（请补充）
价格区间：1元以下
*品牌：红新
详细说明：
1、建议您参考以下方面描述您的货品：性能及优点、产品用途、售后服务、包装等。
2、为避免不必要的纠纷，请使用本企业图片，勿盗用他人图片；
3、可添加阿里巴巴内部链接（阿里巴巴、淘宝、支付宝、雅虎），加入其他网站链接，系统将自动删除。
免费模板推荐
字体
字号
预览
放大编辑
使用帮助
阿里旺旺

图 4-7　填写详细信息

注：发布供求信息最终就是为了生意成交，所以联系方式的正确与否是极为重要的，请仔细检查，否则有可能让买(卖)家联系不到而前功尽弃。俗话说“百闻不如一见”，通过多角度的上传企业的产品图片，让买(卖)家最直观的了解企业的产品，从而增加您的产品的吸引力。

第三步：发布成功。如图 4-8 所示。

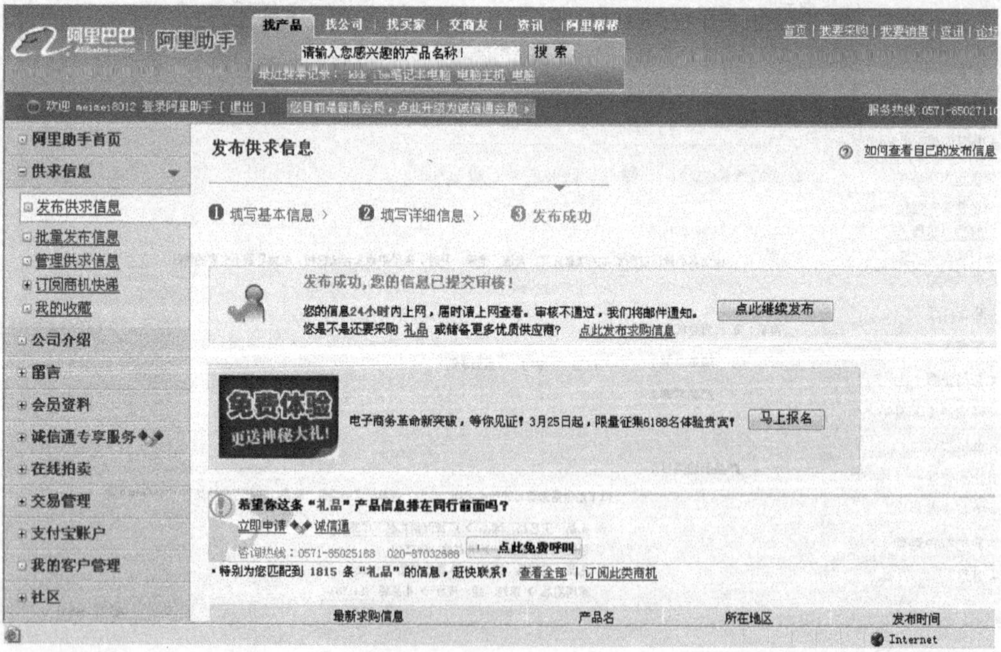
阿里巴巴
阿里助手
找产品
找公司
找买家
交商友
资讯
阿里帮帮
请输入您感兴趣的产品名称！
搜 索
首页
我要采购
我要销售
资讯
阿里助手首页
供求信息
发布供求信息
批量发布信息
管理供求信息
订阅商机快递
我的收藏
公司介绍
留言
会员资料
诚信通专享服务
在线拍卖
交易管理
支付宝账户
我的客户管理
社区
发布供求信息
如何查看自己的发布信息
填写基本信息 >
填写详细信息 >
发布成功
发布成功，您的信息已提交审核！
您的信息24小时内上网，届时请上网查看。审核不通过，我们将邮件通知。
点此继续发布
您是不是还要采购 礼品 或储备更多优质供应商？
点此发布求购信息
免费体验
更送神秘大礼！
电子商务革命新突破，等你见证！3月25日起，限量征集6188名体验贵宾！
马上报名
希望你这条“礼品”产品信息排在同行前面吗？
立即申请
诚信通
点此免费呼叫
·特别为您匹配到 1815 条“礼品”的信息，赶快联系！
查看全部
订阅此类商机
最新求购信息
产品名
所在地区
发布时间
Internet

图 4-8　发布成功页面

注：企业发布供求信息的好处：

1. 在网上发布信息是做生意的另一种途径。
2. 可以让更多的用户找到和了解您的企业。
3. 提高信息的曝光率，增加成交机会。

步骤六：管理已经发布的供应/求购信息。登录商铺后台，点击“管理商业信息”进入，如图4-9的界面。可以查看到所有已经发布的供应/求购信息，同时，还可以对已经发布的供应/求购信息进行重发、修改、过期、删除等一系列操作。

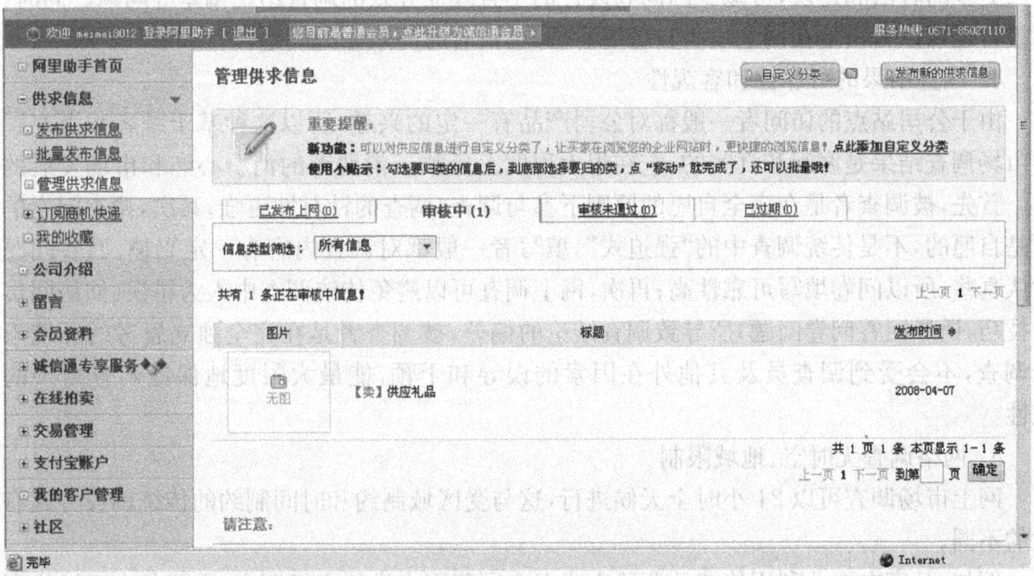
欢迎 meimei8012 登录阿里助手 [退出]
您目前是普通会员，点此升级为诚信通会员
服务热线：0571-85027110
阿里助手首页
供求信息
发布供求信息
批量发布信息
管理供求信息
订阅商机快递
我的收藏
公司介绍
留言
会员资料
诚信通专享服务
在线拍卖
交易管理
支付宝账户
我的客户管理
社区
管理供求信息
自定义分类
发布新的供求信息
重要提醒：
已发布上网(0)
审核中(1)
审核未通过(0)
已过期(0)
信息类型筛选：
所有信息
共有 1 条正在审核中信息！
图片
标题
发布时间
无图
【卖】供应礼品
2008-04-07
确定
请注意：
完毕
Internet

图4-9 管理已发布的供应/求购信息

第二节 网络市场调查

一、网络市场调查概述

（一）网络市场调查的概念

市场调查是指以科学的方法，系统地、有目的地收集、整理、分析和研究所有与市场有关的信息，特别是有关消费者的需求、购买动机和购买行为等方面的信息，从而把握市场现状和发展态势，有针对性地制定营销策略，取得良好的营销效益。顾名思义，网络市场调研则是指基于因特网，系统地进行营销信息的收集、整理、分析和研究。与传统的市场调研一样，进行网络市场调研，主要是要探索以下几个方面问题：市场可行性研究，分析不同地区的销售机会和潜力，探索影响销售的各种因素，竞争分析，产品研究，包装测试，价格研究，分析特定市场的特征，消费者研究，形象研究，市场性质变化的动态研究，广告监测，广告效果研究。

（二）网络市场调查的特点

1. 网络信息的及时性和共享性

网络的传输速度非常快，网络信息能迅速传递给连接上网的任何用户；网上调查是开放的，任何网民都可以参加投票和查看结果，这保证了网络信息的及时性和共享性。

2. 网络调查的便捷性与低费用

网络调查可节省传统调查中所耗费的大量人力和物力。在网络上进行调查，只需要一台能上网的计算机即可。调查者在企业站点上发出电子调查问卷，网民自愿填写，然后通过统计分析软件对访问者反馈回来的信息进行整理和分析。

3. 网络调查的交互性和充分性

网络的最大好处是交互性。在网上调查时，被调查对象可以及时就问卷相关的问题提出自己更多的看法和建议，可减少因问卷设计的不合理而导致的调查结论偏差等问题。同时，被调查者还可以自由地在网上发表自己的看法，也没有时间限制的问题。

4. 调查结果的可靠性和客观性

由于公司站点的访问者一般都对公司产品有一定的兴趣，所以这种基于顾客和潜在顾客的市场调查结果是客观和真实的，它在很大程度上反映了消费者的消费心态和市场发展的趋向。首先，被调查者是在完全自愿的原则下参与调查，调查的针对性更强；其次，调查问卷的填写是自愿的，不是传统调查中的“强迫式”，填写者一般都对调查内容有一定兴趣，回答问题相对认真些，所以问卷填写可靠性高；再次，网上调查可以避免传统调查中人为错误（如访问员缺乏技巧，诱导回答问卷问题）所导致调查结论的偏差，被调查者是在完全独立思考的环境下接受调查，不会受到调查员及其他外在因素的误导和干预，能最大限度地保证调查结果的客观性。

5. 网络调查无时空、地域限制

网上市场调查可以 24 小时全天候进行，这与受区域制约和时间制约的传统调查方式有很大的不同。

例如，某家电企业利用传统的调研方式在全国范围内进行市场调查，需要各个区域代理商的密切配合。而澳大利亚一家市场调研公司（www. consult. com）在 1999 年 8～9 月份进行针对中国等 7 个国家 Internet 用户在线的调查活动，他们在中国的在线调查活动是与 10 家访问率较高的 ISP 和在线网络广告站点联合进行的。这样的市场调查活动如果利用传统的方式是无法完成的。

6. 网络调查可检验性和可控制性

利用 Internet 进行网上调查收集信息，可以有效地对采集信息的质量实施系统的检验和控制。这是因为：第一，网上调查问卷可以附加全面规范的指标解释，有利于消除因对指标理解不清或调查员解释口径不一而造成的调查偏差；第二，问卷的复核检验由计算机依据设定的检验条件和控制措施自动实施，可以有效地保证对调查问卷 100％的复核检验，保证检验与控制的客观公正性；第三，通过对被调查者的身份验证技术可以有效地防止信息采集过程中的舞弊行为。

利用 Internet 进行市场调查的优势是明显的，但现在要普及还有一定的难度：一是因为消费者、企业对这种新颖市场调查方式还不适应；二是网络软、硬件方面的欠缺有时使调查流程不畅；三是专业的网络调查人员目前还太少。

（三）网络市场调查的一般步骤

网上市场调查与传统市场调查一样，应遵循一定的方法与步骤，以保证调查过程的质量。网上市场调查一般包括以下几步。

1. 制定网络市场调查的目标

在设计网络市场调查之前，应首先确定调查的目标，即在此次市场调查中，你希望通过这次调查达成什么样的目标？比如希望知道顾客如何评价企业所提供的产品与服务？知悉访问者如何评价企业网站？企业网站的邮件订阅者是否对企业邮件服务满意？企业产品的潜在顾客群是否对本企业的新产品感兴趣？所以网络商业调查重要的是在开始就制定调查的目标。

2. 确定网络市场调查的对象

网络市场调查的对象，主要分为企业产品的消费者、企业的竞争者两大类。

3. 制定调查计划

网络市场调查的第三步是制定有效的调查计划，包括资料来源、调查方法、调查手段、抽样方案和联系方法五部分内容。

(1) 资料来源。市场调查首先须确定是收集一手资料(原始资料)还是二手资料，或者两者都要。在因特网上，利用搜索引擎、网上营销和网上市场调查网站我们可以方便地收集到各种一手和二手资料。

(2) 调查方法。网络市场调查可以使用的方法有专题讨论法、问卷调查法和实验法。

(a) 专题讨论法是借用新闻组、邮件列表讨论组和网上论坛(也可称 BBS，电子公告牌)的形式进行。

(b) 问卷调查法可以使用 E-mail(主动出击)分送和在网站上刊登(被动)等形式。

(c) 实验法则是选择多个可比的主体组，分别赋予不同的实验方案，控制外部变量，并检查所观察到的差异是否具有统计上的显著性。这种方法与传统的市场调查所采用的原理是一致的，只是手段和内容有差别。例如，2000 年 6 月，拉拉手网站和中央电视台信息部等一些新闻媒体单位联合推出“中国首届网上购物测试”活动，结果发现在配送等环节存在着明显的地区差异。

(3) 调查手段。网络市场调查可以采取在线问卷和软件系统两种方式进行。在线问卷制作简单，分发迅速，回收也方便，但须遵循一定的设计原则。

(4) 抽样方案。即要确定抽样单位、样本规模和抽样程序。抽样单位是确定抽样的目标总体；样本规模的大小涉及调查结果的可靠性，样本须足够多，必须包括目标总体范围内所发现的各种类型样本；在抽样程序选择上，为了得到有代表性样本，应采用概率抽样的方法，这样可以计算出抽样误差的置信度，当概率抽样的成本过高或时间过长时，可以用非概率抽样方法替代。

(5) 联系方法。它是指以何种方式接触调查的主体，网络市场调查采取网上交流的形式，如 E-mail 传输问卷、BBS 等。

4. 收集、整理信息

利用因特网做市场调查，不管是一手资料还是二手资料，都可同时在全国或全球进行，收集的方法也很简单，直接在网上递交或下载即可，这与受区域制约的传统调查方式有很大的不同。如，某公司要了解各国对某一国际品牌的看法，只需在一些著名的全球性广告站点发布广告，把链接指向公司的调查表就行了，无须像传统调查那样，在各国找不同的代理分别实施。此类调查如果利用传统方式是无法想象的。

5. 分析信息

信息收集结束后，接下去的工作是信息分析。信息分析的能力相当重要，因为很多竞争者都可从一些知名的商业站点看到同样的信息。调查人员如何从收集的数据中提炼出与调查目标相关的信息，并在此基础上对有价值的信息迅速做出反映，这是把握商机战胜竞争对手，取得经营成果的一个制胜法宝。利用 Internet，企业在获取商情，处理商务的速度方面是传统商业无法比拟的。

6. 提交报告

调查报告的填写是整个调查活动的最后一个阶段。报告不是数据和资料的简单堆砌，调查员不能把大量的数字和复杂的统计技术扔到管理人员面前，而应把与市场营销关键决策有关的主要调查结果写出来，并以调查报告正规格式书写。

二、网络市场调查的方法

网上市场调查有两种方法：一种是利用互联网直接进行问卷调查等方法收集一手资料，称为网上直接调查；另一种方法是利用互联网的媒体功能，从互联网收集二手资料，称为网上间接调查。

（一）网络直接市场调查

网络市场直接调查指的是为当前特定的目的在互联网上收集一手资料或原始信息的过程。直接调查的方法主要有四种：观察法、专题讨论法、在线问卷法和实验法。但网上使用最多的是专题讨论法和在线问卷法。

调查过程中具体应采用哪一种方法，要根据实际调查的目的和需要而定。需注意一点，应遵循网络规范和礼仪。下面重点介绍专题讨论法、在线问卷法两种方法。

1. 专题讨论法

专题讨论法可通过 Usenet 新闻组、电子公告牌(BBS)或邮件列表讨论组进行。其步骤如下：

(1) 确定要调查的目标市场。

(2) 识别目标市场中要加以调查的讨论组。

(3) 确定可以讨论或准备讨论的具体话题。

(4) 登录相应的讨论组，通过过滤系统发现有用的信息，或创建新的话题，让大家讨论，从而获得有用的信息。

具体地说，目标市场的确定可根据 Usenet 新闻组、BBS 讨论组或邮件列表讨论组的分层话题选择，也可向讨论组的参与者查询其他相关名录。还应注意查阅讨论组上的 FAQs(常见问题)，以便确定能否根据名录来进行市场调查。

2. 在线问卷法

(1) 含义：在线问卷法即请求浏览其网站的每个人参与企业的各种调查。在线问卷法可以委托专业公司进行。

(2) 具体做法：

(a) 向相关的讨论组邮去简略的问卷。

(b) 在自己的网站上放置简略的问卷。

(c) 向讨论组送去相关信息，并把链接指向放在自己网站上的问卷。

(3) 注意的问题：

(a) 在线问卷不能过于复杂、详细，否则会使被调查者产生厌烦情绪，从而影响调查问卷所收集数据的质量。

(b) 可采取一定的激励措施，如提供免费礼品、抽奖送礼等。

（二）网络间接市场调查

网络间接市场调查又称为二手资料调查，或案头调查。搜集第二手资料花时间少，费用也少，是市场调查中常用的方法。网络间接市场调查首先必须熟悉搜索引擎(search engine)的使用，其次要掌握专题型网络信息资源的分布。归纳一下，网上查找资料主要通过三种方法：利用搜索引擎；访问相关的网站（如各种专题性或综合性网站）；利用相关的网上数据库。

1. 利用搜索引擎

搜索引擎是Internet上的一种网站，其功能是在网络主动搜索web服务器的信息，并将其自动索引，其索引内容存储于可供查询的大型数据库中。每个搜索引擎都提供了一个良好的界面，当用户在查询栏中输入所需查找信息的关键字(keyword)，并按"Search"按钮（或其他类似的按钮），搜索引擎将在索引数据库中查找包含该关键字的所有信息，最后给出查询的结果，并提供该信息的超级链接。

国际最著名的搜索引擎有：

Info、seek、lycos (www. lycos. com)、Open Text (pinstripe. opentext. com)、Web Grawler (www. webcrawler. com)、Alta Vista、Excite、Hotbot 等。

目前，搜索引擎与我们后面介绍的网络目录型检索工具之间的界限越来越模糊，大多数流行的网络检索工具同时提供两种方式的检索。

(1) Alta Vista。Alta Vista(www. altavista. com)是一个对网上营销特别有价值的快速搜索引擎，1995年底开始网上服务。Alta Vista 提供两种基本的查询方式：简单检索和高级检索。近期，它又增加了一种动力搜索的方式。

无论在简单检索还是高级检索界面，Alta Vista 都提供多语种的检索服务。

对网上市场调查来说，Alta Vista 的三个专题检索特别重要。

(a) 商业检索。可以搜索 Alta Vista 的网站索引以及一个专门有180万个公司事实记录的数据库。

(b) 产品检索。提供对网上购物和网上拍卖的检索。

(c) 讨论组检索。可以检索超过30 000个讨论组，包括因特网 Usenet 的所有新闻组(Newsgroups)。

(2) Excite。Excite(www. excite. com)是一个功能全面的搜索引擎，1995年开始服务于网民。由于它已经开发出包括中国在内的多种全球区域版本，为特定地区提供高效率的专门服务，因此也是最为广泛使用的搜索引擎。Excite 提供简单检索、高级检索、专题检索和分类目录浏览服务。

Excite 的分类目录浏览检索有十八个大类，与市场营销密切相关的有商业、投资、汽车、计算机等。它的专题检索可以对黄页、人物、地图、电子邮件、股市行情等进行检索。

(3) Hotbort。Hotbort(www. hotbort. com)一直跻身于全球十大优秀搜索引擎之列。1996年开始网上服务。在 Hotbort 的主页上也集中了关键词检索和分类目录查询两大内容。

在 Hotbort 的分类浏览目录中，有多个大类与市场营销相关，如商业汽车、房地产、旅游等。

(4) 悠游。"悠游"(www. goyoyo. com. cn)是1997年5月我国发明的世界上第一个中文智能搜索引擎。它最突出的特点是融入了计算机人工智能技术，可自动分析中文网页，进行分词与词性处理，并自动提起关键词，建立以关键词为基础的查询数据库，大大提高了查询效率。

2. 访问专业信息网站

这也是网上收集市场信息的一种重要途径。通常这些专业信息网站都是由政府或一些业务范围相近的企业或某些网络服务机构开办的，如果知道某一专题的信息主要集中在哪些网站，可直接访问这些网站，获得所需的资料。以下提供若干个相关的网站。

(1) 环球资源。“环球资源”(www.globalsources.com)的前身叫“亚洲资源”，2000 年 4 月在美国纳斯达克上市。1971 年在香港以创办专业贸易杂志起步。1995 年创立亚洲资源网站。至 2000 年 8 月 10 日，拥有超过 89 842 位供应商和 83 300 种产品的详细资料，整个贸易社团的买家有 20.3 万个，其中包括 100 家世界顶级买家。

“环球资源”是 BtoB 服务提供商，为买卖双方提供增值服务。它提供的服务和产品首先是基于买家的需求而设立的。其强大的搜索引擎分三大类：产品搜索、供应商搜索和全球搜索。

(2) 阿里巴巴。阿里巴巴是中国因特网商业先驱，它是于 1999 年 3 月创立的全球著名 BtoB 系列网站，包括国际站(www.alibaba.com)、中国站(china.alibaba.com)、全球华商站(chinaese.alibaba.com)和韩国站(kr.alibaba.com)，连接着全球 186 个国家和地区的 45 万商业用户，为中小企业提供海量的商业机会、公司资讯和产品信息，建立起了国际营销网络。

阿里巴巴网站提供的商业市场信息检索服务分为三个方面：商业机会、公司库和样品库。注册会员还选择订阅“商情特快”获得各类免费信息。

(3) 专业调查网站。如博大调查引擎(www.poll4n.cn)，中国商务在线的“市场调查与分析”(www.businessonline.com.cn/eleet/tuwen.asp)等。

3. 运用观察法

所谓观察法，是指通过观察正在进行的某一特定网上营销过程来解决某一营销问题。与传统市场环境下的观察法相似，这种方法是在被调查者无察觉的情况下进行的。网络环境使观察法的运用更加自如。比如，现在许多 Web 站点要求访问者在线注册后，才能成为该网站的合法用户，因此这些注册信息，如用户姓名、地址和电话号码以及兴趣爱好等，就成为发掘客户需求的有意义的信息。

(1) 设置计数器。几乎所有的网站都设置了流量计数器，记录网页的访问流量，许多经营者们认为“流量就是一切，没有流量就没有现金的流入”。流量的多少意味着访问网站的客户多少。通过对流量的分析不仅可以掌握真正消费者的数量，而且可以了解市场趋势。例如，对某类或某种产品信息的访问流量分析可以反映出访问者(即潜在消费者)的需求和兴趣；对同行业访问流量的分析可以了解本企业在市场中的地位和所占的比例；对主页访问流量和各主题访问流量分布规律的分析可以了解企业网络营销的效果等。

(2) 利用 Cookie 技术。作为一种可以跟踪来访者的程序，许多网站利用 Cookie 来识别“回头客”和发现新的顾客群，当某用户第一次访问某站点时，被访问的 Web 服务器就产生了唯一能标识该用户的数字记号 ID，并通过 Cookie 安置到该用户的计算机中，当这位用户再次访问该站点时，服务器就通过 Cookie 从这位用户的 PC 中获取他的 ID 号，于是该站点就能记录下某人访问的时间、次数等信息。

美国 Double Click 公司提供了一种可以记载网上用户行为的软件。Double Click 也运用 Cookie 技术来跟踪浏览者，当用户访问与该公司签约的商业网站时，同时就会被赋予一个私人账号，属于该账号的个人资料也将被记录保存，并作为今后营销之用。而当这位用户在网上活动时，他的行为，包括访问了什么站点，停留了多少时间等，就被完全追踪记录下来。该公司就可以精确地掌握其广告目标。例如一位曾经同时到过歌剧与音响站点的人，就很可能会是CD唱片的潜在客户。

4. 通过 Usenet 获取商业信息

随着 Internet 的发展，一些商业机构或企业迅速进入 Usenet，使其逐渐丧失其非商业化的初衷，各种商业广告散布其中，纯商业性的讨论组也大量涌现，因此通过这类 Usenet 获取商业信息也是途径之一。如 www. dejanews. com 是 web 界面的新闻组，带有查询功能。在 dejanews 中，集中了 1 万多个讨论组，用户可以很方便地搜索自己所需的信息。

5. 利用 BBS 获取商业信息

在 Internet 日趋商业化的今天，能够吸引无数上网者的 BBS 当然也会成为商业活动的工具，如今网上有许多商用 BBS 站点，如网易 BBS 站点。另外还有一些网络服务机构在网站上开设了商务讨论区，如金桥信息网和中国黄页供求热线。

6. 通过产品的网上竞卖掌握市场信息

对于企业推出的新产品，可以通过网上竞卖，了解消费者的倾向和心理，掌握市场趋势，从而制定相应的市场营销策略。比如，1999 年 7 月 1 日，我国长城集团与网易联手，在网易上金长城 MTV－3800 奔腾三代家用电脑新产品，面向全国进行为期 10 天的网上竞卖活动。这是国内首次计算机厂商在网上进行新产品发布和竞卖，在网上发布和竞卖的金长城为 MTV－3800 奔腾三代电脑新产品，沿袭了金长城集团“三电一体化”的设计理念，在电脑、电器、电信各方面的功能上都进行了创新和完善。然而对于一个新产品来说，价格定位、产品宣传以及先期购买者的热情是产品迅速进入成长期的至关重要的因素，也是市场营销人员调查的重要内容。

实操

网上市场调查

【实验目的】

1. 掌握网络市场调查的业务流程。
2. 掌握网络市场调查的基本方法。
3. 体验网络市场调查的主要特点。
4. 掌握利用电子邮件进行网络市场调查的具体办法。

【实验环境】

1. 实验方式：用户端通过相连的局域网访问 Internet。
2. 硬件要求：用户机为 PⅡ 266/4. 3G/64 MB RAM 以上。
3. 软件要求：用户操作系统为 Windows 98 以上，Internet Explorer 5. 0 以上浏览器。

【实验要求】

1. 利用网络检索工具收集市场信息。
2. 设计网上调查问卷。
3. 利用电子邮件收集客户信息。
4. 提交网络调查报告。

【实验步骤】

1. 利用电子邮件收集客户信息

以利用电子邮件收集关于惠普笔记本电脑的客户信息为例。

(1) 获得惠普笔记本电脑客户的电子邮件地址。

以下有几种方法可以获得客户的电子邮件地址：

(a) 直接查阅原有客户的邮件地址。

(b) 在网站上建立留言簿(guest-book)供访问者签名，留下他们的电子邮件地址。

(c) 在网站上建立与产品或服务内容相关的讨论，以吸引客户参加并留下他们的电子邮件地址。

(d) 通过专门的邮件地址服务商租用或购买电子邮件地址。例如，k66k 网站(http://www.k66k.com/news/info/print.asp? id=2572)就是一个提供免费邮件地址的网站。该网站提供全球2亿个电子邮件地址、0.3亿企业名录信息库光盘、1.5万引擎网站、7 000万个邮件地址库。

(e) 通过专用的软件，在特定的范围内，例如：新闻组、在线服务、分类广告、邮件地址搜索引擎以及 WWW 网站，收集电子邮件地址。

(2) 设计关于惠普笔记本电脑客户的网上调查问卷。网上调查问卷可以直接根据传统的市场调查问卷形式制作。问卷可以由多个问题组成，问题可包括用户输入信息的填空题、单项选择问题、多项选择问题，并可指定必答题和非必答题。问卷生成前和生成后都可即时修改。问卷应清楚写明自己企业的所在地、通讯地址和联系方式。

(3) 通过电子邮件向各客户派发。

(a) 进入邮箱、输入用户名称、密码、进入自己电子邮件信箱。

(b) 发邮件。一般情况下，调查问卷可以通过电子邮件直接派发。只要写一封信，告诉客户有关目的，并贴上调查问卷即可。若调查问卷比较大，可以选用“附件”进行发送。

(4) 在自己的信箱中接收客户反馈信息，汇集反馈信件，计算问卷返回比例。

2. 利用网络检索工具收集市场信息

以利用网络检索工具收集惠普笔记本电脑销售信息为例。

(1) 利用雅虎中文搜索引擎(http://www.yahoo.cn/? p=)按关键字检索。

(a) 进入雅虎中文搜索引擎。如图4-10所示。

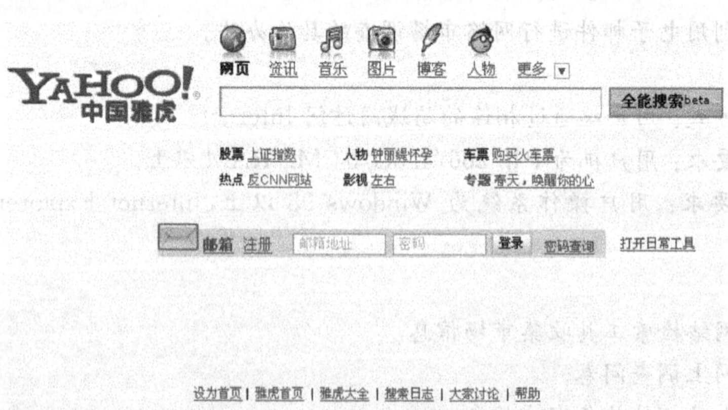
YAHOO!
中国雅虎
网页 资讯 音乐 图片 博客 人物 更多
全能搜索beta
股票 上证指数 人物 钟丽缇怀孕 车票 购买火车票
热点 反CNN网站 影视 左右 专题 春天，唤醒你的心
邮箱 注册 邮箱地址 密码 登录 密码查询 打开日常工具
设为首页 | 雅虎首页 | 雅虎大全 | 搜索日志 | 大家讨论 | 帮助
Copyright © 2008 Yahoo.com.cn 版权所有 不得转载 使用须知 著作权声明

图4-10 雅虎中文搜索引擎

(b) 在搜索中键入“惠普笔记本电脑”7 个字，单击“搜索”按钮，选择“网页”，就可以得到有关惠普笔记本电脑的信息。

(c) 由于得到的信息过多，无法选择，重新输入“销售情况”，选择“在结果中搜索”，会得到较好的结果。

(2) 利用搜狐分类搜索引擎(http://dir. sohu. com)进行分类检索。

(a) 进入搜狐分类搜索引擎。如图 4－11 所示。

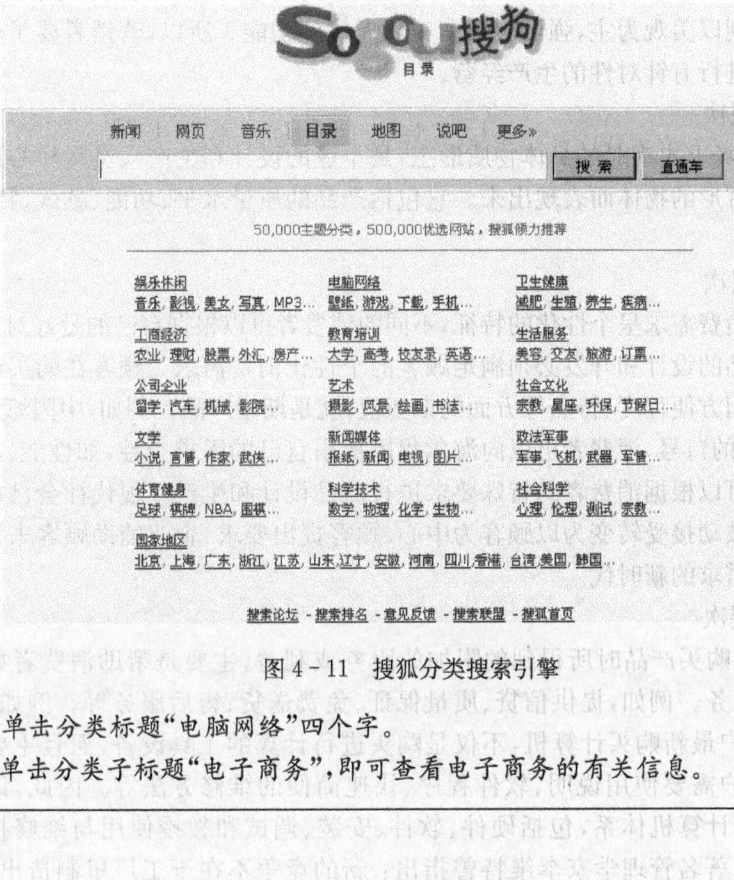
Sogou搜狗
目录
新闻 网页 音乐 目录 地图 说吧 更多»
搜索 直通车
50,000主题分类，500,000优选网站，搜狐倾力推荐
娱乐休闲
音乐, 影视, 美女, 写真, MP3...
电脑网络
壁纸, 游戏, 下载, 手机...
卫生健康
减肥, 生殖, 养生, 疾病...
工商经济
农业, 理财, 股票, 外汇, 房产...
教育培训
大学, 高考, 校友录, 英语...
生活服务
美容, 交友, 旅游, 订票...
公司企业
留学, 汽车, 机械, 影院...
艺术
摄影, 风景, 绘画, 书法...
社会文化
宗教, 星座, 环保, 节假日...
文学
小说, 言情, 作家, 武侠...
新闻媒体
报纸, 新闻, 电视, 图片...
政法军事
军事, 飞机, 武器, 军情...
体育健身
足球, 棋牌, NBA, 围棋...
科学技术
数学, 物理, 化学, 生物...
社会科学
心理, 伦理, 测试, 宗教...
国家地区
北京, 上海, 广东, 浙江, 江苏, 山东,辽宁, 安徽, 河南, 四川,香港, 台湾,美国, 韩国...
搜索论坛 - 搜索排名 - 意见反馈 - 搜索联盟 - 搜狐首页

图 4－11　搜狐分类搜索引擎

(b) 单击分类标题“电脑网络”四个字。

(c) 单击分类子标题“电子商务”，即可查看电子商务的有关信息。

第三节　网络营销策略

一、网络营销产品策略

(一) 网络营销产品层次

由于网络营销是在网上虚拟市场开展营销活动实现企业营销目标，面对与传统市场有差异的网上虚拟市场，必须要满足网上消费者一些特有的需求特征。所以，网络营销产品的内涵与传统产品的内涵有一定的差异性，主要是网络产品的层次比传统营销产品的层次大大扩展了。

在传统市场营销中，产品满足的主要是消费者的一般性需求，因此产品相应地分成了三个层次。虽然传统产品中的三个层次在网络营销产品中仍然起着重要作用，但产品的设计和开发的主体地位已经从企业转向顾客，企业在设计和开发产品时还必须满足顾客的个性化需求，因此网络营销产品在原产品层次上还要增加两个层次，即期望产品层次和潜在产品层次，以满足顾客的个性化需求的特征。

1. 核心利益或服务层次

这是产品最基本的层次，是满足顾客需要的核心内容，是顾客要购买的实质性的东西。例如，消费者购买食品的核心是为了满足充饥和营养的需要；购买计算机，是为了利用它作为上网的工具等。营销的目标在于发现隐藏在产品背后的真正需要，把顾客所需要的核心利益和服务提供给顾客。有时同一种产品可以有不同的核心需要，如人们对服装、鞋帽的需要，有些以保暖为主；有些则以美观为主，强调装饰和美化人体的功能。所以，营销者要了解顾客需要的核心所在，以便进行有针对性的生产经营。

2. 有形产品层次

这是产品在市场上出现时的具体物质形态，是企业的设计和生产人员将核心产品通过一定的载体，转载为有形的物体而表现出来。它包括产品的质量水平、功能、款式、特色、品牌和包装等。

3. 期望产品层次

网络营销中，消费需求呈个性化的特征，不同的消费者可以根据自己的爱好对产品提出不同的要求，因此产品的设计和开发必须满足顾客的个性化消费需求。顾客在购买产品前对可购产品的质量、使用方便程度、特点等方面的期望值，就是期望产品。例如，中国海尔集团提出“您来设计我实现”的口号，消费者可以向海尔集团提出自己的需求个性，如性能、款式、色彩、大小等，海尔集团可以根据消费者的特殊要求进行产品设计和生产。现代社会已由传统的企业设计开发、顾客被动接受转变为以顾客为中心、顾客提出要求、企业辅助顾客来设计开发产品、满足顾客个性需求的新时代。

4. 延伸产品层次

这是指顾客在购买产品时所得到的附加的服务或利益，主要是帮助消费者如何更好地使用核心利益和服务。例如，提供信贷、质量保证、免费送货、售后服务等。例如，美国 IBM 公司最先发现，用户最新购买计算机，不仅是购买进行计算的工具设备，而且主要是购买解决问题的服务，用户需要使用说明、软件程序、快速简便的维修方法等。因此，该公司率先向用户提供一整套计算机体系，包括硬件、软件、安装、调试和教授使用与维修技术等一系列附加服务。美国著名管理学家李维特曾指出：新的竞争不在于工厂里制造出来的产品，而在于工厂外能否给产品加上包装、服务、广告、咨询、融资、送货、保管或顾客认为有价值的其他东西。

5. 潜在产品层次

这是在延伸产品层次之外，由企业提供能满足顾客潜在需求的产品层次。它主要是产品的一种增值服务。它与延伸产品的主要区别是，顾客没有潜在产品层次的需要时，仍然可以很好地使用顾客需要的产品的核心利益和服务。因为随着高科技的发展，有很多潜在需求和利益或服务还没有被顾客认识到。

（二）网络营销产品的分类

随着网络技术发展和其他科学技术的进步，将有越来越多的产品在网上销售。网络营销产品按照产品性质的不同，可以分为两大类：实体产品和虚体产品。如图 4-12 所示。

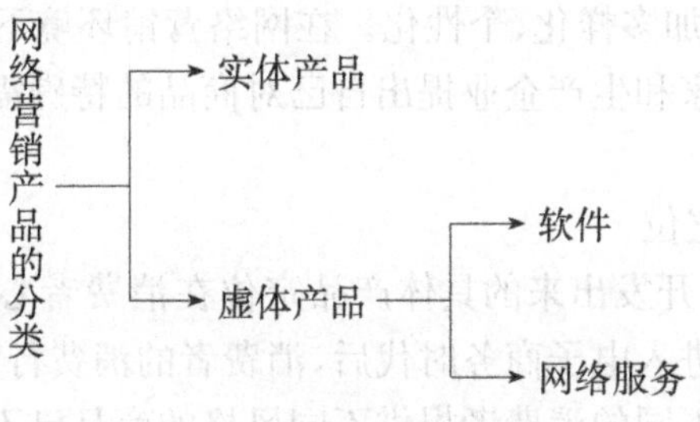
网络营销产品的分类
实体产品
虚体产品
软件
网络服务

图 4-12　网络营销产品的分类

1. 实体产品

将网上销售的产品分为实体和虚体两大类，主要是根据产品的形态来区分。实体产品是指具体物理形状的物质产品。在网络上销售实体产品的过程与传统的购物方式有所不同。在这里已没有传统的面对面的买卖方式，网络上的交互式交流成为买卖双方交流的主要形式。消费者或客户通过卖方的主页考察其产品，通过填写表格表达自己对品种、质量、价格、数量的选择；而卖方则将面对面的交货改为邮寄产品或送货上门，这一点与邮购产品颇为相似。因此，网络销售也是直销方式的一种。

2. 虚体产品

虚体产品与实体产品的本质区别是虚体产品一般是无形的，即使表现出一定形态也是通过其载体体现出来，但产品本身的性质和性能必须通过其他方式才能表现出来。在网络上销售的虚体产品可以分为两大类：数字产品和网络服务。软件包括计算机系统软件和应用软件。网上软件销售商常常可以提供一段时间的试用期，允许用户尝试使用并提出意见。好的软件很快能够吸引顾客，使他们爱不释手并为此慷慨解囊。

网络服务可以分为普通服务和信息咨询服务两大类，普通服务包括远程医疗、法律救助、航空火车订票、入场券预订、饭店旅游服务预约、医院预约挂号、网络交友、电脑游戏等，而信息咨询服务包括法律咨询、医药咨询、股市行情分析、金融咨询、资料库检索、电子新闻、电子报刊等。

（三）网络营销新产品的开发

随着社会的发展和科学技术的进步，不断开发新产品成为企业在市场上求得生存和发展的重要条件之一。特别是在网络时代，由于信息与知识的共享、科学技术扩散速度的加快，企业的竞争从原来的简单依靠产品的竞争转为拥有不断开发新产品能力的竞争。但是，由于激烈竞争而导致市场不断分裂，市场细分越来越细化，每个产品只能获得较低的销售额和利润额。另外，绿色产品的发展、产品开发完成时间的缩短和产品寿命周期的缩短、消费要求个性化的发展等的存在，都对网络时期新产品的开发提出了新的要求。所以，在开发新产品时必须首先研究在电子商务时代消费者的消费行为与消费需求的特点，进而确定网络营销新产品的定位和新产品的开发。

1. 电子商务时代消费者的消费行为与消费需求的特点

(1) 购物环节简化，促销的流通费用降低。电子商务使购物环节大大简化，能为企业节省巨额的促销和流通费用，使产品的价格降低成为可能。消费者可以在全球范围内寻找最优惠的价格，甚至可以绕过中间商直接向厂家购买，因而能以低价实现购买。

(2) 消费者的消费行为更加理智。消费者可以在短时间内通过网络在大量的供应商中反复比较，对商品的价格精心衡量，不再会因为不了解市场行情而受骗上当。

(3) 消费需求将变得更加多样化、个性化。在网络营销环境下，消费者可直接参与商品的生产和商业流通，可以向商家和生产企业提出自己对商品的特殊需求，定制化商品将变得越来越普遍。

2. 网络营销新产品的定位

新产品定位是将企业新开发出来的具体产品定位在消费者心中，让消费者产生类似的需求，就会联想到这种产品。进入电子商务时代后，消费者的消费行为和消费需求发生了根本性的变化。在网络环境下，对不同的消费者提供不同风格的商品已不再是天方夜谭，消费需求将变得更加多样化。个性化消费者可直接参与生产和商品流通，向商家和生产厂家主动表达自己对产品的欲望，企业可以根据消费者的需求设计、生产出产品。例如，顾客上网向戴尔公司提出自己对所要购买电脑的各种部件的具体要求，然后下单。戴尔公司就可以根据消费者的具体要求装配好电脑，通过自己的配送渠道，将满足消费者特殊要求的电脑送到顾客的手中。

3. 网络营销新产品的研制与开发

网络营销新产品的研制与开发，首先是新产品构思和概念的形成。新产品的构思可以来源于顾客、科学家、竞争者、公司的专业技术人员、公司的销售人员、中间商和高层管理者，但最主要还是来源于市场即由顾客来引导产品的构思。企业可以通过其网络数据库系统来处理营销活动中的数据，发现顾客的现实需求和潜在需求，从而形成产品构思，进而来指导企业营销策略的制定和营销活动的开展。

应该注意的是，在网络营销中，顾客可以全程参加概念形成后的产品的研制和开发工作，而不再是简单地被动接受测试和表达感受；但许多产品并不能直接提供给顾客使用，它需要许多企业共同配合才有可能满足顾客的最终需求，这就更要求在新产品开发的同时，加强与以产品为纽带的协同企业的合作。

4. 网络时代新产品的开发策略

不断研究和开发新产品，是使企业永葆竞争活力的关键所在。我国古代兵法主张在战争中要"出奇制胜"，这个思想移植到商战中就是要不断创新，做到"人无我有，人有我廉，人廉我新，人新我转"。网络营销新产品开发策略主要有以下几种类型：

(1) 全新产品。即开发一个全新市场的产品。这种策略一般主要应用于创新公司。进入网络时代，市场要求发生了根本性的变化，消费者的需求和消费心理也发生了重大变化。在产品开发的过程中，如果有很好的产品构思和服务概念，就可以凭借这些产品构思和服务概念开发新产品获得成功。这种策略是网络时代中最有效的策略。

(2) 新产品线。即公司首次进入现有市场的新产品。互联网的技术扩散速度非常快，利用互联网迅速模仿和研制开发出已有产品是一条捷径。但由于在网络时代新产品开发速度的加快和产品寿命周期的缩短等因素的影响，所以这种策略只能作为一种对抗的防御性策略。

(3) 现有产品线外新增加的产品。即补充公司现有产品线的新产品。由于在网络时代市场需求差异性加大，市场分工越来越细化，每种新产品只能对准较小的细分市场，这种策略不但能满足不同层次的差异性需求，而且还能以较低风险进行新产品开发。

(4) 对现有产品的更新换代。即提供改善功能或较大感知价值并且能替换现有产品的新产品。在网络营销市场中，消费者挑选商品的范围、权利与传统市场营销相比大大增加。所以，企业为了满足消费者的需求，就必须不断改进现有产品和进行更新换代，否则就会被市场淘汰。目前，产品的信息化、智能化和网络化是必须考虑的，如电视机的数字化和上网功能等。

(5) 降低产品的成本。即提供同样功能但成本较低的新产品。网络时代,消费者虽然注意个性化消费,但消费者的消费行为将变得更加理智,可以对商品的价格进行精心比较,消费者更强调产品给消费者带来的价值,同时包括所花费的代价,因此,提供相同功能的但成本更低的产品更能满足日益成熟的市场需求。

总之,以上产品开发策略各有其优势和特点,企业可以根据自己的实际在产品策略中选取具体的新产品开发方式,以利于在激烈的市场竞争中取胜。

5. 网络销售产品应注意的问题

在因特网上进行市场营销的产品可以是任何产品或者任何服务项目。但是,网上销售则不然。因为不同的产品适合利用不同的销售渠道,有些产品在网上大兴其市,有些产品却迟迟得不到开张,其原因是因为没有选好产品的定位。首先,产品或服务的目标应与 Internet 用户一致。因为 Internet 所销售的产品或服务的消费者首先是 Internet 的用户,他们比较年轻,收入中等以上,教育水平也高于平均水平;他们喜欢创新,对新产品和新技术情有独钟。所以,如果在 Internet 上销售的产品或服务具有这些特点,那么就能获得成功。

在运用网络销售产品时应注意以下几个问题:

(1) 产品或服务是否与计算机有关。如果与计算机有关,那么在网上销售就很可能获得成功。

(2) 在作出购买决策之前产品或服务是否需要尝试或观察。如果需要,那么这种产品或服务在网络上销售成功的可能性就不大;如果在购买决策前无须观察或尝试,那么就适合用 Internet 进行市场营销。

(3) 产品或服务的性质。知识产权通常比有形产品更适合在网络上进行营销;同样,无形服务比有形服务更易于在网络上销售。

(4) 产品或服务是否属于高技术。高技术的产品或服务更易于在网络上进行市场营销。

(5) 产品或服务是否具有国际性。Internet 是国际性的媒体,具有同样性质的产品或服务更容易获得成功。

虽然不是所有的产品都适合于网上销售,但事实上,大多数产品都可以在网上进行销售前期的营销活动,可以利用网络扩大品牌的宣传、增强品牌的认知、开展网上顾客服务、建立品牌忠诚等,以此来扩大本企业产品的影响、促进产品的销售。

二、网络营销定价策略

(一) 网络营销定价的特点及应注意的问题

在工业经济时代,由于信息的不对称,及受市场空间和时间的隔离,消费者不得不处于一种被动地位,从属于供应方来满足需要。买方由于对价格信息所知甚少,所以在讨价还价中总处于不利地位。互联网的出现不但使得收集信息的成本大大降低,而且还能得到很多的免费信息。网络技术的发展使得市场资源配置朝着最优方向发展,由需求引导市场资源配置是网络时代的重要特征。

由于网络技术在市场营销中的广泛应用,所以网络营销定价具有以下特点。

1. 全球化与本地化相互结合

网络营销市场,面对的是开放的、全球化的市场,消费者可以在世界各地直接通过网站进行购买,而不用考虑网站属于哪一个国家或地区。目标市场从过去受地理位置限制的局部市场,一下拓展到范围广泛的全球性市场,使得网络营销产品定价时必须考虑目标市场范围的变化给定价带来的影响。企业不能以统一的市场策略来面对差异性极大的全球性市场，必须采用全球化与本地区特点相结合的原则。

2. 低价位定价打开市场

由于互联网使用者的主导观念是网上的信息产品是免费的、开放的、自由的，所以在早期互联网的商业应用中，许多网站都想直接从互联网中赢利，结果证明是失败的。随着互联网商用推广的发展，网上消费者逐步接受了网上产品不是免费的观念，但仍有一种互联网上的信息和产品是低廉的心理期望，因此，在现阶段，网络营销产品的定价特别是消费品应是低价位进入市场。但如果面对的是工业品市场，由于网上顾客对产品的价格不太敏感，主要考虑的是方便、新潮，所以这类产品就不一定要考虑低价位定价策略。

3. 以顾客需求为主导进行产品定价

在网络营销时代根据产品成本进行定价逐步被淡化，逐渐发展为以顾客需求为导向进行定价。互联网的发展使需求由过去的被动选择转变为主动选择，顾客的需求引导着企业的生产，消费者可以根据市场信息来选择购买或定制自己满意的产品或服务。

总之，定价是企业营销活动中一个十分敏感又很难有效控制的因素，要综合考虑企业定价的多方面的因素。特别是由于互联网是从免费共享资源发展而来的，用户一般认为网上购买商品比通过一般渠道购买商品要便宜，因此，网上销售时定价一般要低于市场价格。另外，在网上公布价格时，要注意区分消费对象，对消费者、零售商、批发商、合作伙伴要有针对性地发布价格信息。还有，因为通过互联网消费者可以对不同企业的产品进行比较，可以很容易地在网上找到最便宜的商品，所以在网上发布价格时，要注意比较同类站点公布的价格，否则价格信息的公布反而会起到反作用。

在美国，民航票价随着顾客旅行时间的不同，票价是动态变化的。工作日航班的票价高于周末的价格，晚上和凌晨的航班的票价比白天的低，而在飞机登机前“最后 1 分钟”往往可以买到惊人的折扣机票。在美国的航班上发现邻座的机票只花了 250 美元而你花了 1 500 美元的事常常发生。在美国，要乘飞机的顾客只有在买票时才能知道确切的票价是多少。

（二）网络营销价格策略

企业为了有效地促进产品在网上销售，就必须针对网上市场制定有效的价格策略。由于网上信息的公开性和消费者易于搜索的特点，网上的价格信息对消费者的购买起着重要的作用。消费者选择网上购物，一方面是由于网上购物比较方便，另一方面是因为从网上可以获取大量的产品信息，从而可以择优选购。网络定价的策略很多，本部分我们主要根据网络营销的特点，着重阐述低位定价策略、个性化定制生产定价策略、使用定价策略、折扣定价策略、拍卖定价策略和声誉定价策略。

1. 低价位定价策略

借助互联网进行销售，比传统销售渠道的费用低廉，因此网上销售价格一般来说比流行的市场价格要低。采用低位定价策略就是在公开价格时一定要比同类产品的价格低。采取这种策略一方面是由于通过互联网，企业可以节省大量的成本费用；另一方面采用这一策略也是为了扩大宣传、提高市场占有率并占领网络市场这一新型的市场。

在采用这一策略时，应注意以下三点：首先，在网上不宜销售那些顾客对价格敏感而企业又难以降价的产品；其次，在网上公布价格时要注意区分消费对象，要针对不同的消费对象提供不同的价格信息发布渠道；再次，因为消费者可以在网上很容易地搜索到价格最低的同类产品，所以网上发布价格要注意比较同类站点公布的价格，否则，价格信息的公布会起到反作用。

2. 个性化定制生产定价策略

个性化定制生产定价策略，是在企业能实行定制生产的基础上，利用网络技术和辅助设计软件，帮助消费者选择配置或者自行设计能满足自己需求的个性化产品，同时承担自己愿意付出的价格成本。这种策略是利用网络互动性的特征，根据消费者的具体要求，来确定商品价格的一种策略。网络的互动性使个性化行销成为可能，也将使个性化定价策略有可能成为网络营销的一个重要策略，例如戴尔计算机及海尔冰箱的网上定制。

3. 使用定价策略

所谓使用定价，就是顾客通过互联网注册后可以直接使用某公司产品，顾客只需要根据使用次数进行付费，而不需要将产品完全购买。这一方面减少了企业为完全出售产品进行大量不必要的生产和包装的浪费，同时还可以吸引过去那些有顾虑的顾客使用产品，扩大市场份额。采用这种定价策略，一般要考虑产品是否适合通过互联网传输，是否可以实现远程调用。目前比较适合的产品有软件、音乐、电影等产品。

4. 折扣定价策略

为鼓励消费者多购买本企业商品，可采用数量折扣策略；为鼓励消费者按期或提前付款，可采用现金折扣策略；为鼓励中间商淡季进货或消费者淡季购买，也可采用季节折扣策略等。

5. 拍卖定价策略

网上拍卖是目前发展较快的领域，是一种最市场化、最合理的方式。随着互联网市场的拓展，将有越来越多的产品通过互联网拍卖竞价。由于目前购买群体主要是消费者市场，个体消费者是目前拍卖市场的主体，因此，这种策略并不是目前企业首要选择的定价方法，因为它可能会破坏企业原有的营销渠道和价格策略。比较适合网上拍卖竞价的是企业的一些原有积压产品，也可以是企业的一些新产品，可以通过拍卖展示起到促销作用。

Priceline.com 是一个由顾客自主定价的网站，这是一个全新的商务网站，它的主要业务是收集人们愿意承担的飞机票、旅馆房间、汽车和房产抵押的价格，

在互联网上公布之后等待最合适的卖主。1999 年 4 月初，Priceline.com 在华尔街上市，1 周之内股价从每股 16 美元上升到 80 美元，市值达到 110 亿美元。当然，这种商业模式最终能否获得成功，还有待市场的检验，但这种定价创新在经济学意义上有着很强的优越性。它能够聚合顾客的真实需求，与厂商能提供的供给相对应，达到一种没有浪费的均衡。

6. 声誉定价策略

在网络营销的发展初期，消费者对网上购物和订货还有着很多疑虑，例如网上所订商品的质量能否保证、货物能否及时送到等。所以，对于声誉较好的企业来说，在进行网络营销时，价格可定得高一些；反之，价格则定得低一些。

总之，企业可以根据自己所生产产品的特性和网上市场的发展状况来选择合适的价格策略。但无论采用什么策略，企业的定价策略都应与其他策略相配合，以保证企业总体营销策略的实施。另外，由于互联网网上信息产品的免费性已深入人心，所以，免费价格策略是市场营销中常用的营销策略；虽然这种策略一般是短期的和临时的，但它对于促销和推广产品却有很大的促进作用。许多新型公司凭借这一策略一举成功。目前，企业在网络营销中采用免费策略的目的：一是先让用户免费使用，等习惯后再开始收费；二是想发掘后续商业价值，是从战略发展的需要制定定价策略，主要目的是先占领市场，然后再在市场中获取收益。

三、网络营销渠道策略

（一）传统营销渠道与网络营销渠道

1. 传统营销渠道的概念

传统营销渠道通常指商品流通渠道。即商品从生产者那里转移到消费者手里所经的通道，包括产品的销售途径与产品的运输和储存。对于传统的营销渠道，除了生产者和消费者外，很多情况下还有许多独立的中间商和代理中间商存在。如图 4-13 所示。

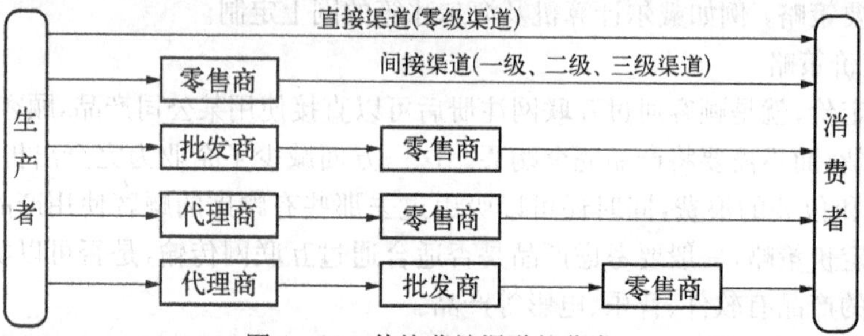
直接渠道(零级渠道)
间接渠道(一级、二级、三级渠道)
生产者
零售商
批发商
零售商
代理商
零售商
代理商
批发商
零售商
消费者

图 4-13　传统营销渠道的分类

2. 网络营销渠道的概念

网络营销渠道则是借助因特网将产品从生产者转移到消费者的中间环节，它一方面要为消费者提供产品信息，方便消费者进行选择；另一方面在消费者选择产品后要能完成一手交钱、一手交货的交易手续。当然，交钱和交货不一定要同时进行。网络营销渠道也可分为直接分销渠道和间接分销渠道。但与传统的营销渠道相比较，网络营销渠道的结构要简单得多。如图 4-14 所示。

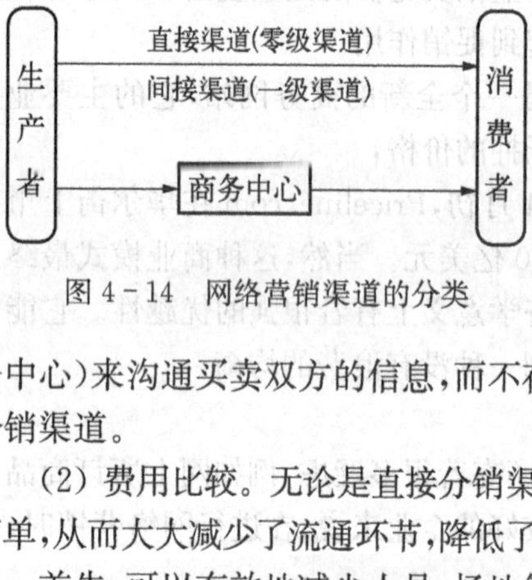
直接渠道(零级渠道)
间接渠道(一级渠道)
生产者
商务中心
消费者

图 4-14　网络营销渠道的分类

3. 传统营销渠道和网络营销渠道的区别

（1）结构比较。网络营销渠道也可分为直接分销渠道和间接分销渠道。但与传统的营销渠道相比较，网络营销渠道的结构要简单得多。网络的直接分销渠道和传统的直接分销渠道都是零级分销渠道，这方面没有大的区别；而对于间接分销渠道而言，网络营销中只有一级分销渠道，即只有一个信息中间商（商务中心）来沟通买卖双方的信息，而不存在多个批发商和零售商的情况，所以也就不存在多级分销渠道。

（2）费用比较。无论是直接分销渠道还是间接分销渠道，网络分销渠道的结构都相对比较简单，从而大大减少了流通环节，降低了交易费用，缩短了销售周期，提高了营销活动的效率。

首先，可以有效地减少人员、场地等费用。

其次，互联网的双向信息传播功能，也为企业发布信息开展促销活动提供了更加方便的渠道，从而减少了广告宣传费用。

（3）功能多元化。一个完善的网上分销渠道应有三大功能：① 网上订货功能。② 结算功能（付款）。③ 配送功能（送货）。

（二）网络营销渠道类型

1. 网络直销渠道

网络直接销售渠道是指生产者通过互联网直接把产品销售给顾客的分销渠道，一般适用于大宗商品交易和产业市场的 B2B 的交易模式。

目前通常做法有两种：一种做法是企业在因特网上建立自己的站点，申请域名，制作主页和销售网页，由网络管理员专门处理有关产品的销售事务；另一种做法是委托信息服务商在其网点发布信息，企业利用有关信息与客户联系，直接销售产品。

在网络直销渠道中生产企业可以通过建立企业电子商务网站，让顾客直接从网站订货。再通过与一些电子商务服务机构如网上银行合作，直接在网上实现支付结算，简化了过去资金流转的问题。在配送方面，网络直销渠道可以根据产品的特性选择是利用互联网技术来构造物流系统，或是通过与一些专业物流公司进行合作，建立有效的物流系统。如图 4－15 所示。

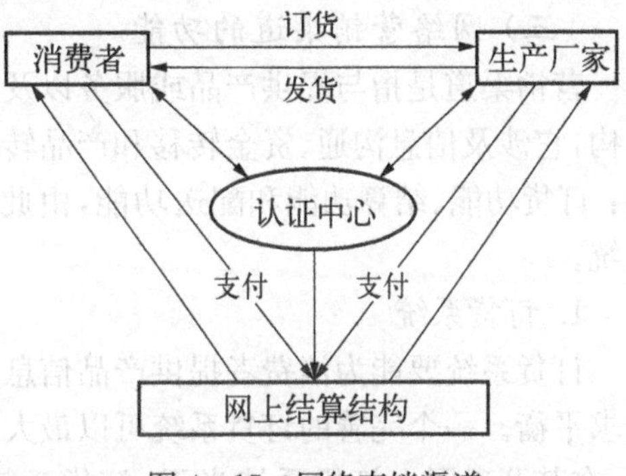
订货
消费者
生产厂家
发货
认证中心
支付
支付
网上结算结构
图 4－15　网络直销渠道

(1) 网络直销渠道的优点。

第一，生产者能够直接接触消费者，获得第一手的资料，开展有效的营销活动。

第二，网络直销减少了流通环节，给买卖双方都节约了费用，产生了经济效益。

第三，网络直销使企业能够利用网络工具如电子邮件、公告牌等直接联系消费者，及时了解用户对产品的需求和意见，从而针对这些要求向顾客提供技术服务，解决难题，提高产品的质量，改善企业的经营管理。

(2) 网络直销渠道的缺点。互联网确实使企业有可能直接面对所有顾客，但这又仅仅只是一种可能，面对数以亿计的网站，只有那些真正有特色的网站才会有访问者，直接销售可以多一些，但绝不是全部。互联网给企业带来的更为现实的问题是"赢者通吃"。

要解决这个问题，一是尽快建立高水准的专门服务于商务活动的网络信息服务中心，但这对于一般的企业来说难度较大，在国外绝大多数的企业还都是委托专门的网络信息服务机构，如美国的邓白氏、日本的帝国数据库等发布信息，企业利用有关信息与客户联系，直接销售产品。二是借助网络的间接销售渠道。

2. 网络间接销售渠道

网络间接销售渠道是指生产者通过融入了互联网技术后的中间商机构把产品销售给最终用户，一般适合小批量商品和生活资料的销售。

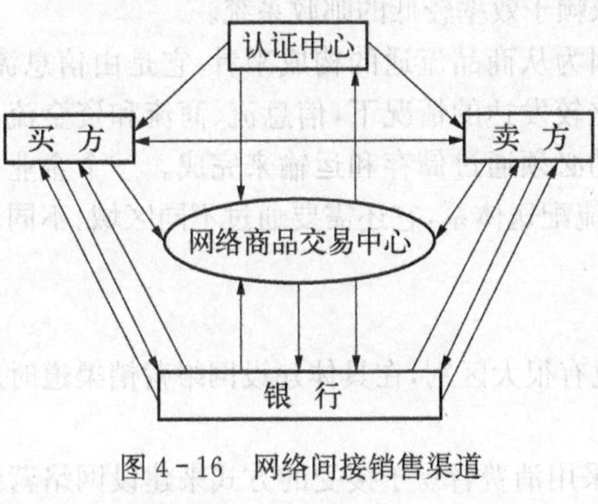
认证中心
买 方
卖 方
网络商品交易中心
银 行
图 4－16　网络间接销售渠道

网络间接销售渠道克服了网络直销渠道的缺点，使网络商品交易中介机构成为网络时代连接买卖双方的枢纽。如图 4－16 所示。

中国商品交易中心、商务商品交易中心、中国国际商务中心等都属于此类中介机构。此类机构在发展过程中仍然有很多问题需要解决，但其在未来虚拟网络市场的作用是其他机构所不能替代的。

3. 双道法——企业网络营销渠道的最佳策略

所谓双道法，是指企业同时使用网络直接销售渠道和网络间接销售渠道，以达到销售量最大的目的。在买方市场条件下，通过两条渠道销售产品比通过一条渠道更容易实现"市场渗透"。

在西方众多企业的网络营销活动中，双道法是最常见的方法，是企业网络营销渠道的最佳策略。

（三）网络营销渠道的功能

营销渠道是指与提供产品或服务以及在使用或消费这一过程中有关的一整套相互依存的机构，它涉及信息沟通、资金转移和产品转移等。因此，一个完善的网上销售渠道应有三大功能：订货功能、结算功能和配送功能，由此形成三大系统，即订货系统、结算系统和物流配送系统。

1. 订货系统

订货系统要能为消费者提供产品信息，同时要便于厂家获得消费者的需求信息，以求达到供求平衡。一个完善的订货系统可以最大限度地降低库存，减少销售费用。我国联想电脑企业，在其开通网上订货系统当天，订货额就高达 8 500 万元。可见，网上订货系统发展潜力很大。

2. 结算系统

消费者购买商品后，可以运用多种方式进行付款，那么厂家（商家）也应相应有多种结算方式。目前国外流行的结算方式主要有：信用卡、电子货币、网上划款等几种方式。目前我国的银行业还不是很发达，特别是一般消费者都没有建立信用，因此很少有人使用信用卡进行付款。目前国内付款结算方式有：信用卡、邮局汇款、货到付款等。我国一些银行也开通了网上支付手段，如招商银行的"一卡通"配套的"一网通"、中国建设银行提供的"网上银行"和中国银行以信用卡为基础的"电子钱包"等。

3. 物流配送系统

物流是指计划、执行与控制原材料和最终产品从产地到使用地点的实际流程，并在盈利的基础上满足顾客的需求。产品一般分为有形产品和无形产品。无形产品如服务、软件、音乐等产品可以直接通过网上进行配送，现在许多软件都可以直接从网上购买和下载。配送系统主要是研究、解决有形产品的配送问题，因为要涉及运输和仓储。在国外已经相继成立了专业的配送公司，如著名的美国联邦快递公司，它的业务已覆盖全球，实现了全球快速的专递服务。我国目前还缺少专业性快递配送企业，目前只能依赖于效率较低的邮政系统。

全代替间接销售渠道，这种认识是片面的。因为从商品流通的构成来看，它是由信息流、商流、资金流、物流四个方面构成的，在网络技术比较发达的情况下，信息流、商流和资金流可直接通过网上来完成，但物流也就是商品实体运动必须通过储存和运输来完成。一个企业不可能也不需要在自己的营销区域内建立完善的物流配送体系，它还需要通过不同区域、不同环节的物流商来完成商品的实体配送。

（四）建设网络营销渠道应注意的问题

由于网上销售对象不同，因此网上销售渠道也有很大区别，在具体建设网络营销渠道时应注意以下四个问题：

(1) 应从消费者的角度来设计营销渠道。要采用消费者易于接受的方式来建设网络营销渠道。

(2) 订货系统的设计要简单明了。在进行订货时,不要让消费者填写太多的信息,而应采用现在流行的"购物车"方式模拟超市,让消费者一边看物品,一边选购,在购物结束后,一次性进行结算。另外,订货系统还应该提供商品搜索和分类查找功能,以便消费者能利用最短的时间找到需要的商品。

(3) 在选择结算方式时,应考虑到目前的实际发展状况,尽量为消费者提供多种结算方式,同时还要考虑网上结算的安全性。

(4) 要建立完善的物流配送系统。消费者只有看到所购买的产品真正送到后,才会感到踏实放心,因此建设快速有效的配送服务系统非常重要。

四、网络营销促销策略

(一) 网络营销促销概述

所谓促销是指企业运用各种方式方法,向消费者传递产品或服务的信息,从而激发其购买欲望,促进其购买的活动过程。促销实质上就是企业与消费者之间的一种信息沟通过程。

传统的促销多以企业为主体,通过一定的媒体或工具对顾客进行压迫式的信息传递,以加强顾客对公司和产品的接受度和忠诚度,顾客是被动的和接受的,企业缺乏与顾客的沟通和联系。传统促销的四种主要工具:广告、人员推销、销售促进和公共关系。

网络促销是指利用网络技术手段向虚拟市场传递商业信息,帮助与说服顾客购买产品或服务,从而引起消费者的购买欲望和购买行为的各种活动。

虽然传统的促销和网络促销都是让消费者认识产品,引导消费者的注意和兴趣,激发他们的购买欲望,并最终实现购买行为,但网络手段的运用,使网络营销的促销活动与传统促销有很大的区别。

网络促销的作用主要表现为:传递信息、激发需求、说服诱导、稳定销售、信息反馈等。

实施网络促销过程一般包括如下几个步骤:确定网络促销的目标受众—设计网络促销的信息内容—选择网络促销的组合方式—制定网络促销预算方案—衡量网络促销效果—加强网络促销过程的综合管理。

对于任何企业来说,如何实施网络促销都是一个新问题。每一个营销人员都必须深入了解产品信息在网络上传播的特点,分析网络信息的接收对象,结合网络沟通的特点,设定合理的网络促销目标,通过科学的实施程序,取得网络促销的实质效果。

网络营销是在网上开展的促销活动,由于网络的特性,企业只能是以站点为媒介来面向客户,不再是派出人员与客户沟通,这就使得传统促销工具中的"人员推销"不再奏效,取而代之的是"站点推广",其余三个不变。所以,对应于传统营销的四种主要促销形式,网络促销形式也有四种,分别是网络广告、站点推广、销售促进和公共关系。

(二) 网络促销形式

1. 网络广告

网络广告类型很多,根据形式不同可以分为旗帜广告、电子邮件广告、电子杂志广告、新闻组广告、公告栏广告等。网络广告主要是借助网上知名站点(如 ISP 或者 ICP)、免费电子邮件和一些免费公开的交互站点(如新闻组、公告栏)发布企业的产品信息,对企业和产品进行宣传推广。网络广告作为有效而可控制的促销手段,被许多企业用于在网上促销,但花费的费用也不少。

作为网络营销常用方法的一种,网络广告的作用自然不可忽视,美国交互广告署(IAB)在其官方网站上的一篇研究文章中介绍了企业有必要选择交互广告的二十八个理由，其中包括：增加品牌认知和顾客忠诚、有助于建立用户数据库、对多种广告活动和价格模式进行测试和调查、跟踪分析顾客的兴趣及其变化趋势、为网站带来访问量、为销售场所带来顾客、为同一公司其他品牌的产品开展交叉销售、开发用户数据库、提供和改善对顾客服务、优化广告投放效率、提高企业招聘员工的效率和质量等。

2. 网络营销站点推广

网络营销站点作为企业在互联网上进行营销活动的阵地，能否吸引大量的注意是成败的关键。站点推广的目的是在浩如烟海的网络信息中凸现企业的网站品牌形象，最大限度地吸引顾客的访问，并由此达到促进产品销售的目标。网站推广与传统的产品推广一样，在一定的原则下，需要进行系统的安排和计划。随着网络技术的发展，各种类型的网络广告和网络推广服务也层出不穷。"大幅面广告"、"条幅广告"、"网络音频广告"、"网络视频广告"、"QQ 广告"、"按钮广告"、"搜索引擎收费登录"、"搜索竞价排名"等。

站点推广的方式多种多样，企业要选择一个适合自己的推广服务，现在主要流行的站点推广方式主要有：电子邮件营销(E-mail 营销)、搜索引擎营销、通过建立链接进行站点的推广、通过提供免费的资源进行站点的推广、在新闻或 BBS 讨论区进行推广、结合传统促销方式进行推广。

进行营销站点的推广要制定一定的计划，这样有助于在网站推广工作中有的放矢，并且有步骤、有目的地开展工作，避免遗漏，而且其推广不能盲目进行，需要进行效果跟踪和控制。

但总的来说，网站推广是个系统工程，而不仅仅是一些网站推广方法的简单复制和应用。常见的推广方式是网站推广的基本手段，但并不意味着网站推广的全部，更不代表进行了这些基本工作就完成了网站推广的任务，而是要综合考虑多种相关因素，根据企业内部资源条件和外部经营环境来制定针对性的网站推广策略，并且对网站推广各个环节、各个阶段的发展状况进行有效的控制和管理。

3. 网上销售促进

网络销售促进又称为网络 SP，是指在互联网上利用短期性的以让利为特征的刺激性措施拉动消费者和商家迅速或较多地购买某一特定的产品或服务。

进行网络销售促进要遵循以下原则：环境适应原则、网络可行性原则、创意多变原则。值得注意的是，有些产品在促销期间销量增加，促销期后销量就减少，并且减少的部分大于增加的部分，即出现了负效应，这就说明企业采用的促销方法不合适，没有建立起品牌忠诚度，需要改进。

网络销售促进的方法有网上折价、增加商品附加值、赠品、网上抽奖、积分促销、拍卖促销、网上集体议价、优惠券、互动游戏促销(竞赛、抽奖、游戏)、产品示范和比较、免费试用服务、会员制营销、联合销售促进等等。

企业应充分结合网络特征，对网上销售促进作一个的规划——编制网络促销计划书，并按策划实施，在实施的过程中要根据实际的情况进行调整、管理，以达到预期目的。

4. 网上公共关系

公共关系又称"公众关系"，简称"公关"。公共关系作为企业的一种营销沟通方式，是指企业通过各种传播媒介，与社会公众保持良好的沟通关系，树立在公众中的企业形象，扩大企业的社会知名度和影响力，从而间接地达到产品促销目的的营销活动。通过内部和外部信息传播，促进公众对企业的了解，建立企业良好形象；与新闻界搞好关系，用正面形式展示企业的新闻和信息；产品的公共宣传，将产品介绍给更多的公众，在目标顾客中增强形象并创造对产品的需求；与新顾客建立关系，巩固与老顾客之间的关系。其主要由组织、公众和传播三个要素组成。

网络公共关系要素与传统公关要素一样，也包括公关主体、公关客体和公关中介。网络公共关系的目标与基本任务与传统公关也无太大差别，但是由于网络的开放性和互动性，使得网络公共关系又具有一些新的特点。

网络公共关系的实施主要包括以下几个步骤：确定公共关系活动目标、选择公关信息和工具、制作和发布信息、评价公关活动效果。

网络公共关系的建立和维护要围绕相关领域采取相应策略：充分利用网络出版物策略、策划并利用事件策略、站点宣传推广策略、新闻媒介的公关策略、网络社区公关策略、公共论坛关系策略、网络危机公关策略。

案例分析

点击率高达35.97%的“润妍”广告

——宝洁公司润妍洗发水网络营销广告

宝洁公司“润妍”倍黑中草药洗润发系列产品于2000年10月在国内著名生活服务类网站投放的cascading logo网络营销广告，单日点击率最高达到了35.97%，创造了网络营销广告投放的奇迹。

1. 润妍品牌背景资料与市场分析

“润妍”倍黑中草药洗润发系列产品是宝洁公司在全球的第一个针对东方人发质发色设计的中草药配方洗润发产品，能为秀发提供全面的、从内到外的滋润，并逐渐加深秀发的自然黑色。

中国女性崇尚自然之美和传统之美。她们从不矫揉造作。因为她们认为，内在美才是最重要的，外在美只是内在美的外露与表现。因此，她们更喜欢自己天然的黑头发，更喜欢选择自然的发型。由此，在染发潮之后，一股秉承传统之美又融合了现代气息的自然之风已渐渐飘来。

在此形势下，宝洁推出了专为东方女性设计的“润妍”倍黑中草药洗润发系列产品。与“润妍”有相似特点的同类产品和品牌在市场上已有很多。而润妍在这一市场上尚不属于强势品牌。但从这些品牌和产品的广告表现上来看，诉求大多不是很清晰。而“润妍”表现东方女性的自然之美的诉求概念却显高屋建瓴之势。

2. 广告策略

(1) 广告目标：目前润妍品牌尚处于市场导入期，所以其营销传播主要以品牌形象宣传为主，提高“润妍”产品的知名度；增加“润妍”品牌网站访客量与注册用户数；增加线下推广活动(润妍女性俱乐部、润妍女性电影专场)的参加人数。

(2) 品牌目标消费群的定位和特征描述：率真、年轻的便装美人和忙碌而心情平和的成熟女性。

（续上）

(3) 网络营销广告主题：表现东方女性的自然之美。

(4) 目标受众：追求自然美的少女和成熟女性。

(5) 网络媒体投放的区域：主要以大中城市为主，在综合门户网站、区域性门户站点、知名女性网站中选择了 sina、netease、21cn、zhaodaola、yesee 等网站进行投放。

3. 网络营销广告的表现策略

目前对网络营销广告效果影响最直接的因素就是网络营销广告的表现形式。这次“润妍”的网络营销广告创意表现可谓独具匠心，利用了多种软件技术，新颖的网络营销广告创意表现形式，如鼠标触动的下拉 banner、banner 与移动 logo 和鼠标触动的结合等，收到了意想不到的广告效果。如图 4－17 和图 4－18 所示。广告创意采用一个具有东方风韵的黑发少女来演绎东方黑发的魅力。通过 flash 技术，飘落的树叶(润妍的标志)、飘扬的黑发和少女的明眸将“尽洗铅华，崇尚自然真我的东方纯美”表现得淋漓尽致。

(1) 广告创意之一：鼠标触动的下拉 banner。

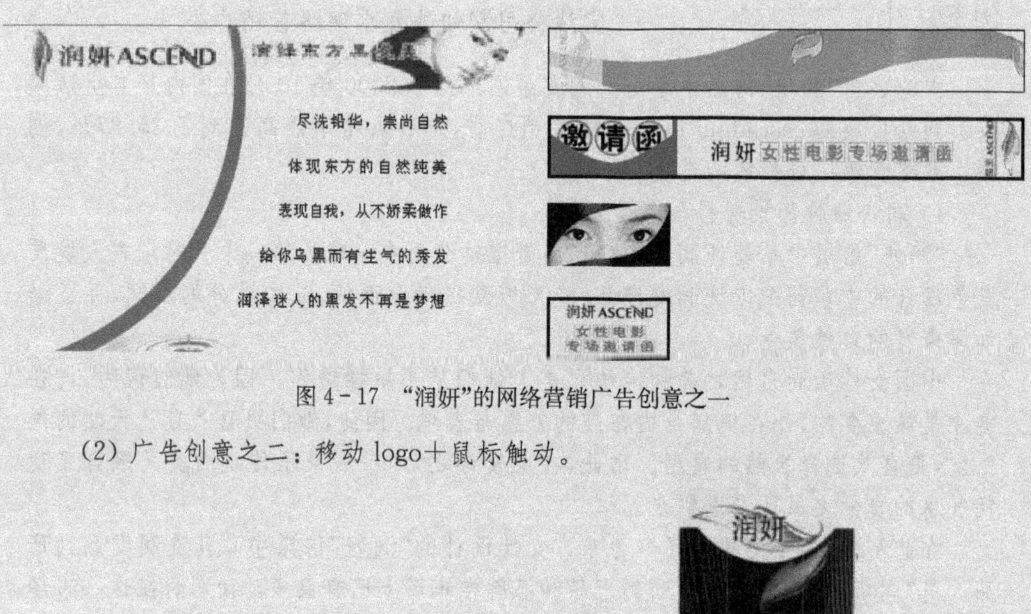
润妍ASCEND
尽洗铅华，崇尚自然
体现东方的自然纯美
表现自我，从不娇柔做作
给你乌黑而有生气的秀发
润泽迷人的黑发不再是梦想
邀请函
润妍女性电影专场邀请函
润妍ASCEND
女性电影
专场邀请函

图 4－17 “润妍”的网络营销广告创意之一

(2) 广告创意之二：移动 logo＋鼠标触动。

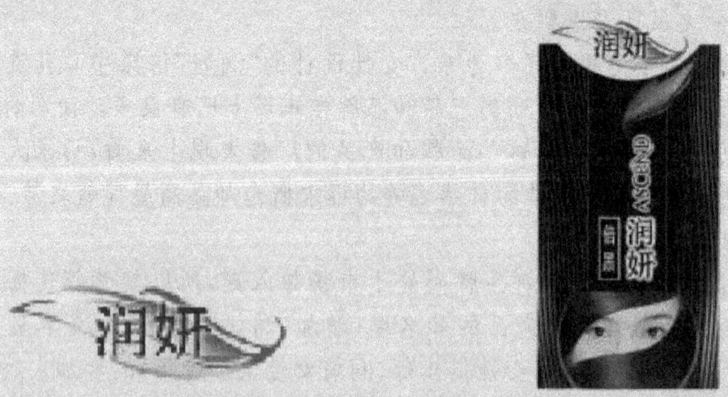
润妍
润妍

(a) 鼠标不在logo上　　(b) 鼠标在logo上

图 4－18 “润妍”的网络营销广告创意之二

（续上）

4. 网络营销广告效果

cascading logo 与鼠标触动下拉 banner 结合，作为一种创新的网络营销广告表现形式取得了很好的广告效果，在国内著名生活服务类网站投放的单日点击率最高达到了 35.97%，该类网站的平均点击率为 23.51%，各网站投放总平均点击率为 9.29%。通过网络营销广告点击进入“润妍”品牌网站并成为其注册用户的人数近 14 000左右。从投入产出比的角度来评估，这次网络营销广告投放的广告效果比较理想。其中 cascading logo 的投入产出比最高。

“润妍”网络营销广告效果的取得，是在网络营销广告互动性和精准性的实现前提下对网络营销广告的受众进行了研究；针对网络营销广告目标消费群选择了广告发布媒介；创新的网络营销广告表现形式。

实操一

网络搜索引擎的使用

【实验目的】

通过登录 Internet 上某个搜索引擎网站，让学生了解搜索引擎，并实际体验搜索引擎的流程。

1. 了解搜索引擎的特点。
2. 了解搜索引擎的主要作用。
3. 了解搜索引擎的结构。
4. 了解搜索引擎的模块。

推荐网站：

1. Google 中文网（www.google.cn）。
2. 百度（www.baidu.com）。
3. 雅虎中国（www.yahoo.cn）。

【实验环境】

1. 实验方式：用户端通过相连的局域网访问 Internet。
2. 硬件要求：用户 PⅡ266/4.3G/64MB RAM 以上。
3. 软件要求：用户操作系统为 Windows 98 以上，Internet Explorer 5.0 以上浏览器。

【实验要求】

1. 浏览搜索引擎网站。
2. 了解 Google 中文网的结构。
3. 了解 Google 中文网的功能。
4. 了解 Google 中文网的模块。
5. 掌握普通搜索方法。

6. 掌握高级搜索方法。

7. 掌握特殊搜索方法。

【实验步骤】

1. 本实验以Google中文网为例，其他搜索网类似。

登录Google中文网。

启动浏览器IE，在地址栏输入网址 www. google. cn，进入Google搜索网。如图4－19。

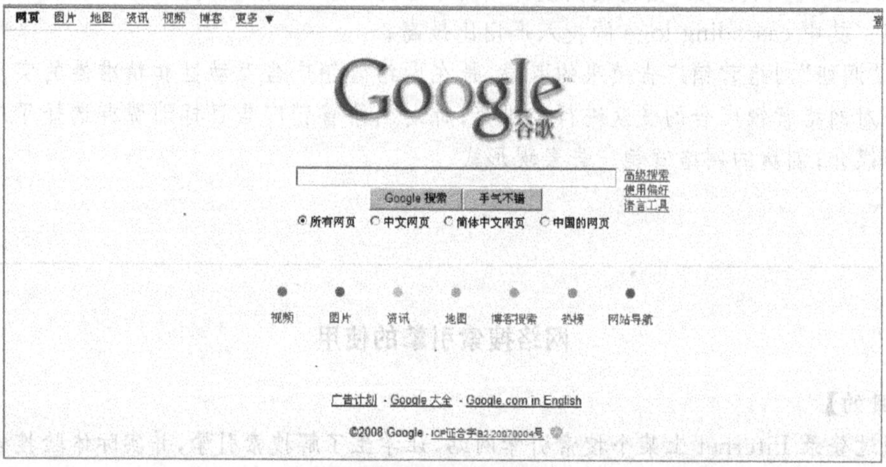
网页 图片 地图 资讯 视频 博客 更多▼
Google
谷歌
高级搜索
使用偏好
语言工具
Google 搜索
手气不错
所有网页 中文网页 简体中文网页 中国的网页
视频 图片 资讯 地图 博客搜索 热榜 网站导航
广告计划 · Google 大全 · Google.com in English
©2008 Google - ICP证合字B2-20070004号

图 4－19 Google搜索网

2. 了解Google中文网的结构。如果是第一次登录Google中文网，可先了解Google中文网的帮助。在Google网首页单击Google大全按钮进入。在Google大全里可以了解Google的“搜索帮助”、“Google特点”、“条条大路通Google”、“刊登广告”、“登录\删除网站”、“添加Google连接”、“公司简介”等。

(1) 搜索帮助在“Google大全”里单击“搜索帮助”按钮，进入搜索帮助页面。在搜索帮助页面可以了解一下内容。

(a)“Google搜索入门”主要介绍Google搜索的基本使用方法。

(b)“查询结果的组成”介绍Google查询结果的阅读知识。

(c)“高级搜索窍门”介绍如何缩小搜索范围，以及Google高级搜索功能的说明。

(2)“Google特色”介绍Google的特殊功能。

(3)“条条大路通Google ”，简单的Google工具箱让您在任何网页上，随时使用“条条大路通Google ”的强力搜索，而不需要每次造访“条条大路通Google ”的首页，Google工具箱完全免费，具体包括下列各功能。

Google search：让您在随时使用Google的查询。

Search site：站内查询，限定搜索范围于您所在的网站内。

Pagerank：网页级别，让您知道Google对这网页的评价。

Page info：网页资讯，提供您更多有关这网页的资讯，例如和这页类似的其他网页，哪些网页有链接到此，或这网页在 Google 里的存档等。

Highlight：用不同的颜色标识您的查询字词。

Word find：在网页内寻找您的查询字词的位置。

3. 了解 Google 中文网的模块。

(1) 综合搜索：启动 www. Google. cn，进入 Google 搜索网首页。在网页标签下有 3 个单选框；搜索所有网站。搜索所有中文网页和搜索简体中文网页。这里可以按需求选一个进行搜索。

(2) 图片搜索：启动 www. Google. cn，进入 Google 搜索网页首页，单击图片标签。在图片标签下搜索想要的图片。如想得到更详细的图片资料，可使用高级图片搜索。如还想了解更多，可以单击图片搜索帮助按钮。

(3) 网上论坛搜索：启动 www. Google. cn，进入 Google 搜索网首页，单击“网上论坛”，在“网上论坛”标签下搜索想要找到的论坛。

(4) 网页目录搜索：启动 www. Google. cn，进入 Google 搜索网首页单击“网页目录”标签，在“网页目录”标签下依网页主题分门别类进行搜索。

4. 掌握普通搜索方法。进入 Google 搜索网，在文本框里输入 MP4，单击 Google 搜索按钮，找一个网页了解 MP4 的情况。

5. 掌握高级搜索方法。单击“高级搜索”按钮，进入图 4-20。

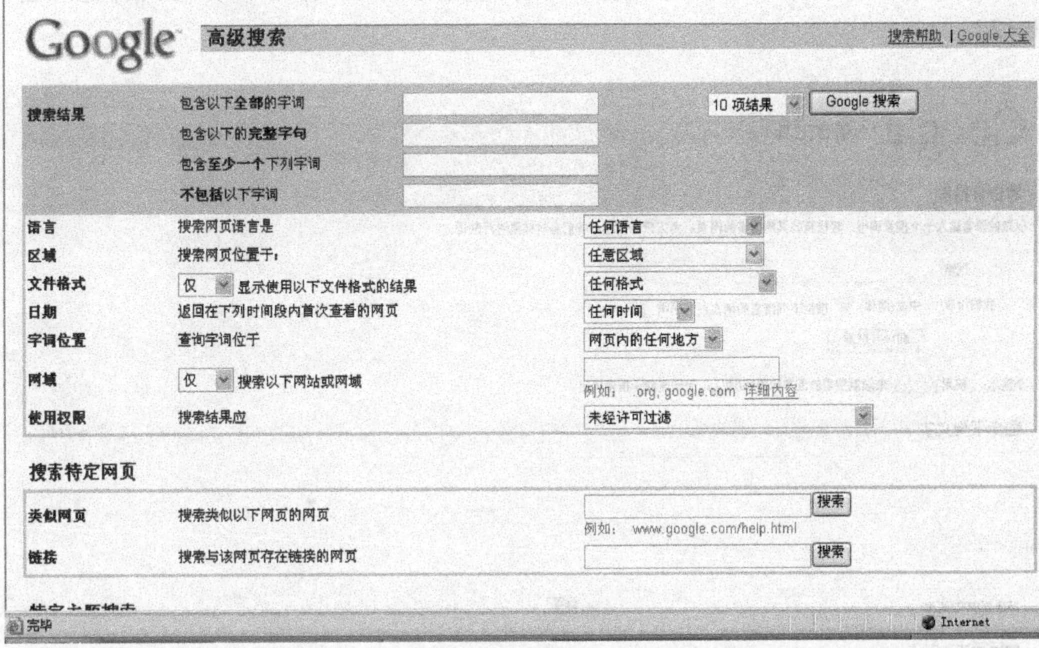
Google
高级搜索
搜索帮助 | Google 大全
搜索结果
包含以下全部的字词
包含以下的完整字句
包含至少一个下列字词
不包括以下字词
10 项结果
Google 搜索
语言
搜索网页语言是
任何语言
区域
搜索网页位置于:
任意区域
文件格式
仅
显示使用以下文件格式的结果
任何格式
日期
返回在下列时间段内首次查看的网页
任何时间
字词位置
查询字词位于
网页内的任何地方
网域
仅
搜索以下网站或网域
例如: .org, google.com 详细内容
使用权限
搜索结果应
未经许可可过滤
搜索特定网页
类似网页
搜索类似以下网页的网页
搜索
例如: www.google.com/help.html
链接
搜索与该网页存在链接的网页
搜索
完毕
Internet

图 4-20 Google 高级搜索

6. 掌握特殊搜索方法。

(1) 如果想查找只用英文输出的网页，可以使用“语言偏好”，在首页单击“语言偏好”按钮，进入图 4-21。

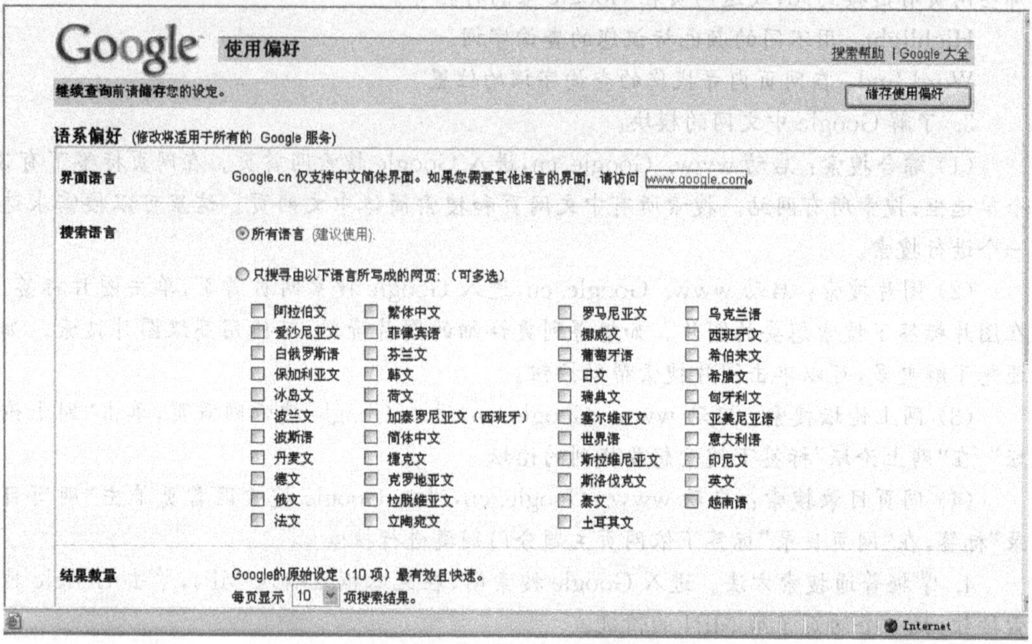
Google 使用偏好
搜索帮助 | Google 大全
继续查询前请储存您的设定。
储存使用偏好
语系偏好 (修改将适用于所有的 Google 服务)
界面语言
Google.cn 仅支持中文简体界面。如果您需要其他语言的界面，请访问 www.google.com。
搜索语言
所有语言 (建议使用)
只搜寻由以下语言所写成的网页：(可多选)
阿拉伯文
爱沙尼亚文
白俄罗斯语
保加利亚文
冰岛文
波兰文
波斯语
丹麦文
德文
俄文
法文
繁体中文
菲律宾语
芬兰文
韩文
荷文
加泰罗尼亚文（西班牙）
简体中文
捷克文
克罗地亚文
拉脱维亚文
立陶宛文
罗马尼亚文
挪威文
葡萄牙语
日文
瑞典文
塞尔维亚文
世界语
斯拉维尼亚文
斯洛伐克文
泰文
土耳其文
乌克兰语
西班牙文
希伯来文
希腊文
匈牙利文
亚美尼亚语
意大利语
印尼文
英文
越南语
结果数量
Google的原始设定（10 项）最有效且快速。
每页显示 10 项搜索结果。
Internet

图 4－21　Google 语言偏好

(2) 还可搜索特定语言或国家的网页，在首页单击“语言工具”按钮，进入图 4－22。

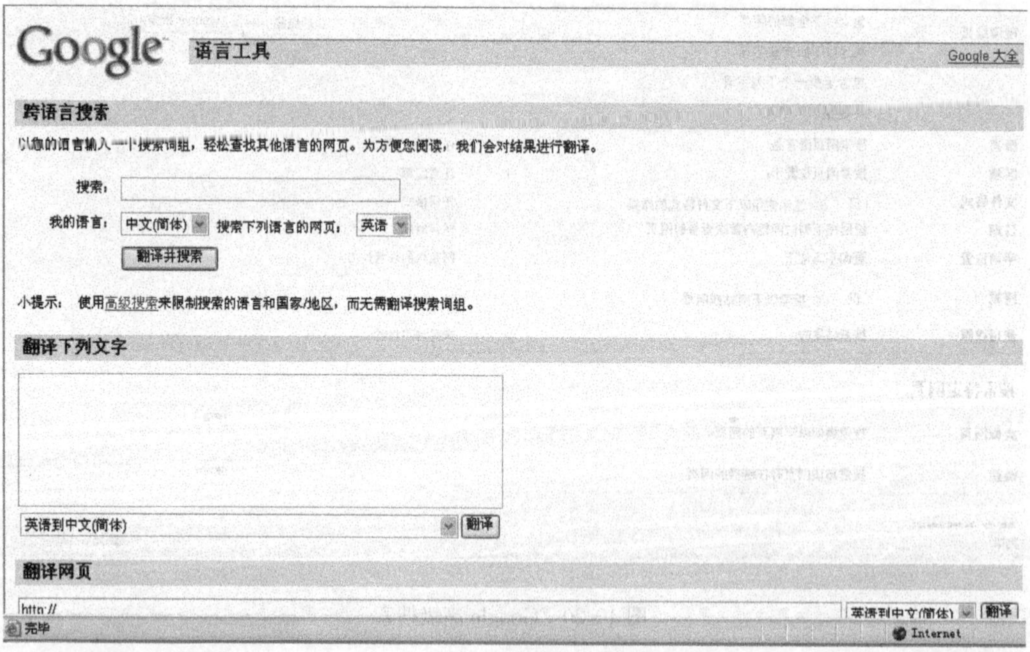
Google 语言工具
Google 大全
跨语言搜索
以您的语言输入一个搜索词组，轻松查找其他语言的网页。为方便您阅读，我们会对结果进行翻译。
搜索：
我的语言：中文(简体)
搜索下列语言的网页：英语
翻译并搜索
小提示：使用高级搜索来限制搜索的语言和国家/地区，而无需翻译搜索词组。
翻译下列文字
英语到中文(简体)
翻译
翻译网页
http://
英语到中文(简体)
翻译
完毕
Internet

图 4－22　Google 语言工具

实操二

网络广告的发布与制作

【实验目的】

1. 培养学生运用所学的网络营销中有关网络广告的专业知识。

2. 培养学生通过 Internet 访问目标网站的技能。

3. 培养学生自己动手设计和制作网络广告的能力。

【实验环境】

1. 试验方式：用户端通过相连的局域网访问 Internet。

2. 硬件要求：用户机 PⅡ 226 /4. 3G/64MB RAM 以上。

3. 软件要求：用户操作系统为 windows98/2000/XP，安装 IE6、fox mail、fireworks 或 Photoshop 图像处理软件。

【实验要求】

1. 查看 sina 网站的广告服务，搜索目前国内外较优秀的电子商务网站。

2. 对搜索到的互联网上的电子商务类网站进行较全面的浏览。

3. 利用动态网络广告制作工具在自己的网页上制作各类网页广告，包括按钮型广告、旗帜广告、文字连接广告等。

【实验步骤】

1. 进入新浪首页 www. sina. com. cn，单击最下方的“广告服务”链接，查看 sina 网站的广告服务页面。

2. 进入“互动行销”网络广告页面，查看新浪网的常见网络广告样式。如图 4 - 23 所示。

sina 新浪互动行销
首页
互联网概况
我们的优势
行销产品
成功案例
新浪代理
我们的客户
总裁在线
联系我们
精彩视频 即刻共享
agencies.sina.com.cn
新浪2005年度 代理商表彰网站
感动新浪 和谐互联
最新推荐
行销产品
网络广告
成功案例
广告报价
联系销售代表
常见问题解答
文字会话
免费电话

图 4 - 23　sina 网站互动行销

3. 通过baidu、google等搜索引擎搜索目前国内外较优秀的电子商务网站；搜索互联网上的电子商务类网站网络广告。

4. 对搜索到的互联网上的电子商务类网站进行全面的内容浏览，充分了解网络广告的目的和目标、网络广告的形式、网络广告的投放、网络广告的互联、网络广告的分割、网络广告的效果。

5. 制作一些常见的网络广告。

下面制作一些较简单的图片，使用fireworks制作banner图为例。希望通过这个例子举一反三，制作更多更高的广告。

(1) 先要搜集适合你的网页的图片，或自己制作些图片。注意要把这些图片调好尺寸，并转化成gif或jpg格式。并保存。

(2) 启动fireworks单击file—new(或按ctrl＋N)新建一个文件(注意要调好文件尺寸，要和图片尺寸相合适)。

(3) 打开windows菜单下的frames面板，单击new新建一个帧。如图4-24所示。

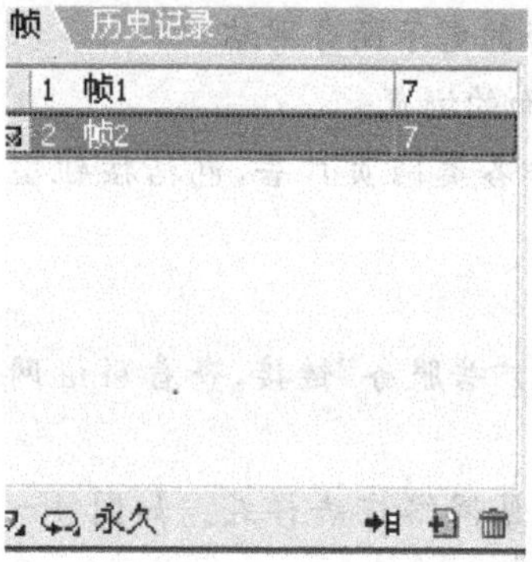
帧
历史记录
1 帧1
7
2 帧2
7
永久

图4-24 fireworks的frames面板

(4) 将焦点指第一个帧，然后单击菜单项Insert(插入)—Image(图片)，插入第一张，在把焦点指向第二帧，用同样的方法插入第二帧。

(5) 下面的工作就是调整播放速度了，在单击播放按钮进行预览。如果播放的速度不合适，可以利用frames面板进行调整，具体方法让需要改动的帧获得焦点，然后双击该帧的时间栏，进行调整。

(6) 调整满意后，就可以对文件进行保存了，保存时选择file—export preview(导出当前文件)否则将无法导出动画。

(7) 进入导出对话框，将format中的项目改成Animated GIF，再单击export按钮，选择保存路径，这样一个动态的banner图就制成了。

实操三

新闻组操作

【实验目的】

1. 掌握在Outlook Express中设置新闻组。

2. 掌握在新闻组中发帖操作。

【实验环境】

1. 实验方式：用户端通过相连的局域网访问Internet。

2. 硬件要求：用户机为PⅡ 266/4.3/64MB RAM以上。

3. 软件要求：用户操作系统为Windows 98以上，Internet Explorer 5.0以上浏览器。

【实验要求】

1. 建立新闻组。

2. 预订新闻组。

3. 在新闻组中发帖。

【实验步骤】

登录新闻组可以使用 OE。例如，想登录新凡新闻组，可以按下列步骤设置。

1. 建立新闻服务器连接。

(1) 在 OE6 中设置 Internet 账号。在 OE 的主菜单“工具”下选择“账号”，会弹出一个“Internet 账号”窗口，如图 4－25，点击“添加”按钮，选择“新闻”。

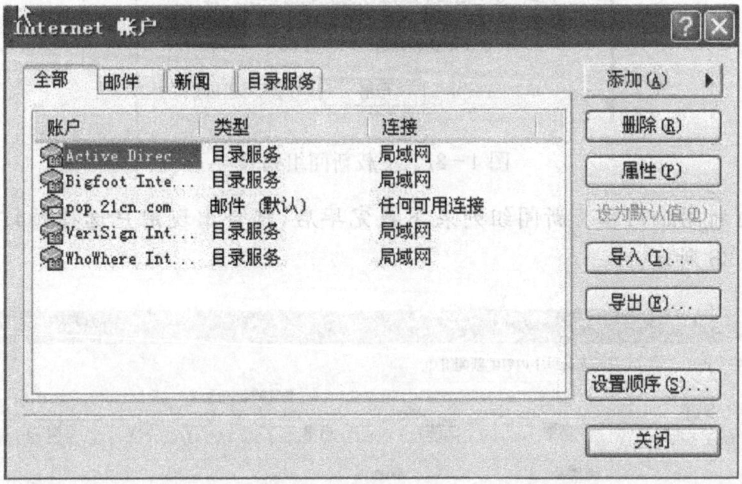
Internet 帐户
全部
邮件
新闻
目录服务
添加(A)
账户
类型
连接
删除(R)
Active Direc...
目录服务
局域网
Bigfoot Inte...
目录服务
局域网
属性(P)
pop.21cn.com
邮件 (默认)
任何可用连接
设为默认值(D)
VeriSign Int...
目录服务
局域网
WhoWhere Int...
目录服务
局域网
导入(I)...
导出(E)...
设置顺序(S)...
关闭

图 4－25 在 OE6 中设置 Internet 账号

(2) 设置新闻组服务器地址。出现“Internet 连接向导”窗口，按照提示填入我们希望在新闻组上发表文章时显示的姓名和电子邮件地址(邮件地址一定要真实，下载和回复信件时都需要用到它)。输入新凡的新闻组服务器 news. newsfan. net(或微软的新闻组服务器 msnews. microsoft. com)，如图 4－26 所示。点击“下一步”完成新闻组服务器地址的设置。关闭“Internet 连接向导”窗口。

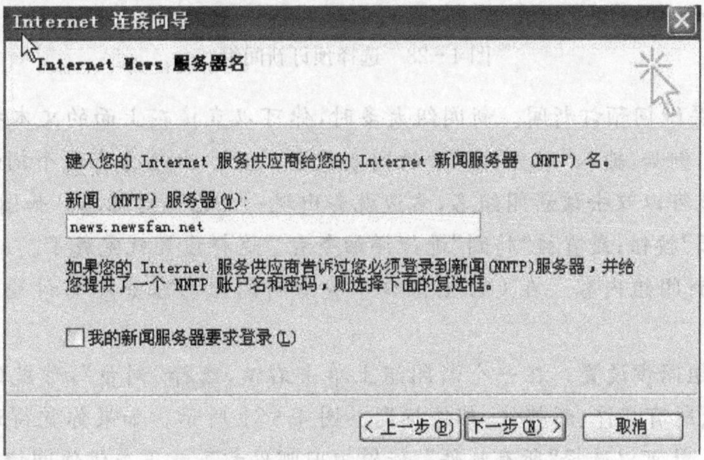
Internet 连接向导
Internet News 服务器名
键入您的 Internet 服务供应商给您的 Internet 新闻服务器 (NNTP) 名。
新闻 (NNTP) 服务器(N):
news.newsfan.net
如果您的 Internet 服务供应商告诉过您必须登录到新闻(NNTP)服务器，并给您提供了一个 NNTP 账户名和密码，则选择下面的复选框。
我的新闻服务器要求登录(L)
< 上一步(B)
下一步(N) >
取消

图 4－26 设置新闻组服务器地址

2. 预订新闻组。

(1) 从新闻服务器上下载新闻组列表。OE 就会提示你下载该新闻组服务器上的新闻组列表。如图 4 - 27 所示。

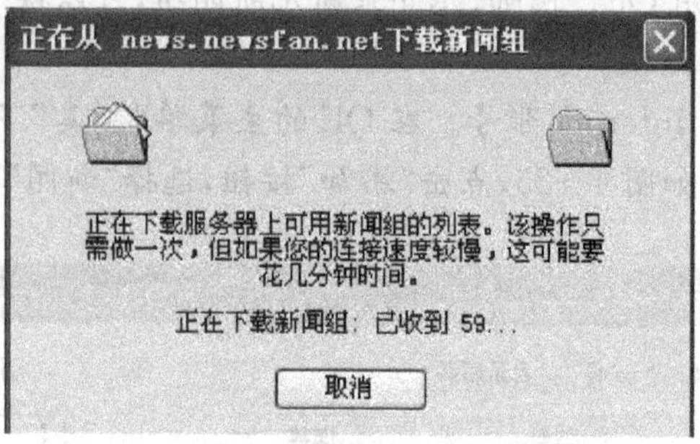
正在从 news.newsfan.net下载新闻组
正在下载服务器上可用新闻组的列表。该操作只需做一次，但如果您的连接速度较慢，这可能要花几分钟时间。
正在下载新闻组：已收到 59...
取消

图 4 - 27　下载新闻组列表

(2) 预订新闻组内容。新闻组列表下载完毕后，就会出现用户选择预订新闻组的界面。如图 4 - 28 所示。

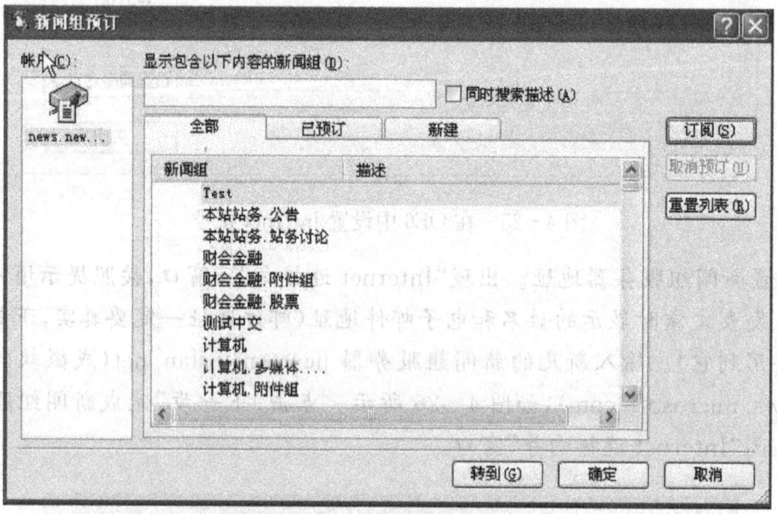
新闻组预订
帐户(C):
显示包含以下内容的新闻组(D):
同时搜索描述(A)
news.new...
全部
已预订
新建
订阅(S)
取消预订(U)
重置列表(R)
新闻组
描述
Test
本站站务.公告
本站站务.站务讨论
财会金融
财会金融.附件组
财会金融.股票
测试中文
计算机
计算机.多媒体....
计算机.附件组
转到(G)
确定
取消

图 4 - 28　选择预订新闻组

(3) 输入关键词预订新闻。新闻组太多时，你可以直接在上面的文本框中输入你感兴趣的关键字，例如，输入“财会”，下面的列表就会只显示出包含有这个词的新闻组。选好新闻组，你就可以双击该新闻组名，右边就会出现一个已预订标志。如图 4 - 29。点一下右边的“订阅”按钮；或直接“转到”进行详细查看。这样设置就完成了。

(4) 查看新闻组内容。在 OE 主窗口中查看新闻组内容并参与讨论。如图 4 - 30 所示。

(5) 新闻组同步设置。在一个新闻组上单击右键，选择“同步”，你就能看到四个选项：不要同步、所有邮件、新邮件、邮件标题。图 4 - 31 所示。如果你觉得这个新闻组的内容值得收藏，就可以选择“所有邮件”，能够把旧邮件都下载下来供你阅读。如果你认为没必要看旧邮件，但是一定要看大多数的新帖子，就可以选择“新邮件”。如果你认为这里

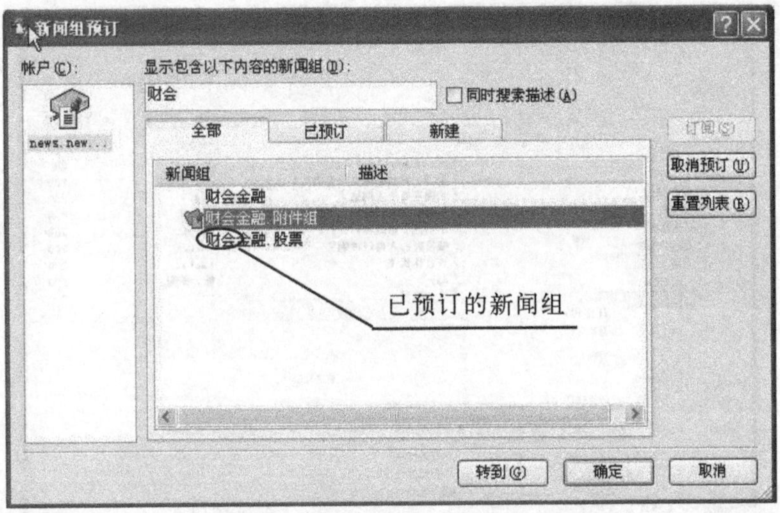
新闻组预订
帐户(C):
显示包含以下内容的新闻组(D):
财会
同时搜索描述(A)
news.new...
全部
已预订
新建
订阅(S)
新闻组
描述
取消预订(U)
财会金融
财会金融.附件组
重置列表(R)
财会金融.股票
已预订的新闻组
转到(G)
确定
取消

图 4-29 确认预订的新闻组

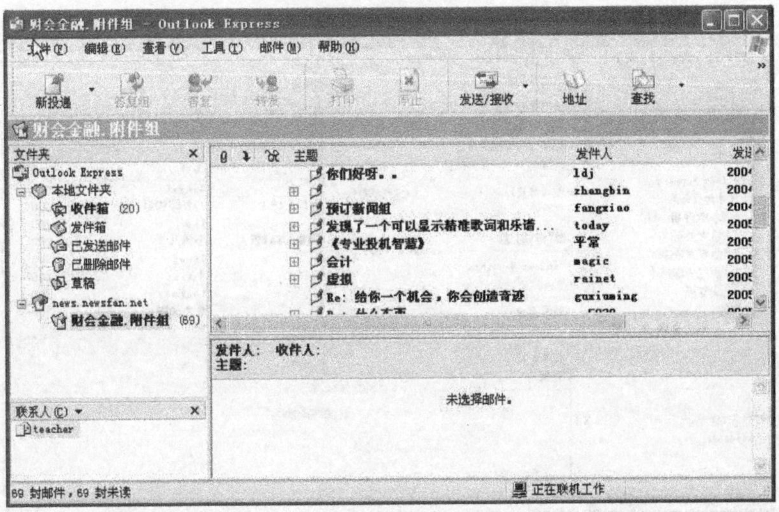
财会金融.附件组 - Outlook Express
文件(F) 编辑(E) 查看(V) 工具(T) 邮件(M) 帮助(H)
新投递
发送/接收
地址
查找
财会金融.附件组
文件夹
Outlook Express
本地文件夹
收件箱 (20)
发件箱
已发送邮件
已删除邮件
草稿
news.newsfan.net
财会金融.附件组 (69)
主题
发件人
你们好呀。。
ldj
预订新闻组
fangxiao
发现了一个可以显示精准歌词和乐谱...
today
《专业投机智慧》
平常
会计
magic
虚拟
rainet
Re: 给你一个机会，你会创造奇迹
guxiuming
发件人: 收件人:
主题:
未选择邮件。
联系人(C)
teacher
69 封邮件，69 封未读
正在联机工作

图 4-30 查看新闻组内容

的帖子没有太大意义，就可以让它在同步时只下载邮件标题，断网后可以在有空时查阅这些邮件标题，如果发现有意思的邮件，再选择“下载该邮件”。如果你只是浏览一下这个新闻组，可以选择“不要同步”，仅仅是在联网时看一下里面的内容。

(6) 新闻组同步操作。选择好新闻组并且设置了同步属性之后，可以在上网时选择OE“工具”菜单下的“全部同步”或者“同步新闻组”。如图 4-32。这样就可以按事先设定好的方式下载感兴趣的东西，这正是新闻组比网上的论坛强的地方，可以决定是否把帖子的内容一次性全部下载下来离线查看，能节省时间。

3. 发帖。点击 OE 左上方的“新投递”，会出来一个新窗口，与我们平常写电子邮件一样。如图 4-33 所示。写上帖子内容，然后像普通邮件一样发出。等你下一次光临该新闻组时，就会发现你的帖子已经在上面了。如图 4-34 所示。

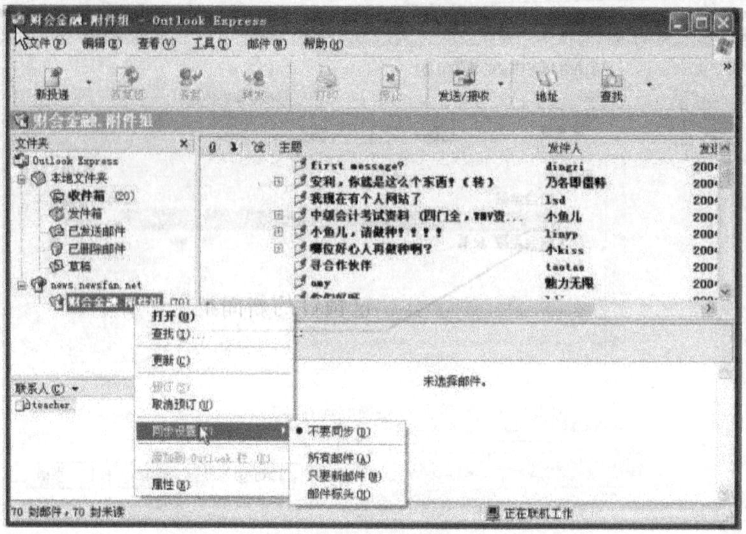
财会金融.附件组 - Outlook Express
文件(F) 编辑(E) 查看(V) 工具(T) 邮件(M) 帮助(H)
新投递
发送/接收
地址
查找
财会金融.附件组
文件夹
Outlook Express
本地文件夹
收件箱 (20)
发件箱
已发送邮件
已删除邮件
草稿
news.newsfan.net
主题
发件人
first message?
安利，你就是这个东西！（转）
我现在有个人网站了
中级会计考试资料（四门全，WMV资...
小鱼儿，请救神！！！
哪位好心人再救救啊？
寻合作伙伴
amy
dingzi
乃各即儒释
lsd
小鱼儿
linyp
小kiss
taotao
魅力无限
打开(O)
查找(I)...
更新(C)
取消预订(U)
同步设置
属性(R)
不要同步(D)
所有邮件(A)
只要新邮件(N)
邮件标头(H)
未选择邮件。
联系人(C)
teacher
70 封邮件，70 封未读
正在联机工作

图 4 - 31　新闻组同步设置

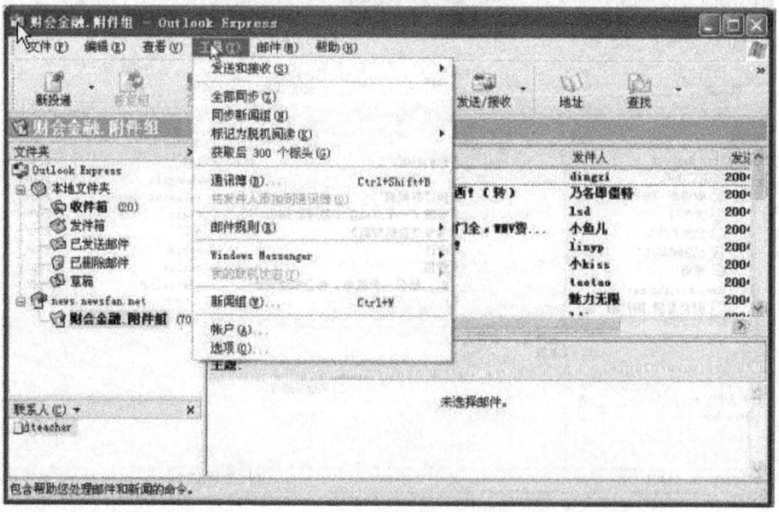
财会金融.附件组 - Outlook Express
文件(F) 编辑(E) 查看(V) 工具(T) 邮件(M) 帮助(H)
新投递
发送/接收
地址
查找
发送和接收(S)
全部同步(Z)
同步新闻组(N)
标记为脱机阅读(K)
获取后 300 个标头(G)
通讯簿(B)...
Ctrl+Shift+B
邮件规则(R)
Windows Messenger
新闻组(W)...
Ctrl+W
帐户(A)...
选项(O)...
财会金融.附件组
文件夹
Outlook Express
本地文件夹
收件箱 (20)
发件箱
已发送邮件
已删除邮件
草稿
news.newsfan.net
财会金融.附件组
发件人
dingzi
乃各即儒释
lsd
小鱼儿
linyp
小kiss
taotao
魅力无限
未选择邮件。
联系人(C)
teacher
包含帮助您处理邮件和新闻的命令。

图 4 - 32　新闻组同步

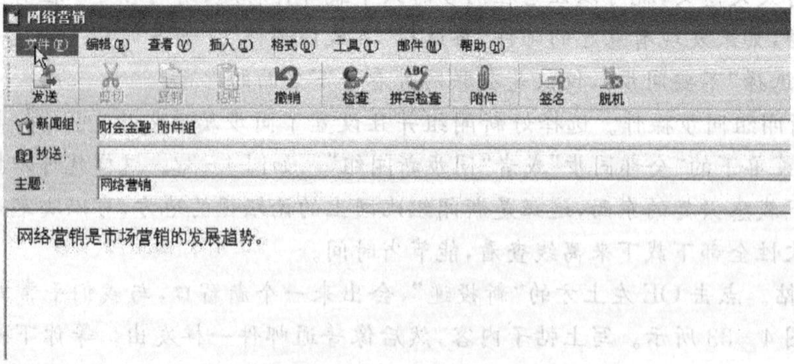
网络营销
文件(F) 编辑(E) 查看(V) 插入(I) 格式(O) 工具(T) 邮件(M) 帮助(H)
发送
剪切
复制
粘贴
撤销
检查
拼写检查
附件
签名
脱机
新闻组:
财会金融.附件组
抄送:
主题:
网络营销
网络营销是市场营销的发展趋势。

图 4 - 33　书写新的帖子

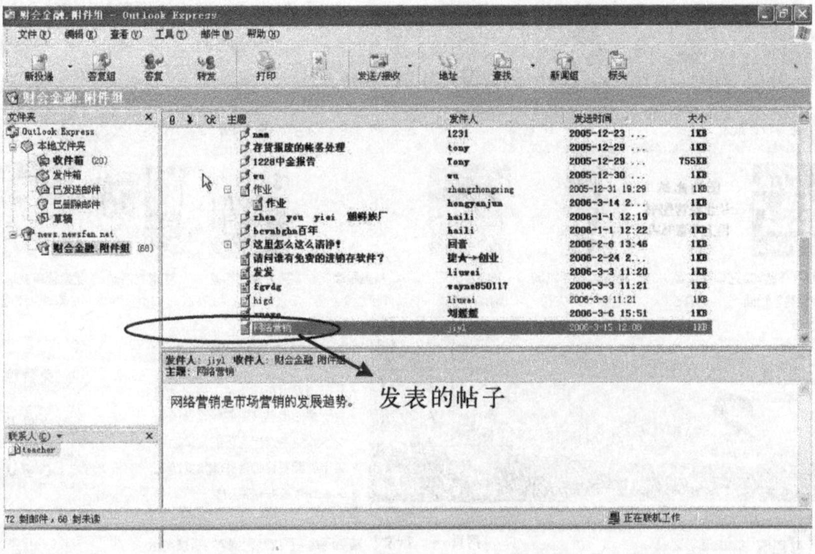
财会金融.附件组 - Outlook Express
文件(F) 编辑(E) 查看(V) 工具(T) 邮件(M) 帮助(H)
新投递 答复组 答复 转发 打印 发送/接收 地址 查找 新闻组 标头
财会金融.附件组
文件夹
Outlook Express
本地文件夹
收件箱 (20)
发件箱
已发送邮件
已删除邮件
草稿
news.newsfan.net
财会金融.附件组 (68)
主题
发件人
发送时间
大小
发件人: jiyl 收件人: 财会金融.附件组
主题: 网络营销
网络营销是市场营销的发展趋势。
发表的帖子
联系人(C)
teacher
72 封邮件，68 封未读
正在联机工作

图 4 - 34 已经发表的帖子

如果你对别人的观点有意见，或想发现自己的意见，可以“跟帖”。要查看别人的跟帖，只要点一下前面的“加号”就可以了。

实操四

网店规划与推广

【实验目的】

1. 熟悉在 Internet 上开设个人网店的步骤。

2. 对网上商店进行网络推广。

【实验环境】

1. 实验方式：用户端通过相连的局域网访问 Internet。

2. 硬件要求：用户机为 PⅡ 266/4.3G/64MB RAM 以上。

3. 软件要求：用户操作习题为 Windows 98 以上，Internet Explorer 5.0 以上浏览器。

【实验要求】

1. 在 Internet 的电子商务平台上注册个人网店。

2. 进行网上商店规划。

3. 进行网上商店推广。

4. 完成一次交易，了解网上交易流程。

【实验步骤】

(一) 注册网上个人商店

1. 打开购得乐网络购物平台(http://www.godele.com/)。如图 4 - 35 所示。

商品中心
网店中心
会员中心
购得乐
Godele.com
我要开店
管理网店
网店系统
搜索：商品搜索 搜索
饰品 服装 美容院 家居生活 图书音像 数码通讯 点卡游戏 万货行
国内高端
专业经管图书
网上专营书店
巧虎乐园-体验VCD现在“免费”赠阅中！
进口化妆品，3折起售！
阳光数码手机城 诺基亚N73特价
升级星级店 购得乐官方
精美服饰 降价二手房
荷兰设计年鉴 网尚广告人书店
亚通IT商城 手机笔记本/特价
亚都超声波加湿器 金同健康礼品网
购买3星级网店
+2元赠送.com顶级国际域名
网站最新资讯
买家请使用在线支付，谨防受骗
关于非法商品核查整顿紧急通知
Godele免费赠送您顶级.cn域名！
关于近期假冒邮件诈骗紧急通知
Godele系统升级完毕！
免费注册
免费开店
免费认证
Bai百度 网页 搜索 精品网站 百度联盟问答 百度奥运
商品分类
了解资费、立即开店
区域查找
北京 深圳 上海 重庆 天津 广东 河北
山西 辽宁 吉林 江苏 浙江 安徽 福建
江西 山东 河南 湖北 湖南 广西 海南
手机、通讯设备、卡
电脑、软件、网络、办公

图 4－35　购得乐网络购物平台

2. 点击右上角的“我要开店”，进入注册页面。如图 4－36 所示。

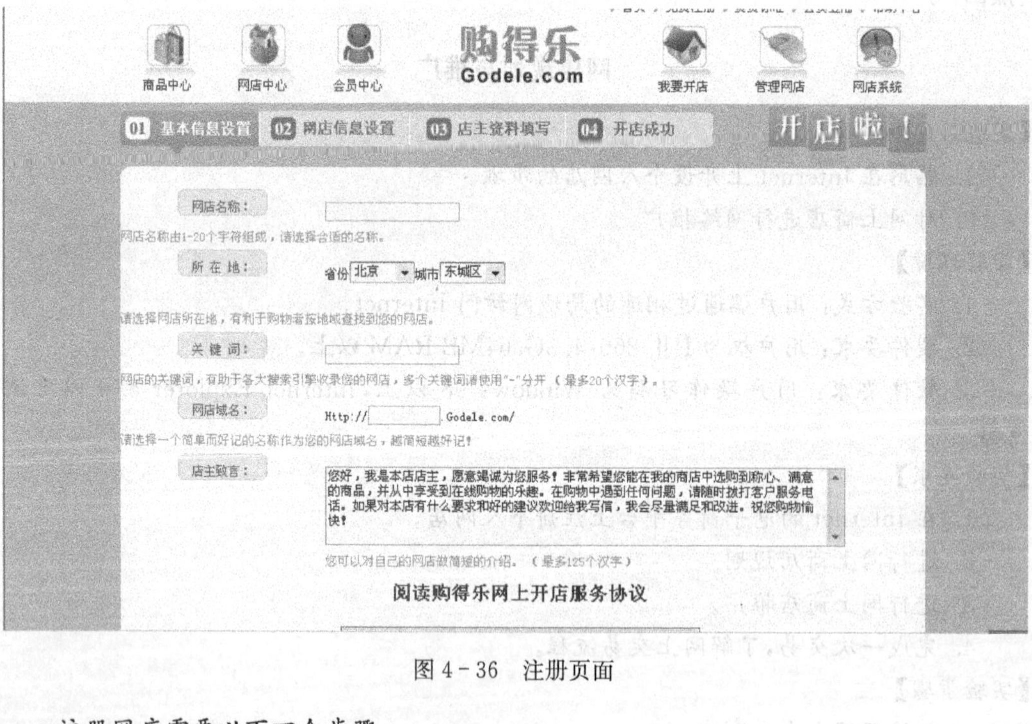

商品中心
网店中心
会员中心
购得乐
Godele.com
我要开店
管理网店
网店系统
01 基本信息设置
02 网店信息设置
03 店主资料填写
04 开店成功
开店啦！
网店名称：
网店名称由1-20个字符组成，请选择合适的名称。
所在地：
省份 北京 城市 东城区
请选择网店所在地，有利于购物者按地域查找到您的网店。
关键词：
网店的关键词，有助于各大搜索引擎收录您的网店，多个关键词请使用“-”分开（最多20个汉字）。
网店域名：
Http:// .Godele.com/
请选择一个简单而好记的名称作为您的网店域名，越简短越好记！
店主致言：
您好，我是本店店主，愿意竭诚为您服务！非常希望您能在我的商店中选购到称心、满意的商品，并从中享受到在线购物的乐趣。在购物中遇到任何问题，请随时拨打客户服务电话。如果对本店有什么要求和好的建议欢迎给我写信，我会尽量满足和改进。祝您购物愉快！
您可以对自己的网店做简短的介绍。（最多125个汉字）
阅读购得乐网上开店服务协议

图 4－36　注册页面

注册网店需要以下四个步骤：

第一步：设置基本信息。如图 4－37 所示。

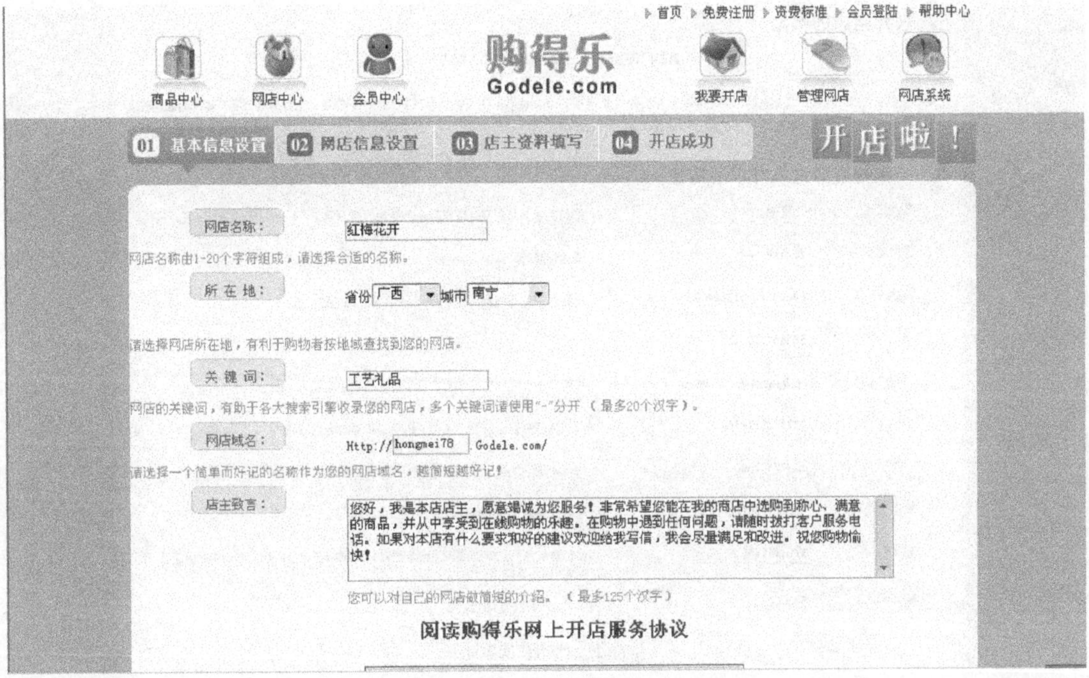
首页 免费注册 资费标准 会员登陆 帮助中心
商品中心
网店中心
会员中心
购得乐
Godele.com
我要开店
管理网店
网店系统
01 基本信息设置
02 网店信息设置
03 店主资料填写
04 开店成功
开店啦！
网店名称：
红梅花开
网店名称由1-20个字符组成，请选择合适的名称。
所在地：
省份 广西 城市 南宁
请选择网店所在地，有利于购物者按地域查找到您的网店。
关键词：
工艺礼品
网店的关键词，有助于各大搜索引擎收录您的网店，多个关键词请使用"-"分开（最多20个汉字）。
网店域名：
Http:// hongmei78 .Godele.com/
请选择一个简单而好记的名称作为您的网店域名，越简短越好记！
店主致言：
您好，我是本店店主，愿意竭诚为您服务！非常希望您能在我的商店中选购到称心、满意的商品，并从中享受到在线购物的乐趣。在购物中遇到任何问题，请随时拨打客户服务电话。如果对本店有什么要求和好的建议欢迎给我写信，我会尽量满足和改进。祝您购物愉快！
您可以对自己的网店做简短的介绍。（最多125个汉字）
阅读购得乐网上开店服务协议

图 4－37　设置基本信息页面

第二步：网店信息设置，如模板、字体、网店经营的范围等。如图 4－38 所示。

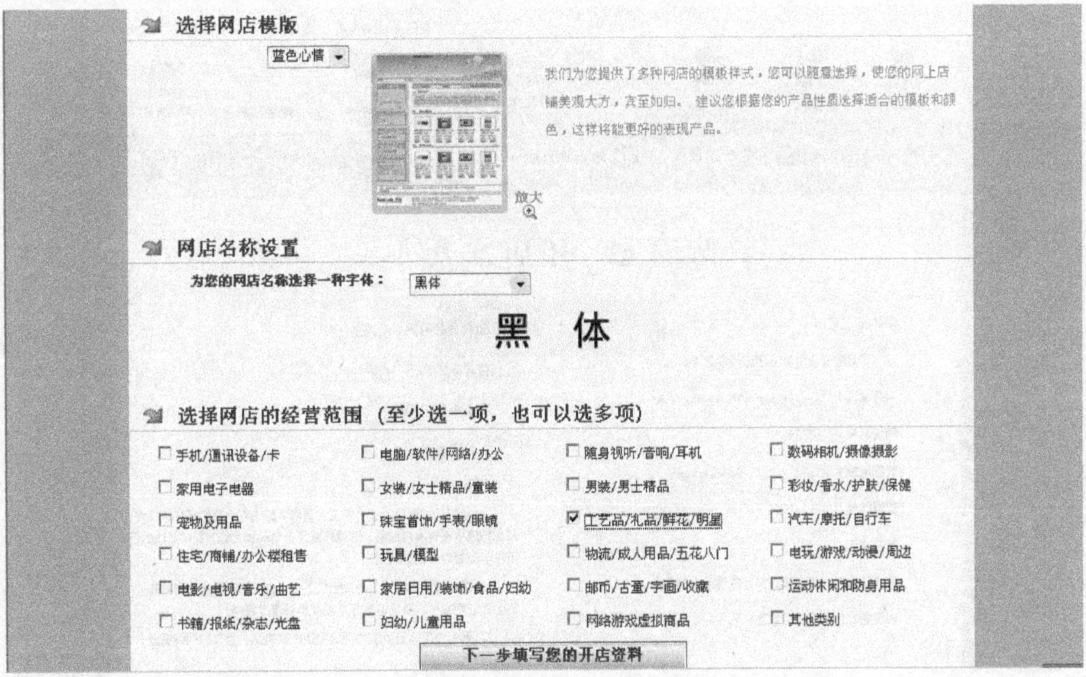
选择网店模版
蓝色心情
我们为您提供了多种网店的模板样式，您可以随意选择，使您的网上店铺美观大方，宾至如归。建议您根据您的产品性质选择适合的模板和颜色，这样将能更好的表现产品。
放大
网店名称设置
为您的网店名称选择一种字体：
黑体
黑 体
选择网店的经营范围（至少选一项，也可以选多项）
手机/通讯设备/卡
电脑/软件/网络/办公
随身视听/音响/耳机
数码相机/摄像摄影
家用电子电器
女装/女士精品/童装
男装/男士精品
彩妆/香水/护肤/保健
宠物及用品
珠宝首饰/手表/眼镜
工艺品/礼品/鲜花/明星
汽车/摩托/自行车
住宅/商铺/办公楼租售
玩具/模型
物流/成人用品/五花八门
电玩/游戏/动漫/周边
电影/电视/音乐/曲艺
家居日用/装饰/食品/妇幼
邮币/古董/字画/收藏
运动休闲和防身用品
书籍/报纸/杂志/光盘
妇幼/儿童用品
网络游戏虚拟商品
其他类别
下一步填写您的开店资料

图 4－38　网店信息设置页面

第三步：填写店主详细信息。如图 4－39 所示。

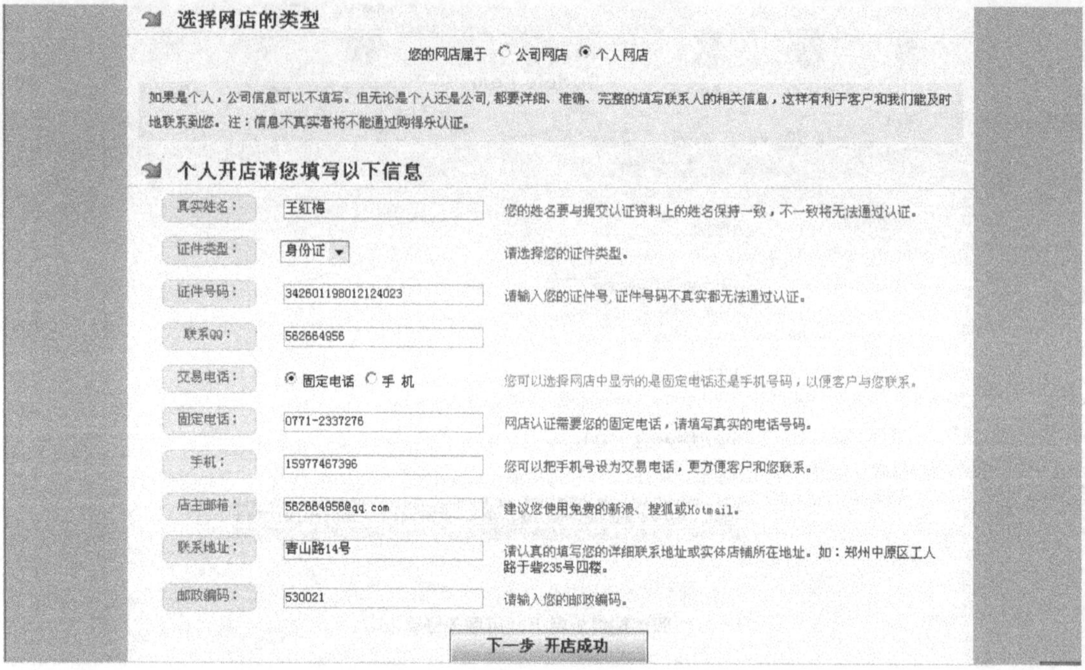
选择网店的类型
您的网店属于 公司网店 个人网店
如果是个人，公司信息可以不填写。但无论是个人还是公司，都要详细、准确、完整的填写联系人的相关信息，这样有利于客户和我们能及时地联系到您。注：信息不真实者将不能通过购得乐认证。
个人开店请您填写以下信息
真实姓名：
王红梅
您的姓名要与提交认证资料上的姓名保持一致，不一致将无法通过认证。
证件类型：
身份证
请选择您的证件类型。
证件号码：
342601198012124023
请输入您的证件号，证件号码不真实都无法通过认证。
联系QQ：
582664956
交易电话：
固定电话 手 机
您可以选择网店中显示的是固定电话还是手机号码，以便客户与您联系。
固定电话：
0771-2337276
网店认证需要您的固定电话，请填写真实的电话号码。
手机：
15977467396
您可以把手机号设为交易电话，更方便客户和您联系。
店主邮箱：
582664956@qq.com
建议您使用免费的新浪、搜狐或Hotmail。
联系地址：
青山路14号
请认真的填写您的详细联系地址或实体店铺所在地址。如：郑州中原区工人路于砦235号四楼。
邮政编码：
530021
请输入您的邮政编码。
下一步 开店成功

图 4-39　填写店主详细信息页面

第四步：开店成功，进入如图 4-40 的页面："恭喜您　开店成功！"

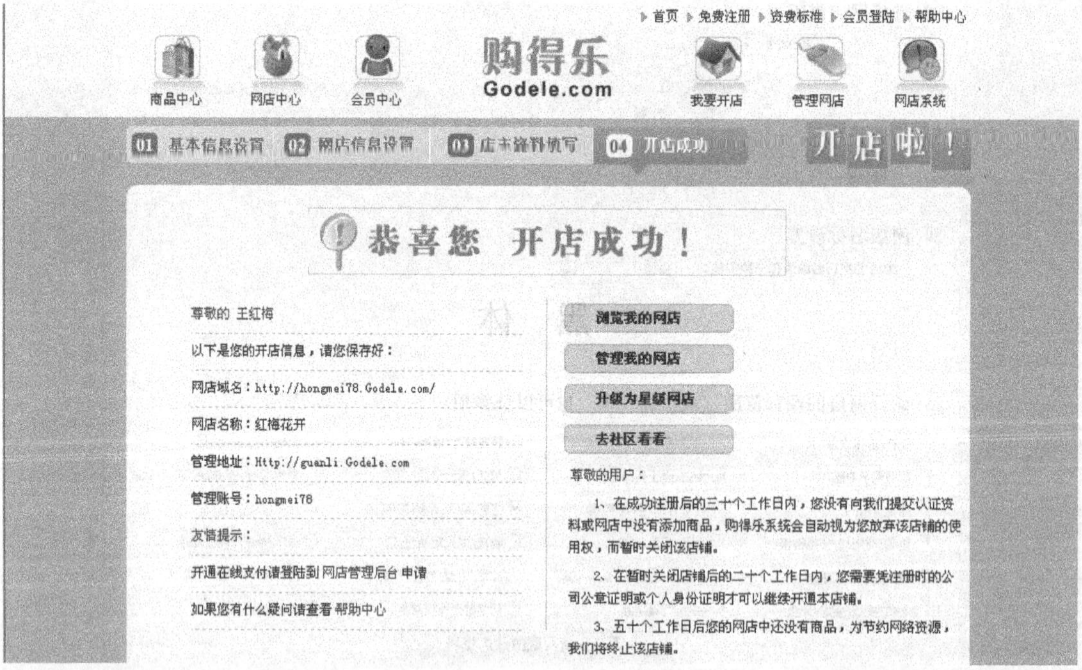
首页 免费注册 资费标准 会员登陆 帮助中心
商品中心 网店中心 会员中心
购得乐
Godele.com
我要开店 管理网店 网店系统
01 基本信息设置 02 网店信息设置 03 店主资料填写 04 开店成功
开店啦！
恭喜您　开店成功！
尊敬的 王红梅
以下是您的开店信息，请您保存好：
网店域名：http://hongmei78.Godele.com/
网店名称：红梅花开
管理地址：Http://guanli.Godele.com
管理账号：hongmei78
友情提示：
开通在线支付请登陆到 网店管理后台 申请
如果您有什么疑问请查看 帮助中心
浏览我的网店
管理我的网店
升级为星级网店
去社区看看
尊敬的用户：
1、在成功注册后的三十个工作日内，您没有向我们提交认证资料或网店中没有添加商品，购得乐系统会自动视为您放弃该店铺的使用权，而暂时关闭该店铺。
2、在暂时关闭店铺后的二十个工作日内，您需要凭注册时的公司公章证明或个人身份证明才可以继续开通本店铺。
3、五十个工作日后您的网店中还没有商品，为节约网络资源，我们将终止该店铺。

图 4-40　开店成功页面

3. 点击右侧"浏览我的网店"按钮，浏览您已经注册好的网店。如图 4-41 所示。

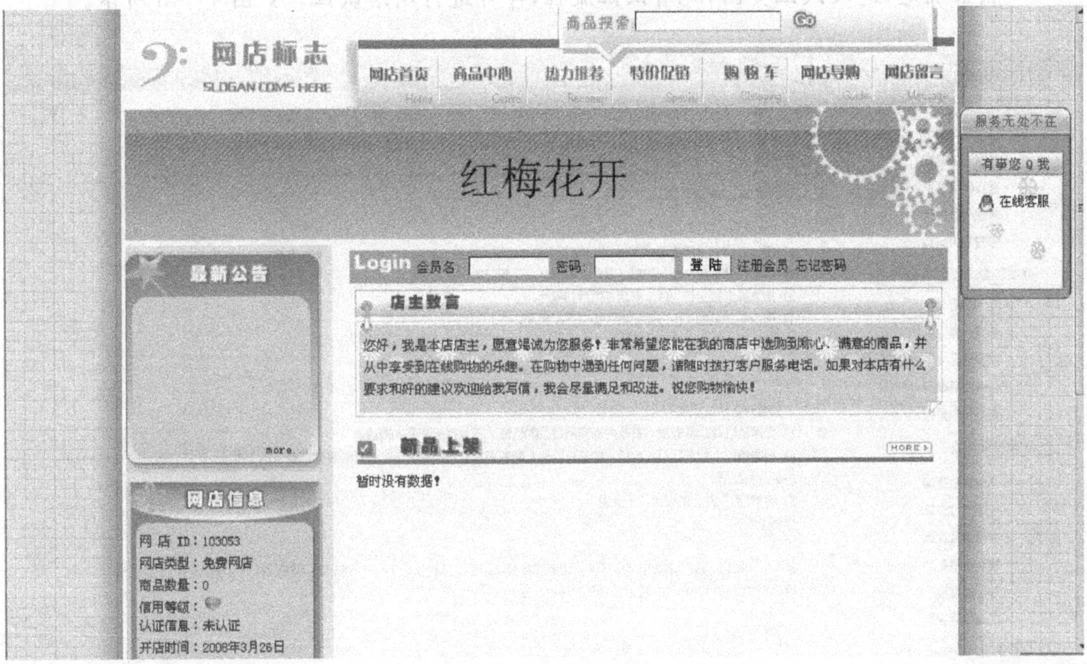
商品搜索
网店标志
SLOGAN COMS HERE
网店首页
商品中心
热力推荐
特价促销
购物车
网店导购
网店留言
红梅花开
服务无处不在
有事您Q我
在线客服
Login 会员名
密码
登陆
注册会员 忘记密码
最新公告
more...
店主致言
您好，我是本店店主，愿意竭诚为您服务！非常希望您能在我的商店中选购到称心、满意的商品，并从中享受到在线购物的乐趣。在购物中遇到任何问题，请随时拨打客户服务电话。如果对本店有什么要求和好的建议欢迎给我写信，我会尽量满足和改进。祝您购物愉快！
新品上架
MORE
暂时没有数据！
网店信息
网 店 ID：103053
网店类型：免费网店
商品数量：0
信用等级：
认证信息：未认证
开店时间：2008年3月26日

图 4-41　申请好的网店首页

（二）网店设置

1. 进入网店管理后台，在网店首页输入会员名、密码，点击登录，即可进入，未经认证的网店将会弹出一个对话框。如图 4-42 所示。

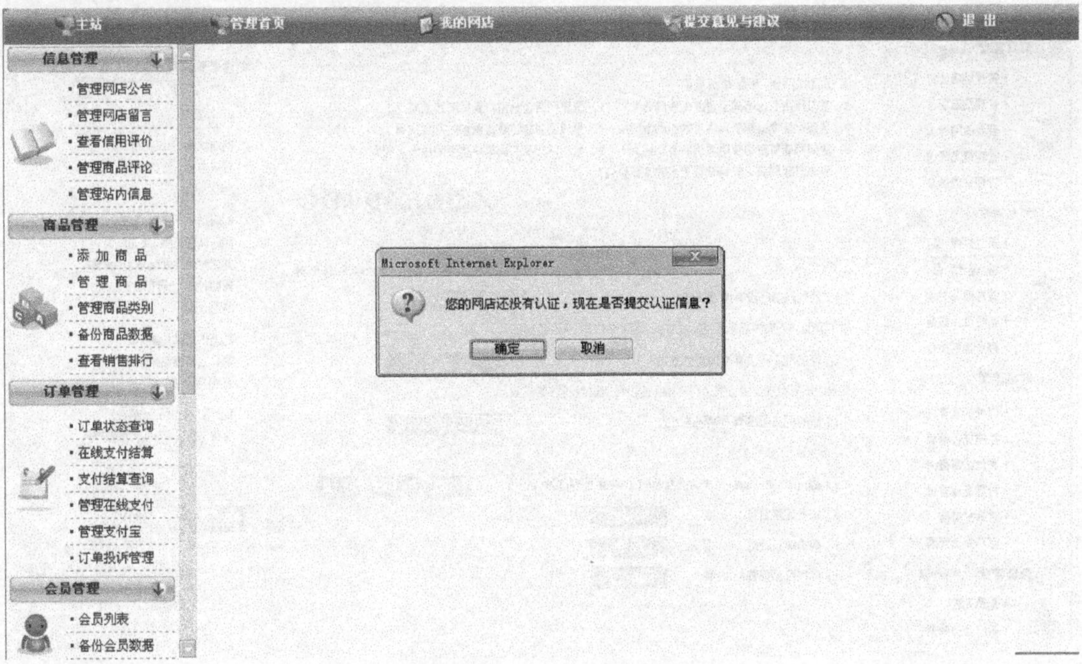
主站
管理首页
我的网店
提交意见与建议
退 出
信息管理
·管理网店公告
·管理网店留言
·查看信用评价
·管理商品评论
·管理站内信息
商品管理
·添 加 商 品
·管 理 商 品
·管理商品类别
·备份商品数据
·查看销售排行
订单管理
·订单状态查询
·在线支付结算
·支付结算查询
·管理在线支付
·管理支付宝
·订单投诉管理
会员管理
·会员列表
·备份会员数据
Microsoft Internet Explorer
您的网店还没有认证，现在是否提交认证信息？
确定
取消

图 4-42　网店管理后台(1)

点击确定，进入认证页面，观看认证流程，即可进行网店认证。如图 4－43 所示。

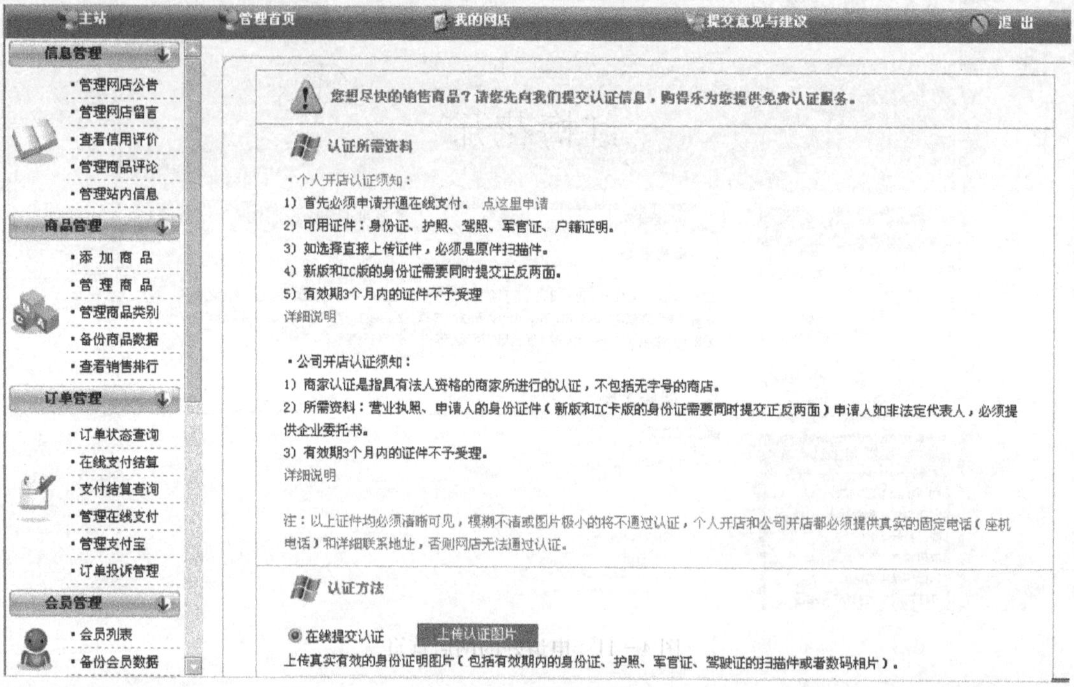
主站
管理首页
我的网店
提交意见与建议
退出
信息管理
·管理网店公告
·管理网店留言
·查看信用评价
·管理商品评论
·管理站内信息
商品管理
·添加商品
·管理商品
·管理商品类别
·备份商品数据
·查看销售排行
订单管理
·订单状态查询
·在线支付结算
·支付结算查询
·管理在线支付
·管理支付宝
·订单投诉管理
会员管理
·会员列表
·备份会员数据
您想尽快的销售商品？请您先向我们提交认证信息，购得乐为您提供免费认证服务。
认证所需资料
·个人开店认证须知：
1）首先必须申请开通在线支付。 点这里申请
2）可用证件：身份证、护照、驾照、军官证、户籍证明。
3）如选择直接上传证件，必须是原件扫描件。
4）新版和IC版的身份证需要同时提交正反两面。
5）有效期3个月内的证件不予受理
详细说明
·公司开店认证须知：
1）商家认证是指具有法人资格的商家所进行的认证，不包括无字号的商店。
2）所需资料：营业执照、申请人的身份证件（新版和IC卡版的身份证需要同时提交正反两面）申请人如非法定代表人，必须提供企业委托书。
3）有效期3个月内的证件不予受理。
详细说明
注：以上证件均必须清晰可见，模糊不清或图片极小的将不通过认证，个人开店和公司开店都必须提供真实的固定电话（座机电话）和详细联系地址，否则网店无法通过认证。
认证方法
在线提交认证
上传认证图片
上传真实有效的身份证明图片（包括有效期内的身份证、护照、军官证、驾驶证的扫描件或者数码相片）。

图 4－43　网店管理后台(2)

点击取消，可以下次认证，进入以下页面。如图 4－44 所示。

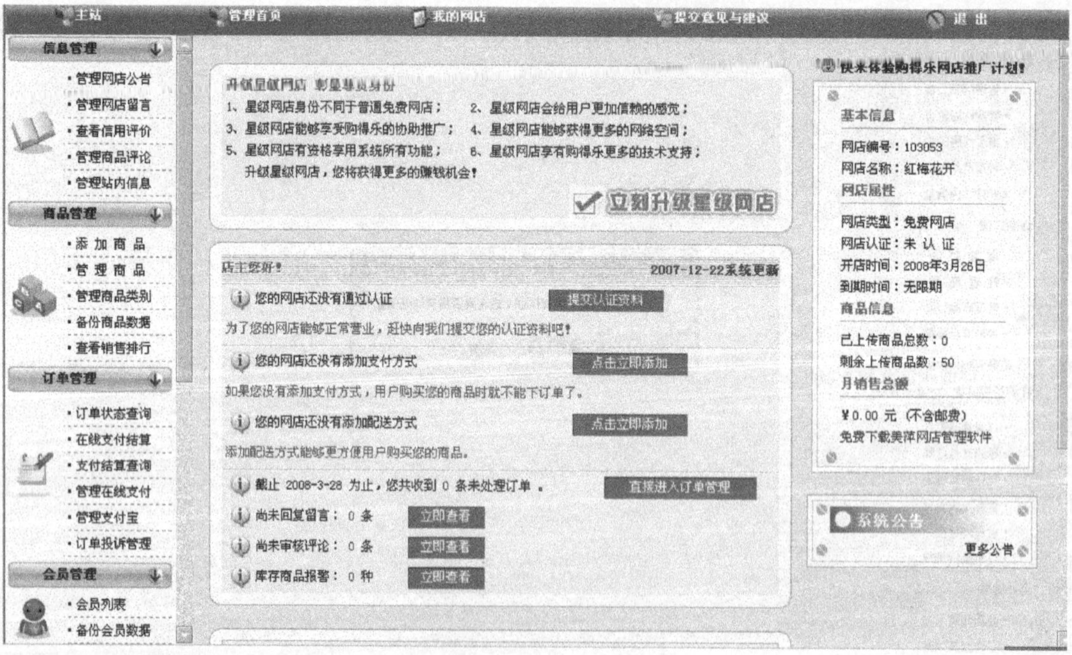
主站
管理首页
我的网店
提交意见与建议
退出
信息管理
·管理网店公告
·管理网店留言
·查看信用评价
·管理商品评论
·管理站内信息
商品管理
·添加商品
·管理商品
·管理商品类别
·备份商品数据
·查看销售排行
订单管理
·订单状态查询
·在线支付结算
·支付结算查询
·管理在线支付
·管理支付宝
·订单投诉管理
会员管理
·会员列表
·备份会员数据
升级星级网店 彰显尊贵身份
1、星级网店身份不同于普通免费网店； 2、星级网店会给用户更加信赖的感觉；
3、星级网店能够享受购得乐的协助推广； 4、星级网店能够获得更多的网络空间；
5、星级网店有资格享用系统所有功能； 6、星级网店享有购得乐更多的技术支持；
升级星级网店，您将获得更多的赚钱机会！
立刻升级星级网店
店主您好！
2007-12-22系统更新
您的网店还没有通过认证
提交认证资料
为了您的网店能够正常营业，赶快向我们提交您的认证资料吧！
您的网店还没有添加支付方式
点击立即添加
如果您没有添加支付方式，用户购买您的商品时就不能下订单了。
您的网店还没有添加配送方式
点击立即添加
添加配送方式能够更方便用户购买您的商品。
截止 2008-3-28 为止，您共收到 0 条未处理订单 。
直接进入订单管理
尚未回复留言： 0 条
立即查看
尚未审核评论： 0 条
立即查看
库存商品报警： 0 种
立即查看
快来体验购得乐网店推广计划！
基本信息
网店编号：103053
网店名称：红梅花开
网店属性
网店类型：免费网店
网店认证：未 认 证
开店时间：2008年3月26日
到期时间：无限期
商品信息
已上传商品总数：0
剩余上传商品数：50
月销售总额
¥0.00 元 (不含邮费)
免费下载美萍网店管理软件
系统公告
更多公告

图 4－44　网店管理后台(3)

2. 管理网店。进入商店管理后台后，通过左边的管理栏，选择信息管理下面的子选项：管理网店公告、管理网店留言、管理网店评价、管理网店评论等对网店信息进行管理；选择商品管理下面的子选项：添加商品、管理商品、管理商品类别等对商品进行相应管理；除此之外，还可以进行订单管理，会员管理等。

（三）网站推广

1. 电子邮件推广。电子邮件推广是利用邮件地址列表（客户名录），将信息通过 E-mail 发送到对方邮箱，以期达到宣传推广的目的。电子邮件是目前使用最广泛的互联网应用。它方便快捷，成本低廉，不失为一种有效的联络工具。电子邮件推销类似传统的直销方式，属于主动信息发布，带有一定的强制性。

MaxBulk Mailer 是一个全平台全功能的邮件工具。它在发送邮件给上百个用户时会显得非常轻松，并且软件也可自定义设置。它内置配置数据、邮件文本和邮件列表。其他功能包括：支持拖拉功能；易于导入/导出地址列表；按照使用习惯去换行和段落重排；定制 SMTP 邮件头；SMTP 日志控制；重复邮件的地址过滤功能；一次发送所有邮件，可完全定制标签；合并邮件时可定制标签名和数据；预览功能可在发送邮件前查看文档。

MaxBulk Mailer 的下载地址为“精品软件园”http://www.3ddown.com，此软件界面。如图 4-45 所示。

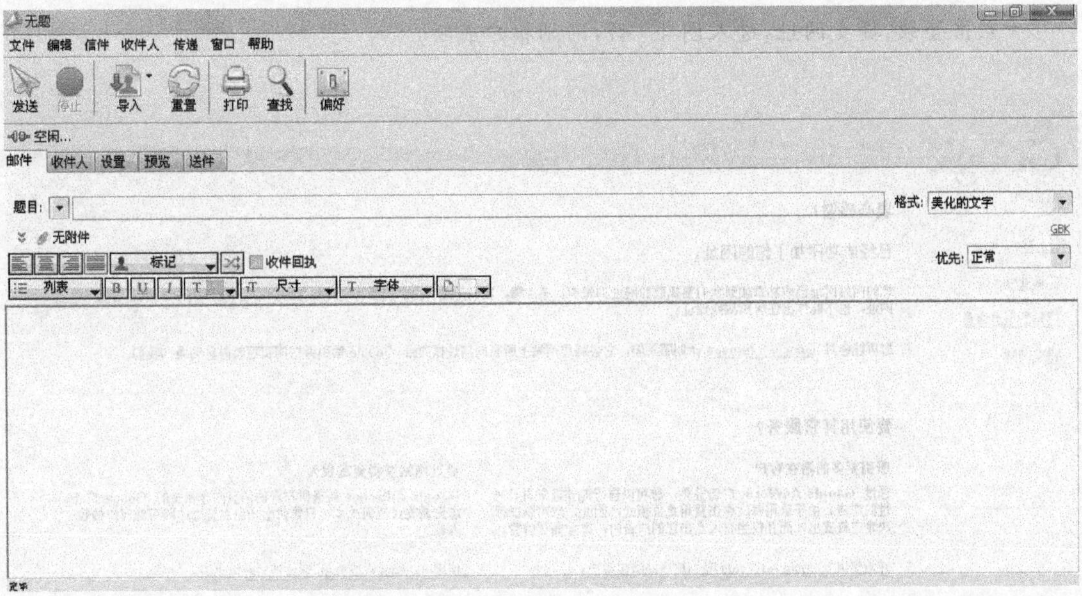
无题
文件 编辑 信件 收件人 传递 窗口 帮助
发送
停止
导入
重置
打印
查找
偏好
空闲...
邮件
收件人
设置
预览
送件
题目:
格式: 美化的文字
无附件
GBK
标记
收件回执
优先: 正常
列表
尺寸
字体

图 4-45 MaxBulk Mailer 软件界面

2. 搜索引擎推广。以 Google 为例，打开网页 http://www.google.cn/intl/zh-CN//add_url.html，将刚才申请的网店地址输入，并填写相关说明。如图 4-46 所示。

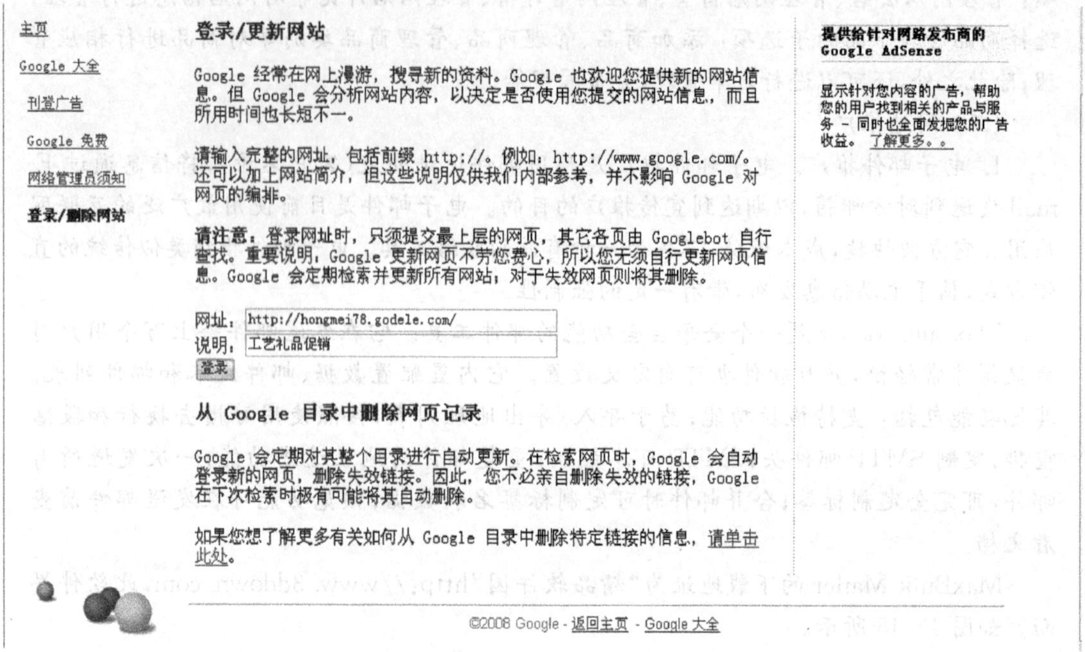
主页
Google 大全
刊登广告
Google 免费
网络管理员须知
登录/删除网站
登录/更新网站
Google 经常在网上漫游，搜寻新的资料。Google 也欢迎您提供新的网站信息。但 Google 会分析网站内容，以决定是否使用您提交的网站信息，而且所用时间也长短不一。
请输入完整的网址，包括前缀 http://。例如：http://www.google.com/。还可以加上网站简介，但这些说明仅供我们内部参考，并不影响 Google 对网页的编排。
请注意：登录网址时，只须提交最上层的网页，其它各页由 Googlebot 自行查找。重要说明：Google 更新网页不劳您费心，所以您无须自行更新网页信息。Google 会定期检索并更新所有网站；对于失效网页则将其删除。
网址：http://hongmei78.godele.com/
说明：工艺礼品促销
登录
从 Google 目录中删除网页记录
Google 会定期对其整个目录进行自动更新。在检索网页时，Google 会自动登录新的网页，删除失效链接。因此，您不必亲自删除失效的链接，Google 在下次检索时极有可能将其自动删除。
如果您想了解更多有关如何从 Google 目录中删除特定链接的信息，请单击此处。
提供给针对网络发布商的 Google AdSense
显示针对您内容的广告，帮助您的用户找到相关的产品与服务 － 同时也全面发掘您的广告收益。了解更多。。
©2008 Google - 返回主页 - Google 大全

图 4－46　Google 网站推广

点击登录，提交网址，进入图 4－47，网站推广成功。

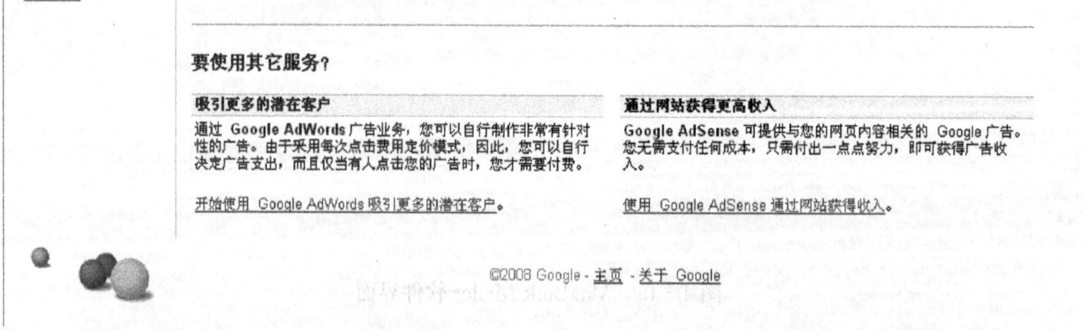
Google
Google 向网站管理员提供的信息
主页
关于 Google
广告业务
网站管理员信息
提交网站
衷心感谢！
已经成功添加了您的网址。
您的网站网址已成功添加到我们要抓取的网址列表中。请注意，我们无法将提交的所有网址都添加到索引中，对于何时或是否显示这些网址，也不能作出任何预测或保证。
您可能会对 Google Sitemaps 计划感兴趣，它会将您网站上所有的网址提交给 Google 索引并在网页更新时自动通知我们。
要使用其它服务？
吸引更多的潜在客户
通过 Google AdWords 广告业务，您可以自行制作非常有针对性的广告。由于采用每次点击费用定价模式，因此，您可以自行决定广告支出，而且仅当有人点击您的广告时，您才需要付费。
开始使用 Google AdWords 吸引更多的潜在客户。
通过网站获得更高收入
Google AdSense 可提供与您的网页内容相关的 Google 广告。您无需支付任何成本，只需付出一点点努力，即可获得广告收入。
使用 Google AdSense 通过网站获得收入。
©2008 Google - 主页 - 关于 Google

图 4－47　Google 网站推广成功页面

复习思考题

1. 请简述网络营销产生的基础。
2. 网络营销的基本功能是什么?
3. 网络市场调查的方法有哪些?
4. 网络市场调查的步骤是什么?
5. 网络营销策略有哪些?
6. 在网络上销售产品应注意的问题?
7. 网络营销价格策略有哪些?
8. 网络营销渠道的功能有哪些?

练习题四

一、名词解释

1. 网络营销　　2. 网上市场调查　　3. 网络广告

二、单项选择题

1. 互联网络是一种功能最强大的营销工具,它所具备的(　　)营销能力,正是符合定制营销与直复营销的未来趋势。

A. 一对多　　B. 一对一　　C. 多对一　　D. 多对多

2. 网络市场调研与传统的市场调研相比其费用较(　　)。

A. 高　　B. 低　　C. 相同　　D. 不确定

3. 网络市场调研直接调研的方法是(　　)。

A. 专题讨论法　　B. 询问法　　C. 电话询问法　　D. 邮寄调查法

4. 在线问卷的主要缺点是(　　)。

A. 调查的深度不够　　B. 代表性不强

C. 适用的范围窄　　D. 无法保证所填信息的真实性

5. 利用网络优势,一对一地向顾客提供独特化、个性化的产品或服务是(　　)。

A. 顾客关系再造　　B. 定制化营销

C. 建立网上营销伙伴　　D. 绿色营销

6. 消费者购买过程是消费者把购买动机转化为(　　)的过程。

A. 购买心理　　B. 购买意志　　C. 购买行动　　D. 购买意向

7. 下列不能表现网络广告优势的是(　　)。

A. 交互性强　　B. 传播范围广　　C. 受众层次广泛　　D. 广告成本低

8. 下列不是广告发布渠道及方式的是(　　)。

A. 企业名录　　B. 专类销售网　　C. 网络报纸　　D. 配送网络

9. 传统营销渠道在因特网的冲击下,将会发生的变化是(　　)。

A. 中间商的作用得到强化　　B. 分销商可能不再承担的售后服务

C. 大企业的市场渠道将会减少　　D. 最终用户将同中间商的关系更为密切

10. 下列不是网络营销促销手段的是(　　)。

A. 网络广告　　B. 关系营销　　C. 售后服务　　D. 站点推广

三、判断题

1. 网络营销与传统营销都是企业的一种经营活动,都是为了实现企业的经营价值。(　　)

2. 任何商品都能在网上销售。(　　)

3. 一个企业网站为了吸引上网用户驻留网站的时间,只要是用户用得上的服务建设得越多越好,这才体现用户至上的原则。(　　)

4. 建立网站及开展网络营销活动的目的就是为了增加销售。(　　)

5. 尊重用户的个人信息,不首先向用户发送商业信息是互联网上一种特有的商业道德。如果遵守了这条规则,E-mail 营销就无从谈起。(　　)

6. 网络营销战略规划是企业以顾客需求为导向,对企业网络营销的任务、目标及实现目标的方案、重点和措施做出总体的、长远的谋划,并付诸实施与控制的过程。(　　)

7. 网上市场调查的及时性是指网络的传输速度快。(　　)

8. 网络市场调查的结果要比传统的市场调研的结果可靠性更强。(　　)

9. 相对于传统的媒体广告形式,网络广告价格低廉,所以任何企业和产品都适合在网上做广告。(　　)

10. 新闻组是网络广告的发布渠道之一。(　　)

四、案例分析

21 世纪是一个信息化的时代,网络技术的运用和发展改变了大众对信息的接受方式,更改变了人们的生活、学习、工作方式。在激烈的市场竞争中,众商家也开始逐步利用网络媒体来进行一系列的商业活动,促进销售、树立品牌形象、增强与消费者的深度沟通甚至招商。网络与其他媒体不同,它可以巧妙地将各种记忆符号进行搭配,通过色彩绚烂的图形、时尚动感的声音、个性化的 Flash 等诸多的表现形式把产品的特性表现出来。所以,网络媒体的第一作用就是刺激消费者的购买欲,以达促进销售的目的。同时见于网络广告的时效性,在进行新品推介的时候,网络的宣传就更显得重要。

网络媒体有别于传统媒体的另一大优势在于它能够有效地锁定目标消费人群。对于上班族来说,每日看电视的时间会很少,但是网络媒体则弥补了这一缝隙。随着办公自动化与网络的普及,上班族来到公司的第一件事情即是登录网站来阅读新闻或收发电子邮件,而这时网络广告能够抢先映入上班族的眼帘,占据其心智,为以后的销售埋下伏笔。实践证明,网络广告在受众反应与品牌知名度等各方面均产生着巨大的影响。正确认识并有效的运用网络媒体进行宣传会使企业及品牌运作上升到一个新的台阶。这就是网络媒体的力量与魅力所在。

读了这则案例请回答以下问题:

1. 根据所学的网络广告知识,谈谈网络广告有哪些类型?

2. 结合案例谈谈网络广告的优势及网络广告自身的缺点。应通过哪些途径来发布网络广告?

第五章　电子支付

【内容提要】 本章主要介绍电子交易的定义、分类、电子支付工具，使读者能够综合运用各种电子交易技术，完成电子交易系统上的服务与管理。在理论上分析电子支付的基本原理，在实践应用上尽可能多地举出实际已在使用的各种电子支付系统。

引例

支付宝案例分析

一、基本框架与功能

（一）基本情况

支付宝是提供网上支付服务的第三方支付平台，于2003年10月在淘宝网推出，由阿里巴巴公司创办。支付宝一经推出，短时间内迅速成为使用极其广泛的网上安全支付工具，深受用户喜爱，引起业界高度关注，用户覆盖了整个C2C、B2C以及B2B领域。

支付宝庞大的用户群吸引越来越多的互联网商家主动选择集成支付宝产品和服务，目前除淘宝网和阿里巴巴外，支持使用支付宝交易服务的商家已经超过30万家；涵盖了虚拟游戏、数码通讯、商业服务、机票等行业。这些商家在享受支付宝服务的同时，更是拥有了一个极具潜力的消费市场。

支付宝以其在电子商务支付领域先进的技术、风险管理与控制等能力赢得银行等合作伙伴的认同。目前已和国内工商银行、农业银行、建设银行、招商银行、上海浦发银行等各大商业银行以及中国邮政、VISA国际组织等各大机构建立了战略合作，成为金融机构在网上支付领域极为信任的合作伙伴。

支付宝品牌以安全、诚信迎得了用户和业界的一致好评。支付宝被评为2005年网上支付最佳人气奖、2005年中国最具创造力产品、2006年用户安全使用奖；同时支付宝也在2005年中国互联网产业调查中获得“电子支付”第一名，名列中国互联网产业品牌50强以及2005年中国最具创造力企业称号。2006年9月，在中国质量协会用户委员会及计世资讯主办的“2006年中国IT用户满意度调查”中，支付宝被评为“用户最信赖互联网支付平台”。支付宝网站首页如图5-1所示。

（二）功能结构图

支付宝在网上交易中充当的是第三方支付平台的作用，为电子商务提供安全、简单、便捷的在线支付解决方案。支付宝的交易流程如图5-2所示。

（续上）

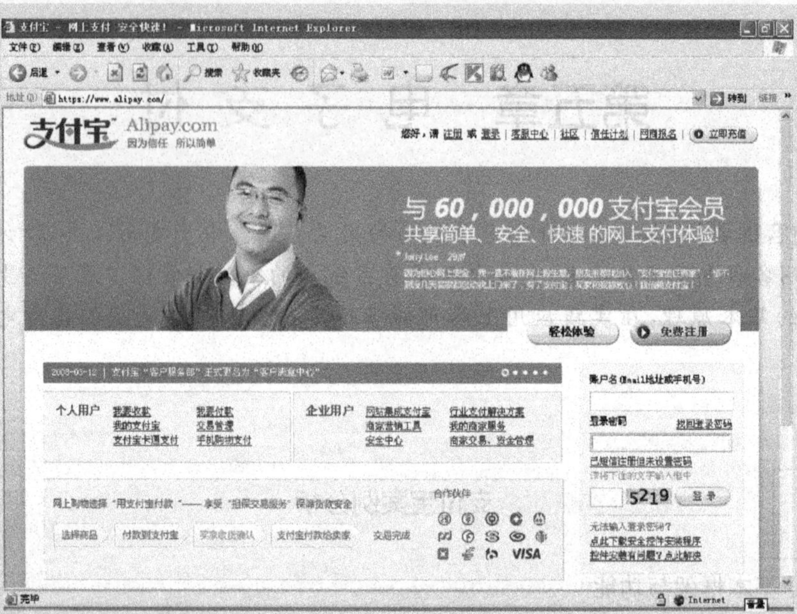
支付宝 Alipay.com
因为信任 所以简单
与60，000，000支付宝会员
共享简单、安全、快速的网上支付体验!
轻松体验
免费注册
个人用户
企业用户
5219
VISA

图 5-1　支付宝网站首页

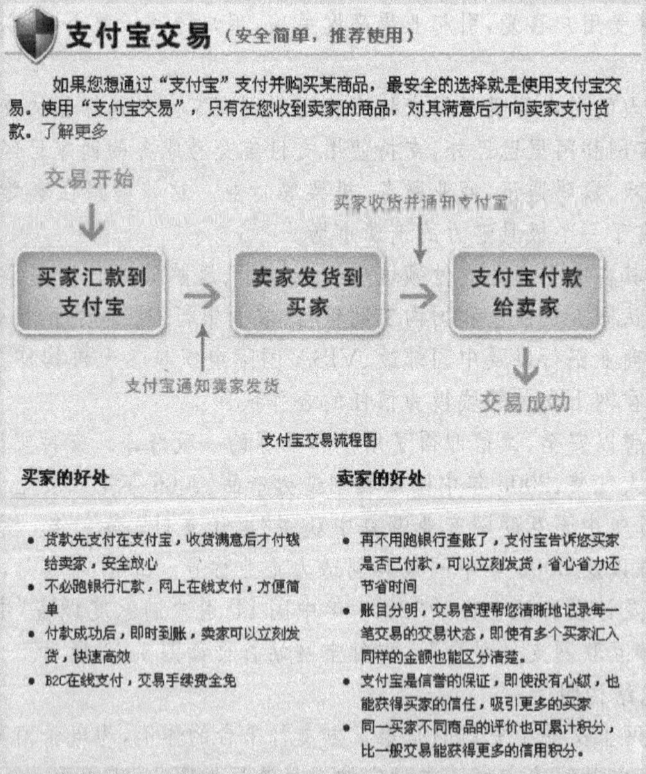
支付宝交易（安全简单，推荐使用）
如果您想通过“支付宝”支付并购买某商品，最安全的选择就是使用支付宝交易。使用“支付宝交易”，只有在您收到卖家的商品，对其满意后才向卖家支付货款。了解更多
交易开始
买家汇款到支付宝
卖家发货到买家
支付宝付款给卖家
买家收货并通知支付宝
支付宝通知卖家发货
交易成功
支付宝交易流程图
买家的好处
货款先支付在支付宝，收货满意后才付钱给卖家，安全放心
不必跑银行汇款，网上在线支付，方便简单
付款成功后，即时到账，卖家可以立刻发货，快速高效
B2C在线支付，交易手续费全免
卖家的好处
再不用跑银行查账了，支付宝告诉您买家是否已付款，可以立刻发货，省心省力还节省时间
账目分明，交易管理帮您清晰地记录每一笔交易的交易状态，即使有多个买家汇入同样的金额也能区分清楚。
支付宝是信誉的保证，即使没有心级，也能获得买家的信任，吸引更多的买家
同一买家不同商品的评价也可累计积分，比一般交易能获得更多的信用积分。

图 5-2　支付宝的交易流程

（续上）

二、商业模式

（一）目标客户群

支付宝刚创立时的目标客户是淘宝网用户，为他们提供一种安全、便捷的支付方式。随着支付宝的影响力不断增加，支付宝开始为阿里巴巴中国网站用户以及其他非阿里巴巴旗下网站提供支付平台。

（二）盈利模式

截至2006年年底，支付宝对所有用户均是免费使用，没有盈利模式。但从2007年2月开始，支付宝将向非淘宝网卖家收取一定比例的技术服务费用，收费标准约为交易总额1.5%。淘宝网用户可以继续免费使用支付宝。

（三）核心能力

与国内其他第三方支付平台相比，支付宝的核心能力主要体现为两点：一是强大的后盾为其提供的庞大客户群，淘宝网、阿里巴巴中国站都支持支付宝，这为支付宝获得了其他任何第三方支付平台无法比拟的客户数量；二是安全保障，支付宝对外推出"全额赔付"的政策，使用户有了安全保障。

三、经营模式

支付宝前期为淘宝网定制，后扩展到阿里巴巴中国站和非阿里巴巴旗下网站。2003年10月，阿里巴巴公司推出支付宝的目的就是为了解决旗下C2C网站——淘宝网支付困难的问题，从而推动淘宝网的发展。后来随着产品的成熟，开始在阿里巴巴中国站和非阿里巴巴旗下网站推广，且不收取任何费用。

（一）支付宝目前已和国内工商银行、农业银行、建设银行、招商银行、上海浦发银行等各大商业银行以及中国邮政、VISA国际组织等各大机构建立了战略合作，成为金融机构在网上支付领域极为信任的合作伙伴。另外，支付宝还与中国建设银行合作，发布了国内首张真正专注于电子商务的联名借记卡——支付宝龙卡及电子支付新产品——支付宝卡通业务。该卡除了具有建行龙卡借记卡的所有功能外，还能使持卡人享受到电子支付创新产品支付宝卡通的服务。持卡人将支付宝账户与支付宝龙卡通过建行柜台签约绑定后，可登录支付宝账户，直接通过支付宝龙卡账户，完成持卡人在支付宝平台的在线支付业务。同时，持卡人还能通过支付宝卡通完成支付宝龙卡账户余额和支付限额的查询服务。

（二）推出"全额赔付"等措施，打造安全信用体系。目前，网上支付最大的障碍就是支付问题。支付宝对此认识很深，于2005年2月率先推出"全额赔付"制度。在使用支付宝支付的网站，如果在成交协议后，卖家没有向买家寄送货品或者买家收到的物品与描述不符，淘宝作为第三方监管将为买家提供与货品价值等额的"全额赔付"。2006年6月，支付宝又推出国内支付领域首张数字证书，并向所有经过认证的网民免费发放，使网上购物者有了身份确认和全额赔付的双重保障。2006年10月，支付宝再推出"电子机票"全额赔付制度，凡是支付宝的用户，只要用其支付宝账户登

（续上）

录游易网进行机票订购，都可享受全额赔付待遇。另外，为了消除用户担心支付宝挪用“沉淀资金”的疑虑，支付宝于2006年5月与中国工商银行签订托管协议，支付宝所有的客户交易保证金都将统一存放在工行备案允许的资金托管账户，由工行总行对支付宝公司交易资金情况进行综合审计，每月提交资金托管报告披露客户保证金存管情况，并出具支付宝客户交易保证金专用存款账户的资金存管情况，在支付宝客户交易保证金出现重大异常情况时，向相关部门报告并可以根据相关规定拒绝支付宝不符合规定的业务请求。

四、结论与建议

经过几年的发展，支付宝已经成为国内第三方支付平台的领头羊，取得了不俗的成绩。但面对国内十余家第三方支付平台的竞争，支付宝需要突出自己的优势，在稳中求发展。国家对第三方支付平台的政策也直接影响支付宝的发展。在盈利模式方面，支付宝应在做大用户数的基础上，强化其信用功能，从而收取交易费。另外，作为国内第三方支付平台的领头羊，应该更多地与银行等行业合作，从中寻找盈利模式。

——引自科梦多网 http://www.kemengduo.com/l7/m2/218.html

一、电子支付的概念

（一）电子支付的定义

电子支付(electronic payment)是以计算机和通信技术为手段，通过计算机网络系统以电子信息传递形式实现的货币支付与资金流通。

（二）电子支付的特征

(1) 以信息流代替现金流。

(2) 基于开放的平台。

(3) 方便高效的支付方式。

(4) 具有条件限制。

(5) 安全要求高。

（三）电子支付的分类

随着计算机技术的发展，电子支付的工具越来越多。这些支付工具可以分为三大类：一类是电子货币类，如电子现金、电子钱包等；另一类是电子信用卡类，包括智能卡、借记卡、电话卡等；还有一类是电子支票类，如电子支票、电子汇款(EFT)、电子划款等。这些方式各有自己的特点和运作模式，适用于不同的交易过程。本节中主要介绍信用卡、电子现金、电子钱包和电子支票。

二、电子支付工具

（一）信用卡

信用卡是商业银行向个人和单位发行的，凭以向特约单位购物、消费和向银行存取现金，具有消费信用的特制载体卡片，其形式是一张正面印有发卡银行名称、有效期、号码、持卡人姓名等内容，背面有磁条、签名条的卡片。信用卡按是否向发卡银行交存备用金分为贷记卡、准贷记卡两类。贷记卡是发卡银行给予持卡人一定的信用额度，持卡人可在信用额度内先消费、后还款的信用卡。准贷记卡则是先按发卡银行要求交存一定金额的备用金的信用卡。我们现在所说的信用卡，一般单指贷记卡。

（二）电子现金

电子现金(e－cash)是一种以数据形式流通的货币。它把现金数值转换成为一系列的加密序列数，通过这些序列数来表示现实中各种金额的币值。用户在开展电子现金业务的银行开设账户并在账户内存钱后，就可以在接受电子现金的商店购物了。电子现金具有以下特点：

(1) 银行和商家之间应有协议和授权关系。

(2) 用户、商家和 e－cash 银行都需使用 e－cash 软件。

(3) e－cash 银行负责用户和商家之间资金的转移。

(4) 身份验证是由 e－cash 本身完成的。e－cash 银行在发放电子货币时使用了数字签名。商家在每次交易中，将电子货币传送给 e－cash 银行，由 e－cash 银行验证用户支持的电子货币是否无效(伪造或使用过等)。

(5) 匿名性。

(6) 具有现金特点，可以存、取、转让，适用于小的交易量。

（三）电子钱包

电子钱包(electronic purse)是电子商务活动中顾客购物常用的一种支付工具，是在小额购物或购买小商品时常用的新式钱包。它以智能卡为电子钱包的电子现金支付系统，应用于多种用途，具有信息存储、电子钱包、安全密码锁等功能，安全可靠。

英国西敏寺(National-Westminster)银行开发的电子钱包 Monde 是世界上最早的电子钱包系统，于 1995 年 7 月首先在有“英国的硅谷”之称的斯温顿(Swenson)市试用。起初，名声并不那么响亮，不过很快就在斯温顿打开了局面，并被广泛应用于超级市场、酒吧、珠宝店、宠物商店、餐饮店、食品店、停车场、电话间和公共交通车辆之中。这是由于电子钱包使用起来十分简单，只要把 Mondex 卡插入终端，三五秒钟之后，卡和收据条便从设备付出，一笔交易即告结束，读取器将从 Mondex 卡中所有的钱款中扣除掉本次交易的花销。电子钱包如同现金一样，一旦遗失或被窃，Mondex 卡内的金钱价值不能重新发行，也就是说持卡人必须负起管理上的责任。有的卡如被别人拾起照样能用，有的卡写有持卡人的姓名和密码锁定功能，只有持卡人才能使用，比现金来的安全一些。Mondex 卡损坏时，持卡人就向发行机关申报卡内所余余额，由发行机关确认后重新制作新卡发还。

（四）电子支票

电子支票(electronic check ，e－check 或 e－cheque)是一种借鉴纸张支票转移支付的优点，利用数字传递将钱款从一个账户转移到另一个账户的电子付款形式。这种电子支票的支付是在与商户及银行相连的网络上以密码方式传递的，多数使用公用关键字加密签名或个人身份证号码(PIN)代替手写签名。用电子支票支付，事务处理费用较低，而且银行也能为参与电子商务的商户提供标准化的资金信息，故而用电子支票支付有可能成为最有效率的支付手段。

电子支票的使用过程：一是申请电子支票；二是电子支票付款。

(1) 用户和商家达成购销协议选择用电子支票支付。

(2) 用户在计算机上填写电子支票(如图 5－3)，电子支票上包含支付人姓名、支付人账户名、接收人姓名、支票金额等。用自己的私钥在电子支票上进行数字签名，用卖方的公钥加密

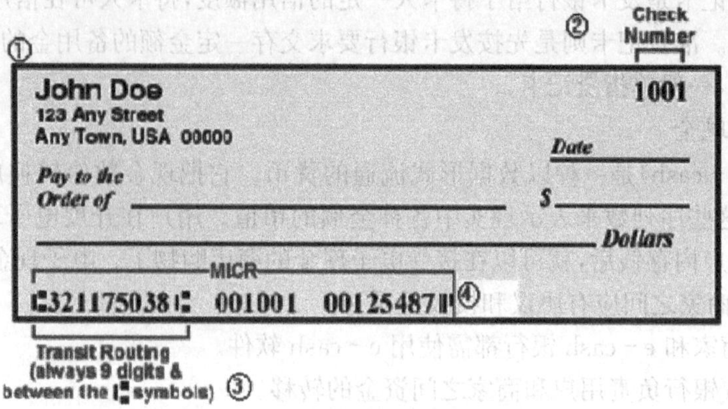
Check Number
John Doe
123 Any Street
Any Town, USA 00000
1001
Date
Pay to the Order of
$
Dollars
MICR
Transit Routing (always 9 digits & between the symbols)

① 使用者姓名及地址；② 支票号；③ 传送路由号(9 位数)；④ 账号。

图 5－3 电子支票的样式

电子支票，形成电子支票文档。

(3) 用户通过网络向商家发出电子支票，同时向银行发出付款通知单。

(4) 商家收到电子支票后进行解密，验证付款方的数字签名，背书电子支票，填写进账单，并对进账单进行数字签名。

(5) 商家将经过背书的电子支票及签名过的进账单通过网络发给收款方开户银行。

(6) 收款方开户银行验证付款方和收款方的数字签名后，通过金融网络发给付款方开户银行。

(7) 付款方开户银行验证收款方开户银行和付款方的数字签名后，从付款方账户划出款项，收款方开户银行在收款方账户存入款项。

实操一

U 盾 使 用

【实验目的】

1. U 盾的申请流程。
2. U 盾的使用。

【实验环境】

1. 实验方式：用户端通过相连的局域网访问 Internet。
2. 硬件要求：用户 PⅡ266/4.3G/64MB RAM 以上。
3. 软件要求：用户操作系统为 Windows 98 以上，Internet Explorer 5.0 以上浏览器。

【实验内容】

U 盾是工行 2003 年推出并获得国家专利的客户证书 USBkey，是专门用于网上银行电子签名和数字认证的高级别安全工具，它内置微型智能卡处理器，采用 1 024 位非对称密钥算法对网上数据进行加密、解密和数字签名，确保网上交易的保密性、真实性、完整性和不可否认性。

本次实验以捷德 USBkey 为例，完成以下内容：

1. 安装U盾驱动程序。

2. 下载证书信息。

3. U盾的使用。

【实验步骤】

步骤一：下载安装个人网上银行安全控件。

该控件的下载网址：http://www.icbc.com.cn/download/dkq/icbc_netbank_client_controls.exe。下载完毕后，双击安装。如图5-4所示。

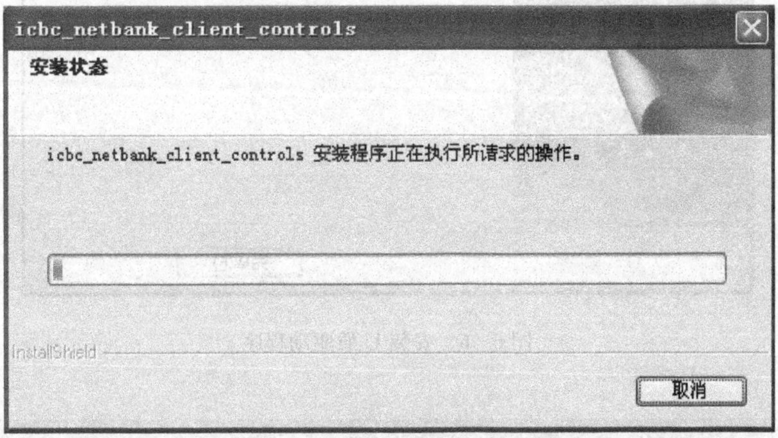
icbc_netbank_client_controls
安装状态
icbc_netbank_client_controls 安装程序正在执行所请求的操作。
InstallShield
取消

图5-4 安装个人网上银行安全控件

步骤二：设置IE属性。

安装完毕后，需要修改IE设置，以确保使用个人网银，单击"是"。如图5-5所示。

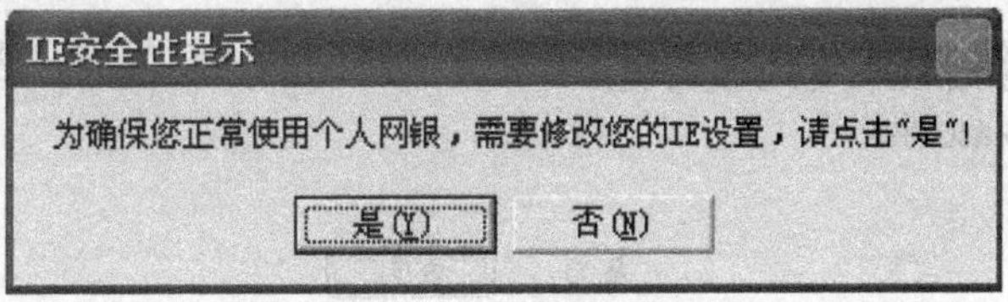
IE安全性提示
为确保您正常使用个人网银，需要修改您的IE设置，请点击"是"！
是(Y)
否(N)

图5-5 修改IE设置

步骤三：下载U盾驱动程序。

该驱动的下载网址：http://www.icbc.com.cn/download/dkq/SafeSign_ICBC_Per.exe

下载完毕后，双击安装。如图5-6所示。

第四步：安装工行根证书。

如果是第一次登录个人网上银行，计算机将会有安全提示从Personal ICBC CA中颁发根证书，该根证书用于认证工商银行的网站，点击"是"，这表示接受工商银行的个人网上银行服务。如图5-7所示。

第五步：下载个人客户证书信息。

在安装了工行根证书后请直接进入"客户服务"，在"U盾下载"栏目下载个人客户证书信息到U盾中。如图5-8所示。

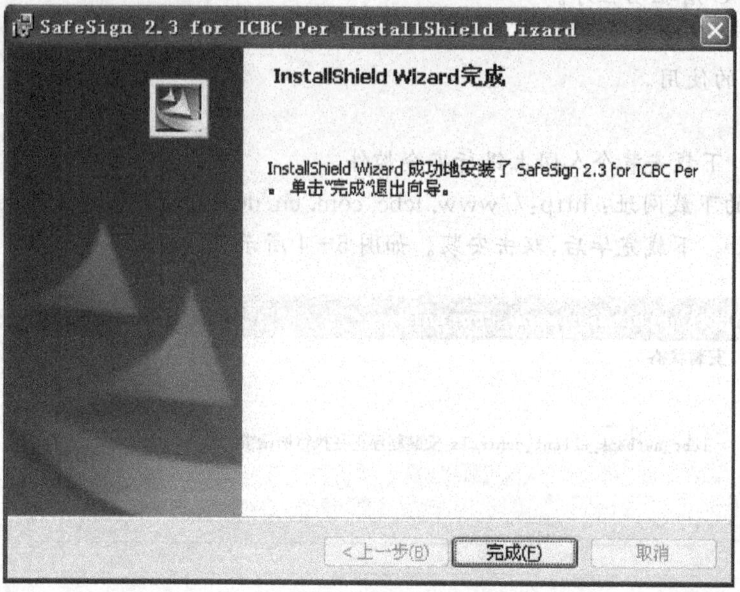
SafeSign 2.3 for ICBC Per InstallShield Wizard
InstallShield Wizard完成
InstallShield Wizard 成功地安装了 SafeSign 2.3 for ICBC Per
。单击"完成"退出向导。
< 上一步(B)
完成(F)
取消

图 5-6　安装 U 盾驱动程序

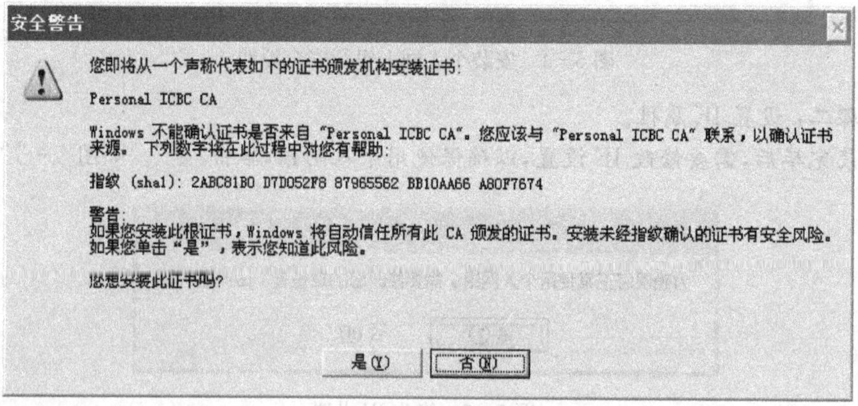
安全警告
您即将从一个声称代表如下的证书颁发机构安装证书:
Personal ICBC CA
Windows 不能确认证书是否来自"Personal ICBC CA"。您应该与"Personal ICBC CA"联系，以确认证书来源。下列数字将在此过程中对您有帮助:
指纹 (sha1): 2ABC81B0 D7D052F8 87965562 BB10AA66 A80F7674
警告:
如果您安装此根证书，Windows 将自动信任所有此 CA 颁发的证书。安装未经指纹确认的证书有安全风险。如果您单击"是"，表示您知道此风险。
您想安装此证书吗?
是(Y)
否(N)

图 5-7　安装工行根证书

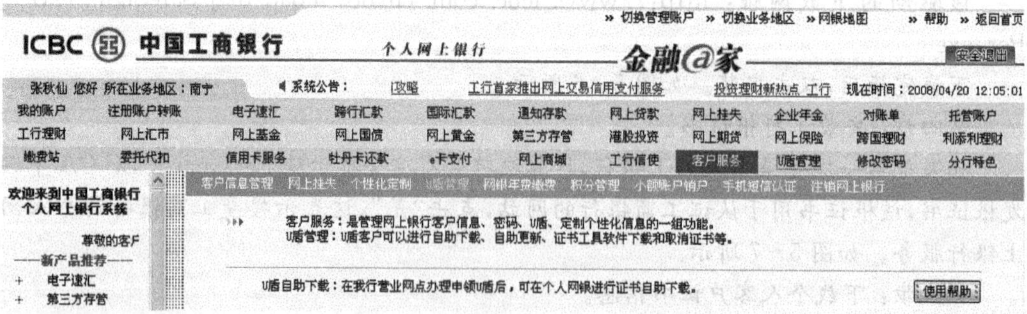
» 切换管理账户 » 切换业务地区 » 网银地图 » 帮助 » 返回首页
ICBC 中国工商银行
个人网上银行
金融@家
安全退出
张秋仙 您好 所在业务地区：南宁
系统公告：
工行首家推出网上交易信用支付服务
投资理财新热点 工行
现在时间：2008/04/20 12:05:01
我的账户 注册账户转账 电子速汇 跨行汇款 国际汇款 通知存款 网上贷款 网上挂失 企业年金 对账单 托管账户
工行理财 网上汇市 网上基金 网上国债 网上黄金 第三方存管 灌股投资 网上期货 网上保险 跨国理财 利添利理财
缴费站 委托代扣 信用卡服务 牡丹卡还款 e卡支付 网上商城 工行信使 客户服务 U盾管理 修改密码 分行特色
客户信息管理 网上挂失 个性化定制 U盾管理 网银年费缴费 积分管理 小额账户销户 手机短信认证 注销网上银行
欢迎来到中国工商银行个人网上银行系统
尊敬的客户
新产品推荐
电子速汇
第三方存管
客户服务：是管理网上银行客户信息、密码、U盾、定制个性化信息的一组功能。
U盾管理：U盾客户可以进行自助下载、自助更新、证书工具软件下载和取消证书等。
U盾自助下载：在我行营业网点办理申领U盾后，可在个人网银进行证书自助下载。
使用帮助

图 5-8　下载个人客户证书信息

第六步：使用U盾。

登录个人网上银行之后，如需办理转账、汇款、缴费等对外支付业务，只要按系统提示将U盾插入电脑的USB接口，输入U盾密码，并经银行系统验证无误，即可完成支付业务。

实操二

简单购物

【实验目的】

1. 了解网上购书的基本流程。
2. 掌握网上购书的操作方法。

【实验环境】

1. 实验方式：用户端通过相连的局域网访问Internet。
2. 硬件要求：用户PⅡ266/4.3G/64MB RAM以上。
3. 软件要求：用户操作系统为Windows 98以上，Internet Explorer 5.0以上浏览器。

【实验内容】

当当网上书店成立于1999年11月，当当由美国IDG集团、卢森堡剑桥集团、日本软库(Softbank)和中国科文公司共同投资，是全球最大的中文网上书店之一。当当书店面向全世界中文读者提供20多万种中文图书及超过1万种的音像商品。当当书店管理团队拥有多年的图书出版、零售、信息技术及市场营销经验，其图书的检索方法和销售、配送方法很有代表性。

本实验以在当当书店购买网页设计类书籍为例，练习网上购物的全过程。

网上购书的一般流程是：进入当当网上书店→查找选购商品→查看→修改购物车→继续购买产品→结算→订单生成→订单跟踪。

【实验步骤】

步骤一：进入当当网上书店。

登录当当网上书店主页：http://home.dangdang.com/，了解当当网站的布局、商品分类及公司简介。

步骤二：注册当当网上书店会员，输入相关信息。如图5-9所示。

步骤三：搜索商品。

注册成功后，返回首页。在商品搜索框中输入"DIV+CSS网页布局"关键词，然后点击："在所有商品中搜"。如图5-10所示。

步骤四：选购商品。

在"DIV+CSS网页布局商业案例精粹(含光盘1张)"在栏单击"购买"。

步骤五：查看购物车。

单击"购买"后，进入了核对购物车信息，如图5-11所示。

步骤六：结算订单。

单击"结算"，进入用户登录界面。如图5-12所示。

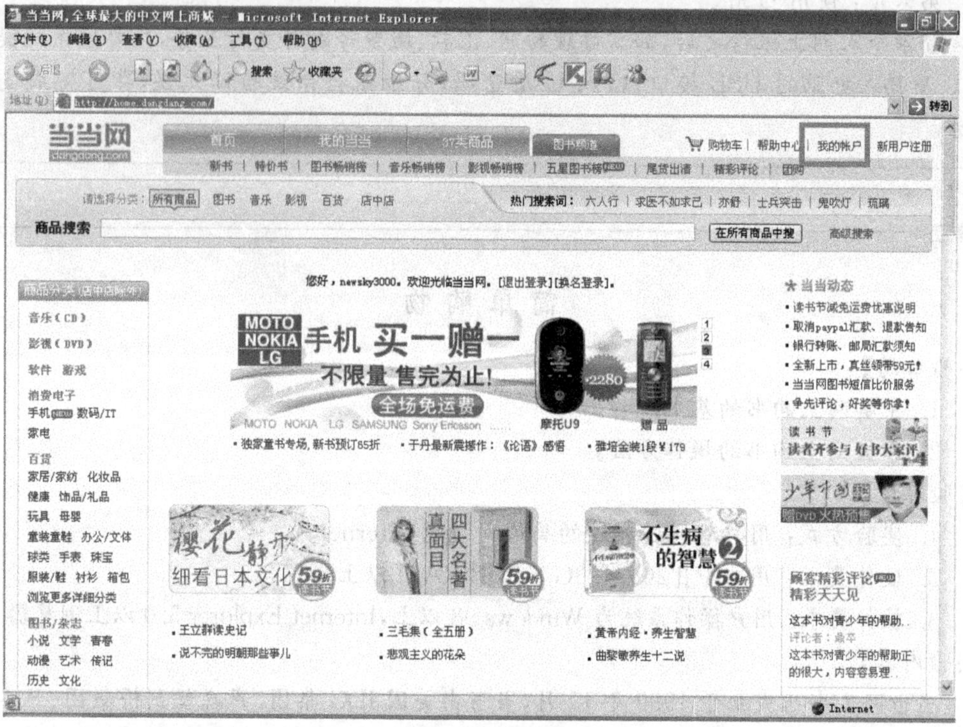
当当网,全球最大的中文网上商城 - Microsoft Internet Explorer
文件(F) 编辑(E) 查看(V) 收藏(A) 工具(T) 帮助(H)
http://home.dangdang.com/
当当网
dangdang.com
首页
我的当当
3T类商品
图书频道
购物车
帮助中心
我的帐户
新用户注册
商品搜索
在所有商品中搜
高级搜索
热门搜索词：
您好，newsky3000。欢迎光临当当网。[退出登录][换名登录]。
商品分类
当当动态
MOTO NOKIA LG
手机 买一赠一
不限量 售完为止!
全场免运费
摩托U9
赠品
细看日本文化
不生病的智慧
顾客精彩评论
精彩天天见
王立群读史记
三毛集(全五册)
黄帝内经·养生智慧
说不完的明朝那些事儿
悲观主义的花朵
曲黎敏养生十二说
Internet

图 5－9　注册当当网上书店会员

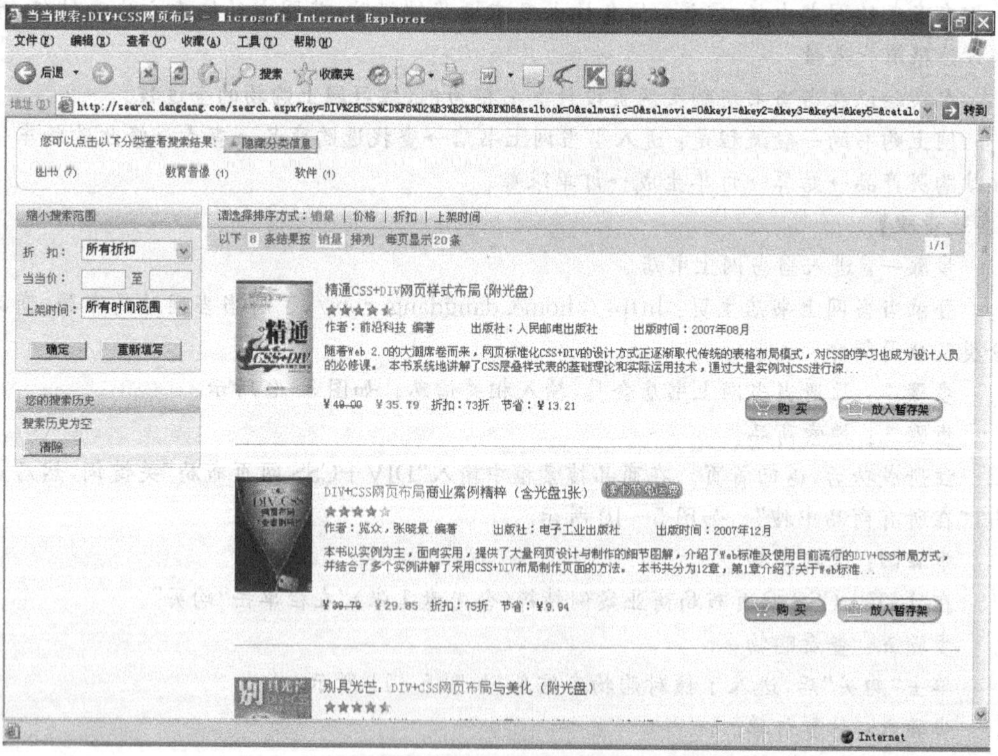
当当搜索:DIV+CSS网页布局 - Microsoft Internet Explorer
文件(F) 编辑(E) 查看(V) 收藏(A) 工具(T) 帮助(H)
您可以点击以下分类查看搜索结果:
缩小搜索范围
折扣: 所有折扣
当当价: 至
上架时间: 所有时间范围
确定
重新填写
您的搜索历史
搜索历史为空
清除
请选择排序方式: 销量 | 价格 | 折扣 | 上架时间
精通CSS+DIV网页样式布局(附光盘)
作者：前沿科技 编著
出版社：人民邮电出版社
出版时间：2007年08月
¥49.00 ¥35.79 折扣:73折 节省:¥13.21
购买
放入暂存架
DIV+CSS网页布局商业案例精粹(含光盘1张)
作者：觉众,张晓景 编著
出版社：电子工业出版社
出版时间：2007年12月
¥39.79 ¥29.85 折扣:75折 节省:¥9.94
别具光芒：DIV+CSS网页布局与美化(附光盘)
Internet

图 5－10　搜索商品

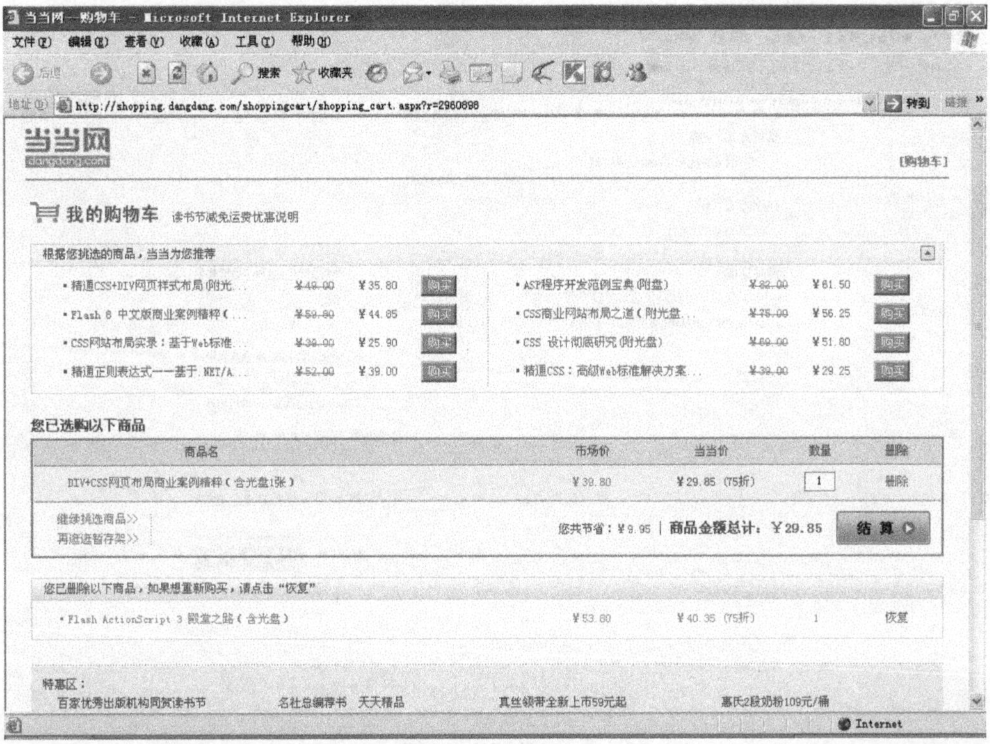
当当网—购物车 - Microsoft Internet Explorer
文件(F) 编辑(E) 查看(V) 收藏(A) 工具(T) 帮助(H)
http://shopping.dangdang.com/shoppingcart/shopping_cart.aspx?r=2960898
当当网
dangdang.com
[购物车]
我的购物车 读书节减免运费优惠说明
根据您挑选的商品，当当为您推荐
精通CSS+DIV网页样式布局(附光... ￥49.00 ￥35.80 购买
ASP程序开发范例宝典(附盘) ￥82.00 ￥61.50 购买
Flash 8 中文版商业案例精粹(... ￥59.80 ￥44.85 购买
CSS商业网站布局之道(附光盘... ￥75.00 ￥56.25 购买
CSS网站布局实录：基于Web标准... ￥39.00 ￥25.90 购买
CSS 设计彻底研究(附光盘) ￥69.00 ￥51.80 购买
精通正则表达式——基于.NET/A... ￥52.00 ￥39.00 购买
精通CSS：高级Web标准解决方案... ￥39.00 ￥29.25 购买
您已选购以下商品
商品名 市场价 当当价 数量 删除
DIV+CSS网页布局商业案例精粹(含光盘1张) ￥39.80 ￥29.85 (75折) 1 删除
继续挑选商品>>
再逛逛暂存架>>
您共节省：￥9.95 | 商品金额总计：￥29.85
结算
您已删除以下商品，如果想重新购买，请点击"恢复"
Flash ActionScript 3 殿堂之路(含光盘) ￥53.80 ￥40.35 (75折) 1 恢复
特惠区：
百家优秀出版机构同贺读书节 名社总编荐书 天天精品 真丝领带全新上市59元起 惠氏2段奶粉109元/桶
Internet

图 5-11 查看购物车

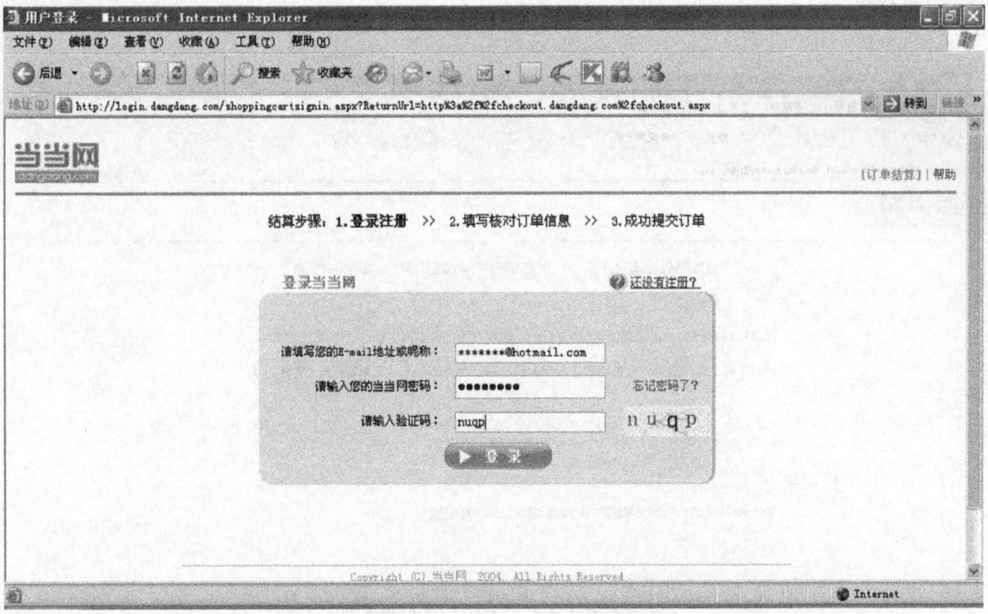
用户登录 - Microsoft Internet Explorer
文件(F) 编辑(E) 查看(V) 收藏(A) 工具(T) 帮助(H)
http://login.dangdang.com/shoppingcartsignin.aspx?ReturnUrl=http%3a%2f%2fcheckout.dangdang.com%2fcheckout.aspx
当当网
dangdang.com
[订单结算] | 帮助
结算步骤：1.登录注册 >> 2.填写核对订单信息 >> 3.成功提交订单
登录当当网
还没有注册？
请填写您的E-mail地址或昵称：
*******@hotmail.com
请输入您的当当网密码：
忘记密码了？
请输入验证码：
nuqp
n u q p
登 录
Copyright (C) 当当网 2004, All Rights Reserved
Internet

图 5-12 结算订单

步骤七：填写核对订单信息，在此页面中，修改：收货人信息，送货方式，支付方式。查看商品清单。如图 5-13 所示。

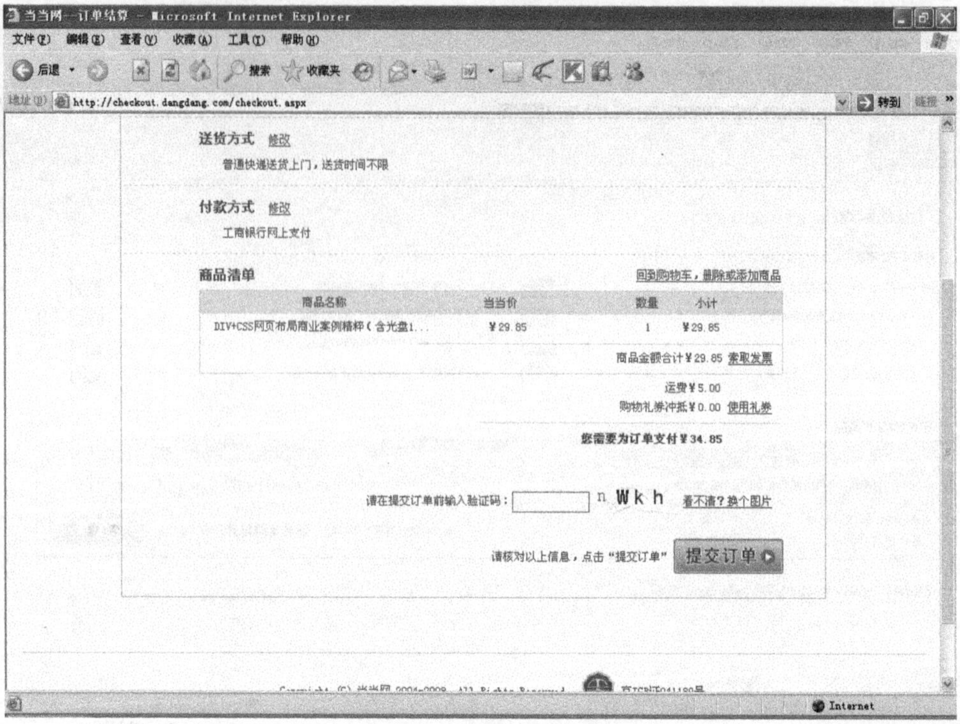

图 5-13　填写核对订单信息

步骤八：成功提交订单。

点击“提交订单”，已成功向当当网提交订单。如图 5-14 所示。

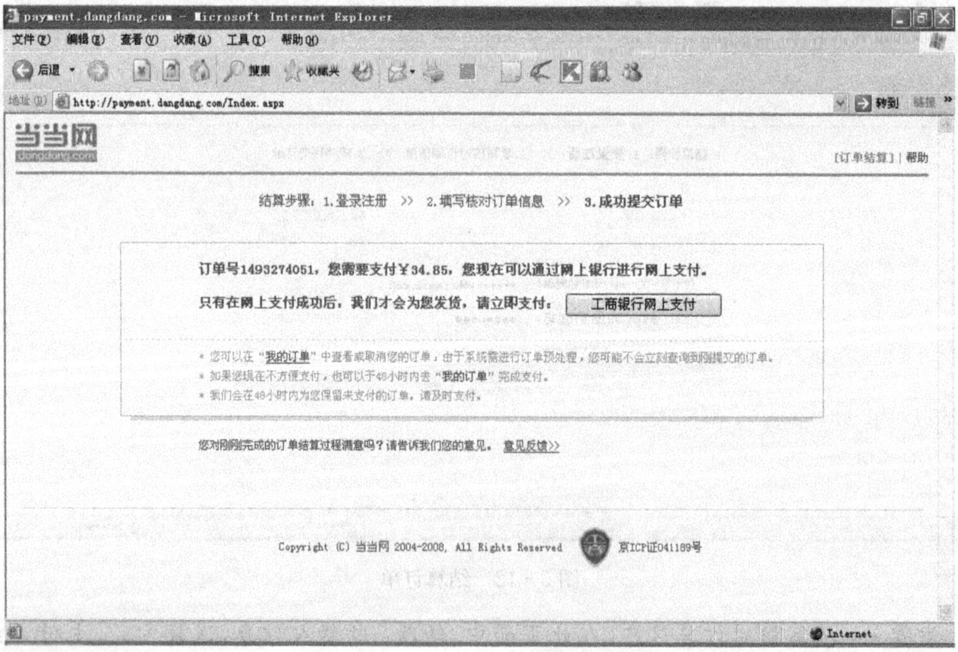

图 5-14　成功提交订单

步骤九：网上支付。

点击“网上支付”，会自动跳转到工商银行支付页面，输入支付卡号和验证码点击“提交”，完成支付。如图 5－15 所示。

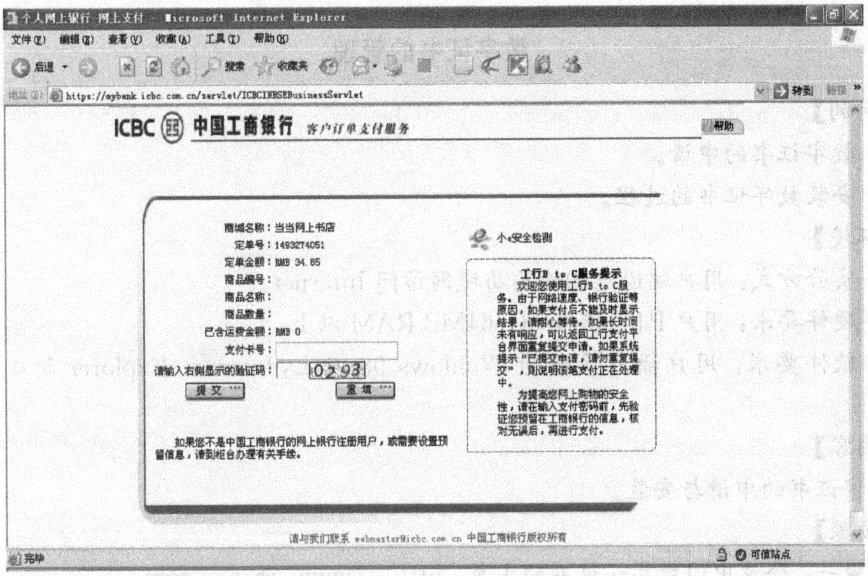
个人网上银行-网上支付 - Microsoft Internet Explorer
文件(F) 编辑(E) 查看(V) 收藏(A) 工具(T) 帮助(H)
https://mybank.icbc.com.cn/servlet/ICBCINBSEBusinessServlet
ICBC 中国工商银行 客户订单支付服务
帮助
商城名称：当当网上书店
定单号：1493274051
定单金额：RMB 34.85
商品编号：
商品名称：
商品数量：
已含运费金额：RMB 0
支付卡号：
请输入右侧显示的验证码：
0293
提 交
重 填
小e安全检测
工行B to C服务提示
如果您不是中国工商银行的网上银行注册用户，或需要设置预留信息，请到柜台办理有关手续。
请与我们联系 webmaster@icbc.com.cn 中国工商银行版权所有
完毕
可信站点

图 5－15　网上支付

步骤十：查询订单。

进入“我的账户”登录账户管理面页，查询订单。在该页面可以查看订单、取消订单、进行账户管理，修改个人信息。如图 5－16 所示。

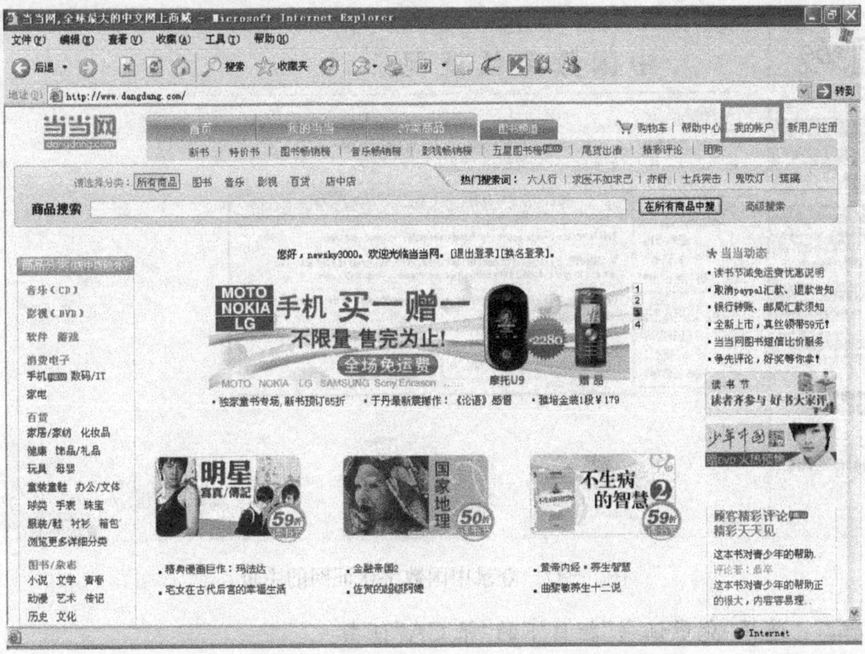
当当网，全球最大的中文网上商城 - Microsoft Internet Explorer
http://www.dangdang.com/
当当网
购物车 | 帮助中心 | 我的账户 | 新用户注册
商品搜索
在所有商品中搜
高级搜索
您好，newsky3000。欢迎光临当当网。[退出登录][换名登录]。
手机 买一赠一
不限量 售完为止！
全场免运费
当当动态
Internet

图 5－16　查询订单

步骤十一：购物成功。

实操三

数字证书的管理

【实验目的】

1. 数字证书的申请。

2. 安装数字证书的过程。

【实验环境】

1. 实验方式：用户端通过相连的局域网访问 Internet。

2. 硬件要求：用户 PⅡ266/4.3G/64MB RAM 以上。

3. 软件要求：用户操作系统为 Windows 98 以上，Internet Explorer 5.0 以上浏览器。

【实验内容】

数字证书的申请与安装。

【实验步骤】

步骤一：登录中国数字认证网的主页：http://www.ca365.com/。

在弹出的对话框中单击“YES”，该网站会将一个证书或多个证书加入到本地计算机上，单击“是”。如图 5-17 所示。

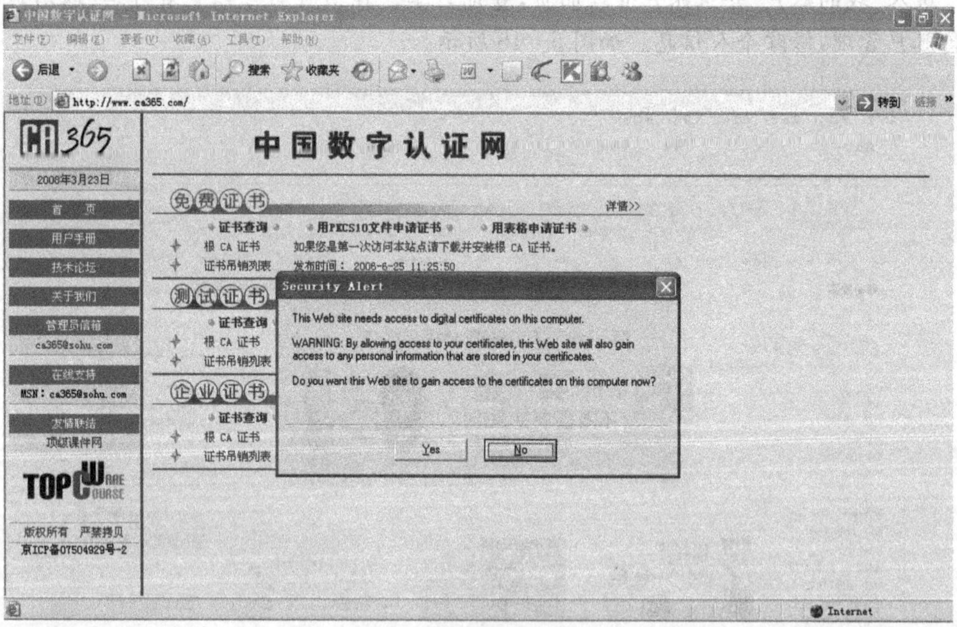
中国数字认证网 - Microsoft Internet Explorer
http://www.ca365.com/
中国数字认证网
2008年3月23日
免费证书
测试证书
企业证书
证书查询
用PKCS10文件申请证书
用表格申请证书
根 CA 证书
证书吊销列表
如果您是第一次访问本站点请下载并安装根 CA 证书。
Security Alert
This Web site needs access to digital certificates on this computer.
WARNING: By allowing access to your certificates, this Web site will also gain access to any personal information that are stored in your certificates.
Do you want this Web site to gain access to the certificates on this computer now?
Yes
No
Internet

图 5-17 登录中国数字认证网的主页

步骤二：选择“免费证书”栏目下的“根 CA”证书。

如果是第一次使用个人证书需要先下载并安装根 CA 证书。只有安装了根证书的计算机，才能完成网上申请的步骤和证书的正常使用。出现“下载文件—安全警告”对话框，点击选择保存“rootFree. cer”。如图 5-18 所示。

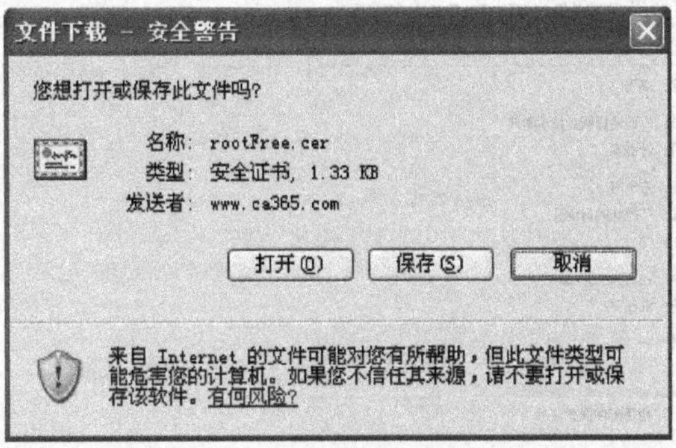
文件下载 - 安全警告
您想打开或保存此文件吗?
名称: rootFree.cer
类型: 安全证书, 1.33 KB
发送者: www.ca365.com
打开(O)
保存(S)
取消
来自 Internet 的文件可能对您有所帮助，但此文件类型可能危害您的计算机。如果您不信任其来源，请不要打开或保存该软件。有何风险?

图 5-18　下载根 CA 证书

步骤三：安装根证书。

双击打开“rootFree. cer”文件，单击选择“打开”，然后点击上面的“安装证书”按钮，根据证书导入向导提示，完成导入操作。如图 5-19 所示。

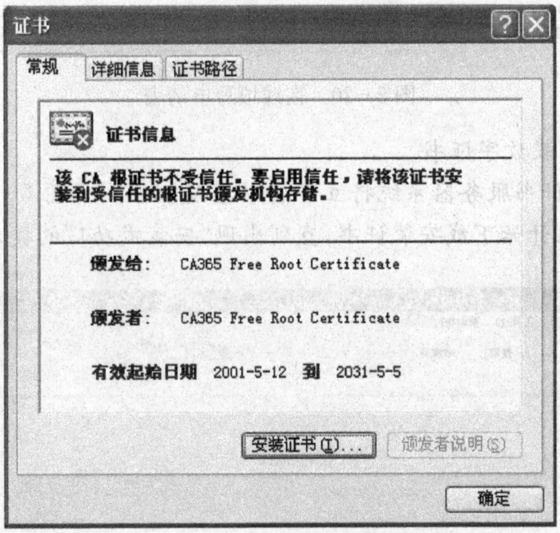
证书
常规
详细信息
证书路径
证书信息
该 CA 根证书不受信任。要启用信任，请将该证书安装到受信任的根证书颁发机构存储。
颁发给: CA365 Free Root Certificate
颁发者: CA365 Free Root Certificate
有效起始日期 2001-5-12 到 2031-5-5
安装证书(I)...
颁发者说明(S)
确定

图 5-19　安装根证书

步骤四：在线填写并提交申请表。

在图中，选择“免费证书”栏目的“用表格申请证书”，填写申请表。如图 5-20 所示。用户填写的基本信息包括名称(要求使用用户真实姓名)、公司、部门、城市、省份、国家地区、电子邮箱(要求邮件系统能够支持邮件客户端工具，不能填写错误，否则会影响安全电子邮件的使用)、证书期限、证书用途(可以选择“电子邮件保护证书”)、密钥选项(可以选择“Microsoft Strong Cryptgraphic Provider”)、密钥用法(可以选择“两者”)、密钥大小(填写“1024”)等，其他项目默认。注意要勾上“标记密钥为可导出”、“启用严格密钥保护”、“创建新密钥对”三项，“Hash 算法”(可以选择“SHA-1”)。提交申请表后，出现“正在创建新的 RSA 交换密钥”的提示框，确认将私钥的安全级别设为中级。如图 5-20 所示。

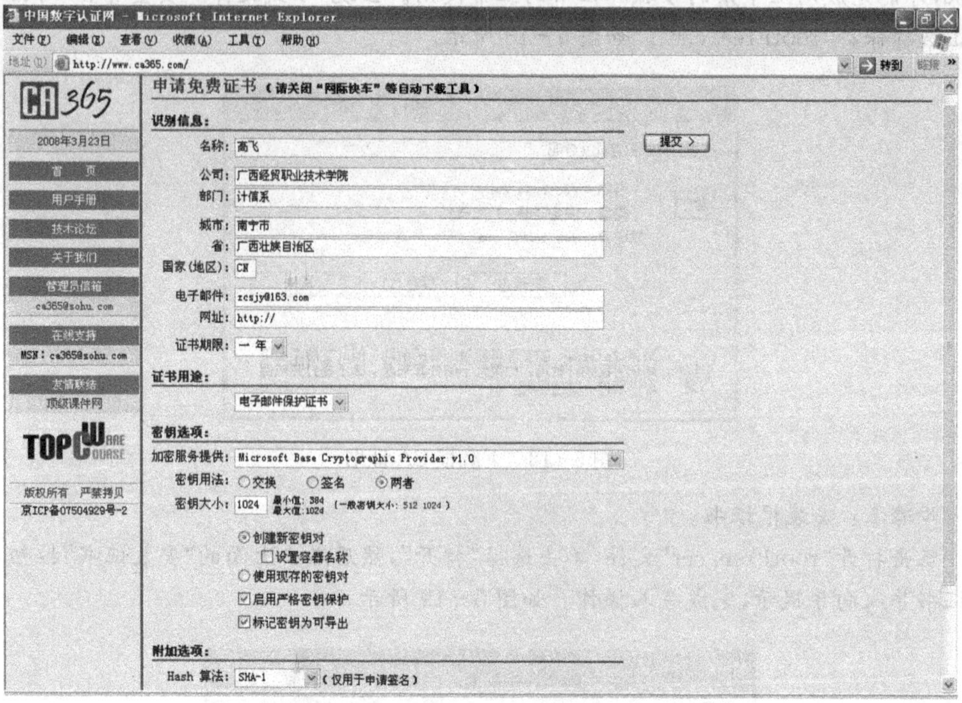
中国数字认证网 - Microsoft Internet Explorer
文件(F) 编辑(E) 查看(V) 收藏(A) 工具(T) 帮助(H)
地址(D) http://www.ca365.com/
转到 链接
CA 365
2008年3月23日
首 页
用户手册
技术论坛
关于我们
管理员信箱
ca365@sohu.com
在线支持
MSN：ca365@sohu.com
友情联结
顶级课件网
TOP WARE COURSE
版权所有 严禁拷贝
京ICP备07504929号-2
申请免费证书（请关闭"网际快车"等自动下载工具）
识别信息：
名称：高飞
公司：广西经贸职业技术学院
部门：计信系
城市：南宁市
省：广西壮族自治区
国家(地区)：CN
电子邮件：zcsjy@163.com
网址：http://
证书期限：一年
提交＞
证书用途：
电子邮件保护证书
密钥选项：
加密服务提供：Microsoft Base Cryptographic Provider v1.0
密钥用法：交换 签名 两者
密钥大小：1024
创建新密钥对
设置容器名称
使用现存的密钥对
启用严格密钥保护
标记密钥为可导出
附加选项：
Hash 算法：SHA-1（仅用于申请签名）

图 5－20 在线填写申请表

步骤五：下载安装数字证书。

提交申请表后，证书服务器系统将立即自动签发证书。如图 5－21 所示。用户点击"直接安装证书"按钮开始下载安装证书，直到出现"安装成功！"的提示。

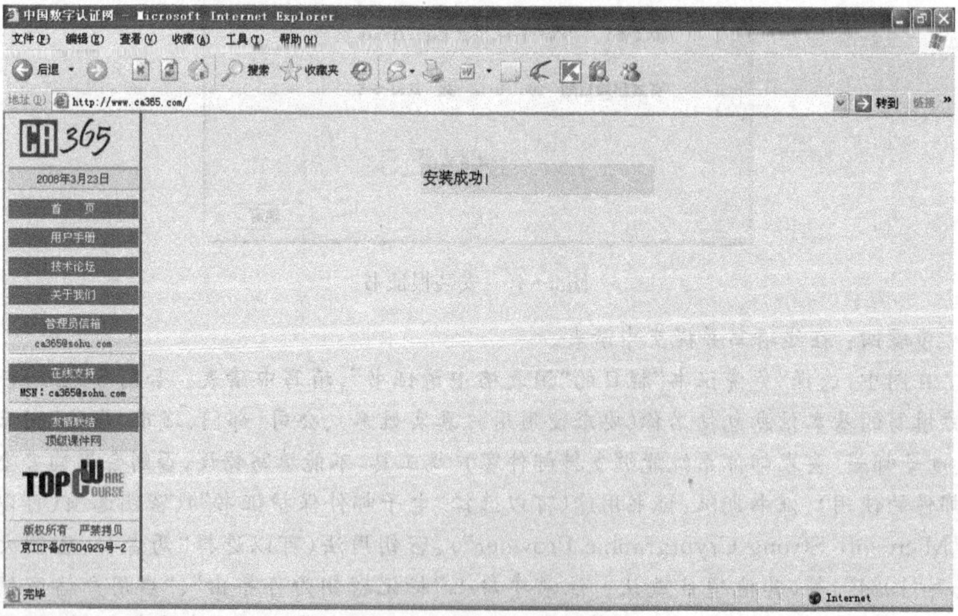
中国数字认证网 - Microsoft Internet Explorer
文件(F) 编辑(E) 查看(V) 收藏(A) 工具(T) 帮助(H)
后退 搜索 收藏夹
地址(D) http://www.ca365.com/
转到 链接
CA 365
2008年3月23日
首 页
用户手册
技术论坛
关于我们
管理员信箱
ca365@sohu.com
在线支持
MSN：ca365@sohu.com
友情联结
顶级课件网
TOP WARE COURSE
版权所有 严禁拷贝
京ICP备07504929号-2
安装成功！
完毕
Internet

图 5－21 下载安装数字证书

步骤六:数字证书的查看。

右击 IE 6.0 浏览器选择“属性”选项卡中选择“证书”选项,可以看到证书已经被安装地成功,双击证书查看证书内容。如图 5-22 所示。双击证书查看证书内容。

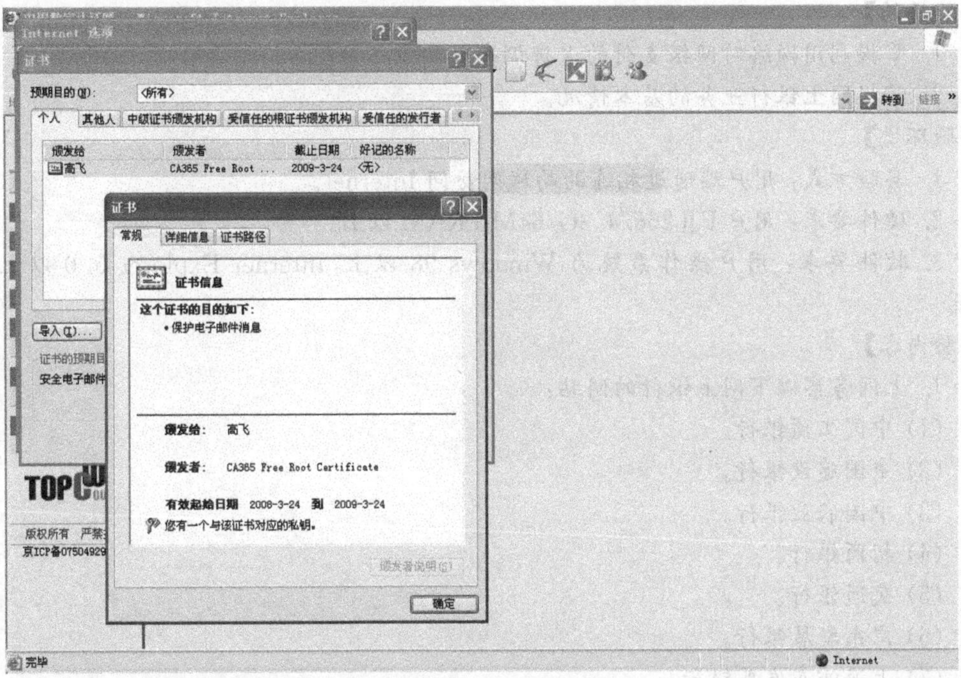
Internet 选项
证书
预期目的(N):
<所有>
个人
其他人
中级证书颁发机构
受信任的根证书颁发机构
受信任的发行者
颁发给
颁发者
截止日期
好记的名称
高飞
CA365 Free Root ...
2009-3-24
<无>
导入(I)...
证书的预期目
安全电子邮件
转到
链接
证书
常规
详细信息
证书路径
证书信息
这个证书的目的如下:
•保护电子邮件消息
颁发给: 高飞
颁发者: CA365 Free Root Certificate
有效起始日期 2008-3-24 到 2009-3-24
您有一个与该证书对应的私钥。
颁发者说明(S)
确定
版权所有
京ICP备07504929
完毕
Internet

图 5-22 数字证书的查看

步骤七:数字证书的导出和导入。

为了保护数字证书及私钥的安全,需要进行证书及私钥的备份工作。如果需要在不同的电脑上使用同一张数字证书或者重新安装电脑系统,就需要重新安装根证书、导入个人证书及私钥。具体步骤如下:

(1) 备份证书和私钥的操作步骤。在图 5-22 中选择需要备份的个人数字证书,单击“导出”按钮→出现“证书导出向导”,单击“下一步”按钮→可以选择将私钥跟证书一起导出,选择“是,导出私钥”,单击“下一步”按钮→选择文件导出格式,可以选择默认选项,单击“下一步”按钮→键入并确认保护私钥的口令(自己任意设置),单击“下一步”按钮→单击“浏览”按钮确定证书及私钥导出保存的路径和文件名(文件扩展名为.pfx),单击“下一步”按钮→提示你已经成功完成证书的导出向导,单击“完成”按钮→提示证书导出成功,按“确定”按钮。证书成功导出。

(2) 导入证书及私钥的操作步骤。如果某台计算机系统中没有安装数字证书,可以进入图 5-22 中,单击“导入”按钮→出现“证书导入向导”,单击“下一步”按钮→单击“浏览”按钮确定证书及私钥文件的保存路径,查找到扩展名为“.pfx”的证书备份文件打开,单击“下一步”按钮→键入保护私钥的口令,选择“启用强私钥保护”,单击“下一步”按钮→选择证书存储区域,单击“下一步”按钮→提示证书导入成功,按“确定”按钮。证书及私钥成功导入。

实操四

网银支付调查

【实验目的】

1. 掌握利用网络对网银支付的进行调查。

2. 掌握网上银行业务的基本情况。

【实验环境】

1. 实验方式：用户端通过相连的局域网访问Internet。

2. 硬件要求：用户PⅡ266/4.3G/64MB RAM以上。

3. 软件要求：用户操作系统为Windows 98以上，Internet Explorer 5.0以上浏览器。

【实验内容】

1. 上网考察以下网上银行的网站：

(1) 中国工商银行。

(2) 中国建设银行。

(3) 中国农业银行。

(4) 招商银行。

(5) 交通银行。

(6) 广东发展银行。

(7) 上海浦东发展银行。

(8) 深圳发展银行。

(9) 中国民生银行。

(10) 中信银行。

(11) 兴业银行。

2. 找出以上网上银行经营的业务，它们各自有什么特色？

3. 假如你要在网上购买基金，你认为哪家网上银行更适合完成这次购买任务，并说出理由。

【实验步骤】

步骤一：进入各大网上银行的官方网站。

(1) 中国工商银行：http://www.icbc.com.cn/index.jsp。

(2) 中国建设银行：http://www.ccb.com/portal/cn/home/index.html。

(3) 中国农业银行：http://www.95599.cn/cn/hq/index.jsp/lang=cn/index.html。

(4) 招商银行：http://www.cmbchina.com/。

(5) 交通银行：http://www.bankcomm.com/jh/cn/index.html。

(6) 广东发展银行：http://www.gdb.com.cn/comminfo/index.html。

(7) 上海浦东发展银行：http://www.spdb.com.cn/chpage/c1/。

(8) 深圳发展银行：http://www.sdb.com.cn/。

(9) 中国民生银行：http://www.cmbc.com.cn/。

(10) 中信银行：http://www.ecitic.com/bank/。

(11) 兴业银行：http://www.cib.com.cn/netbank/cn/index.html。

步骤二：入各大网上银行的官方网站后，找出它所经营的银行卡品牌。

步骤三：各大网上银行业务的功能与特点。

步骤四：出各大网上银行经营的业务，它们各自有的特色。

步骤五：了解个人银行的申请流程。

复习思考题

1. 数字证书有什么作用？
2. SSL 协议与 SET 协议的特点有哪些？

练习题五

一、单项选择题

1. 目前，电子支付存在的最关键的问题是（　　）。

A. 技术问题　　B. 安全问题　　C. 成本问题　　D. 观念问题

2. 下列以数字形式流通的货币是（　　）。

A. 电子支票　　B. 支票　　C. 现金　　D. 电子现金

3. 中国第一家上网银行是（　　）。

A. 招商银行　　B. 中国银行　　C. 中国工商银行　　D. 中国建设银行

4. 数字证书是由（　　）颁发和管理的。

A. 商家　　B. 银行　　C. 认证中心　　D. 用户

5. SET 协议是在（　　）之上的应用层的网络标准协议。

A. 数据链路层　　B. 物理层　　C. 传输层　　D. 对话层

6. SET 通过使用（　　）和对称密钥方式加密保证了数据的保密性。

A. 公共密钥　　B. HASH 算法　　C. 数字签名　　D. 密钥授权

7. SET 主要应用于 B2C 电子商务模式，是为了解决用户、商家和银行之间（　　）的问题。

A. 对服务器进行认证　　B. 对客户进行认证

C. 身份认证　　D. 用信用卡进行支付

8. 采用数字签名，能确认（　　）。

A. 信息是有签名者发送的　　B. 信息是由任何人发送的

C. 发件人的订货数量　　D. 发件人的订货价格

二、多项选择题

1. 要大规模推广电子支付，必须重点解决和防止（　　）等安全问题。

A. 黑客入侵　　B. 内部作案

C. 密码泄露　　D. 计算机病毒

E. 线路故障

2. 下列说法中，正确的是（ ）。
A. 在 SET 中，消费者必须对订单和付款指令进行数字签名
B. 要申请 SET 证书，必须通过电子钱包软件来申请
C. 以数字形式流通的货币是电子支票
D. 以上说法都不正确
3. 数字证书是一个包含（ ）。
A. 私有密钥　　B. 公开密钥　　C. 个人信息　　D. 有效期
4. SET 通过使用（ ）方式加密实现了数据的保密性。
A. 公共密钥　　B. 公开密钥　　C. 私有密钥　　D. 对称密钥
5. SET 协议主要使用的技术包括（ ）。
A. 对称密钥加密　　B. 公共密钥加密
C. 数字签名技术　　D. 对称密钥授权机制
6. 数字签名可用来防止（ ）。
A. 电子信息因易被修改而有人作伪　　B. 冒用别人名义发送信息
C. 发出信件后又加以否认等情况发生　　D. 收出信件后又加以否认等情况发生

三、简答题

1. 什么是电子支付？与传统的支付形式相比有什么特点？
2. 电子支付的分类有哪些？
3. 电子支票的使用过程有哪些？

第六章　电子商务物流

【内容提要】 本章介绍了物流和物流业务模式类型的基本理论知识，详细阐述了物流信息技术，最后结合两个实操：了解当前知名的物流公司以及仓库管理软件的使用，以培养学生利用理论知识分析问题与解决问题的能力。

引例

沃尔玛的物流配送运作

一、背景介绍

沃尔玛公司的总部在阿肯色州的一个小城市本顿维尔，本顿维尔市现在人口大约是 2 万人。沃尔玛的最早创始人山姆·沃尔顿在 1962 年开设了第一家沃尔玛商场，而配送中心一直到 1970 年才成立，现在沃尔玛的配送中心已经有了超过 30 年的历史，第一配送中心供货给 4 个州 32 个商场。沃尔玛的总部就在这个配送中心之中。沃尔玛公司的总部也就是沃尔玛第一配送中心。在不断增长扩大的过程当中，沃尔玛虽然也建立了一些新的配送中心，但是沃尔玛的总部仍然是在阿肯色州本顿维尔市的配送中心附近。

目前，美国有 1 800 多家沃尔玛商场。沃尔玛商场是一个比较常规的、提供商品的商场，它以比较低廉的价格提供人们日常用品。除了商场之外，沃尔玛还有一类沃尔玛超级中心，这是在过去 8 年中才开发出来的。沃尔玛公司有 721 个这样的超级中心，这些超级中心是由规模较大的商场及附近一些小的副食店加在一起而形成的。它有一些比较常规的日常用品，同时也卖一些食品。将这些结合在一起，沃尔玛就可以为顾客提供一站式的消费服务。这样，顾客来到这里在一个商场中所有东西都可以买到，这是沃尔玛业务增长的一个模式。在中国是这样，在国际上的其他地方也是这样，而且沃尔玛认为美国未来的商场也应当是这样的。现在沃尔玛在美国新开的商场都是这种超级。

从国际范围讲，沃尔玛在阿根廷、巴西、加拿大、中国、德国、韩国、墨西哥、波多黎、英国都有很多店铺。沃尔玛 1999 年在物流方面的投资是 1 600 亿美元。因为现在的业务还要继续增长到 1 900 亿美元，所以在物流方面的投资也要同时增长，因此沃尔玛将从现有的销售额中提取 250 亿美元，非常集中地用于物流配送中心建设。我们只要对过去几年中沃尔玛的发展情况进行了解，就会明白进行物流配送在沃尔玛公司中的重要性，就会明白为什么沃尔玛要花费很大的精力在物流方面进行投资。

（续上）

二、配送中心

沃尔玛的集中配送中心是相当大的，而且都位于1楼。配送中心之所以都在1楼，是因为沃尔玛希望产品能够滚动，希望产品能够从一个门进另一个门出。如果有电梯或其他物体，就会阻碍流动过程。因此，沃尔玛都是以一个非常巨大的地面建筑作为配送中心。沃尔玛使用一些传送带，让这些产品能够非常有效地流动，对它处理不需要重复进行，都是一次性的。采用传送带，运用无缝连接形式，就可以尽可能降低成本。沃尔玛所有的系统都是基于一个Unix的配送系统，并采用传送带，采用非常大的开放式的平台，还采用产品代码，以及自动补发系统和激光识别系统，所有的这些加在一起为沃尔玛节省了相当多的成本。

配送中心的职能是：

(1) 转运。沃尔玛把大型配送中心所进行的商品集中以及转运配送的过程叫转运，大多是在一天当中完成进出作业。

(2) 提供增值服务。沃尔玛配送中心还提供一些增值服务。例如，在服装销售前，需要加订标签。为了不损害产品的质量，加订标签需要在配送中心采用手工进行比较细致的操作。

(3) 调剂商品余缺，自动补进。每个商品都需要一定的库存，比如软饮料、尿布等。在沃尔玛的配送中心可以做到这一点，每一天或者每一周它们根据这种稳定的库存量的增减来进行自动的补进。这些配送中心可以保持8 000种产品的转运配送。

(4) 订单配货。沃尔玛配送中心在对于新商场开业的订单处理上，采取这样的方法：在这些新商场开业之前，沃尔玛要对这些产品进行最后一次的检查，然后运输到这些新商场，沃尔玛把它称为新商场开业的订单配货。

三、沃尔玛配送体系的特色

沃尔玛公司作为全美零售业年销售收入位居第一的著名企业，素以精确掌握市场、快速传递商品和最好地满足客户需要著称，这与沃尔玛拥有自己庞大的物流配送系统并实施了严格有效的物流配送管理制度有关，因为它确保了公司在效率和规模成本方面的最大竞争优势，也保证了公司顺利地扩张。

沃尔玛现代化的物流配送体系，表现在以下几个方面。

1. 设立了运作高效的配送中心

从建立沃尔玛折扣百货公司之初，沃尔玛公司就意识到有效的商品配送是保证公司达到最大销售量和最低成本的存货周转及费用的核心。而唯一使公司获得可靠供货保证及提高效率的途径就是建立自己的配送组织，包括送货车队和仓库，配送中心的好处不仅使公司可以大量进货，而且通过要求供应商将商品集中送到配送中心，再由公司统一接收、检验、配货、送货。

2. 采用先进的配送作业方式

沃尔玛在配送运作时，大宗商品通常经铁路送达配送中心，再由公司卡车送达商

（续上）

店。每店每周收到1～3卡车货物，60%的卡车在返回配送中心的途中又捎回沿途从供应商处购买的商品，这样的集中配送为公司节约了大量的资金。

3. 实现配送中心自动化的运行及管理

沃尔玛配送中心的运行完全实现了自动化。每种商品都有条码，通过几十千米长的传送带传送商品，激光扫描器和电脑追踪每件商品的储存位置及运送情况，每天能处理20万箱的货物配送。

4. 具有完善的配送组织结构

沃尔玛公司为了更好地进行配送工作，非常注意从自己企业的配送组织上加以完善。其中一个重要的举措便是公司建立了自己的车队进行货物的配送，以保持灵活性和为一线商店提供最好的服务。这使沃尔玛享有极大竞争优势，其运输成本也总是低于竞争对手。

四、沃尔玛物流配送体系的运作

1. 注重与第三方物流公司形成合作伙伴关系

在美国本土，沃尔玛做自己的物流和配送，拥有自己的卡车运输车队，使用自己的后勤和物流方面的团队。但是在国际上的其他地方沃尔玛就只能求助于专门的物流服务提供商了，飞驰公司就是其中之一。飞驰公司是一家专门提供物流服务的公司，它在世界上的其他地方为沃尔玛提供物流方面的支持。飞驰成为了沃尔玛大家庭的一员，并百分之百献身于沃尔玛的事业，飞驰公司同沃尔玛是一种合作伙伴的关系，它们共同的目标就是努力做到最好。

2. 挑战"无缝点对点"物流系统

为顾客提供快速服务。在物流方面，沃尔玛尽可能降低成本。为了做到这一点，沃尔玛为自己提出了一些挑战。其中的一个挑战就是要建立一个"无缝点对点"的物流系统，能够为商店和顾客提供最迅速的服务。这种"无缝"的意思指的是，使整个供应链达到一种非常顺畅的链接。

3. 自动补发货系统

沃尔玛之所以能够取得成功，还有一个很重要的原因是因为沃尔玛有一个自动补发货系统。每一个商店都有这样的系统，包括在中国的商店。它使得沃尔玛在任何一个时间点都可以知道，目前某个商店中有多少货物，有多少货物正在运输过程中，有多少是在配送中心等。同时补发货系统也使沃尔玛可以了解某种货物上周卖了多少，去年卖了多少，而且可以预测将来的销售情况。

4. 零售链接系统

沃尔玛还有一个非常有效的系统，叫做零售链接系统，可以使供货商们直接进入到沃尔玛的系统。任何一个供货商都可以进入这个零售链接系统中来了解他们的产品卖得怎么样，昨天、今天、上一周、上个月和去年卖得怎么样，可以知道这种商品卖了多少，而且可以在24小时内就进行更新。供货商们可以在沃尔玛公司每一个店

（续上）

当中，及时了解到有关情况。

五、骄人的业绩

2001年、2002年，沃尔玛连续成为美国《财富》杂志的榜首。这使沃尔玛公司不仅成为零售业的奇迹，而且成为了世界经济的奇迹。美国沃尔玛之所以能取得如此好的成绩，与它的物流运作体系是分不开的。

(1) 有统一明确的配送目标，沃尔玛配送各部门各职员都能根据自己的任务准确高效地完成作业，并向下一作业环节推进，不管是人工作业还是自动化作业，整个流程协调一致形成一个有机整体共同完成配送任务。

(2) 配送体系有高度的灵活性，沃尔玛的配送体系能利用信息系统的配送数据进行预测，能实现多品种、少批量商品的及时送达，并注意减少库存，节约物流费用，实现效益最大化。

(3) 沃尔玛的物流配送运作值得我们学习的地方：其一是使现代物流观念深入员工之心的做法；其二是物流配送的系统性思维及其运用方式；其三是时刻为顾客着想的服务理念。

——引自中国物流与采购网 http://www.chinawuliu.com.cn/cflp/newss/content1/200803/770_26819.html

随着Internet在全世界的飞速发展，电子商务(electronic commerce)作为在Internet网上最大的应用领域，已经广泛地引起了世界各国政府的重视和支持，引起了企业界和民众的注意并得到了快速的发展。

在电子商务发展的初期，对电子商务内涵的认识还不深入，人们十分强调电子商务中信息流和资金流的网络化和电子化，并不重视物流的电子化过程。人们认为对于大多数在网上销售的商品和服务来说，物流的过程仍然可以经由传统的经销渠道来完成，从而可以不必对其作更多的研究。但随着电子商务的进一步推广与应用，在电子商务活动中物流的重要性和所产生的影响就日益变得明显。电子商务的任何一笔网上交易，都必须涉及信息流、商流、资金流和物流等这几种基本的“流”，而物流作为整个交易的最后一个过程，其执行结果的好坏将对电子交易的成败起着十分重要的作用。

一、物流概述

物流(physical distribution)这一名词1915年最早由美国学者阿奇·萧在《市场流通中的若干问题》一书中提出，从国外传入我国的时间并不长。在20世纪初，西方一些国家正处于经济危机，存在较严重的生产过剩和需求不足的问题，企业界为了扩大销售，提出了销售和物流的问题，着重研究在销售过程中的物流。

后来在第二次世界大战中，美国军队为了改善战争中的物资供应状况，研究和建立了“后勤(logistics)”理论，并在战争活动中加以实践和应用。“logistics”的核心是将战时物资的生产、采购、运输、配给等活动作为一个整体来进行统一布置，以求对战略物资进行补给的费用更低、速度更快、服务更好。实践证明，这一理论的应用取得了很好的效果。战后“logistics”的理论被应用到企业界，其内涵得到了进一步的推广，涵盖了整个生产过程和流通过程，包括生产领域的原材料采购、生产过程中的物料搬运与厂内物流到商品流通过程中的物流。因此，在欧美国家中一般所指的“logistics”的内涵比“physical distribution”的外延更为广泛，“physical distribution”一般仅是指销售物流。

二、物流的定义

物流是指为了满足客户的需要，以最低的成本，通过运输、保管、配送等方式，实现原材料、半成品、成品及相关信息由商品的产地到商品的消费地所进行的计划、实施和管理的全过程。

物流一般是由对商品的运输、仓储、包装、搬运装卸、流通加工以及相关的物流信息等环节构成，并对各个环节进行综合和复合化后所形成的最优系统。对物流的管理就是如何按时、按质、按量，并且以系统最低的成本费用把所需的材料、货物运到生产和流通领域中任何一个需要的地方，以满足人们对货物在空间和时间上的需求。物流通过运输解决对货物空间位置上的变化要求，通过存储调节解决对货物的需求和供给之间的时间差。

三、物流业务模式类型

企业的物流战略是其总体战略的一个组成部分，为了实现企业的总体战略，规划其物流的业务模式是非常重要的。科学地选择企业的物流业务模式是实现物流战略的关键。恰当的物流业务模式可以帮助企业实现物流战略的三大目标：降低成本、减少资本和改进服务。

企业物流一般可以分为生产阶段的内部物流和采购销售阶段的外部物流。内部物流包括生产过程中的库存控制、机器调度和运作质量控制等。外部物流包括客户服务、运输、库存管理、信息流动和订单处理等。一般的物流概念主要指外部物流，按照企业外部物流的实现形式，一般可以将它分为企业自营物流、第三方物流、物流联盟和第四方物流等几种模式。

（一）自营物流

最初是以自我提供的方式实现的，是企业早期物流的重要特征。自营物流是企业物流的纵向一体化行为。企业通过自营物流直接支配物流资产，控制物流职能，保证货物畅通和顾客服务质量，从而有利于保持企业和顾客的长期关系，并有利于企业掌握对顾客的控制权。

企业通过自办物流可以更好地防止企业商业秘密外泄和扩散。

如果物流对企业至关重要并且企业具有较强的物流管理水平，企业应当选择自营物流的模式来经营物流。一方面可以保证企业对关键资产的控制，赢得更好的成功机会；另一方面可以充分利用企业的自有资产和物流水平优势，实现企业的价值。

自营物流需要大量的资金购买物流设备、建设物流仓库和构建物流网络，不仅会分散企业的资金，影响核心能力的构建，而且这些资金一般占用率较高并且投资回收期长，因此对于缺乏资金的企业，自营物流的投资必然会造成其沉重的财务负担。由于自身物流需求的局限性，为了谋求规模经济，需要向市场提供物流服务，这必然给企业带来市场风险。

（二）第三方物流

第三方物流（TPL）的概念源自管理学中的外包。外包意指企业动态地配置自身和其他企业的功能和服务，利用外部的资源为企业内部的生产经营服务。将外包引入物流管理领域，就产生了第三方物流的概念。

对于第三方物流的定义有不同理解。有美国学者把第三方物流定义为“用外部公司去完成传统上由组织内部完成的物流功能，这些功能包括全部物流功能所选择的部分功能”；也有学者把第三方物流定义为“外协所有或部分公司的物流功能，提供复杂、多功能物流服务，以长期互益的关系为特征”。中国国家标准《物流术语》中对第三方物流的表述是“由供方与需方以外的物流企业提供物流服务的业务模式”。第三方物流与传统的企业物流模式有很大的不同，如图 6-1 所示。

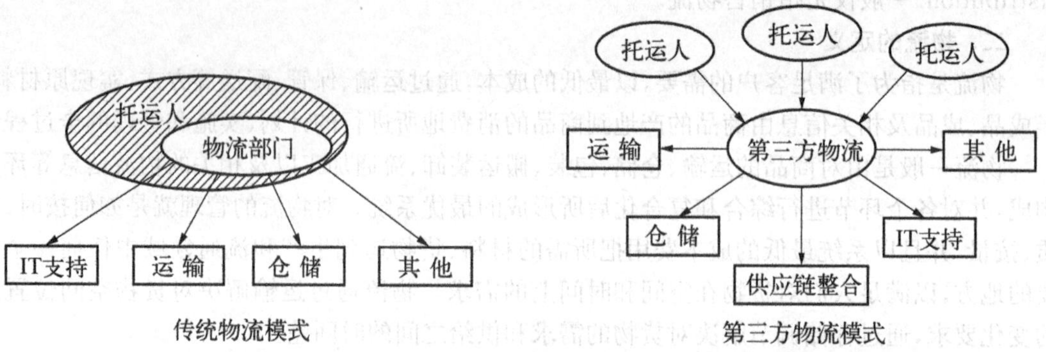
托运人
物流部门
IT支持
运 输
仓 储
其 他
传统物流模式
托运人
托运人
托运人
运 输
第三方物流
其 他
仓 储
IT支持
供应链整合
第三方物流模式

图 6-1 第三方物流与传统物流模式的比较

（三）物流联盟

联盟是介于独立的企业与市场交易关系之间的一种组织形态，是企业间由于自身某些方面发展的需要而形成的相对稳定的、长期的契约关系。物流联盟是以物流为合作基础的企业战略联盟。它是指两个或多个企业之间，为了实现自己物流战略目标，通过各种协议、契约而结成的优势互补、风险共担、利益共享的松散型网络组织。在现代物流中，是否组建物流联盟，作为企业物流战略的决策之一，其重要性是不言而喻的。物流联盟有狭义和广义之分，狭义的物流联盟存在于非物流企业之间，广义的物流联盟涵盖整个物流外包业务，包括第三方物流、狭义的物流联盟和第四方物流。

（四）第四方物流

除上述三种模式外，第四方物流是一个供应链集成商，调集和管理组织自己及具有互补性服务提供的资源、能力和技术，以提供一个综合的供应链解决方案。

（五）物流信息技术

物流信息技术是指运用于物流领域的信息技术的总称，是物流现代化极为重要的领域之一，物流信息技术是物流现代化的重要标志。随着信息技术的高速发展，物流技术成为物流技术中发展最快的领域。从早期的条形码系统，到办公室自动化系统，再到互联网时代的信息管理系统，物流信息技术的发展产生了一系列新的物流理念和新的经营方式，物流信息技术的每一次前进都极大地推动了物流的变革。

1. 条形码技术

条形码常常又被人们称为条码（bar code），是商品上普遍印有的标识之一。条形码早期由美国在 1949 年首先提出的。随着计算机应用的不断普及，条形码的应用得到了很大的发展。条形码可以标出商品的生产国、制造厂家、商品名称、生产日期、图书分类号、邮件起止地点、类别、日期等信息，因而在商品流通、图书管理、邮电管理、银行系统等许多领域都得到了广泛的应用。

条形码是由宽度不同、反射率不同的条和空，按照一定的编码规则（码制）编制成的，用以表达一组数字或字母符号信息的图形标识符。即条形码是一组粗细不同，按照一定的规则安排间距的平行线条图形。条形码一般就是由反射率相差很大的黑条(简称条)和白条(简称空)组成的。

2. 电子数据交换技术

EDI(电子数据交换)技术是指在当事方之间,通过网络以彼此事先约定的标准,进行格式化、标准化数据传送和交换的一种数据处理方式。不同的企业之间为了提高经营活动的效率在标准化的基础上通过计算机联网进行数据传输和交换的方法。EDI的目的是通过建立企业间的数据交换网来实现票据处理、数据加工等业务。物流EDI的优点在于在整个供应链上各方通过建立标准化的信息格式和处理方法,可以实现信息共享很高物流效率,降低物流成本。

3. 全球卫星定位系统

全球卫星定位系统(GPS)通过接受卫星所发射的导航信号,可以在任何地点、任何时候准确地测量到物体瞬时的位置,确切地说是物体的经纬度、高度、速度等位置信息。

GPS最初只是运用于军事领域,目前GPS已被广泛应用于交通行业。它利用GPS的定位技术结合无线通信技术(GSM或CDMA)、地理信息管理系统(GIS)等高新技术,实现对车辆的监控,经过GSM网络的数字通道,将信号输送到车辆监控中心,监控中心通过差分技术换算位置信息,然后通过GIS将位置信号用地图语言显示出来,最终可通过服务中心实现车辆的定位导航、防盗反劫、服务救援、远程监控、轨迹记录等功能。

4. 地理信息系统

地理信息系统(GIS)是一种特定而又十分重要的空间信息系统,它是以采集、贮存、管理、分析和描述整个或部分地球表面(包括大气层在内)与空间和地理分布有关的数据的空间信息系统。由于地球是人们赖以生存的基础,所以GIS是与人类的生存、发展和进步密切关联的一门信息学与技术,受到人们愈来愈广泛的重视。

5. 射频技术

射频(RF)技术是一种基于电磁理论的通信技术,它的基本原理是电磁理论。射频系统的优点是不局限于视线,识别距离比光学系统远。射频识别卡具有读写能力、可携带大量数据、难以伪造和有智能等特征。射频技术适用于有物料跟踪、运载工具和货架识别等要求非接触数据采集和交换的场合,由于RF标签具有可读写能力,对于需要频繁改变数据内容的场合尤为适用。

实操一

物流公司调查

【实验目的】

1. 从互联网上了解国内外第三方物流企业的现状。

2. 了解国内外第三方物流企业和传统的物流企业是如何在网上开展物流、配送业务的。

【实验环境】

1. 实验方式:用户端通过相连的局域网访问Internet。

2. 硬件要求:用户PⅡ266/4.3G/64MB RAM以上。

3. 软件要求:用户操作系统为Windows 98以上,Internet Explorer 5.0以上浏

览器。

【实验内容】

1. 上网考察以下第三方物流企业和传统的物流企业的网站：

(1) 中国远洋物流有限公司。

(2) 中海物流网。

(3) 中铁现代物流科技股份有限公司。

(4) 北京宅急送快运有限公司。

(5) 宝供物流企业集团有限公司。

(6) 嘉里大通物流。

(7) 中国外运股份有限公司。

(8) 安得物流。

(9) 锦程物流网。

(10) UPS(联合包裹)中国主页。

(11) 美国联邦快递。

(12) Maersk Logistics 马士基物流。

2. 回答以下问题：

(1) 找出以上各物流公司经营的业务。它们各自有什么特色？

(2) 比较宝供物流企业集团有限公司的网站和锦程物流网两者有什么区别？

(3) 假设你家乡有一批西瓜要运往北京销售，你将选择以上哪个公司完成该任务？说明理由。

(4) 在上述公司中，你认为有哪些网站的服务是值得借鉴的？为什么？

【实验步骤】

第一步：分别登录各大物流公司的网站。

第二步：在各大物流公司的网站上，查询它们的特色。

第三步：在查询结果中，比较与分析各个网站的服务。

实操二

仓库管理软件的使用

【实验目的】

1. 学习仓库管理软件的使用。

2. 了解仓库管理系统的实施对企业经营性效率的影响。

【实验环境】

1. 实验方式：用户端通过相连的局域网访问 Internet。

2. 硬件要求：用户 PⅡ266/4.3G/64MB RAM 以上。

3. 软件要求：用户操作系统为 Windows 98 以上，Internet Explorer 5.0 以上浏览器。

【实验内容】

优易仓库管理系统的操作。

【实验步骤】

优易仓库管理系统是威海市星空软件有限公司开发的一套CRM企业管理软件，如图6-2所示。系统构成：基本资料、业务处理、统计报表、系统维护四个功能模块组成。系统主要包括功能：领用、入库、出库、盘点、借入、借出等其他库存变动。下面以优易仓库管理系统软件的操作为例说明仓库管理的功能和操作。

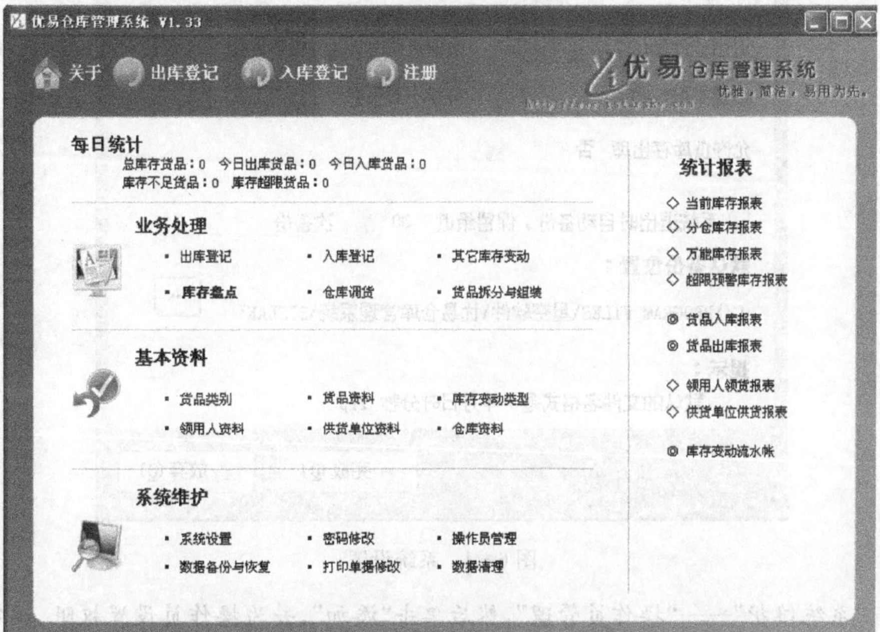
优易仓库管理系统 V1.33
关于
出库登记
入库登记
注册
优易 仓库管理系统
优雅，简洁，易用为先。
每日统计
总库存货品：0 今日出库货品：0 今日入库货品：0
库存不足货品：0 库存超限货品：0
业务处理
出库登记
入库登记
其它库存变动
库存盘点
仓库调货
货品拆分与组装
基本资料
货品类别
货品资料
库存变动类型
领用人资料
供货单位资料
仓库资料
系统维护
系统设置
密码修改
操作员管理
数据备份与恢复
打印单据修改
数据清理
统计报表
当前库存报表
分仓库存报表
万能库存报表
超限预警库存报表
货品入库报表
货品出库报表
领用人领货报表
供货单位供货报表
库存变动流水帐

图6-2 优易仓库管理系统界面

步骤一：系统初始化。

1. 点击"系统维护"——"数据清理"。如图6-3所示。

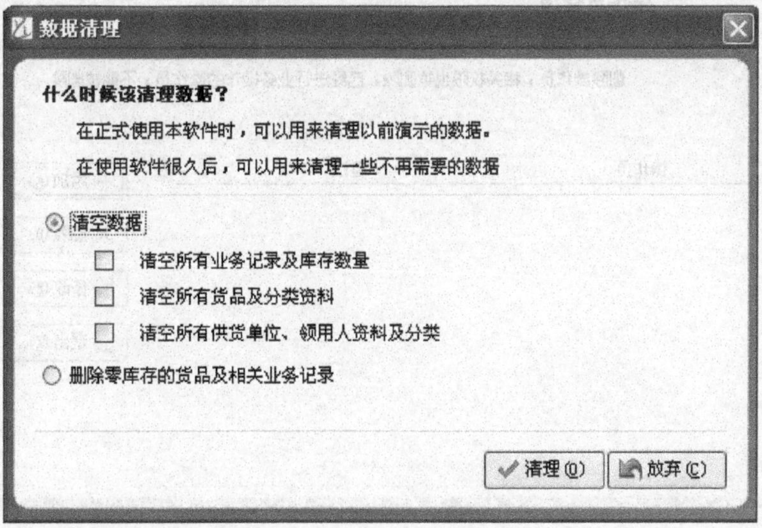
数据清理
什么时候该清理数据？
在正式使用本软件时，可以用来清理以前演示的数据。
在使用软件很久后，可以用来清理一些不再需要的数据
清空数据
清空所有业务记录及库存数量
清空所有货品及分类资料
清空所有供货单位、领用人资料及分类
删除零库存的货品及相关业务记录
清理(O)
放弃(C)

图6-3 系统初始化

2. “系统维护”——“系统设置”，对用户本身的基本信息和其他系统参数进行设置。如图 6-4 所示。

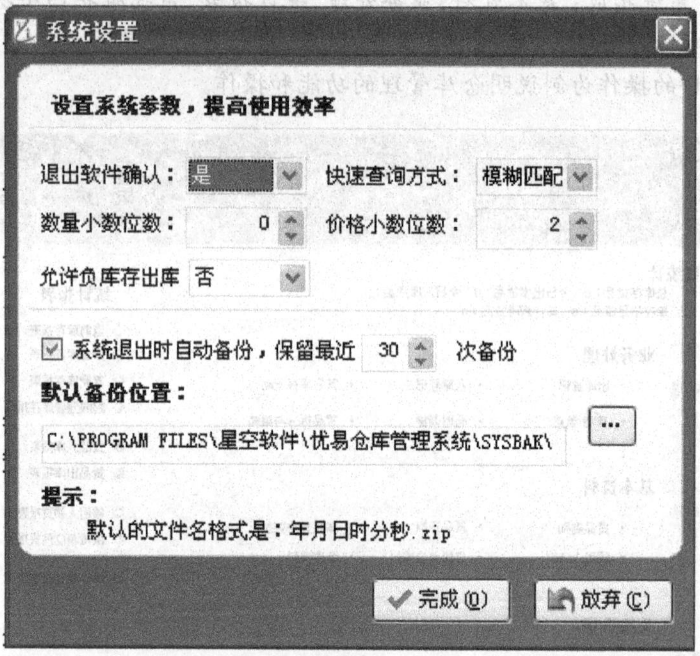
系统设置
设置系统参数，提高使用效率
退出软件确认：是
快速查询方式：模糊匹配
数量小数位数：0
价格小数位数：2
允许负库存出库 否
系统退出时自动备份，保留最近 30 次备份
默认备份位置：
C:\PROGRAM FILES\星空软件\优易仓库管理系统\SYSBAK\
提示：
默认的文件名格式是：年月日时分秒.zip
完成(O)
放弃(C)

图 6-4 系统设置

3. “系统维护”——“操作员管理”，然后单击“添加”，并为操作员设置权限、操作密码和所属仓库。该操作是对系统中的所有操作员的权限进行分配的设置界面。如图 6-5 所示。

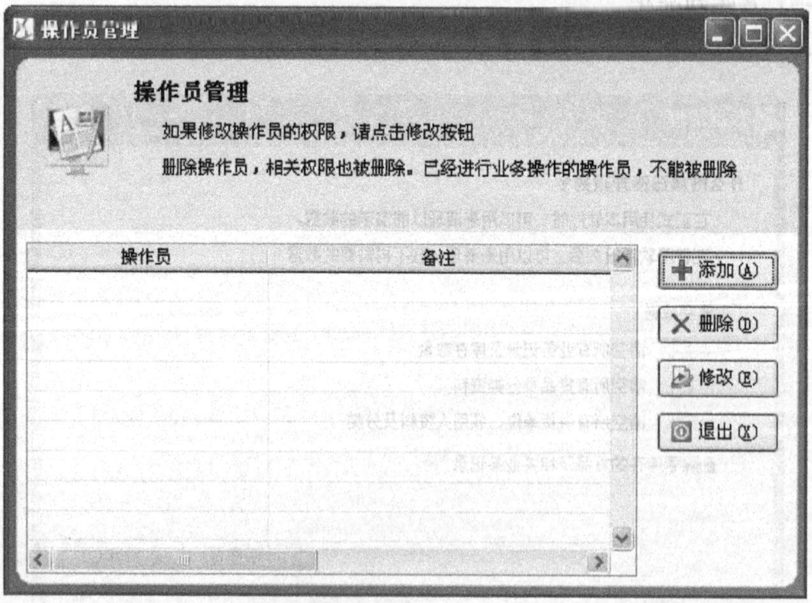
操作员管理
操作员管理
如果修改操作员的权限，请点击修改按钮
删除操作员，相关权限也被删除。已经进行业务操作的操作员，不能被删除
操作员
备注
添加(A)
删除(D)
修改(E)
退出(X)

图 6-5 操作员管理

4. 在“系统维护”——“密码修改”。此功能用于给当前的操作员修改密码。如图 6-6 所示。

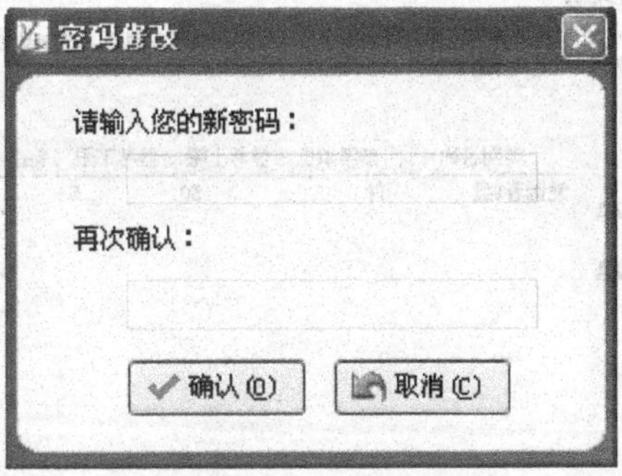
密码修改
请输入您的新密码：
再次确认：
确认(O)
取消(C)

图 6-6 密码修改

5. 在“系统维护”——“数据备份与管理”。对系统数据进行备份和恢复。如图 6-7 所示。

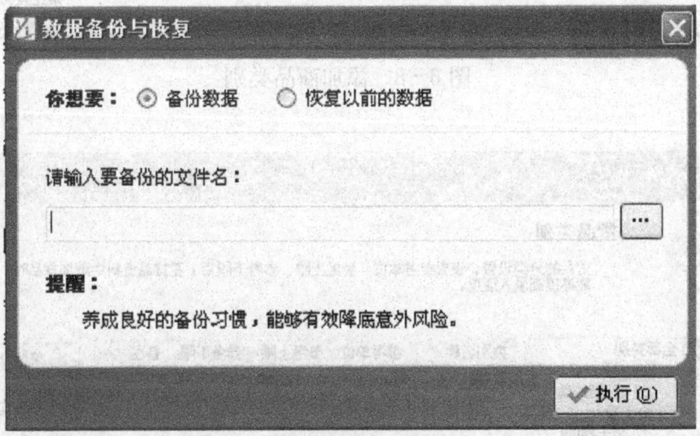
数据备份与恢复
你想要：
备份数据
恢复以前的数据
请输入要备份的文件名：
提醒：
养成良好的备份习惯，能够有效降底意外风险。
执行(O)

图 6-7 数据备份与管理

步骤二：基本资料的输入。

1. 选择“基本资料”——“商品类别”，对商品类别进行管理。录入相关信息，添加商品的类别并完成退出。如图 6-8 所示。

2. 选择“基本资料”——“仓库资料”，对仓库资料进行管理。录入相关信息，添加仓库名称并完成退出。如图 6-9 所示。

3. 选择“基本资料”——“货品资料”——选择商品分类——添加货品资料。录入各个商品信息，并完成退出。如图 6-10 所示。

- 编号和条码：一般是用为查找提供方便，可以不输入，但建议录入一个符合自己使用习惯的编号，为业务处理时快速录入提供很大的方便。
- 拼音首字：对“品名规格”所录的汉字取拼音的第一个字母，比如“红色签字笔”，就是“HSQZB”，软件中很多地方都提供了快速查询，如果你想查询“红色签字笔”，只需输入字母“HSQZB”就能快速找到。
- 库存上限和库存下限：是指此项货品的最大正常库存量和最小正常库存量。当货品的实际库存量达到所设定的上限或下限时，货品就会在“报表中心”中的“超

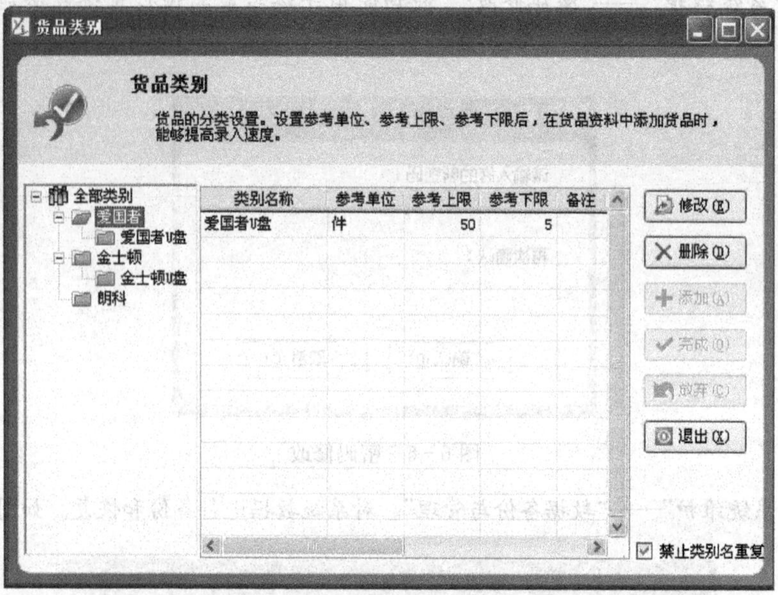
货品类别
货品类别
货品的分类设置。设置参考单位、参考上限、参考下限后，在货品资料中添加货品时，能够提高录入速度。
全部类别
爱国者
爱国者U盘
金士顿
金士顿U盘
朗科
类别名称
参考单位
参考上限
参考下限
备注
爱国者U盘
件
50
5
修改(E)
删除(D)
添加(A)
完成(O)
放弃(C)
退出(X)
禁止类别名重复

图 6-8　添加商品类别

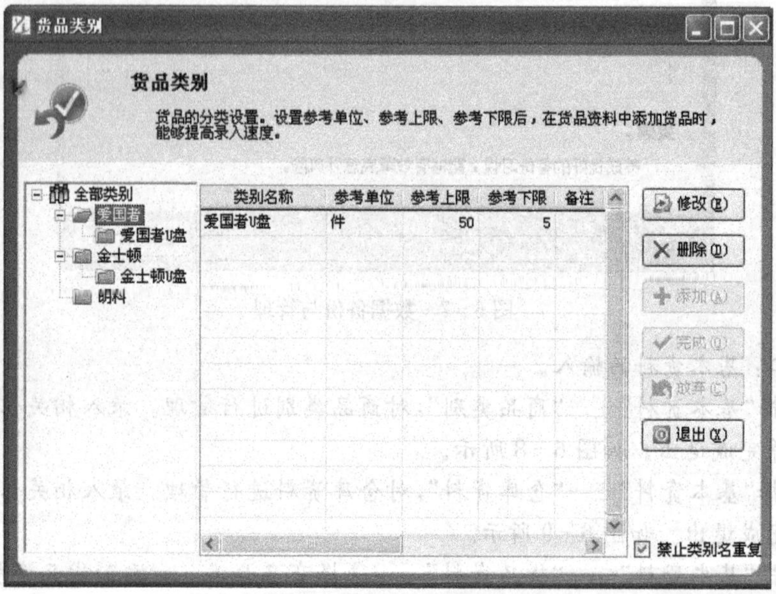
货品类别
货品类别
货品的分类设置。设置参考单位、参考上限、参考下限后，在货品资料中添加货品时，能够提高录入速度。
全部类别
爱国者
爱国者U盘
金士顿
金士顿U盘
朗科
类别名称
参考单位
参考上限
参考下限
备注
爱国者U盘
件
50
5
修改(E)
删除(D)
添加(A)
完成(O)
放弃(C)
退出(X)
禁止类别名重复

图 6-9　添加仓库资料

限库存预警表”中显示出来，让用户对自己有哪些货品需要暂停进货，而哪些货品需要马上补货心中有数。

- 成本价：用于记录货品多次不同入库价的平均价格。
- 初始库存和初始仓库：在使用本系统之前，已经存在的库存数量，称为初始库存。初始库存将会出现在“库存变动流水账”报表中。
- 连续添加货品信息：此项打勾，则在您点“完成”按钮后，“添加货品”窗口不会关

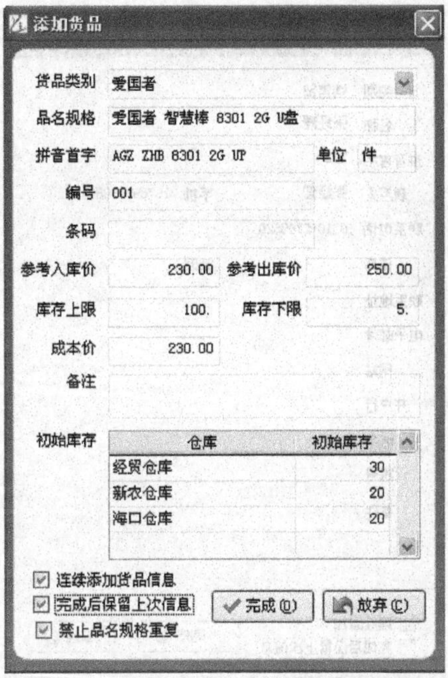
添加货品
货品类别 爱国者
品名规格 爱国者 智慧棒 8301 2G U盘
拼音首字 AGZ ZHB 8301 2G UP
单位 件
编号 001
条码
参考入库价 230.00
参考出库价 250.00
库存上限 100.
库存下限 5.
成本价 230.00
备注
初始库存
仓库
初始库存
经贸仓库 30
新农仓库 20
海口仓库 20
连续添加货品信息
完成后保留上次信息
禁止品名规格重复
完成
放弃(C)

图 6-10 添加货品资料

闭，方便您继续添加货品。

• 完成后保留上次信息：此项打勾，则在您点“完成”按钮后，上次所添加的信息不被清空。

4. 选择“基本资料”——“领用人资料”——选择“分类”——“修改”——“添加”领用人类别，并完成退出，如图 6-11(1)。再次选择“修改”——“添加”录入领用人信息，并完成退出，如图 6-11(2)所示。

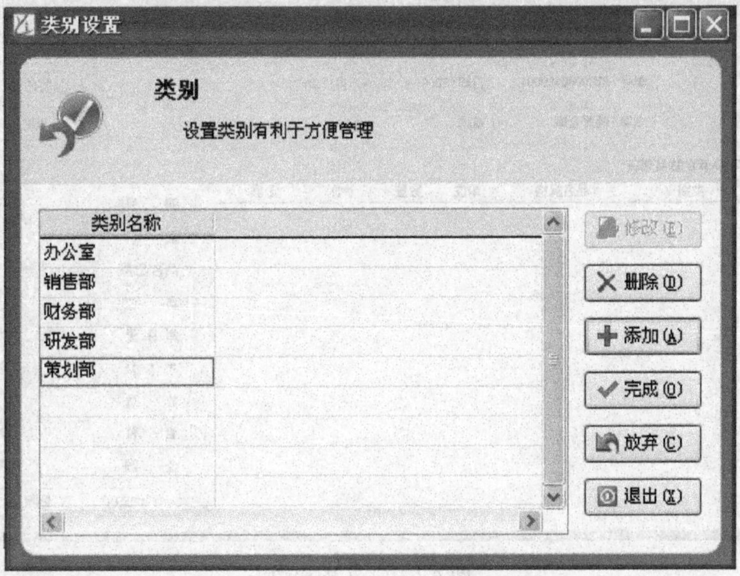
类别设置
类别
设置类别有利于方便管理
类别名称
办公室
销售部
财务部
研发部
策划部
修改(E)
删除(D)
添加(A)
完成(O)
放弃(C)
退出(X)

图 6-11(1) 添加领用人资料的类别

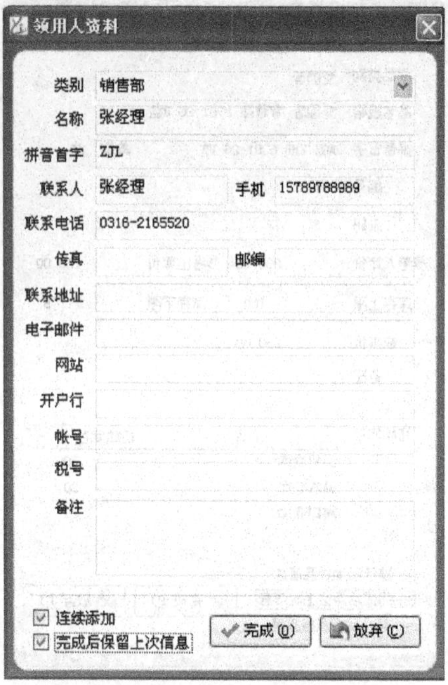
领用人资料
类别
销售部
名称
张经理
拼音首字
ZJL
联系人
张经理
手机
15789788989
联系电话
0316-2165520
传真
邮编
联系地址
电子邮件
网站
开户行
帐号
税号
备注
连续添加
完成后保留上次信息
完成(O)
放弃(C)

图 6-11(2)　录入领用人信息

5. 按上述方法分别添加库存变动类型和供货单位资料，此处不再赘述。

步骤三：业务处理的设置。

1. 入库登记，需要录入入库的日期、供货单位、存放仓库及货品的数量单价信息，单号由系统自动生成，也可手工修改。单击导航界面中“业务处理”区域的“入库登记”。如图 6-12 所示。

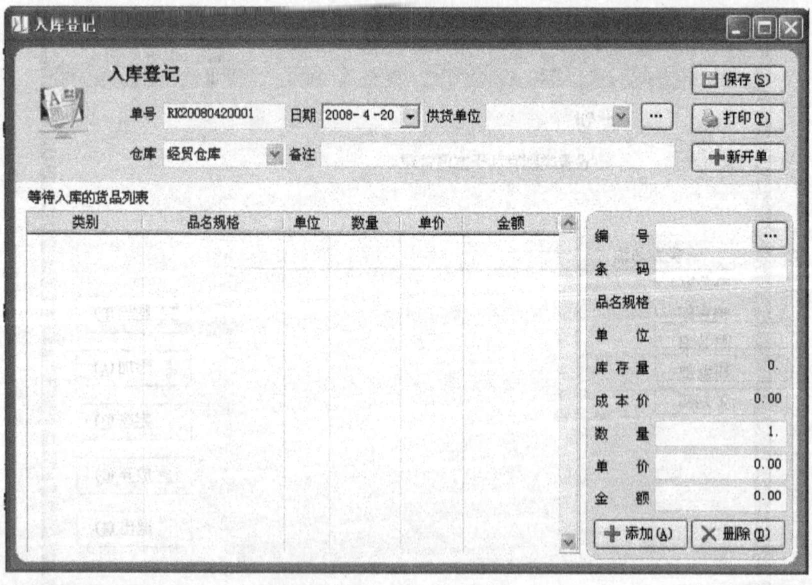
入库登记
入库登记
单号
RK20080420001
日期
2008-4-20
供货单位
仓库
经贸仓库
备注
保存(S)
打印(P)
新开单
等待入库的货品列表
类别
品名规格
单位
数量
单价
金额
编号
条码
品名规格
单位
库存量
0.
成本价
0.00
数量
1.
单价
0.00
金额
0.00
添加(A)
删除(D)

图 6-12　入库登记

供货单位可以点击右侧的下拉箭头来选择，也可以点击后面的 … 按钮在弹出的对话框中进行选择。如图 6－13 所示。

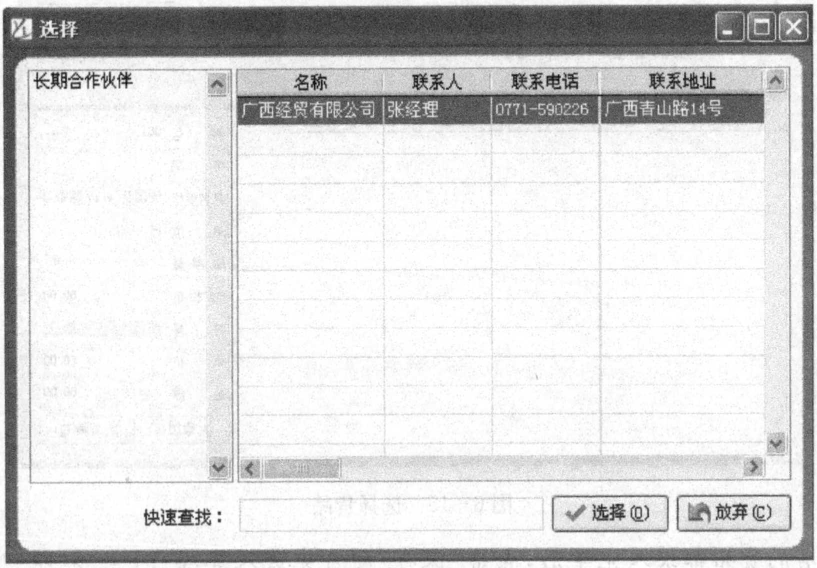
选择
长期合作伙伴
名称
联系人
联系电话
联系地址
广西经贸有限公司
张经理
0771-590226
广西青山路14号
快速查找：
选择(O)
放弃(C)

图 6－13　选择供货单位

入库登记左下侧的表格显示了等待入库的货品列表，这些货品从右侧的明细入录入。如图 6－14 所示。

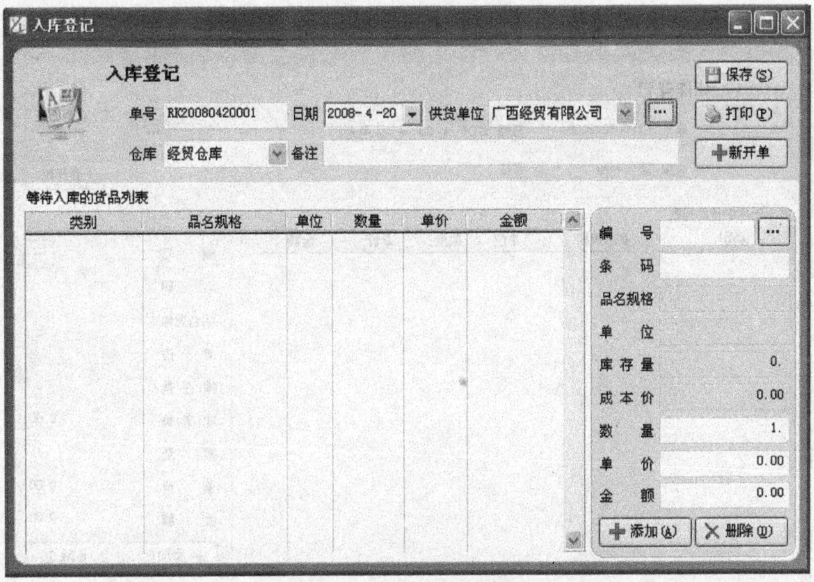
入库登记
入库登记
单号 RK20080420001
日期 2008-4-20
供货单位 广西经贸有限公司
仓库 经贸仓库
备注
保存(S)
打印(P)
新开单
等待入库的货品列表
类别
品名规格
单位
数量
单价
金额
编　号
条　码
品名规格
单　位
库存量 0.
成本价 0.00
数　量 1.
单　价 0.00
金　额 0.00
添加(A)
删除(D)

图 6－14　添加货品信息

点击“货品编号”后面的 … 按钮，在弹出的“选择货品对话框”中选择货品。如图 6－15 所示。

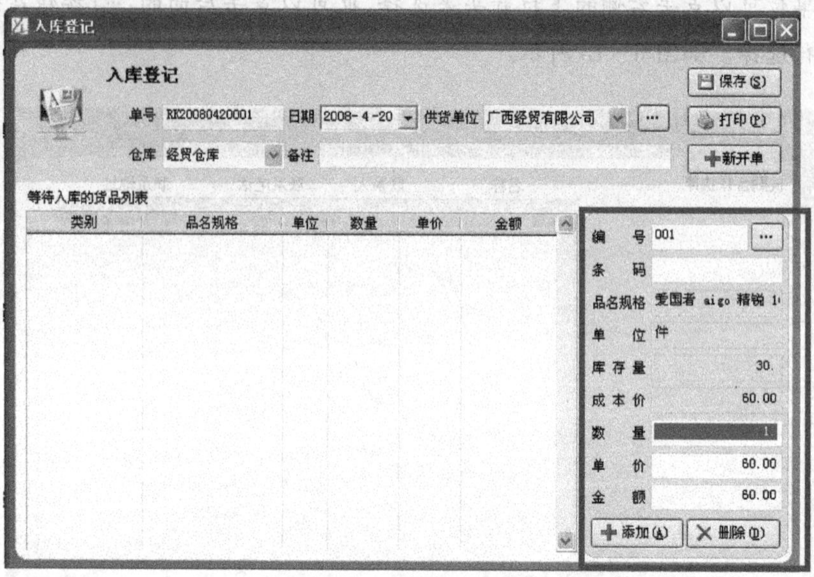
入库登记
入库登记
单号 RK20080420001
日期 2008-4-20
供货单位 广西经贸有限公司
仓库 经贸仓库
备注
保存(S)
打印(P)
新开单
等待入库的货品列表
类别
品名规格
单位
数量
单价
金额
编 号 001
条 码
品名规格 爱国者 aigo 精锐 1
单 位 件
库存量 30.
成本价 60.00
数 量 1
单 价 60.00
金 额 60.00
添加(A)
删除(D)

图 6-15 选择货品

当所有的货品都录入完毕后，点击“保存”即可完成入库操作，点“打印”则打印入库单。

2. 出库登记。对于正常的出库业务进行登记操作。一般指领用人领用。需要录入出库的日期、领用、出库仓库及货品的数量单价信息，单号由系统自动生成，也可手工修改。单击导航界面中“业务处理”区域的“出库登记”。如图 6-16 所示。

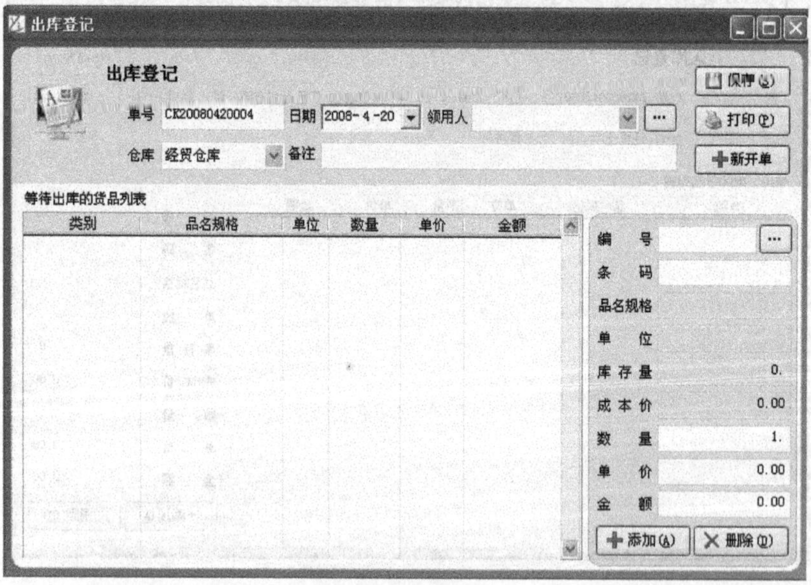
出库登记
出库登记
单号 CK20080420004
日期 2008-4-20
领用人
仓库 经贸仓库
备注
保存(S)
打印(P)
新开单
等待出库的货品列表
类别
品名规格
单位
数量
单价
金额
编 号
条 码
品名规格
单 位
库存量 0.
成本价 0.00
数 量 1.
单 价 0.00
金 额 0.00
添加(A)
删除(D)

图 6-16 出库登记

除此窗口是用来进行出库处理以外，其他操作方法都和入库登记是一样的，具体的操作方法请参阅入库登记。

3. 库存盘点。当实际库存与账面库存不一致时，可以通过此功能进行修改库存。单击导航界面中“业务处理”区域的“库存盘点”，选择仓库。如图 6－17 所示。

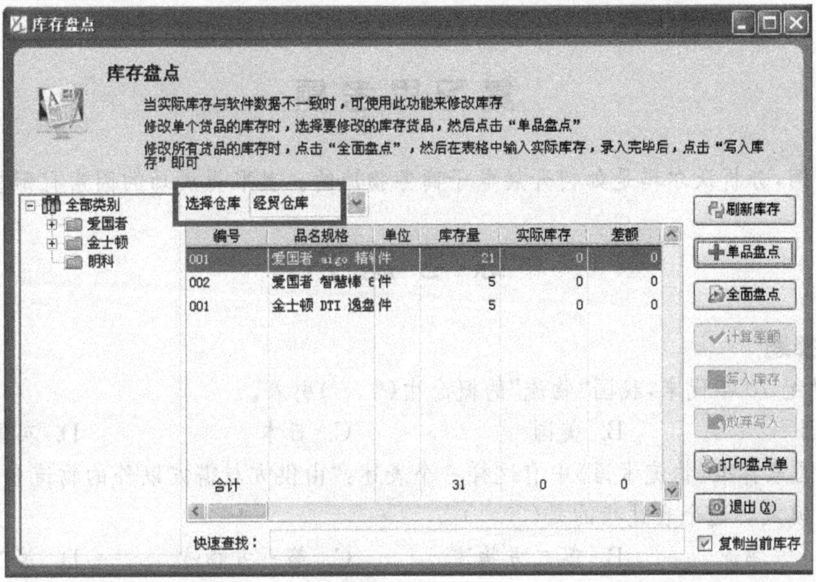
库存盘点
库存盘点
当实际库存与软件数据不一致时，可使用此功能来修改库存
修改单个货品的库存时，选择要修改的库存货品，然后点击 “单品盘点”
修改所有货品的库存时，点击 “全面盘点” ，然后在表格中输入实际库存，录入完毕后，点击 “写入库存” 即可
全部类别
爱国者
金士顿
明科
选择仓库 经贸仓库
编号 品名规格 单位 库存量 实际库存 差额
001 爱国者 aigo 精 件 21 0 0
002 爱国者 智慧棒 6 件 5 0 0
001 金士顿 DTI 逸盘 件 5 0 0
合计 31 0 0
快速查找:
刷新库存
单品盘点
全面盘点
计算差额
写入库存
放弃写入
打印盘点单
退出(X)
复制当前库存

图 6－17　库存盘点

单品盘点：修改单个货品的库存数量。

具体操作：从表格中选择需要修改库存的货品，然后点击“单品盘点”按钮，在弹出的“输入库存”窗口中输入数量，点确定即可。如图 6－18 所示。

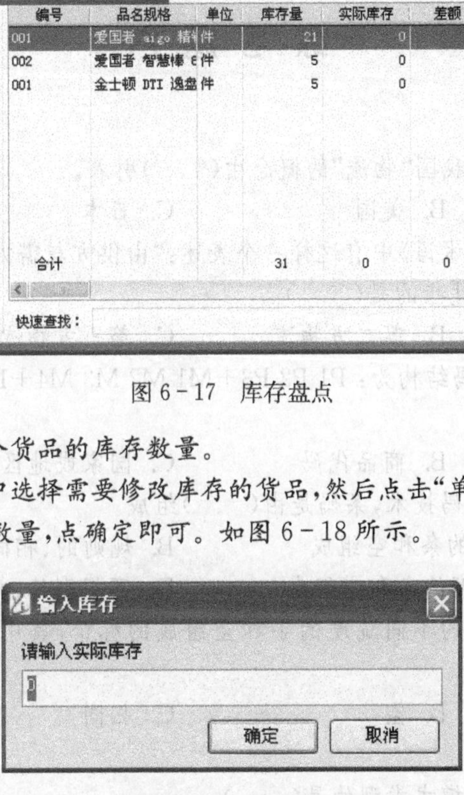
输入库存
请输入实际库存
确定
取消

图 6－18　单品盘点

全面盘点：修改所有货品的库存数量，可以在表格中直接输入实际库存。

具体操作：点击“全面盘点”按钮，表格已变可改写状态，直接录入实际库存即可。在录入的过程中，可以通过“快速查询”来快速找到需要修改的货品，点击左侧分类，来过滤某类货品，当所有货品库存都修改完成后，点击“写入库存”按钮即可。

注意：只有显示在表格中的货品才被写入库存，因此当你需要将所有修改过的库存全部写入库存时，一定要先点击左侧的“全部类别”，让所有货品全部显示出来，再点击“写入库存”。

打印盘点单：当需要进行全面盘点的时候，先打印出一张盘点单，您可以持此单盘点您的货品，将实际盘点的库存数先写在盘点单上，然后再参照其内容直接录入软件中，这样可以提高您的录入速度和有效避免出现错误。

4. 按上述方法分别修改其他库存变动、仓库调货和供货品拆分与组装，此处不再

赘述。

步骤四：统计报表。

复习思考题

结合引例，分析沃尔玛是如何开展电子商务物流的。其取得成功的因素有哪些？

练习题六

一、单项选择题

1. 20世纪70年代末，我国“物流”的概念由(　　)引入。

A. 德国　　B. 美国　　C. 日本　　D. 英国

2 我国国家标准《物流术语》中有这样一个表述：“由供方与需方以外的物流企业提供物流服务的业务模式。”这个表述指的是(　　)。

A. 第一方物流　　B. 第二方物流　　C. 第三方物流　　D. 第四方物流

3. 标准ENA－13代码结构为：P1 P2 P3＋M1 M2 M3 M4＋I1 I2 I3 I4 I5＋C，其中“P1－P3”代表(　　)。

A. 厂商代码　　B. 商品代码　　C. 国家或地区代码　　D. 校验码

4. 物流企业中应用条码技术，条码是由(　　)组成。

A. 规则的、不同宽度的条和空组成　　B. 规则的、相同宽度的条和空组成

C. 不规则的、不同宽度的条和空组成　　D. 不规则的、相同宽度的条和空组成

5. 条码是由一组规则的不同宽度的条和空组成的标记，其中对光线反射率较高的部分是(　　)。

A. 条　　B. 空　　C. 相同　　D. 粗条

二、多项选择题

1. 以下属于物流业务模式类型的是(　　)。

A. 自营物流　　B. 第三方物流　　C. 物流联盟　　D. 第四方物流

2. 以下属于物流信息技术的是(　　)。

A. 条形码技术　　B. 电子数据交换(EDI)技术

C. 全球卫星定位系统(GPS)　　D. 传真技术

3. 条码技术已被广泛应用，(　　)是条码编码的规则。

A. 唯一性　　B. 有含义　　C. 永久性　　D. 无含义

三、简答题

1. 什么是物流？

2. 简述常用的物流信息技术有哪些？

第七章　客户关系管理

【内容提要】　本章从客户关系管理的产生和发展入手，讲述了客户关系管理的定义和内涵，详细介绍了电子商务对客户关系管理的影响和电子商务环境下客户关系管理的特点，以及现行客户关系管理模式的内在缺陷，为客户关系管理模式的发展提供了方向。实操部分，详细介绍了客户关系管理软件——《客户王》的操作方法。

引例

戴尔公司的成功策略

戴尔计算机公司通过其独特的"直销模式"，由一个手工作坊式的小企业，飞速地成长为全美第一、全球第二的计算机公司。戴尔的成功主要是实施以客户为中心的商业策略、建设配套齐全的服务支持设施和根据需要采用适当的客户关系管理软件。

Dell 在起初便从设计、制造到销售的整个过程中与顾客建立直接联系，聆听他们的意见，确保把他们的所需尽快送达他们手中。由于销售人员的全部重心都放在顾客身上，不同顾客的需求差异很快突显出来，这促使 Dell 公司一直坚持市场细分化、提供个性化的专门产品和服务、针对特定顾客群不断拆分出专门的经营团队进行独立运作，以保证公司决策的迅速有效以及服务的周到细致。戴尔内部支持系统有一个很大的亮点就是即时分析系统。因为其拥有来自直接客户的最详细的信息，该系统能够让市场人员更细致地划分客户群体，销售部门能够随时了解每个行业、每个客户的详细情况，销售管理人员随时拥有一张精确的"作战地图"，客户服务人员能知道戴尔销售的每台电脑使用状况、维修状况，生产部门能据此做出准确的物料供应计划和生产计划等。

从 Dell 公司的成功可以看出，以客户为中心的营销策略是 Dell 公司发展壮大的秘笈。随着 Internet 技术应用的迅猛发展和市场的不断成熟，世界经济进入了电子商务时代，全球化市场竞争和企业管理模式发生了深刻变化。产品和服务的差异越来越小，以生产为中心、以销售产品为目的的市场战略逐渐被以客户为中心、以服务为目的的市场战略所取代。企业、供应商、分销商及客户连成一片的价值链成为企业之间竞争的核心。掌握客户的需求趋势、加强与客户的关系，有效发掘和管理客户资源，成功发现市场机会，获得市场竞争的优势。以客户为中心的客户关系管理已成为电子商务时代制胜的关键。

第一节 客户关系管理的产生与发展

一、客户关系管理提出的时代背景

客户关系管理(customer relationship management ,CRM)这一概念最初是由 Gartner Group 提出的,关于客户关系管理的起源问题,有两种不同的看法:一种观点认为 CRM 发源于 1990 年,经历了"销售力量自动化系统(SFA)—客户服务系统(CSS)—呼叫中心"的三次跃进,结合了现代市场营销和现代服务的理念,集成了 CTI (计算机电话技术) 和 Internet 技术,发展成今天比较系统的 CRM。1990 年前后,许多美国企业为了满足日益竞争的市场需求,开始开发销售自动化系统(SFA),随后又着力发展客户服务系统(CSS),两个系统合并起来,再加上销售策划、现场服务和售后服务于一体的呼叫中心,这样就逐步形成了我们今天熟知的 CRM,特别是 Gartner Group 正式提出 CRM 的概念,也加速了 CRM 的产生和发展。另一种观点认为,CRM 起源于 20 世纪 80 年代初期的"接触管理"(contact management),即专门收集整理客户与公司联系的全部信息;到 90 年代初期又演变成为包括电话服务中心和支援资料分析的"客户关怀"(customer care);到 90 年代中期以后,在先进信息技术的推动下,才产生了鲜明的 CRM 理念并得到迅速推广。经历了近 20 年的不断发展,客户关系管理不断演变发展成熟,最终形成了一套完整的管理理论体系。

事实上,这两种观点并不矛盾,后者只不过比前者提出的时间更久远而已,它把 20 世纪 80 年代初兴起的以客户为中心的"接触管理"以及之后提出的"直接营销"、"数据营销"、"一对一营销"等营销理念及方法作为客户关系管理的起源,而在 90 年代后的发展,两者是一致的。

市场经济的本质是竞争。企业要想在瞬息万变的市场环境中立于不败之地,必须通过现代化的管理思想和管理手段,实现企业内、外部资源的有效整合。CRM 的出现体现了两个重要的管理趋势的转变,即企业从以产品为中心的模式向以客户为中心的模式转变和管理视角从"内视型"向"外视型"的转变。这两个管理趋势的转变直接影响到了企业竞争力。利用 CRM,企业可在保留客户、提高效率、降低成本、拓展市场 4 个方面提升企业竞争优势:

(1) 保留客户。企业通过客户数据库记录,分析客户与企业进行交流和业务往来过程中的各种个性化需求,向每一位客户提供"一对一"的产品和服务,对客户进行个性化关怀,而且企业可以根据客户的不同交易记录提供不同层次的优惠措施,鼓励客户长期与企业开展业务。

(2) 提高效率。采用新技术,提高企业业务处理流程的自动化程度。企业信息资源充分共享,提高了企业员工的合作能力,使企业内部运作更加高效。

(3) 降低成本。CRM 使销售和营销过程自动化,大大降低了销售费用和营销费用。CRM 还能够帮助企业实现更准确的客户定位,使企业留住老客户,获得新客户的成本显著下降。同时,在 CRM 管理过程中,企业通过数据挖掘技术将掌握的大量客户信息进行分析,从中发现客户的潜在需求,实现交叉销售,最终给企业带来额外的新收入来源。

(4) 拓展市场。CRM 能够对市场活动、销售活动进行预测分析,从不同角度提供有关产品和服务成本,利润数据,并对客户分布,市场需求趋势的变化,做出科学的预测,从而企业能够及时把握新的市场机会,占领更多的市场份额。

二、CRM 的发展现状与前景

CRM 思想和 CRM 系统最先是在美国、加拿大和欧洲一些国家兴起,并得到了广泛的应用。随后，CRM 的管理理念及其价值被越来越多的企业所重视。自 1997 年开始，全球的 CRM 市场一直处于爆炸性的快速增长之中。CRM 思想在 1999 年进入中国，现在许多公司已经意识到 CRM 对于企业的重要性。有些公司已经着手 CRM 系统的规划。

国内 CRM 虽然起步较晚，但却依然显示出强劲的发展势头，其显著的价值提升能力已经得到业界的认同，即将进入发展的蓬勃期并将形成新的追踪热潮。根据一份最近的研究报告显示，在受调查的企业中有 2/3 以上期望在未来的 5 年内改变其客户关系的管理模式，而有 3/4 以上的企业计划集成"面对客户"的信息管理系统及其组织的其他部分。

未来的 CRM 产品前台和后台的信息系统将进一步融合，呼叫中心的功能将大大扩充，真正实现电话、www、E-mail、传真、无线通讯、直接接触等的融合，成为联系中心；基于网络的自助服务将成为企业向用户提供服务的重要方式。作为一个跨知识管理、业务运作和电子商务等系统的融合概念，客户关系管理正以前所未有的速度发展，并且扩大着用户群体，在激烈的市场竞争中，CRM 正在逐渐成为现代企业生存的根本和制胜的关键。

第二节 CRM 的内涵与特征

一、CRM 的内涵

CRM 作为一个新兴的管理概念，大量研究人员及机构通过研究，提出了各自的 CRM 定义。下面给出几个有代表性的 CRM 定义。

Romano 认为，CRM 就是"吸引并保持有经济价值的客户，驱逐并消除缺乏经济价值的客户"。

Group 认为，"CRM 是指通过围绕客户细分来组织企业，鼓励满足客户需要的行为，并实现客户与供应商之间联系等手段，来提高盈利、收入和客户满意度的、遍及整个企业的商业策略"。

Burghard 和 Galimi 认为，"CRM 是一个围绕客户需要和需求、重新设计企业及其业务流程的信息技术（IT）驱动的概念，它将一系列方法、软件以及互联网接入能力同企业的以客户为核心的商业战略相结合，致力于利润、收益和客户满意度的提高"。

Osterle 和 Muther 认为，CRM 是指"通过协调、整合、集成企业同客户的所有接触点，既整合销售、营销和服务流程，增强企业的获利能力，增加企业的收益，CRM 致力于建立、关怀及开发利用与重要客户之间的良好个人关系"。

Schulze 等人将 CRM 定义为"一种客户导向的管理方法，它是基于整合了前台营销、销售、服务所有信息的信息系统"。

Swift 认为，CRM 是指"企业通过富有意义的沟通，理解并影响客户行为，最终实现提高客户获得、客户保留、客户忠诚和客户创利的目的"。CRM 是一个将客户信息转化成积极的客户关系的反复循环过程。

上述这些关于 CRM 的定义，各有其侧重之处。Romano 是从客户关系本质出发，强调了"关系"的经济价值；Group 的定义强调了商业策略；Osterle 和 Muther 则是强调整合客户接触点和前台各流程；Schulze 等人认为 CRM 是一种管理方法，强调以信息系统为基础，前后台信息共享；Swift 强调的是管理与客户的关系。

综合以上定义，我们给出如下的 CRM 的定义：

客户关系管理是一种以客户为中心的管理思想和经营理念，是企业从各种不同的角度来了解及区别客户，组织企业内部经济活动，以开发出满足客户个别需要的产品或服务的一种企业程序与信息科技相结合的管理模式，它将企业的客户看成重要的资源。加强企业与客户的关系，通过完善的客户服务和全面的客户分析来满足客户需求，提高客户满意度，使他们达到最高的忠诚度、留住率和利润贡献度，并能筛选出好的顾客。实际上，它是一种以客户为导向的企业营销管理的系统工程。

对于 CRM 的内涵，可以从以下几个不同角度、不同层次来理解。

客户关系管理是一种管理理念，其核心思想是将企业的客户（包括最终客户、分销商和合作伙伴）作为最重要的企业资源，通过完善的客户服务和深入的客户分析来满足客户的需求，保证实现客户的终生价值。

客户关系管理又是一种旨在改善企业与客户之间关系的新型管理机制。它实施于企业的市场营销、销售、服务与技术支持等与客户相关的领域，通过向企业的销售、市场和客户服务的专业人员提供全面、个性化的客户资料，并强化跟踪服务、信息分析的能力，使他们能够协同建立和维护一系列与客户和生意伙伴之间卓有成效的"一对一关系"。一方面使企业得以提供更快捷和周到的优质服务—提高客户满意度—吸引和保护更多的客户，从而增加营业额；另一方面则通过信息共享和优化商业流程来有效地降低企业经营成本。

客户关系管理也是一种管理软件和技术。它将最佳的商业实践与数据挖掘、数据仓库、一对一营销、销售自动化以及其他信息技术紧密结合在一起，为企业的销售、客户服务和决策支持等领域提供了一个业务自动化的解决方案，使企业有了一个基于电子商务的面对客户的前沿，从而顺利实现由传统企业模式到以电子商务为基础的现代企业模式的转化。

二、CRM 的特征

（1）一对一营销。"一对一营销"就是企业根据客户的特殊需求来相应调整自己的经营行为。"一对一营销"以每一个客户作为一个独特的区域，所以对客户行为的追踪或分析，都是以单一客户为单位，要求企业与每一个客户建立一种学习型关系。所谓学习型关系，是指企业与客户的每一次交往中，都会使企业对该客户增长一份了解，客户不断地提出需求，而企业按此需求不断地改善产品和服务，从而使企业更好地满足该客户的需求。

（2）高度集成的交流渠道。CRM 将多种与客户交流的渠道，如面对面、电话交流、电子邮件、传真或信函，以及 Web 访问协调为一体，这样，企业就可以按客户的喜好使用适当的渠道与之进行交流。但无论通过哪种渠道，客户与企业的交流都必须是无缝的、连贯的和有效率的。

（3）统一共享的信息资源。CRM 解决方案的全部数据应集中存储和管理，不同部门接触客户后的经验要能立即给其他部门分享，这样，当前的客户信息就可以实时地供所有面对客户的雇员使用，才不致客户要求与企业所提供的产品与服务之间产生偏差。集中式的客户信息库还能保证在不同的业务部门和不同的应用软件功能模块之间的数据的连贯性。

（4）商业智能化的数据分析和处理。面对浩如烟海的客户及企业营销、销售和服务信息，如果没有一个具有高度商业智能的数据分析和处理系统是不可想象的。CRM 将最佳的商业实践与数据挖掘、数据仓库、一对一营销、销售自动化，以及其他信息技术紧密结合在一起，通过充分挖掘客户的商业行为个性和规律，来不断寻找和拓展客户的盈利点和盈利空间；另一方面，智能化的数据分析和处理本身也是企业向客户"学习"的一种高效过程。随着 CRM 软件的成熟,将来的CRM软件不再只是帮助商业流程的自动化,而是能帮助管理者做决策的分析工具。

(5) 对基于Web的功能的支持。Web在企业内部和外部交流及交易方面日益广泛的使用,使得Web功能成为CRM解决方案中的关键因素。Web不仅对于电子商务渠道是不可缺少的,它在基础架构方面也是十分重要的。而CRM应用软件的用户,包括客户和雇员,都能随时随地访问企业的应用程序。这种访问应当通过通常不需要太多培训就能轻松使用的标准Web浏览器来实现。CRM使企业可以通过Web直接与客户进行销售和服务,企业还可利用Web的电子商务优势来进行自助服务、自助销售、潜在客户开发、时间登记、合同续订、服务请求,以及电话反馈等。所有这些都在时间和空间上极大地扩展了传统的营销、销售和服务渠道,使企业能够面向全球提供每周7天、每天24小时的访问,从而达到企业收益机遇的最大化。

CRM的以上特征并不是彼此孤立的,而是相互支持、高度融合的一个整体,共同组成了CRM的强大功能。

三、CRM的功能

客户关系管理就是要对企业与客户间发生的各种关系进行全面管理,以赢得新客户,巩固保留既有客户,并增进客户利润贡献度。客户关系管理的功能主要分为销售管理、市场管理、产品与交货执行管理和服务与支持四大部分。

(一) 销售管理

在传统的营销体制中,大多数企业的销售人员采用手工的、不集成的、低速的业务处理手段,造成销售人员无法跟踪众多复杂的销售路线,销售周期长,重复性工作多,同时信息的零散性和不集成性还经常会造成信息的丢失。另外,由于信息传输速度低,不仅浪费了大量的时间,而且延误了产品的提交期,甚至还贻误商机,有时企业还会因某位销售人员的离去而丢失重要的客户和销售信息,产生许多不良的后果。

通过实施CRM,销售部门可以有效地跟踪众多的复杂销售路线,用自动化的处理过程代替原有的手工操作过程,这样既缩短了销售周期,又减少了复杂和重复性的工作,可使销售过程自动化,并赋予销售人员和专业人员生产效率更高的工具。其普遍的功能包括:工作日历和日程表安排、联系人和客户管理、佣金、销售机会、潜在客户管理、销售预测、建议书制作和管理、定价、费用报告等。销售管理还为使用者提供了各种销售途径和工具,如电话销售、移动销售、远程销售、电子商务等,通过它们,销售人员无论何时何地都可及时获得有关产品、定价、配置和交货信息,追踪当前客户和潜在客户的状态,并与销售人员自动控制系统进行联系。

(二) 市场管理

在市场管理方面,企业通过对商家搜集的大量数据进行统计分析,对市场需求进行预测,并对市场进行细分和目标定位,实现"一对一"市场个性化营销,为自己创造新的营销能力,同时也可以为自己的产品、服务的开发和创新提供参考依据。市场管理主要围绕营销预算管理、广告管理和布置、目标促销手段和活动进行,并依据活动进行事后跟踪、分析和总结,对促销活动进行评估,以此提高获取产品和市场竞争信息的能力,及时掌握市场动态。

(三) 产品与交货执行管理

由于销售合同与订单涉及交货、价格、运输、产品特征等基本信息,因此,CRM还可以为客户提供从产品、市场、销售、交货、服务、支持等一系列的连贯的一条龙服务。现实生活中,由于电子商务交易平台与后台的供应链系统无法实现紧密连接，一度出现了销售与交货脱节的现象，其中配送与交货问题尤为突出。因此，在整个销售链条上，交货问题也成为 CRM 一个责无旁贷的新的管理内容，否则，客户就不能得到连贯的服务。同时，由于一对一营销，产品客户化配置和报价问题，才使得 CRM 应该融入对产品信息的管理，这样才能更及时地为客户提供更为满意的产品和服务。

（四）服务与支持

市场激烈竞争的结果使得许多商品的同质化倾向越来越强，某些产品从外观到质量也很难分出伯仲。这种商品的同质化使越来越多的顾客看重的是商家能为其提供的产品所附加的服务及服务的质量和及时程度。这些服务包括客户配置化、客户关怀、契约承诺、保修与维护、交货与纠纷、记录发生过的问题及解决方案的数据库，以及提供预警服务和其他有益的建议和服务请求管理等。在实施 CRM 中，许多企业以“呼叫中心”的形式建立起与客户交流的窗口。呼叫中心是由计算机电话集成技术支持的，它充分利用了通信网和计算机网的多种功能集成，构建一个完整的综合服务系统，能方便有效地为客户提供多种服务，如 24 小时不间断服务、多种方式交流、事先了解客户信息以安排合适的业务代表访问客户，将各种信息存入业务数据仓库以便共享等。同时，还可将销售、服务、市场和交货情况等信息及每个客户的交易集合在一起，为各部门的人员提供实时的信息。它还能提供客户的投诉记录、解决情况，以及产品和服务的质量情况等。

第三节　电子商务对 CRM 的影响

Internet 的迅速发展将整个世界经济带入了一个从未有过的高速增长期，随着网络技术的成熟，电子商务的概念已经逐渐深入人心，电子商务正飞速兴起，电子商务大潮正在全球范围内急速改变传统的商业模式。在线购物、B2B、B2C 已经成为大家谈论的焦点。在未来的 20 年，电子商务的发展将形成指数型上升曲线。

电子商务系统提供了一种商家与客户进行交流的新方式，但电子商务带来的冲击是革命性的，对传统企业提出了严峻的挑战：要求企业管理者以全新的思维来看待未来的客户、未来的竞争对手、未来的技术工具，仅仅把现有的商业流程实现数据处理自动化并不意味着可以在“新经济”时代取得成功。电子商务要求的是与之相匹配的管理思维的更新和革命。这对已经建立起一定规模的传统企业来说并非易事。

传统企业管理的着眼点往往在后台，ERP 系统帮助企业实现了这种内部商业流程的自动化，提高了生产效率。而对于前台，往往重视得不够，面对诸如哪种产品最受欢迎、原因是什么、有多少回头客、哪些客户是最赚钱的客户、售后服务有哪些问题等，大部分企业还只能依靠经验来推测。现在网络上的竞争仅在鼠标的一点之间，如何才能在电子商务竞争中取胜？能够提供客户资源及相关数据分析的客户关系管理系统就成为焦点。作为专门管理企业前台的客户关系管理为企业提供了一个收集、分析和利用各种客户信息的系统，帮助企业充分利用其客户管理资源，也为企业在电子商务时代从容自如地面对客户提供了科学手段和方法。大量的调查和行业分析家都明确了这样一个事实，即建立和维持客户关系是取得竞争优势的唯一且最重要的基础。这是网络化经济和电子商务对传统商业模式变革的直接结果。

一、CRM 在电子商务中的位置

电子商务是从 20 世纪 90 年代中期才开始蓬勃发展起来的，却正在以令人难以想象的速度进入社会、经济、生活，成为各国政府以及科教、企业界人士关注的重点，而客户关系管理则是电子商务的一个重要环节。电子商务作为现代的企业运作模式，要求以客户为中心，要求满足互联网客户快速响应的要求，这样才能在竞争中取胜，否则，当注重新兴技术改进工作效果的企业把客户吸引走后，没有及时采用新技术的企业将越来越落在后面，而实施电子商务的基础是客户关系管理。

CRM 的核心思想是把客户群体看作企业宝贵的外部资源，并尽可能地将其纳入企业的控制范围内，以增加客户价值为中心，有效满足客户的个性化需求，改善客户关系和提高企业的市场竞争能力。

电子商务下的客户关系管理就是利用信息技术，尤其是 Web 和 Internet 技术，使企业市场营销、销售管理、客户关系、服务和支持等经营环节的信息及时、充分、有序地在企业内部和客户之间流动，提高客户交付价值、客户满意度和忠诚度，与客户建立起长期、稳定、相互信任的密切关系，实现客户资源有效利用。目前主流 CRM 系统主要包括市场营销管理、销售/分销管理、客户关系管理、呼叫中心、知识管理、服务和支持管理、商业智能等核心模块。

二、电子商务环境下 CRM 的特点

电子商务和 CRM 是目前业界认为能够为企业带来更快、更高回报的两个议题。协调基于电子商务的 CRM 业务流程在给客户留下企业全景印象方面，显得尤为重要。电子商务环境下的客户关系管理是在传统商务环境下的客户关系管理的基础上，以信息技术和网络技术为平台的一种新兴的客户管理理念与模式。企业要把电子商务作为 CRM 整体战略的一部分，互利互助，使客户关系回报最大化。基于电子商务的 CRM 主要特点有以下几方面。

1. 高效的信息沟通

因特网的及时沟通方式，使客户随时、准确地访问企业网站，了解企业的产品和服务信息，为客户寻找决策依据及满足需求的可行途径。同时，营销人员也能够借助信息技术，及时全面地把握企业的运行状况和变化趋势，以便与客户接触时，能有针对性为客户提供有效信息，改善信息沟通效果。

2. 构建交互式的沟通方式

因特网在客户与企业之间，架构了更有效的沟通渠道，构建了交互式的沟通方式。借助此方式，企业可以通过 IP 地址，准确、及时地获知客户的所在区域和相关信息。企业运用数据管理、因特网等信息系统和信息技术，及时、迅速、大量地收集客户资料，并第一时间传递给客户服务中心加以处理，实现对客户信息的有效管理和利用。

3. 降低客户关系运作成本

电子商务所拥有的重要优势，是大大减少了 CRM 的运作成本。在因特网和电子商务模式下，客户能从网上获取所需要的信息，为企业和客户双方建立了积极收集信息、主动进行沟通的基础。在此基础的支持下，CRM 系统在实现企业和客户充分沟通，相互了解对方价值追求及利益所在，以寻求双方最佳的合作方式方面起到积极、有效的作用。

三、电子商务环境下 CRM 的功能

电子商务环境下完整的 CRM 设计方案应该包括四大功能：客户互动渠道管理功能、营运

管理功能、决策支持功能及与后端系统的整合功能。如图 7-1 所示。

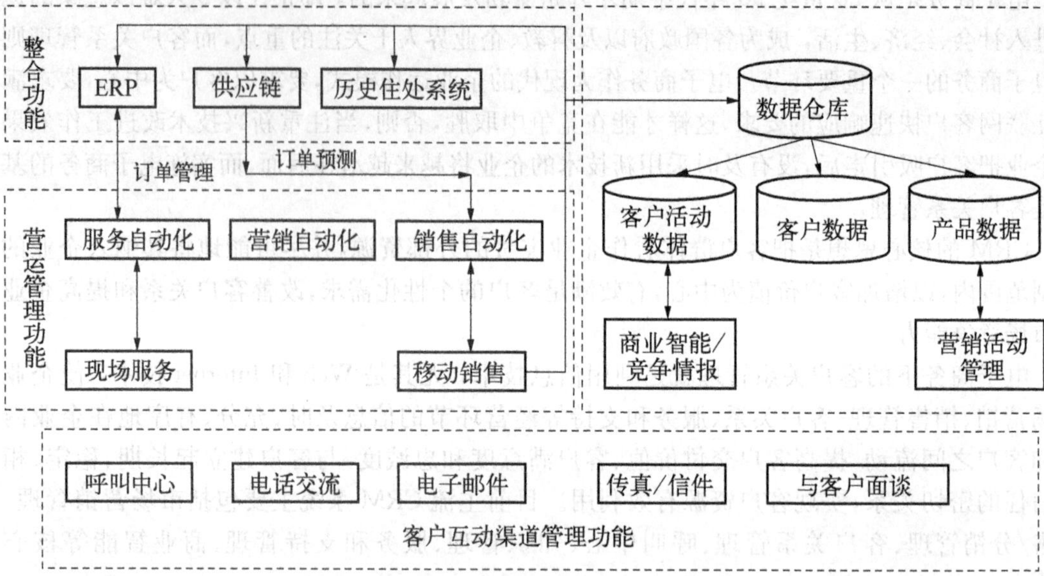
整合功能
ERP
供应链
历史住处系统
订单预测
订单管理
数据仓库
决策支持功能
营运管理功能
服务自动化
营销自动化
销售自动化
客户活动数据
客户数据
产品数据
现场服务
移动销售
商业智能/竞争情报
营销活动管理
呼叫中心
电话交流
电子邮件
传真/信件
与客户面谈
客户互动渠道管理功能

图 7-1　电子商务环境下 CRM 的功能示意图

1. 客户互动渠道管理功能

现今的客户与企业互动的渠道越来越多，从传统的面对面互动、电话拜访，到现在盛行的 E-mail、Web 或是自动语音系统，都是提供消费者更多便捷的互动方式。建立良好的 CRM 解决方案，可以有效地管理各个互动渠道，使互动渠道的运用更具效率化。同时透过客户资料的分析与客户价值评估，可以依照客户的等级来选择、创造与客户互动的模式，进而有效降低营运成本。而且，系统将从各个互动渠道进来的客户互动资料记录下来，并让需要查询的相关人员能轻易地取得资料，以提升服务质量，也可改善整体的工作效率。

2. 营运管理功能

增加销售、提供优质服务的营运管理功能包括行销、销售及服务三个方面：

（1）就行销方面来说，透过资料的汇集与分析，企业更能掌握客户的喜好与需求，进而为客户提供量身定制的商品与服务，有效刺激客户的购买欲望，达到促销的目的。另外，CRM 还要协助与行销相关的方案设计活动，适时掌握消费取向并随时依市场状况反映调整行销策略与方法。

（2）就销售方面来说，CRM 要提供销售自动化的功能，从销售流程的定制、潜在商机的发掘、销售技术的支援、销售对象的筛选等。

（3）就服务方面来说，当客户服务要求越来越高时，企业能否快速且有效率地完成客户交办的事项，将是影响客户决定忠诚或感到满意的一个要素。通过 CRM 帮助，经办人员可以快速掌握客户的详细资料，得知客户所有的互动记录、合约状况、交易记录与交办事项等，并通过 CRM 的服务功能，即时为客户解决问题。

3. 决策支持功能

完整的 CRM 强调客户资料的一致性与完整性，CRM 决策功能中的数据仓库与数据挖掘技术可将客户资料系统地加以储存与管理，不仅方便 CRM 营运功能的执行与运用，同时可通过资料分析工具，如在线分析工具(OLAP)、数据挖掘工具等进行客户、交易与产品等相关资料分析，确实了解客户对企业的贡献度、客户的喜好与需求，甚至预测客户未来的消费行为模式与商品结构等，并将结果作为营销策略的决策依据。

4. 与后端系统的整合功能

能与后端的生产、财务与物流等系统整合的CRM，才能在客户服务方面及资料分析方面发挥实质功效。结合前端、后端的资料整合，企业得以全面地了解客户的互动资料、交易资料，分析出客户对企业的贡献度，并决定是否该加强服务的品质等。除了各个系统的整合与资料集中管理，工作流程的重新定义与整合也十分重要。通过CRM的规划与实施，企业确实可以全面检查目前的工作流程是否合理化、效率化。此外，公司内部文化也要随之改变，各部门间随着工作流程的合理化、透明化与资料、资源的共享，真正做到企业内部知识与资源共享的境界。

四、现行的客户关系管理(CRM)的内在缺陷

1. 对客户范畴的错误定义

目前流行的CRM系统错误地把客户的购买行为及与企业联系的行为定义为客户关系。因此,CRM系统所管理的不是真正的客户关系而仅仅是客户的购买和联系行为,真正意义上的客户关系是要拓展新客户,保留老客户。这种传统客户范畴使得企业难以开拓市场,实现潜在客户向现实客户的转化。

2. 存在局限的市场经营范畴

目前流行的CRM把市场经营范畴仅仅局限于一个企业的数据库中。即仅把现有客户放入企业数据库中而忽略了企业上游的供应商和不注重企业内部网络信息化建设,使各个系统孤军奋战,缺乏彼此接口联系导致宣传口径不一致,企业人力物力资源严重浪费,甚至无法树立良好的企业形象。

3. 缺乏与客户的沟通,难以了解客户真正需求

目前流行的CRM系统将企业的视线从其市场上错误地引导到企业的数据库中。它要求企业把注意力放到诸如客户购买产品的相关信息及对客户今后会购买其数据库中什么产品的预测上。因此,那些采用了这种CRM系统的企业容易忽视其客户的真正需求,忽视那些决定客户购买产品相关系数背后的真正驱动力。

4. 管理理念落后。对客户关系管理认识的不足

在当前许多企业,甚至是许多较大规模的企业仅注重以产品为中心,忽略了客户关系的建立与管理,尤其是目前产品销路较好的企业中这种现象尤为普遍。然而这种短视行为必将阻碍企业做大做强。

第四节　电子商务环境下CRM的实施效果分析

(1) 电子商务和CRM是目前业界认为能够为企业带来更快、更高回报的两个创意。为了给客户一个关于公司的全景印象,协调基于CRM和电子商务的购买流程越来越重要。企业必须把电子渠道和电子商务看作是CRM整体战略的一部分,以避免渠道冲突,并使客户关系回报最大化。

(2) 客户关系管理将成为企业全员的根本任务。在电子商务背景下，客户关系管理将真正成为企业全员的根本任务，这与传统企业有着本质的不同。企业的整个供应链和价值链都将围绕客户这一中心展开一切活动。良好的客户关系管理是企业把握在线顾客的真实需求、改善企业与顾客的相互关系、培植顾客忠诚的核心内容，也是整个企业系统高效运行的必要前提。

(3) 互联网的面对面沟通方式，有效地支持了客户随时、准确地访问企业信息。客户只要进入企业的Web网站，就能了解到企业以及关于企业的各种产品和服务信息，寻找用以决策的依据及满足需求的可行途径。同时，营销人员也能够借助先进的信息技术，及时全面地把握企业的运行状况及变化趋势，以便在与客户接触时，能够针对其需要提供更为有效的信息，改善信息沟通效果。

(4) 架构了更有效的沟通渠道，构建了交互式的沟通方式。借助这一方式，企业可以通过IP地址，随时、准确地知晓每一位客户的居住区域及其各种有关信息。运用数据库管理、Internet等信息系统和信息技术，企业不仅能够及时、迅速、大量地收集客户信息，并及时传递给客户服务中心加以处理，而且可以实现对客户信息的更好保护和利用。

(5) 减少了CRM运作的成本。在Internet和电子商务模式下，任何组织或个人都能以低廉的费用从网上获取所需要的信息。这为企业和客户双方都带来了莫大的好处，建立了人们积极收集信息、主动进行沟通的基础。在这一基础的支持下，CRM系统不仅是企业的主动选择，同时也成为广大在线客户的一种必然要求。因此，在充分沟通的基础上，相互了解对方的价值追求和利益所在，以寻求双方最佳的合作方式，无论对企业或在线客户都有着极大的吸引力。

实操

《客户王》软件的操作

【实验目的】

熟悉《客户王》软件的操作步骤，了解掌握客户关系管理CRM信息系统的各种功能，包括：联系手段、日程规范、决策分析、智能提醒、销售管理、合同管理、产品管理和邮件管理等。

【实验环境】

系统配置要求：

1. 运行本系统最低硬件配置：用户PⅡ266/4.3G/64MB RAM以上。

2. 运行本系统所需软件环境：用户操作系统为Windows98以上。

3. 屏幕分辨率不低于800×600，推荐使用1 024×768分辨率(宽屏显示器用户的屏幕分辨率高不能低于400像素，宽不能低于800像素)。

【实验步骤】

1. 系统界面。系统主界面如图7-2所示。

(1)“系统菜单”包含了本系统所有的主要功能菜单。

(2)“系统工具栏”包含了最常用的系统工具按钮。

(3)“窗口切换标签”用于数据窗口的快速切换。

客户王7.1 - [未注册]
系统[S] 客户管理[C] 产品管理[P] 销售管理[X] 办公计划[O] 文档合同[D] 邮件管理[M] 查询[F] 决策分析[L] 收藏夹[F] 常用工具[M] 窗口[W] 帮助[H]
我的客户 今日事务 产品报价 我的信箱 计划安排 提醒导航栏 退出系统
系统工具栏

图 7-2 系统主界面

2. 客户管理。单击系统工具栏中的"我的客户"按钮,可以快速打开我的客户窗口(如图 7-3 所示)。我的客户窗口共分四个区:客户导航区、客户显示区、附加档案区。客户导航区分为客户浏览和客户搜索两种显示方式,可通过标签页切换。

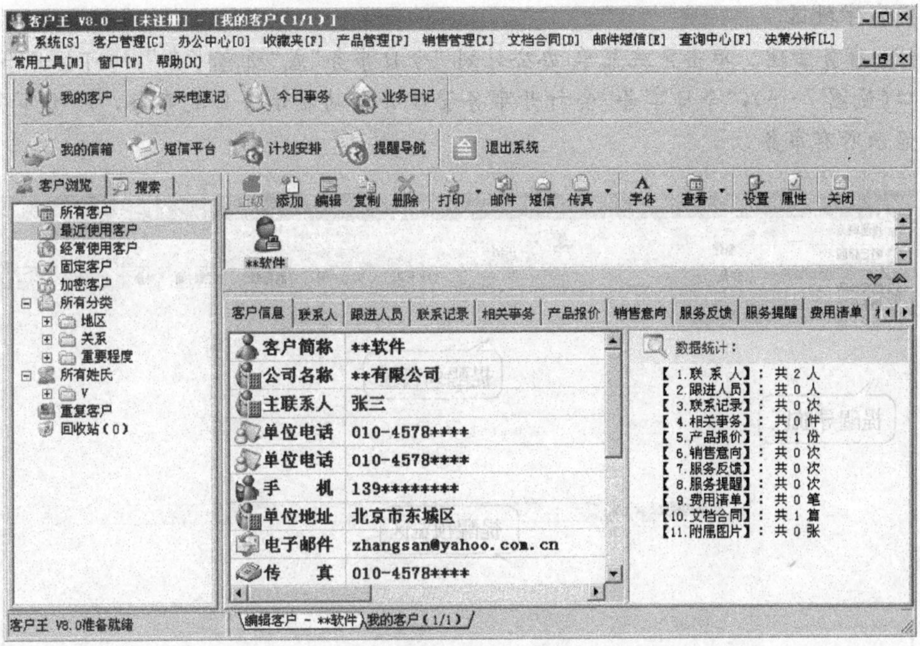
客户王 V8.0 - [未注册] - [我的客户(1/1)]
系统[S] 客户管理[C] 办公中心[O] 收藏夹[F] 产品管理[P] 销售管理[X] 文档合同[D] 邮件短信[E] 查询中心[F] 决策分析[L]
常用工具[M] 窗口[W] 帮助[H]
我的客户 来电速记 今日事务 业务日记
我的信箱 短信平台 计划安排 提醒导航 退出系统
客户浏览 搜索
上级 添加 编辑 复制 删除 打印 邮件 短信 传真 字体 查看 设置 属性 关闭
所有客户
最近使用客户
经常使用客户
固定客户
加密客户
所有分类
地区
关系
重要程度
所有姓氏
V
重复客户
回收站(0)
**软件
客户信息 联系人 跟进人员 联系记录 相关事务 产品报价 销售意向 服务反馈 服务提醒 费用清单
客户简称 **软件
公司名称 **有限公司
主联系人 张三
单位电话 010-4578****
单位电话 010-4578****
手 机 139********
单位地址 北京市东城区
电子邮件 zhangsan@yahoo.com.cn
传 真 010-4578****
数据统计:
【1.联 系 人】: 共 2 人
【2.跟进人员】: 共 0 人
【3.联系记录】: 共 0 次
【4.相关事务】: 共 0 件
【5.产品报价】: 共 1 份
【6.销售意向】: 共 0 次
【7.服务反馈】: 共 0 次
【8.服务提醒】: 共 0 次
【9.费用清单】: 共 0 笔
【10.文档合同】: 共 1 篇
【11.附属图片】: 共 0 张
客户王 V8.0准备就绪
编辑客户 - **软件 我的客户(1/1)

图 7-3 客户管理

客户显示区有四种显示方式(大图标、小图标、列表、详细资料),可通过单击或下拉查看按钮进行切换,在客户显示区中默认有 3 种人像图标显示方式:表示主联系人是男性或未知性别的客户,表示主联系人是女性的客户,表示无简称的客户;用户可以自定义人头像,系统中集成了目前网络上比较流行的 QQ 头像,用户可以按自己的喜好进行选择。

附加档案区可以显示 12 种附加档案:客户详细资料、联系人、联系记录、相关事务、产品报价、销售意向、服务反馈、服务提醒、相关文档和附属图片。

3. 办公计划。

(1) 业务日记。业务日记可以记录业务员每天的工作、计划、完成、总结等情况，业务员每天将业务日记打印来报表上交给业务经理或由业务经理直接在软件上查看业务员的工作等情况，就可以清楚业务员每天的工作等情况。以便于统一安排管理，提高工作效率。业务日记的窗口如图 7-4 所示。

业务日记
时间导航栏
日记内容
2005年
06月
27日(星期一)
当日业务
工作计划
客户往来
会议记录
本日的工作，业务等情况记录…

图 7-4　业务日记

左右为时间导航栏，是系统按每天自动生成的时间，右边为日记内容输入区，可以自定义内容字段区。

(2) 事务管理。单击系统菜单 办公计划 "今日事务"或"所有事务"，均可打开事务管理窗口(见图 7-5)，"今日事务"会打开事务管理并自动显示今日之事务，"所有事务"则自动显示所有事务。

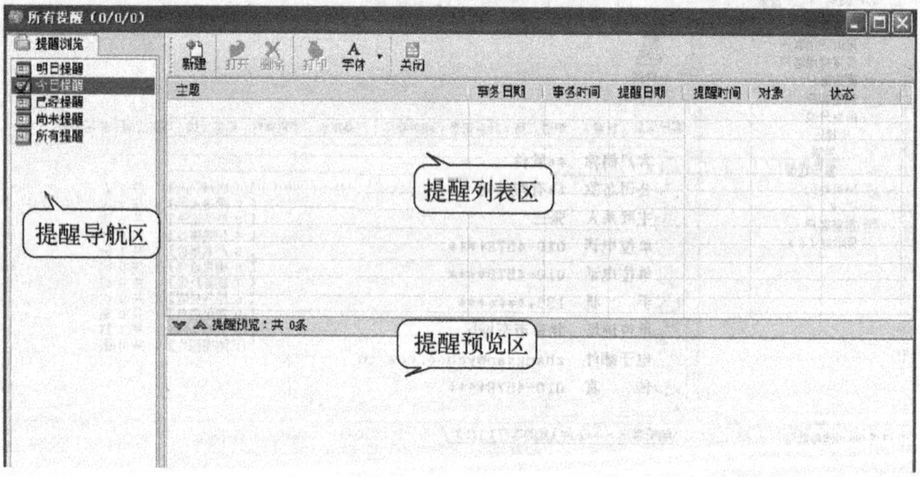
所有提醒 (0/0/0)
提醒浏览
明日提醒
今日提醒
已应提醒
尚未提醒
所有提醒
新建
打开
删除
打印
字体
关闭
主题
事务日期
事务时间
提醒日期
提醒时间
对象
状态
提醒列表区
提醒导航区
提醒预览：共 0条
提醒预览区

图 7-5　事务管理

事务管理窗口共分三个区：事务导航区、事务列表区、事务内容显示区。

事务导航区分为客户浏览和客户搜索两种显示方式，可通过标签页切换。

事务列表区显示了指定日期范围内的事务列表，事务类型分为"事务"和"文件"两种，"事务"可以设置提醒功能，"文件"以附件的形式添加。事务"对象"指与此事务相关的主要对象(客户)；在事务列表区，"相关对象"指除主要对象外的其他相关对象(客户)，默认方式下系统会根据有无其他相关对象而自动显示相关对象列表。

4. 事务提醒。单击系统工具栏的"事务提醒"按钮，打开事务提醒窗口。如图 7-6 所示。

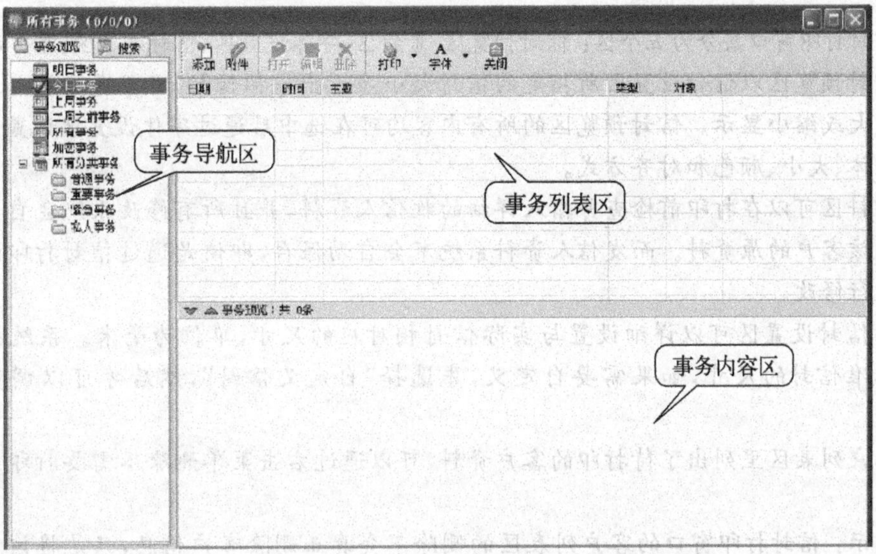
所有事务（0/0/0）
事务导航区
事务列表区
事务内容区
明日事务
今日事务
上周事务
二周之前事务
所有事务
加密事务
普通事务
重要事务
紧急事务
私人事务
日期
类型
对象

图 7－6　事务提醒

事务提醒窗口共分三个区：提醒导航区、提醒列表区、提醒内容预览区。

事务提醒窗口只会显示设置为具有提醒功能的事务，由提醒列表区的状态列可以查看当前事务的提醒状态。

事务提醒的使用方法可以参见事务管理。

5. 信封打印。信封打印功能是专为企业级用户设置的，通过批量客户打印功能，可以将大量客户信息按预先设置方式打印在信封封面上，适合于打印大批量的商业信函信封。

打开我的客户夹后，选择需要打印的客户，然后单击我的客户夹工具栏的“打印”按钮，打开信封打印窗口。如图 7－7 所示。

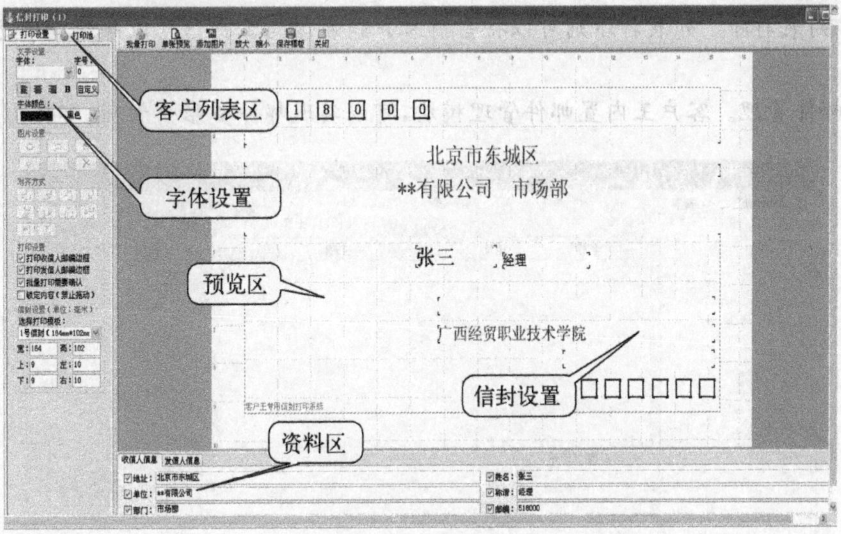
客户列表区
字体设置
预览区
信封设置
资料区
北京市东城区
**有限公司　市场部
张三
经理
广西经贸职业技术学院

图 7－7　信封打印

提示：如果在打印前，没有指定需要打印的客户，则系统会默认为打印当前浏览的所有客户。

信封打印窗口共分为五个区：信封预览区、资料区、字体设置区、信封设置区、客户列表区。

信封预览区以信封设置区所指定的信封大小显示出虚拟信封，可以通过放大或缩小按钮放大或缩小显示。信封预览区的所有内容均可在选中后通过字体设置区设置对应内容的字体、大小、颜色和对齐方式。

资料区可以在打印前检查并输入详细的收信人资料，并且所有修改系统会自动覆盖保存至该客户的原资料。而发信人资料系统不会自动保存，即使是通过信封打印的设置工具进行修改。

在信封设置区可以详细设置与实际信封相对应的尺寸，单位为毫米。系统提供了四种标准信封的尺寸，如果需要自定义，先选择“自定义信封”，然后才可以调整信封大小。

客户列表区里列出了待打印的客户资料，可以通过右击菜单删除不需要打印的客户对象。

提示：信封打印窗口的客户列表区的删除不会真正删除客户信息，只是将该客户从待打印客户列表中删除。

在打印信封之前，可以通过“添加图片”按钮将指定的图片（如公司的 logo）添加至信封上，并可以通过相应的图片工具按钮调整色彩和大小。删除已添加的图片可以按删除键（DEL 键）或图片右击菜单删除。

(1) 批量打印。批量打印可以一次性将所有客户列表中的资料打印出来，如果在设置窗口中选中了“批量打印需要确认”选项，则在打印每张信封前会在要求确认是否打印。

(2) 单张打印。单张打印需要单击“单张预览”后从预览窗口中打印。

(3) 标签打印。标签打印可以将客户资料以标签的形式打印出来，由用户剪裁后贴于信封之上，通过设置可以选择标签打印时是打印四边线还是打印四角线。

(4) 列表打印。列表打印则可以将当前客户列表区的客户信息以普通列表方式打印出来。

6. 邮件管理。客户王内置邮件管理模块，可以实现邮件多账户管理、邮件群发、邮件

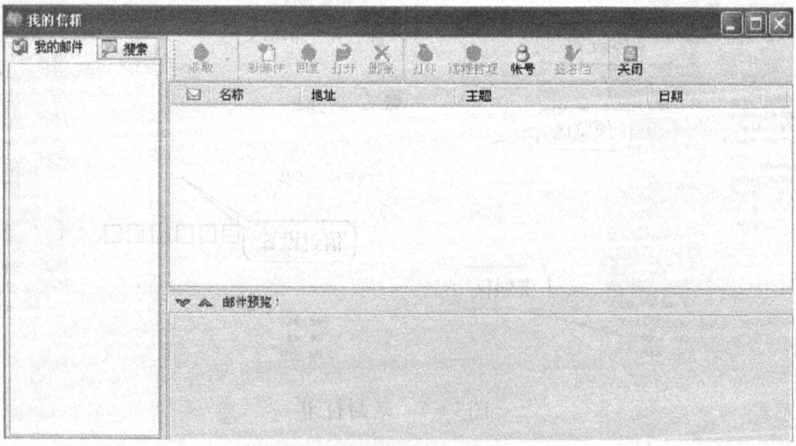
我的信箱
我的邮件
搜索
收取
新邮件
回复
打开
删除
打印
过滤管理
帐号
关闭
名称
地址
主题
日期
邮件预览

图 7-8　邮箱设置之一

亲笔信、邮件 html 格式……与目前主流的 Foxmail 功能接近，第一次使用邮件功能，需要进行邮箱设置，操作如下：首先在客户王的工具栏中打开"我的邮箱"如下图所示：点击"账号"，就可以进行邮箱设置了。如图 7-8 所示。

点击"账号"，就可以进行邮箱设置了。如图 7-9 所示。

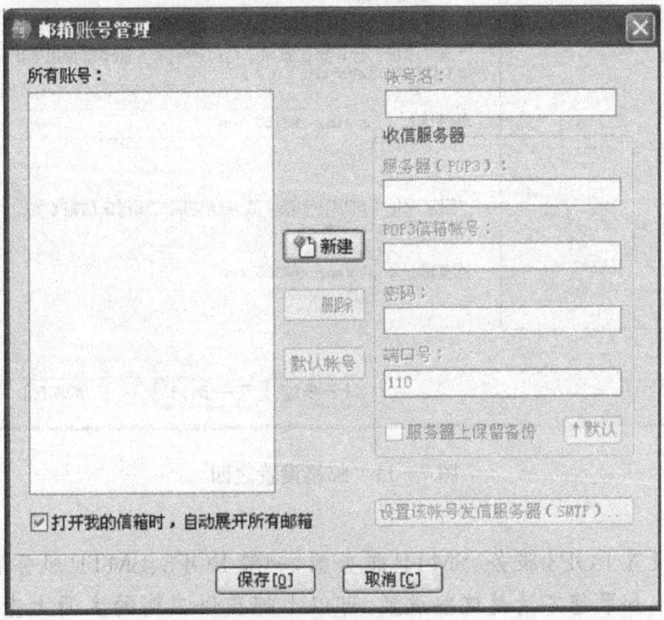
邮箱账号管理
所有账号：
帐号名：
收信服务器
服务器（POP3）：
POP3信箱帐号：
密码：
端口号：
110
新建
删除
默认帐号
服务器上保留备份
默认
设置该帐号发信服务器（SMTP）...
打开我的信箱时，自动展开所有邮箱
保存[O]
取消[C]

图 7-9 邮箱设置之二

点击"新建"，按向导说明就可以进行你的邮箱设置了。如图 7-10 所示，我们设置一个 163 邮箱。

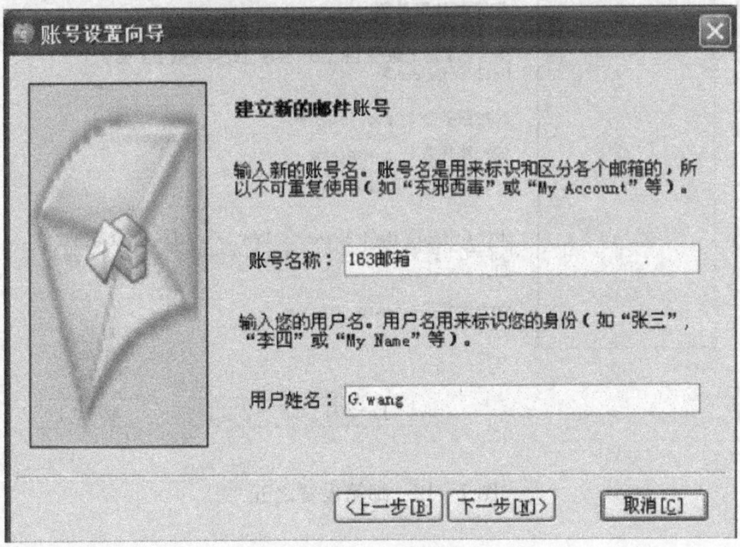
账号设置向导
建立新的邮件账号
输入新的账号名。账号名是用来标识和区分各个邮箱的，所以不可重复使用（如"东邪西毒"或"My Account"等）。
账号名称：163邮箱
输入您的用户名。用户名用来标识您的身份（如"张三"，"李四"或"My Name"等）。
用户姓名：G.wang
<上一步[B]
下一步[N]>
取消[C]

图 7-10 邮箱设置之三

点下一步，如图 7-11 所示，设置邮件地址、回复地址。

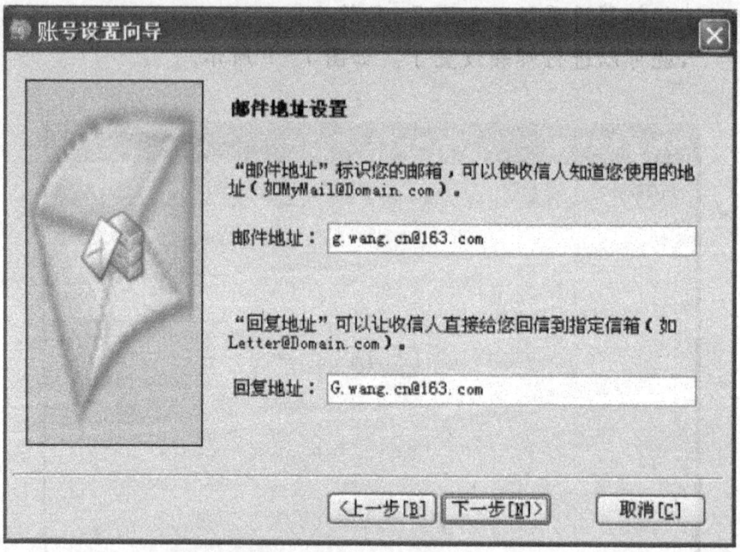
账号设置向导
邮件地址设置
"邮件地址"标识您的邮箱，可以使收信人知道您使用的地址（如MyMail@Domain.com）。
邮件地址：g.wang.cn@163.com
"回复地址"可以让收信人直接给您回信到指定信箱（如Letter@Domain.com）。
回复地址：G.wang.cn@163.com
<上一步[B]
下一步[N]>
取消[C]

图 7-11　邮箱设置之四

点下一步，设置 POP3 服务、SMTP 服务器，一般 POP3、SMTP 服务器的设置都是邮箱供应商提供的，如果您不清楚这些设置，可以上邮箱供应商的主面上查询，都会有提供的。如图 7-12 所示。

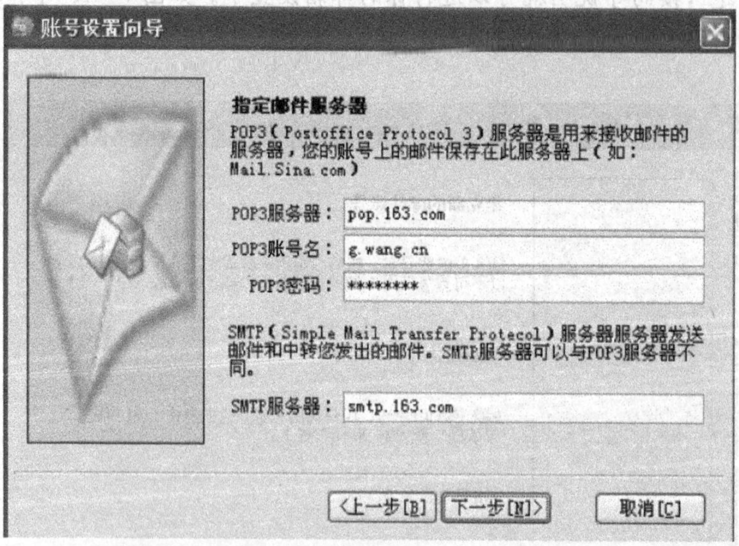
账号设置向导
指定邮件服务器
POP3（Postoffice Protocol 3）服务器是用来接收邮件的服务器，您的账号上的邮件保存在此服务器上（如：Mail.Sina.com）
POP3服务器：pop.163.com
POP3账号名：g.wang.cn
POP3密码：********
SMTP（Simple Mail Transfer Protocol）服务器服务器发送邮件和中转您发出的邮件。SMTP服务器可以与POP3服务器不同。
SMTP服务器：smtp.163.com
<上一步[B]
下一步[N]>
取消[C]

图 7-12　邮箱设置之五

点下一步：设置 SMTP 服务需要验证，一般邮箱都需要设置为需要验证，除非您的邮箱是支持匿名服务器的,可以不需要验证。如图 7-13 所示。

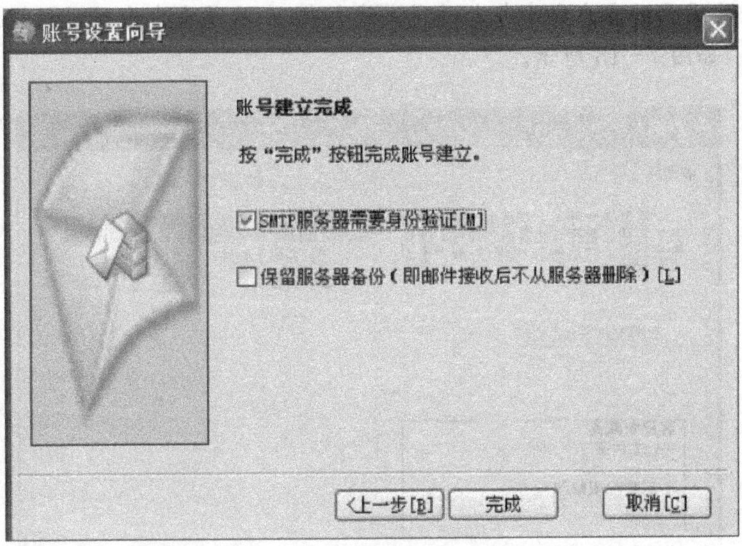
账号设置向导
账号建立完成
按“完成”按钮完成账号建立。
SMTP服务器需要身份验证[M]
保留服务器备份(即邮件接收后不从服务器删除)[L]
<上一步[B]
完成
取消[C]

图 7-13 邮箱设置之六

点“完成”,保存设置后,就完成设置了。如图 7-14 所示。

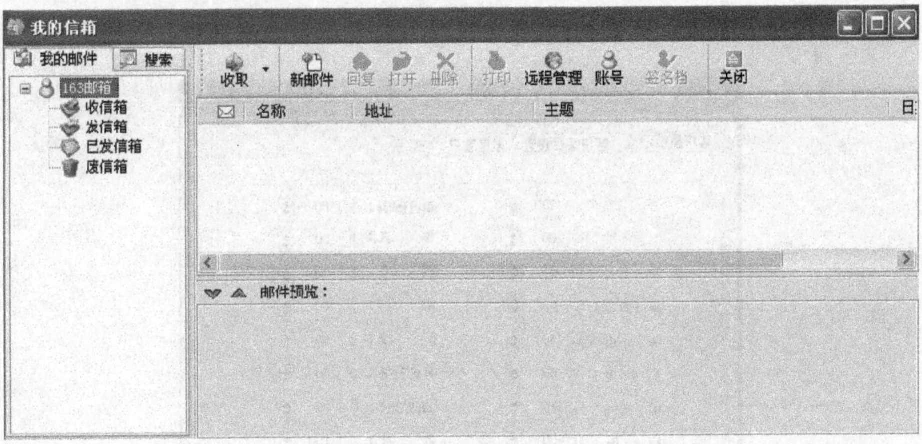
我的信箱
我的邮件
搜索
163邮箱
收信箱
发信箱
已发信箱
废信箱
收取
新邮件
回复
打开
删除
打印
远程管理
账号
签名档
关闭
名称
地址
主题
邮件预览:

图 7-14 邮箱设置之七

此时就可以直接收发邮件了。

7. 文档管理。文档管理是将公司的所有文档和客户文档进行分门别类的统一管理,可以直接保存文档附件,也可以保存文档内容,可以将常用 word、txt 等文档直接导入到文档管理模块中来进行管理。

8. 销售管理。销售管理是客户王系统中的一个重要环节,销售管理包括:① 进货;② 销售;③ 销售退货;④ 进货退货;⑤ 收款管理;⑥ 付款管理。

9. 常用工具。常用工具中集成了:万年历查询(阴阳历对照)、IE 收藏夹备份、度量衡转换、邮编区号查询等常用的工具,方便了日常工作中的需要。

10. 收藏夹管理。收藏夹管理,是客户王系统中一个类似 Windows 收藏夹管理模块,可以将一些需要的客户和事务发送到收藏夹中,在收藏夹中直接进行调到查阅,提高了查询效率。如图 7－15 所示。

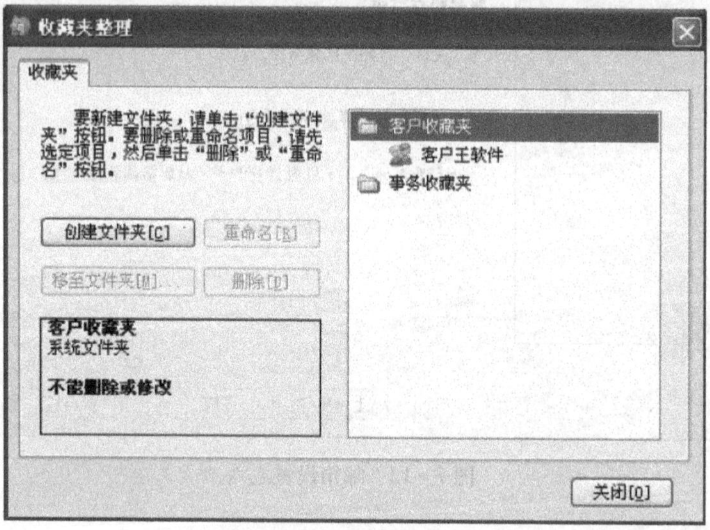
收藏夹整理
收藏夹
要新建文件夹，请单击“创建文件夹”按钮。要删除或重命名项目，请先选定项目，然后单击“删除”或“重命名”按钮。
创建文件夹[C]
重命名[R]
移至文件夹[M]...
删除[D]
客户收藏夹
系统文件夹
不能删除或修改
客户收藏夹
客户王软件
事务收藏夹
关闭[O]

图 7－15　收藏夹管理

11. 其他设置。

(1) 显示选项。单击系统菜单的“显示选项”,打开显示选项窗口。如图 7－16 所示。

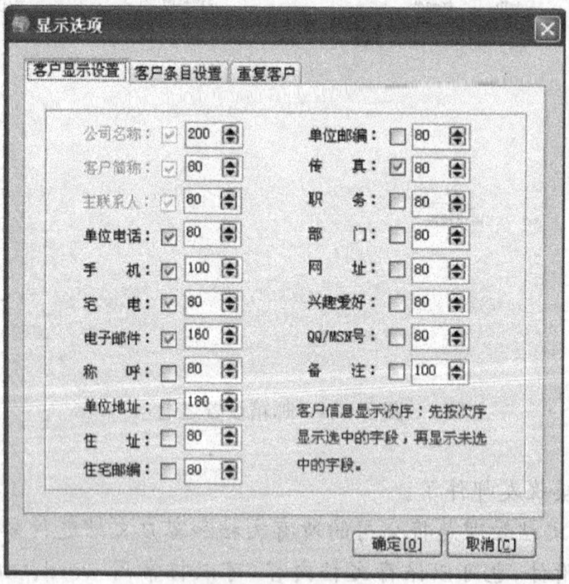
显示选项
客户显示设置
客户条目设置
重复客户
公司名称：
200
客户简称：
80
主联系人：
80
单位电话：
80
手　机：
100
宅　电：
80
电子邮件：
160
称　呼：
80
单位地址：
160
住　址：
80
住宅邮编：
80
单位邮编：
80
传　真：
80
职　务：
80
部　门：
80
网　址：
80
兴趣爱好：
80
QQ/MSN号：
80
备　注：
100
客户信息显示次序：先按次序显示选中的字段，再显示未选中的字段。
确定[O]
取消[C]

图 7－16　显示选项

图 7－16 中列出了客户的所有条目,可以选择是否显示,设置结果会在下次打开我的客户时生效。

(2) 分类设置。单击系统菜单的"分类设置",打开显示选项窗口。如图 7-17 所示。

分类设置中,可以按用户需要设置无限级下级分类,用户可以用工具按钮或右击菜单实际分类的添加写删除。提示:删除分类并不删除该分类下的客户数据。

(3) 高级设置。高级设置专为特殊用户设立,在系统菜单中单击"高级设置"打开高级设置窗口。如图 7-18 所示。

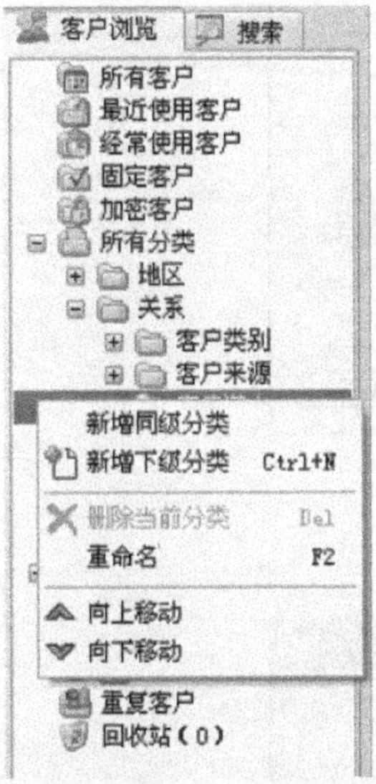
客户浏览
搜索
所有客户
最近使用客户
经常使用客户
固定客户
加密客户
所有分类
地区
关系
客户类别
客户来源
新增同级分类
新增下级分类 Ctrl+N
删除当前分类 Del
重命名 F2
向上移动
向下移动
重复客户
回收站(0)

图 7-17 分类设置

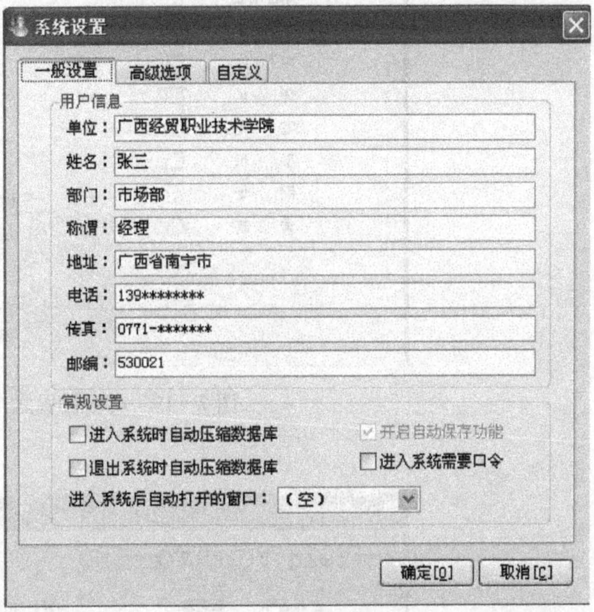
系统设置
一般设置
高级选项
自定义
用户信息
单位:广西经贸职业技术学院
姓名:张三
部门:市场部
称谓:经理
地址:广西省南宁市
电话:139********
传真:0771-*******
邮编:530021
常规设置
进入系统时自动压缩数据库
开启自动保存功能
退出系统时自动压缩数据库
进入系统需要口令
进入系统后自动打开的窗口:(空)
确定[O]
取消[C]

图 7-18 高级设置之一

高级设置共分为三项:系统设置、重复客户设置、客户条目设置。

系统设置可以根据用户个人爱好进行定制,其中单位名称和用户姓名至少有一项不能为空,并且这两个信息与软件注册信息相关,已注册用户请勿修改这两项内容,否则系统会提示软件未注册,甚至会无法正常使用本软件。

重复客户设置(见图 7-19)与我的客户里的重复客户显示相关,可以根据实际需求进行设置,系统默认重复客户的判断标准为姓名与单位名称同时相同,即当两张或两个以上客户的姓名与单位名称相同时判断为重复客户。

客户条目设置可以让用户根据自己的喜好修改客户条目的名称,如可以将移动电话改为手机等等,但是姓名和单位名称两个条目系统禁止修改。如图 7-20 所示。

提示:如果您不需要改客户条目,请保持为空。

12. 导入与导出。数据的导入导出是数据安全的一个保障,也是软件数据兼容性的一个象征。不过,本系统的数据导出和打印功能对未注册用户不开放,因此本系统的所有数据导出和打印功能只对注册用户有效。

目前本系统的导入导出只支持 CSV 的文件格式(通用逗号分隔文件),后继版本将会支持更多的文件格式。但是在已安装 Microsoft EXCEL 的机器上,本系统还可将数据导出到 EXCEL 程序。

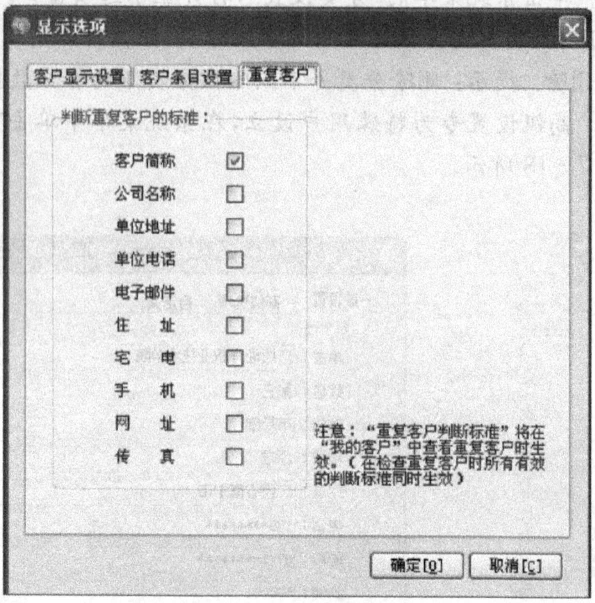
显示选项
客户显示设置
客户条目设置
重复客户
判断重复客户的标准：
客户简称
公司名称
单位地址
单位电话
电子邮件
住 址
宅 电
手 机
网 址
传 真
注意："重复客户判断标准"将在"我的客户"中查看重复客户时生效。（在检查重复客户时所有有效的判断标准同时生效）
确定[O]
取消[C]

图 7-19 高级设置之二

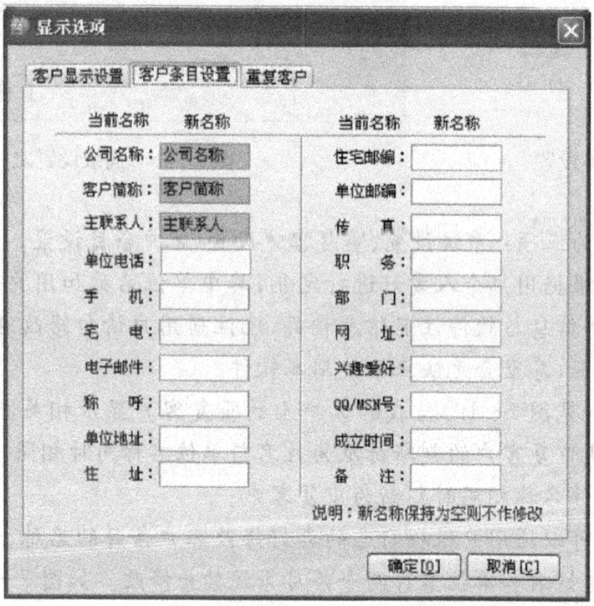
显示选项
客户显示设置
客户条目设置
重复客户
当前名称
新名称
公司名称：
客户简称：
主联系人：
单位电话：
手 机：
宅 电：
电子邮件：
称 呼：
单位地址：
住 址：
住宅邮编：
单位邮编：
传 真：
职 务：
部 门：
网 址：
兴趣爱好：
QQ/MSN号：
成立时间：
备 注：
说明：新名称保持为空则不作修改
确定[O]
取消[C]

图 7-20 高级设置之三

对于用户的 Foxmail、Outlook、Outlook Express 等软件内的地址簿信息，均可以先导出为 CSV 格式的文件，再导入本系统。

(1) 导入客户。单击系统菜单/导入客户/从 CSV 文件导入，打开文件选择对话框，选择需要导入的 CSV 文件，系统会自动分析该文件的客户条目，并会与本系统内置的客户条目相对应，对于未能自动对应或对应有误的客户条目，可以通过右击菜单进行手动调整。

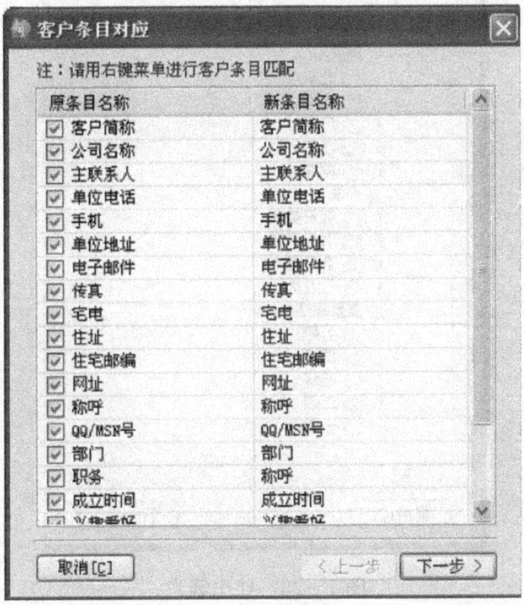
客户条目对应
注：请用右键菜单进行客户条目匹配
原条目名称
新条目名称
客户简称
公司名称
主联系人
单位电话
手机
单位地址
电子邮件
传真
宅电
住址
住宅邮编
网址
称呼
QQ/MSN号
部门
职务
成立时间
取消[C]
<上一步
下一步>

图 7-21 导入客户之一

设置好客户条目对应后，按“确定”按钮，系统会自动预读取该 CSV 文件内的客户数据（见图 7-22），至此，客户数据尚未真正导入本系统，用户可通过“编辑”按钮对客户数据进行修改。导入前，系统会对客户数据进行自动过滤，凡单位名称和姓名同时为空的客户数据，系统认为是无效客户而自动过滤，即使用户选择了该客户，对于用户所选择的客户，系统也会进行过滤。按“批量导入”，系统才会将已经选择的有效客户导入本系统，并将之从客户导入窗口中删除。如图 7-22 所示。

客户导入
全部选中[S]
全部取消
反选
自动
编辑[E]
批量导入[O]
客户简称
公司名称
主联系人
单位电话
手机
单位地址
电子邮件
传真

图 7-22 导入客户之二

客户数据导入成功后，在下次打开我的客户时会在一个名为“导入数据+当前日期”的分类中出现，以免和现有客户混合。

(2) 导出客户。单击系统菜单/导入客户/导出至 SV 文件，打开导出选项（见 7-23），用户可以选择需要导出的客户条目，按确定后会要求输入正确的文件名，并提示导出成功与否的信息。

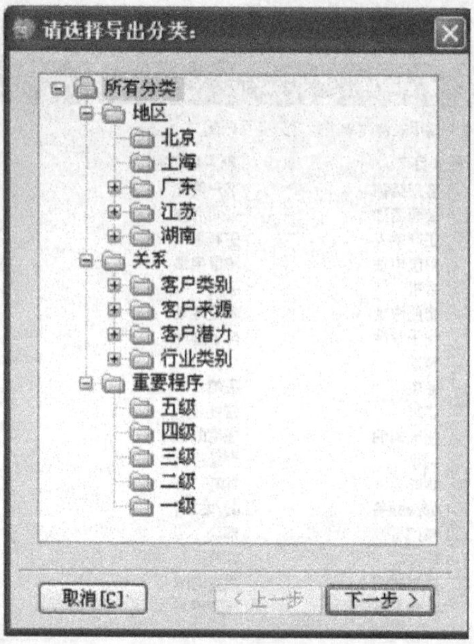
请选择导出分类:
所有分类
地区
北京
上海
广东
江苏
湖南
关系
客户类别
客户来源
客户潜力
行业类别
重要程序
五级
四级
三级
二级
一级
取消[C]
< 上一步
下一步 >

图 7-23　导出客户

提示：导出客户指导出系统内不在回收站内的所有客户数据。如需导出指定的客户集，请从信封打印窗口中的列表打印窗口另存。

复习思考题

1. 什么是客户关系管理？
2. CRM 主要有哪些功能？举例说明。
3. 实施 CRM 的意义是什么？
4. 根据实操内容，写出实验报告。

练习题七

一、单项选择题

1. CRM 是指（　　）。

A. 客户关系管理　B. 企业资源规划　C. 供应链管理　D. 人力资源管理

2. 下列不属于客户关系管理目标的是（　　）。

A. 利用现存的客户关系增加收入　B. 创造新价值并培养顾客忠诚

C. 着重于开拓新市场和新客户　D. 获得新用户，但成本提高

3. 客户关系管理实施的核心是（　）。

A. 客户关系管理的业务流程　B. 客户关系管理的系统软件支持

C. 建立客户中心　D. 客户关系管理的组织结构

4. 下列说法中，不正确的是(　　)。
A. 连带销售成功的关键是要能提供互补性的产品或服务以加深与顾客的关系
B. 客户关系管理主要是在大公司得到重视和应用
C. 整合业务流程的关键就是要做到一致和简洁
D. 目前客户信息的获取成本比较高

二、多项选择题

1. 推动客户关系管理(CRM)产生、发展的原因有(　　)。
A. 市场推动　　B. 技术发展
C. 观念更新　　D. 政府控制
E. 产品垄断
2. 从客户关系管理(CRM)的内涵考虑，它是一种(　　)。
A. 新的管理理念　　B. 新的管理技术
C. 新型管理机制　　D. 软件
E. 信息技术
3. 客户关系管理(CRM)强调(　　)。
A. 客户服务是关键　　B. 维持客户价值
C. 密切客户关系的过程　　D. 以客户为中心
E. 建立实用客户关系管理系统
4. 客户关系管理(CRM)的功能包括(　　)。
A. 销售管理　　B. 市场管理
C. 产品与交货执行管理　　D. 服务与支持
E. 客户管理

三、简答题

1. 怎样理解客户关系管理的内涵？
2. 与传统的营销体制相比，CRM 有什么优点？

四、论述题

简述电子商务与 CRM 的关系。

第八章　电子商务的新型应用

【内容提要】 本章介绍我国电子商务在实践应用中的发展新模式，通过浏览各种新兴电子商务资讯网站，以进一步熟悉我国电子商务的发展与应用，结合市场对电子商务人才的职业技能要求，引导学生积极探索电子商务应用的前景。

第一节　威客模式

从21世纪初开始，互联网加速发展，各种互联网新概念不断出现，如搜索引擎、电子商务、博客、维基百科、RSS、web 2.0、长尾理论等。如何利用互联网进行知识管理已引起互联网界和知识管理学界诸多学者的高度关注。在此背景下，威客模式应运而生。目前，中国的威客模式市场发展了近3年时间，总体来说市场处于成型期，需要服务商进一步的培育，到目前为止威客的用户规模已经达到300万人。

威客，英文Witkey(wit智慧、key钥匙)，是指通过互联网把自己的智慧、知识、能力、经验转换成实际收益的人，通过在互联网上解决科学、技术、工作、生活、学习中的问题，从而让知识、智慧、经验、技能体现经济价值。通俗地讲，威客就是在互联网凭借自己的创造能力帮助别人而获得报酬的人。“威客”同时也指代一种以任务悬赏竞标为核心内容的网站模式。其代表应用包括Google answer、百度知道、新浪爱问等基于大型搜索引擎的威客网站，以及独立的猪八戒网、时间财富网等威客网站。

通常来讲，威客网站提供平台，进行免费注册(一般的要进行实名认证)。注册之后你就是这个网站的威客了。悬赏者可以悬赏发布自己的任务，工作者通过提出解决方案来参与竞标。在一定时间内，如果有满意的方案的话，悬赏者选择自己满意的方案，这样赏金就会被提供这个方案的人拿到，不过只拿其中的大部分。

以猪八戒网为例，猪八戒网发布一个任务，标明本次任务的佣金(一般从几十到几百，甚至几千上万不等)，凡是注册了猪八戒网的所有成员均可接受该任务，同时负责出谋划策帮助解决该问题，而任务发布者如果选中其中最优秀的一个方案，那个被选中的就可以拿到该笔佣金。也就是说，一个任务同时可能会有成百上千个人来完成，区别在于完成的质量高不高，能成功拿到佣金的只有那个提供最优解决方案的人。任务完成后，完成任务者可以拿到本次任务的80%，其他20%为网站所有。

一、威客模式的意义

(一) 使电子商务的范围扩大，从实物交易扩展到智力成果交易

搜索引擎负责在已存在于互联网中的信息中寻找答案，威客模式负责解答搜索引擎寻找不到的信息和问题。威客模式提出了知识必须体现价值的观点，包括货币价值、自豪感、成就感。互联网上的知识(各种文章、资料、回答问题的答案等)都具有或多或少的经济价值，应该可以作为商品出售。随着互联网支付手段的逐步完善，人们通过互联网为知识、智慧、能力、经

验进行定价就成为可能。

（二）威客模式体现了一种灵活的工作方式

威客模式通过互联网把世界各地的工作者放在同一个工作平台中，打破了地域、时间、工作方式的限制，同时给劳动者提供公平竞争的互联网环境，为他们带来更多的自由工作时间、创意和想法。利用威客模式平台，来自全世界威客可以为企业和个人提供低成本高质量的问题解决方案。

（三）激励用户更多地使用互联网

威客模式激励用户提供更有价值的作品。由于互联网用户可以通过威客模式网站利用自己的知识、技能、经验、智慧获取相对应的经济利益，于是他们就会有更高的热情参与到问题的解答中去。同时由于经济利益的驱动，互联网用户也会主动将个人的知识和经验形成文章发布到互联网中供其他人付费查阅。

二、威客模式网站目前存在的问题

（一）标价和成本问题

因受到竞标模式的限制，行业扩展性不强，项目大多属于设计范畴，加之竞争门槛较低，使得这个行业的竞争十分残酷。同时，对于每个竞标，作为中介的网站一方都要有人参与到其中、进行管理，而不是让企业与个人直接交流，这无形之中就增加了成本。而且，由于每个项目的收费金额并不高，除去营业税、网站运营维护费、人员工资等多方面的开销，净利润所剩无几，投入产出比并不很理想。

（二）诚信问题

同所有的电子商务生意一样，威客也同样面临诚信问题的考验。例如，怎么知道自己的方案有没有被采用？自己的方案会不会被发布者盗用？

（三）知识产权问题

比如一个公司征集网站推广方案，谁都不想自己的方案被别人剽窃，所以，“知识产权”的保护就是重中之重，对部分职业威客来讲更为重要。

三、威客模式发展前景

威客模式相比其他新兴的 Web2.0 应用，最显著的优势在于拥有一个相对清晰的商业模式，包括积分激励和现金激励。一个成熟的威客模式应该由提问与报价系统、检索系统、知识库系统、订购系统和交易系统五个模块组成。

从投资前景来看，首先，威客的应用领域广泛，制造业、服务业、贸易都涵盖在其中；其次，威客潜在用户巨大，这其中包括了 1.5 亿的互联网用户和 3 亿的移动用户；再次，Web2.0 的发展使得互联网市场处于转型期，这正是威客崛起的有利时机；最后，威客模式所提供的完善的答案、低廉的价格使得威客模式更具备市场竞争力。虽然目前的威客发展受传统观念、信用机制不健全等方面的束缚，但这些都是可以逐步克服和解决的，其发展前景十分乐观。

案例分析

猪八戒网

猪八戒网（http://www.zhubajie.com）是中国诚信和安全的威客平台，中国

（续上）

work2.0代表性网站。分布在世界各地的威客通过猪八戒将自己的知识、智慧、创意等转化为真金白银。猪八戒网现有50多万名威客，他们主要为各种机构、企业组织、社会团体以及个人提供在线创意工作服务。

猪八戒网是威客聚集地，也是在线创意集市。天南海北的威客们通过猪八戒网自由参加任务竞标，提交自己的创意方案，获得工作报酬和工作机会。企业和个人则通过猪八戒网发布自己的创意需求，吸引威客们参与任务赏金的角逐，进而获得既多又好的创意解决方案。2008年1月，猪八戒网正式推出“Ework”（在线工作平台），突破了以任务悬赏竞标为核心的传统威客模式，开创了中国互联网在线工作平台的新时代。猪八戒网成为人们发布或者获取工作机会，进而实现在线工作管理、协作和交流，获得工作报酬，提高工作效率的在线工作平台。

以下是猪八戒网历程记录：

2005年12月底，重庆晚报首席记者朱明跃创立猪八戒网。

2006年9月，重庆伊沃客科技发展有限公司成立。

2006年9月，CCTV新闻联播报道猪八戒网威客模式。

2006年9月，猪八戒发布新鸥鹏集团30万元任务，是为中国威客第一单。

2006年9月，电子商务世界将猪八戒网称为中国work 2.0代表性网站。

2006年年底，猪八戒网完成第一轮战略性融资。

2007年7月，猪八戒网任务总额突破100万元。

2007年8月，CCTV新闻再次专门报道猪八戒网。

2007年9月，猪八戒网入选由长江商学院、商界中国商业评论杂志共同评选的2007中国最佳商业模式100强。

2007年10月，猪八戒网再次发布南京明日科技公司33万元悬赏，自己打破了自己保持的中国威客最高赏金纪录。

2007年10月16日，猪八戒网新版上线，一系列功能性的突破，引领中国威客新时代。

2007年12月28日，猪八戒网任务总额突破200万元。

第二节 移动电子商务

移动电子商务（M-commerce），由电子商务的概念衍生出来，现在的电子商务以PC机为主要界面，是“有线的电子商务”；而移动电子商务，则是通过手机、PDA（个人数字助理）这些可以装在口袋里的无线设备与我们谋面。也可以说，移动电子商务就是利用无线设备“随时”、“随地”地实现以前一贯在有线的Web系统上进行的B2B或B2C的电子商务。

一、移动电子商务的优势

移动电子商务利用了无线通信技术的诸多优点，是对传统电子商务的有益补充，其优势体现在以下几个方面。

（一）移动性

这是移动电子商务最大的特点，它保证商业信息流可以随着移动设备的移动而移动，消除了时间和地域的限制。一方面，业务人员可以随时随地获得、携带和传递商业信息；另一方面，消费者也可在方便的时候使用智能电话或 PDA 选购商品、获取服务和娱乐等。

（二）个性化服务

移动电子商务能根据消费者的个性化需求和喜好定制，用户还可以自己选择设备，以及提供服务与信息的方式。

（三）安全性

移动电子商务可以方便地利用移动设备的内置认证特征来确认用户的身份，这是安全认证的重要基础。此外，其安全性还可通过数字签名等方式进一步增强。

二、移动电子商务的应用

移动电子商务能够满足消费者在手机支付、指纹识别、医疗、旅游、订票等方面应用的需求，提供其所需的各种服务，同时可以为企业提供用户业务与管理移动化服务，另外还提供一种全新的销售和信息发布渠道。从信息流向的角度，移动电子商务提供的业务可分为以下几个方面：

(1)“推”业务。它主要用于公共信息发布。应用领域包括时事新闻、天气预报、股票行情、彩票中奖公布、交通路况信息、招聘信息和广告等。

(2)“拉”业务。它主要用于信息的个人定制接收。应用领域包括服务账单、电话号码、旅游信息、航班信息、影院节目安排、列车时刻表、行业产品信息等。

(3)“交互式”业务。它包括电子购物、博彩、游戏、证券交易、在线竞拍等。

移动电子商务作为一种新型的电子商务方式，是电子商务从有线通信到无线通信、从固定地点向随时随地的商务形式的延伸，它开辟了一个更新更快的流通渠道，将成为一种必然的趋势。

案例分析

中国移动农信通

“农信通”是政府部门与中国移动公司联合推出的，以助建社会主义新农村、服务“三农”为目标的信息化服务，通过短信、语音、互联网等方式，提供政策法规、农业科技、市场供求、价格行情等信息，帮助农民增收致富，保障农务畅通，推进农村信息化建设。在中国移动农信通网上开通了各省频道，可以直接了解各省农牧信息。

1. 服务方式。

(1) 短信 12582。

(2) 语音 12582。

(3) wap 移动梦网。

(4) 互联网 www.12582.com。

（续上）

2. 农信通业务。农信通业务共分为十大类业务另外附加一个套餐：

(1) 政策法规：政策法规（定购指令：ZC）提供农业生产、农民生活相关的政策法规信息。

(2) 新闻快讯：新闻快讯（定购指令：XW）提供农业要闻，时事热点新闻，盟市要闻等信息。

(3) 农业科技：农业科技（定购指令：KJ）提供种植养殖信息，农资农机科技信息。

(4) 价格行情：价格行情（定购指令：JG）提供农牧产品的价格信息、定点农贸市场的农产品价格。

(5) 市场动态：市场动态（定购指令：SC）提供农牧产品的总体市场趋势和动态。

(6) 供求信息：供求信息（定购指令：GQ）提供农牧产品的相应的供求信息。

(7) 农业气象：农业气象（定购指令：QX）提供农业气象预报、农事指南等信息。

(8) 劳务信息：劳务信息（定购指令：LW）提供求职供职、劳务培训等相关信息。

(9) 预警信息：预警信息（定购指令：YJ）提供病虫害紧急预警、自然灾害紧急预警信息。

(10) 农家百科：农家百科（定购指令：BK）提供包括农村医疗卫生、营养饮食等生活信息。

(11) 综合套餐：综合套餐（定购指令：TC）即是以上十大类业务的组合。例如，新闻套餐（包括全国、全区、盟市新闻等信息）、猪套餐（包括养猪技术、猪品种、猪饲料、交易价格等信息）。

第三节　网上交易市场

随着EP(E-procurement，网上采购)与ED(E-distribution，网上分销)的发展与普及，中小企业在市场竞争的压力下，就会迫切需要一个由第三方组建的电子商务平台，在这种背景下，网上交易市场(E-marketplace)渐渐发展起来。网上交易市场可以改变传统贸易中的一对一或一对多的模式，变成了多对多模式，并创造众多买卖商家聚集的在线交易空间。买卖双方不仅可以寻找到更多的贸易伙伴，增加更多的商业机会，还能够享受更多的方便和标准化的商务服务，获得一个良好的商务环境。

案例分析

8848　网

8848公司于2000年11月推出了网上交易市场。市场运营方可以通过8848网

（续上）

上交易市场向企业用户提供产品实时的动态行情、在线交易以及订单的匹配，让企业用户随时准确地把握商机。基于 XML 结构可以很容易地和商业服务提供商系统连接，并且每一个单独的网上交易市场都可以实现与其他市场相连，从而形成一个巨大的、多行业的市场群和企业群。

8848 珠穆朗玛首页主要分产品和解决方案、公司介绍、项目管理和服务以及合作伙伴及客户等五大块。其中以产品和解决方案为重点，分别为金融行业、电子政务、企业信息化三种类别提出了相应的解决方案。而 8848 网站的重头戏——8848 网上商城的界面则要丰富得多。从主页上可以看出，8848 的主要商品是图书、软件、音像制品、通讯及电子电器类产品，另外还设了部分专卖店，并且罗列了每天 8848 的热卖商品和网上商城新列商品，并有最新上架和畅销排行供来访者参考。

如果要在网上商城购买商品，首先需要进行在线申请成为会员，得到用户 ID 和密码，以便在进行网上购物时进行识别。购物时，在选中商品后，放入"购物车"，核实无误后，就可以"去收银台"了。

8848 网址是：http://www.8848.com，其网上超市的网址是：http://www.8848.net.cn。

第四节 电子商务在"三农"领域的应用

农业是我国的传统产业，在生产经营、产品竞争力、流通环节等方面存在不少的问题，特别是近年来随着世界经济全球化进程的不断加快和中国加入世界贸易组织，我国农业所面临的小生产与大市场的矛盾将更加突出。20 世纪 90 年代以来，伴随互联网技术的迅速发展和普及，电子商务和网络经济日益受到国家、行业和企业的关注，逐步进入高速发展期，电子商务可作为农业产业化的有效载体，更好地发挥农业产业化经营的优势，从而促进农业产业化的发展，在新世纪推动我国农业整体水平的提升。

目前，新型的网上电子商务贸易为传统农业的发展带来了机遇。电子商务对传统农业的革命性促进作用已经得到了农业管理决策者的共识。

一、农业网站基本情况

（一）大量涉农网站出现

据权威机构统计，在国际互联网上全国已有 360 多家涉农网站，这些网站已开始尝试进行农产品的电子商务交易。不管这些网站目前做得怎么样，现实条件下发挥的作用有多大，它如此规模化地出现，充分说明互联网在农业信息化方面的应用，在我国确实已经迈出了非常重大的一步。这一步对我国未来农业的发展，对我国未来农村的发展，都具有十分重要的意义。

（二）农业网站内容不断健全

目前网上的信息内容，涉及种植、畜牧、水产、林业、加工、销售、生产、生活等各个方面，几乎涵盖了农业生产，农村经济，乃至农民、农村生活的方方面面。这说明，在广大农业信息工作者的共同努力下，互联网已经被运用到了非常广阔的领域，一个以互联网为载体的农业信息化传输体系的架构已经基本形成，这为下一步更深层次的开发和应用信息资源提供了基础，探索了道路。

（三）网站层次结构合理

目前的农业网站中，第一类是由各级政府中的农业部门建设，从农业部开始，到省，到市，到县，甚至到乡镇，已经形成了一个宝塔形的网络结构；第二类是教学科研机构建设的网站，网站内容丰富，在技术方面具有领先地位，主要是为教学科研服务；第三类是一些新闻媒体机构建设的网站，信息量大，网站内容丰富，种类齐全，内容更新及时；第四类是商业公司办的网站。这些网站一般都目标明确，有较准的市场定位，网站的专业化水平较高，服务功能也较为突出。

总之，农业网站已经走出了非常重要的一步，在农业信息化方面正在发挥着积极的作用，在我国互联网领域也已占有了一席之地。

二、目前存在的问题

（一）明显的资源分散现象

目前，农业电子商务网站很多，但是很多网站信息不全，缺少整合，这在政府网站中表现尤为突出。农业网站上的信息组织方式和信息的表现形式缺乏以用户为中心的人性化设计，对于综合素质本来就低于其他行业人员的涉农用户而言，信息获取的成本与网站信息组织有密切的关系。由于缺乏规划与引导，农业网站发布的信息种类繁杂；同时，网站在信息的保障渠道建设方面还不够顺畅，信息来源复杂而不确定，主要依靠网站工作者采集和发布信息。这些网站信息的更新速度远远落后于市场的需求，落后于农民对市场、实用科技类信息的需求。

（二）农业网站从业人员素质普遍偏低

信息的加工需要专业领域知识与现代信息技术手段的支持，拥有相应的专业人才是农业网站得以正常高效运营的基本条件之一。目前，农业网站从业人员业务素质普遍偏低，农业网站信息技术的人力资源明显不足。

（三）功能定位不太明确

目前，很多农业网站目标不够明晰，为什么创建网站？为谁服务？不太看得出来，有些使人感到是为办网而办网。很多农业类网站在设计过程中没有从用户的角度进行设计与分析，没有对用户真实的信息需求进行研究，所设计的网站更多的是以开发人员或以信息发布方为主，导致所开发的网站缺乏互动功能。网站只是相应机构的信息发布平台，没有形成以为客户为中心、以服务为宗旨的网站平台。

案例分析

农博网

农博网（http://www.aweb.com.cn）是为了解决目前我国农业缺乏统一供求大市场，所造成的市场信息交流不畅、交易滞后，不实用，导致农副产品卖难问题，而专门推出的面向农业行业的电子商务平台。该平台包含供求信息发布、企业网店、网上竞价等功能，将来还会进一步导入网上支付、价格预报、交易社区等项目。

（续上）

在商机发布方面，平台支持发布包括供求、代理、合作、竞拍、项目信息等所有商机形式，并根据发布商机类型的不同，准备多种发布模板以供选择。只需简单操作，用户便可在“我的会员中心”里随时更新和发布信息，真正实现“商机找我”。供求信息每日更新预计将达万条，无论是销售还是采购农副产品，通过严格的审核手续后，确定信息真实可靠，就可免费在平台及时发布。

在线下，他们设立了专业的客户服务中心。无论会员所处何时何地，均能得到及时、准确的快速回应。同时，以后将陆续通过定期举办培训会、组团参加采购洽谈会以及将用户产品信息带到全国各大展会等服务措施，极大提高会员的成交机会。

除此之外，供求平台“网上竞价”频道以“公平竞争”为宗旨，为客户找到合适的买家；“行情速递”频道概括了农资市场的现状和发展趋势，将庞杂的信息取其精华及时传递市场交易情况，对当前热点的农副产品项目进行了详细的、前瞻性的、探讨性的分析与预测，力争做到及时、客观、准确、有效。

农博网提供的在线网店，给商家提供直观展示自我的舞台，其中包含企业简介、供求商机、产品图文展示和介绍、网店动态、联系方式等功能。企业简介可上传企业图片，文字介绍；而个人简介则是以农民经纪人，种养大户为主，可上传个人照片以及自我介绍。供求商机不仅可以上传产品图片，而且可以配置文字说明，如截止日期、规格、价格、产品包装、装运期限等，面面俱到。

实操一

职场定位模拟

【实验目的】

通过模拟招聘，让学生对其在校期间所必备的能力有比较全面的了解，同时，锻炼学生的口头表达能力、与人沟通能力以及一定的团队协作能力。

【实验环境】

1. 实验方式：用户端通过相连的局域网访问 Internet。

2. 硬件要求：用户 PⅡ266/4.3G/64MB RAM 以上。

3. 软件要求：用户操作系统为 Windows 98 以上，Internet Explorer 5.0 以上浏览器。

【实验要求】

1. 每名学生上网或到各招聘会收集电子商务人才需求，罗列电子商务专业学生就业所必备的职业技能，并对自己在校专业技能的学习做规划。

2. 若干名学生扮演公司招聘负责人，完成招聘表格的内容，若干名学生扮演应届毕业生，完成应聘表格的内容。

【实验内容】

由公司招聘负责人按照其所模拟公司对电子商务人才需求的定位，从公司所处行业、发展前景、人才能力需求等方面考虑，向应聘者发问，并对应聘者打分，做出是否录用的决定，并陈述理由。

招 聘 表 格

公司名称：

主营业务：

招聘岗位：

岗位要求：

招 聘 提 问

1	应聘者自我介绍
2	
3	
4	

应聘者姓名	是否录用	理由

应聘者姓名	是否录用	理由

应 聘 表 格

自我介绍：

求职意向：

专业技能：

获奖证书：

获奖情况：

薪金要求：

其他内容：

实操二

电子商务的行业应用前景分析

【实验目的】

通过浏览电子商务相应行业网站以进一步熟悉我国电子商务的行业应用，引导学生积极探索电子商务应用的前景。

【实验环境】

1. 实验方式：用户端通过相连的局域网访问 Internet。

2. 硬件要求：用户 PⅡ266/4.3G/64MB RAM 以上。

3. 软件要求：用户操作系统为 Windows 98 以上，Internet Explorer 5.0 以上浏览器。

【实验要求】

通过登录农业、旅游、保险等行业的电子商务网站，了解和分析各行业的电子商务应用前景。

【实验内容】

1. 登录农业行业电子商务网站(如 www.aweb.com.cn，www.12582.com 等)，分析其盈利模式和业务处理流程。

2. 登录携程网(www.ctrip.com)，了解其服务特色、功能模块以及业务处理流程。

3. 登录中国人寿网(www.chinalife.com.cn)，了解网上投保流程。

4. 根据以上操作，写出自己对电子商务行业应用前景的分析报告(1 000 字)。

复习思考题

1. 浏览相关网站，了解威客网站的服务特色、盈利模式。
2. 通过了解当前移动电子商务应用现状，分析其发展趋势。
3. 比较威客、博客、维客的区别。

练习题答案

第一章　电子商务概述

一、单项选择题

1. C　2. A　3. D　4. A　5. D　6. C　7. C　8. D

二、多项选择题

1. BCD　2. ACD　3. AB　4. BD

三、简答题(略)

第二章　电子商务的基础环境及实现技术

一、单项选择题

1. C　2. D　3. D　4. B　5. B　6. C　7. A　8. C　9. C　10. D

二、多项选择题

1. ABD　2. ABC　3. ACD　4. ABCD

第三章　电子商务模式

一、选择题

1. ABCDE　2. A　3. ABC　4. A　5. A

二、简答题(略)

第四章　网 络 营 销

一、名词解释(略)

二、单项选择题

1. B　2. B　3. A　4. D　5. B　6. C　7. C　8. D　9. A　10. B

三、判断题

1. ✓　2. ×　3. ×　4. ×　5. ×　6. ✓　7. ×　8. ×　9. ×　10. ✓

四、案例分析

1. 网络广告的类型：旗帜广告、按钮广告、文本广告、邮件列表广告、关键字广告、导航广告、墙纸广告、赞助广告、游戏互动广告、竞赛与促销广告、分类广告、卷页广告、连播巨幅广告、电子书籍广告等(学生回答时，不一定名称都完全相同，同一种广告有不同的叫法，只要答对 9 种以上即可)。

2. (1) 优势：成本低；跨越时空；表现形式灵活；便于检索、直接反馈；目标准确、更改方便。

缺点：网络广告的覆盖率仍然偏低；网络广告的效果评估困难网页上可供选择的广告位有限；创意的局限性。

(2) 主页形式；专类销售网；免费的 Internet 服务；黄页形式；企业名录；网上报纸或杂志；新闻组友情链接；使用电子邮件和电子邮件列表发布广告；利用网上 IP 电话和网上传真发布广告。

第五章 电子支付

一、单项选择题

1. B 2. D 3. B 4. C 5. D 6. A 7. D 8. A

二、多项选择题

1. ABC 2. AB 3. BCD 4. AD 5. ABC 6. ABCD

三、简答题(略)

第六章 电子商务物流

一、单项选择题

1. C 2. C 3. C 4. A 5. B

二、多项选择题

1. ABCD 2. ABC 3. ACD

三、简答题(略)

第七章 客户关系管理

一、单项选择题

1. A 2. D 3. C 4. B

二、多项选择题

1. ABC 2. ABCD 3. ABCDE 4. ABCDE

三、简答题(略)

四、论述题

答案要点：

(1) 信息技术的发展使批量定制成为可能。

(2) CRM 只是电子商务的子集。

模 拟 试 题

【模拟试题一】

一、单项选择题

1. 在电子商务分类中，B to C 是指(　　)。

A. 消费者与消费者之间的电子商务　　B. 企业间的电子商务

C. 企业对消费者的电子商务　　D. 企业对政府的电子商务

2. 电子商务应用层次结构可分为(　　)。

A. 网络平台、安全体系、支付系统、应用系统等

B. 网络平台、认证中心、电子数据传送、应用系统等

C. 网上银行、安全体系、交易系统、应用系统等

D. 主页内容、网络营销、邮件列表、应用系统等

3. IP 地址 202.140.12.6 属于(　　)地址。

A. A类　　B. B类　　C. C类　　D. D类

4. 电子商务的硬件基础设施也是实现电子商务最底层的部分，它们是(　　)。

A. 网络层　　B. 信息发布层　　C. 信息传输层　　D. 一般业务层

5. EDI 的中文解释是(　　)。

A. 企业数据传输　　B. 电子数据交换　　C. 企业资源计划　　D. 电子资金转账

6. 在 Internet 网址 www.tsinghua.edu.cn 中的 EDU 是表示(　　)。

A. 访问类型　　B. 访问文本文件

C. 访问商业性网站　　D. 访问教育性网站

7. 买家、卖家、(　　)，三者相互依存，密不可分，共同构成了 C2C 电子商务模式的基本要素。

A. 电子交易平台提供商　　B. 政府

C. 认证中心　　D. 银行

8. 下列不是网络营销促销手段的是(　　)。

A. 网络广告　　B. 关系营销　　C. 售后服务　　D. 站点推广

9. 网络市场调研直接调研的方法是(　　)。

A. 专题讨论法　　B. 询问法　　C. 电话询问法　　D. 邮寄调查法

10. 下列以数字形式流通的货币是（　　）。

A. 电子支票　　B. 支票　　C. 现金　　D. 电子现金

11. 数字证书是由(　　)颁发和管理的。

A. 商家　　B. 银行　　C. 认证中心　　D. 用户

12. 我国国家标准《物流术语》中有这样一个表述："由供方与需方以外的物流企业提供物流服务的业务模式。"这个表述指的是(　　)。

A. 第一方物流　　B. 第二方物流　　C. 第三方物流　　D. 第四方物流

13. CRM 是指(　　)。

A. 客户关系管理　　B. 企业资源规划　　C. 供应链管理　　D. 人力资源管理

14. 数字签名可以解决(　　)。

A. 数据被泄露　　B. 数据被篡改

C. 未经授权擅自访问　　D. 冒名发送数据或发送后抵赖

15. 中国第一家网络银行是(　　)。

A. 中国农业银行　　B. 中国银行　　C. 中国工商银行　　D. 中国建设银行

16. 客户关系管理实施的核心是(　　)。

A. 客户关系管理的业务流程　　B. 客户关系管理的系统软件支持

C. 建立客户中心　　D. 客户关系管理的组织结构

二、多项选择题

1. 电子商务不仅影响着传统的交易过程,而且在一定程度上改变了市场的组成结构。电子商务的一般框架由(　　)等构成的。

A. 国家政策、法律、法规,全民对商务活动的需求

B. 网络基础设施层,消息和信息传播基础设施层,贸易服务基础设施层

C. 多媒体内容和网络宣传

D. 公共政策、法律及隐私问题,各种技术标准、安全网络协议、文档

2. 适合用于电子商务流程的业务有(　　)。

A. 旅游服务　　B. 图书、音像作品的销售

C. 房产、汽车销售　　D. 日用小商品销售

3. 从技术上讲,电子数据交换包括(　　)要素。

A. 计算机硬件　　B. 计算机软件　　C. EDI 软件　　D. 通信网络

4. 要大规模推广电子支付,必须重点解决和防止(　　)等安全问题。

A. 黑客入侵　　B. 内部作案　　C. 密码泄露　　D. 计算机病毒

5. 下列说法中,正确的是(　　)。

A. 在 SET 中,消费者必须对订单和付款指令进行数字签名

B. 要申请 SET 证书,必须通过电子钱包软件来申请

C. 以数字形式流通的货币是电子支票

D. 以上说法都不正确

6. 数字证书是一个包含(　　)。

A. 私有密钥　　B. 公开密钥　　C. 个人信息　　D. 有效期

7. 以下属于物流信息技术的是(　　)。

A. 条形码技术　　B. 电子数据交换(EDI)技术

C. 全球卫星定位系统(GPS)　　D. 传真技术

8. 客户关系管理(CRM)强调(　　)。

A. 客户服务是关键　　B. 维持客户价值

C. 密切客户关系的过程　　D. 以客户为中心

E. 建立实用客户关系管理系统

9. 电子支付与传统支付相比有(　　)的优势。

A. 电子支付是采用先进的技术完成信息传输的

B. 电子支付其工作环境是基于一个开放的系统平台

C. 电子支付使用最先进的通讯手段

D. 电子支付技术已经安全可靠

E. 电子支付具有快捷、高效和优势

10. B2C 电子商务企业的物流活动具体环节有(　　)。

A. 商品采购物流　　　　B. 企业内部物流

C. 销售物流　　　　D. 商品退货物流

三、名词解释

1. 网络营销

2. 数字证书

3. 客户关系管理

4. 供应链管理

四、简答题

1. 电子商务与传统的商务比较起来有哪些优势?

2. 简述常用的物流信息技术有哪些?

3. 网络银行有什么特点? 主要业务有哪些?

4. B2B 商务目前存在的主要问题有哪些?

五、论述题

在我国发展电子商务面临的主要问题是哪些? 试述我国开展电子商务的主要对策。

六、案例分析

ESPN 网站提供各种体育新闻。ESPN 充分利用它在有线电视业的品牌名气创建了 WWW 上的一个访问量最大的网站。他销售广告并提供大量免费信息,而忠诚的体育迷也可选择其 Insider 服务访问更多的体育新闻。

《华尔街日报》网站允许访问者查看分类广告和某些特定报道,但大部分内容只有订阅者才能看到;订阅印刷版的访问者可以折扣价订阅在线版。

案例问题:

(1) WWW 销售的业务模式有哪些?

(2) ESPN 网站和《华尔街日报》网站属于哪种? 这种业务模式的特点是什么?

【模拟试题二】

一、单项选择题

1. 目前，电子商务总交易量中 80%是由（　　）实现的。

A. 企业与消费者交易　　B. 消费者与消费者交易

C. 企业与企业交易　　D. 企业与政府交易

2. 以下关于电子商务一般结构的说法中，不正确的是（　　）。

A. 目前最常用的内容传输结构是 WWW

B. 网络基础设施包括电话、有线电视、无线通信和互联网

C. VAN 是支持远程登录服务的

D. 公共政策和技术标准是所有电子商务应用和基础设施的两大支柱

3. 下列不属于域名的是（　　）。

A. www. cctv. com　　B. www. business. usta. edu

C. www. ecard. com/love/flash　　D. www. 263. net

4. 内部网和互联网最根本的区别是（　　）。

A. 访问内部网需要授权　　B. 内部网执行特殊的协议

C. 内部网软件和协议是独立于硬件的　　D. 内部网设有防火墙

5. 利用网络优势，一对一地向顾客提供独特化、个人化的产品或服务是（　　）。

A. 顾客关系再造　　B. 定制化营销

C. 建立网上营销伙伴　　D. 绿色营销

6. 认证中心的核心职能是（　　）。

A. 签发和管理数字证书　　B. 公布网络黑名单

C. 进行仲裁　　D. 验证用户的信息

7. 下列不属于客户关系管理目标的是（　　）。

A. 利用现存的客户关系增加收入　　B. 创造新价值并培养顾客忠诚

C. 着重于开拓新市场和新客户　　D. 获得新用户，但成本提高

8. 物流中心按布局不同，主要有辐射型、吸收型、扇型和（　　）。

A. 加工型　　B. 分货型　　C. 配送型　　D. 聚集型

9. 电子数据交换 EDI 是一种（　　）。

A. 有纸贸易　　B. 无纸贸易

C. 有时有纸贸易，有时无纸贸易　　D. 以上三种说法都正确

10. 下列关于 TCP/IP 说法中，不正确的是（　　）。

A. TCP/IP 是一种双层程序

B. TCP/IP 包括网络上的计算机用来建立和断开连接的规则

C. IP 协议处理每个信息包的所有地址信息，确保每个信息包都打上了正确的目的地地址标签

D. IP 控制信息在互联网传输前的打包和到达目的地后的重组

11. 适合于网络营销的商品主要有三大类，即实体商品、软件商品和(　　)。

A. 有形商品　　B. 在线服务　　C. 无线商品　　D. 硬件商品

12. 电子商务的硬件基础设施也是实现电子商务最底层的部分，它们是(　　)。

A. 网络层　　B. 信息发布层　　C. 信息传输层　　D. 一般业务层

13. 商务部《关于网上交易的指导意见(暂行)》发布时间是(　　)。

A. 2007 年 3 月　　B. 2007 年 5 月　　C. 2007 年 8 月　　D. 2007 年 12 月

14. 下列不是广告发布渠道及方式的是(　　)。

A. 企业名录　　B. 专类销售网　　C. 网络报纸　　D. 配送网络

15. 目前，电子支付存在的最关键的问题是(　　)。

A. 技术问题　　B. 安全问题　　C. 成本问题　　D. 观念问题

16. 下列说法中，不正确的是(　　)。

A. 连带销售成功的关键是要能提供互补性的产品或服务以加深与顾客的关系

B. 客户关系管理主要是在大公司得到重视和应用

C. 整合业务流程的关键就是要做到一致和简洁

D. 目前客户信息的获取成本比较高

二、多项选择题

1. 计算机网络组成部分的三要素有(　　)。

A. 网络服务　　B. 传输介质　　C. 协议　　D. 计算机

2. 既适合传统的商务活动又适合现代电子商务流程的业务有(　　)。

A. 图书音像作品的销售　　B. 汽车销售

C. 日用小商品销售　　D. 寻找合作伙伴

3. 下列关于 EDI 的说法中，正确的有(　　)。

A. EDI 即电子数据交换

B. EDI 即电子资金转账技术

C. EDI 使企业能够用标准化的电子格式与供应商之间交换商业单证

D. 现在 EDI 已经演进成了几种不同的技术

4. 数字签名是为了防止(　　)。

A. 数据被篡改　　B. 未经授权擅自访问网站

C. 邮件发送错误　　D. 冒名发送数据

E. 发送数据后抵赖

5. 下列属于内部网优点的是(　　)。

A. 使用内部网会节约内部交流的成本　　B. 内部网的投资回收明确

C. 内部网加快了应用软件的分发和升级　　D. 内部网能实现环保的内部交流

E. 以上答案全部正确

6. 下面关于加密的说法中，正确的是(　　)。

A. 加密就是用基于数学算法的程序和保密的密钥对信息编码，生成难以理解的字符串

B. 如果没有加密所用的密钥，知道加密程序的细节也能解开加密的消息

C. 信息隐蔽就是加密的一种形式

D. 加密体制主要分私有密钥加密体制和公开密钥加密体制两种

E. 加密消息的保密性取决于加密所用密钥位数的长度

7. 以下属于物流业务模式类型的是(　　)。

A. 自营物流　　B. 第三方物流

C. 物流联盟　　D. 第四方物流

8. 客户关系管理(CRM)的功能包括(　　)。

A. 销售管理　　B. 市场管理

C. 产品与交货执行管理　　D. 服务与支持

E. 客户管理

9. 下面关于电子商务含义的说法中,正确的是(　　)。

A. 从通信的角度看,是通过电话线、计算机网络或其他方式实现的信息、产品/服务或结算款项的传送

B. 从业务流程的角度看,是实现业务和工作流自动化的技术应用

C. 从服务的角度看,是要满足企业、消费者和管理者的愿望,如降低服务成本,同时改进商品的质量并提高服务实现的速度

D. 从在线的角度看,是指提供在和其他联机服务上购买和销售产品的能力

E. 以上说法都正确

10. B2B商业模式可以分为(　　)。

A. 企业自身的电子商务　　B. 水平B2B电子商务

C. 行业(垂直)B2B电子商务　　D. 传统电子商务

三、名词解释

1. 网络广告

2. CA

3. TCP/IP协议

4. 电子钱包

四、简答题

1. 叙述电子商务的一般框架。

2. 什么是电子支付?与传统的支付形式相比有什么特点?

3. 与传统的营销体制相比,CRM有什么优点?

4. 网络营销的基本功能是什么?

五、论述题

论述电子商务的安全要素。

六、案例分析

21世纪是一个信息化的时代,网络技术的运用和发展改变了大众对信息的接受方式,更改变了人们的生活、学习、工作方式。在激烈的市场竞争中,众商家也开始逐步利用网络媒体来进行一系列的商业活动,促进销售、树立品牌形象、增强与消费者的深度沟通甚至招商。网络与其他媒体不同,它可以巧妙地将各种记忆符号进行搭配,通过色彩绚烂的图形、时尚动感的声音、个性化的Flash等诸多的表现形式把产品的特性表现出来。所以,网络媒体的第一作用就是刺激消费者的购买欲,以达促进销售的目的。同时介于网络广告的时效性,在进行新品

推介的时候，网络的宣传就更显得重要。

网络媒体有别于传统媒体的另一大优势在于它能够有效的锁定目标消费人群。对于上班族来说，每日看电视的时间会很少，但是网络媒体则弥补了这一缝隙。随着办公自动化与网络的普及，上班族来到公司的第一件事情即是登录网站来阅读新闻或收发电子邮件，而这时网络广告能够抢先映入上班族的眼帘，占据其心智，为以后的销售埋下伏笔。实践证明，网络广告在受众反应与品牌知名度等各方面均产生着巨大的影响。正确认识并有效的运用网络媒体进行宣传会使企业及品牌运作上升到一个新的台阶。这就是网络媒体的力量与魅力所在。

读了这则案例请回答以下问题：

1. 根据所学的网络广告知识，谈谈网络广告有哪些类型？

2. 结合案例谈谈网络广告的优势及网络广告自身的缺点。应通过哪些途径来发布网络广告？

【模拟试题三】

一、单项选择题

1. 在电子商务分类中，B2B 是(　　)。

A. 消费者与消费者间的电子商务　　B. 企业间的电子商务
C. 企业内部的电子商务　　D. 企业与消费者间的电子商务

2. 狭义的电子商务一般也称为电子交易，是指通过(　　)进行的商务活动。

A. internet　　B. 计算机　　C. 计算机和网络　　D. 现代化技术

3. 中国的域名是(　　)。

A. us　　B. de　　C. uk　　D. cn

4. 每个 IP 地址由 32 个二进制位构成，分四组，每组(　　)个二进制位。

A. 4　　B. 16　　C. 32　　D. 8

5. 如果将互联网视为一个巨大的资料库，在网络上进行市场调查可看作是(　　)。

A. 搜寻互联网上的信息资源
B. 借助互联网对公司和消费者进行的市场调查
C. 对互联网作为营销工具本身的特征进行调查
D. 对互联网作为营销工具本身的效率进行调查

6. 数字证书的作用是证明证书中列出的用户合法拥有证书中列出的(　　)。

A. 私人密钥　　B. 加密密钥　　C. 解密密钥　　D. 公开密钥

7. 下面不属于前台的客户关系管理应用的是(　　)。

A. 生产制造　　B. 订单处理　　C. 产品配置　　D. 客户服务

8. 下面不属于供应链应用模式的是(　　)。

A. 按库存生产模式　　B. 连续补货模式
C. 按订单生产模式　　D. 差异化生产模式

9. 电子数据交换的简称是(　　)。

A. EFT　　B. EDI　　C. NET　　D. EC

10. TCP 是传输控制协议，IP 协议又称(　　)。

A. 局域网协议　　B. 广域网协议　　C. 互联网协议　　D. 内联网协议

11. 不适合电子商务的业务是(　　)。

A. 软件、音像制品的购销　　B. 时装和易腐食品的购销
C. 旅游服务的促销　　D. 出版业务

12. 电子商务系统的框架结构中，象征着电子商务的社会环境是(　　)。

A. 电子商务各应用系统
B. 信息发布平台
C. 电子商务平台
D. 公共政策、法律法规以及安全协议、技术标准

13. 著名的亚马逊书店(amazon. com)网站的类型是(　　)。
A. B2B　　B. C2C　　C. B2C　　D. B2G
14. 在线调查常见的方法是(　　)。
A. 邮寄调查　　B. 电话调查
C. 人员调查　　D. 电子邮件调查
15. (　　)用来确认电子商务活动中各自的身份,实现网上安全的信息交换与安全交易。
A. CA 中心　　B. 网上银行　　C. 网上工商局　　D. 网上公安局
16. 关于网络营销,下列表述中,属于错误的是(　　)。
A. 网络营销是企业借助于互联网特性来实现营销目标的一种营销手段
B. 网络营销是电子商务的重要组成部分
C. 网络营销是通过互联网将企业原有的营销网络连接起来的一种新型市场营销方式
D. 网络营销是现代市场营销的重要组成部分

二、多项选择题

1. 所有电子商务应用和基础设施的支柱是(　　)。
A. 公共政策　　B. WWW　　C. 技术标准　　D. Internet　　E. 密码
2. (　　)产品有利于开展网络营销。
A. 书籍、VCD　　B. 计算机软件　　C. 票务服务　　D. 食品　　E. 家电
3. 下面属于电子货币形式的有(　　)。
A. 信用卡　　B. 电子钱包　　C. 智能卡　　D. 数字现金　　E. 电子支票
4. 电子商务认证机构的职能有(　　)。
A. 发放的数字证书
B. 对买卖双方的交易信息进行加密和解密
C. 防止计算机病毒和网络黑客的入侵
D. 管理用户的数字证书
5. 下列描述符合目前计算机网络的基本特征的有(　　)。
A. 计算机网络是通信技术与计算机技术的结合
B. 其建立的主要目的是实现计算机资源的共享
C. 互联的计算机应有明确的主从关系
D. 联网的计算机必须遵循统一的网络协议
6. 下面有关信息加密的论述正确的有(　　)。
A. 加密是指采用物理方法对信息进行再组织,使之成为一种不可理解的形式
B. 密钥的位数越长,加密系统就越牢固
C. 对称加密需要有一对密钥
D. 非对称的加密与解密使用不同的密钥
E. 数字加密标准 DES 是非对称加密
7. 物流活动的具体内容包括(　　)。
A. 运输　　B. 保管　　C. 流通加工　　D. 包装和装卸　　E. 信息
8. 下面关于企业资源规划的叙述中,正确的有(　　)。
A. 企业资源规划系统是电子商务的基础

B. 企业资源规划是一个单独的系统，它能够将生产、财务、分销、后勤和人力资源等业务职能应用统一起来

C. 企业资源规划系统很庞大也很复杂，这种方法的设计、开发和实施的周期很长，维护、改造和升级也需要大量投入

D. 企业资源规划应用起源于原料需求计划加入了主生产计划模块

E. 企业资源规划应用起源于 20 世纪 80 年代出现的制造资源规划加入了生产和分销等模块

9. 电子商务环境与传统商务有了较大的变化，下面阐述正确的有(　　)。

A. 产品形态市场和资本形态市场中的商务活动主要属于电子商务

B. 信息形态市场的商务活动主要属于电子商务

C. 在传统商务中，人文环境的影响无处不在，而在电子商务中，则其影响相对较弱

D. 政府部门在电子商务中仍是重要的影响因素，甚至是决定的因素

10. B2B 网站交易模式有(　　)。

A. 经营离线商店的网站　　B. 经营虚拟零售企业的网站

C. 面向实体企业的垂直网站　　D. 面向中间交易市场的水平网站

三、名词解释

1. 网络协议
2. 电子商务
3. 电子数据交换
4. 电子现金

四、简答题

1. 电子商务的效益体现在什么地方?
2. 第三方物流的特征是什么?
3. 什么是 B2B 电子商务模式? 请说出其分类。
4. 比较电子货币与传统货币的关系。

五、论述题

论述企业上网的理由。

六、案例分析

1. 多数公司在互联网上销售产品时所采取的第一个步骤就是建立网站。他们坐等访问者会发现其网站，并希望这些访问者会发现其内容如此吸引人，以至于经常自愿地重访。

2. 还有些公司，不是被动的等待消费者的到来，而是主动的使公司走向消费者，使消费者认识自己的网站。再通过提供高质量的服务来留住顾客，销售自己的产品。

案例问题:

1. 以上两种营销方式分别是什么?
2. 第二种方法中的营销方法有哪几种? 各包括什么战略?

模拟试题答案

【模拟试题一】

一、单项选择题

1. C 2. B 3. C 4. D 5. B 6. D 7. A 8. B 9. A 10. D 11. C 12. C 13. A 14. D 15. B 16. C

二、多项选择题

1. BCD 2. AB 3. ACD 4. ABC 5. AB 6. BCD 7. ABC 8. ABCDE 9. ABCE 10. ABCD

三、名词解释(略)

四、简答题(略)

五、论述题

面临的问题:① 技术问题。② 应用问题。③ 法律问题。④ 政策与管理体制问题。⑤ 人才问题。

采取的主要对策:① 制定好我国电子商务发展战略。② 加快电子商务核心技术的研究和开发。③ 建立我国网络安全保障体系。④ 加强基础设施建设。⑤ 加快我国电子政务建设,积极推动企业电子化的进程。⑥ 加强国际交流与合作,建立国际电子商务框架。⑦ 加快专业人才培养。

六、案例分析

1. ① 销售信息和其他数字内容。② 广告支持的模式。③ 广告和订阅混合模式。④ 交易费用模式。

2. 属于广告和订阅混合模式。广告和订阅混合模式已被报纸和杂志应用了多年,订阅者支付一笔费用并接受一定程度广告。大多数情况下,这种网站的订阅者比广告支持网站的订阅者受广告的骚扰要小得多。采用这种模式在 WWW 上销售的企业取得了不同程度的成功。

【模拟试题二】

一、单项选择题

1. C 2. C 3. D 4. A 5. B 6. A 7. D 8. D 9. B 10. D 11. B 12. A 13. A 14. D 15. B 16. B

二、多项选择题

1. ABC 2. BD 3. ACD 4. ADE 5. ACD 6. ADE 7. ABCD 8. ABCDE 9. ABCDE 10. ABC

三、名词解释(略)

四、简答题(略)

五、论述题

答案要点:

电子商务的安全要素主要有以下几个方面:

(1) 有效性。

(2) 机密性。

(3) 完整性。

(4) 可靠性,不可抵赖性与身份鉴别。

(5) 审查能力。

六、案例分析

1. 网络广告类型有：横幅式广告、按钮式广告、插页式广告、移动广告、主页型广告、巨型广告、分类广告、列表分类广告、电子杂志广告、新闻式广告。

2. (1) 优势：成本低；跨越时空；表现形式灵活；便于检索、直接反馈；目标准确、更改方便。缺点：网络广告的覆盖率仍然偏低；网络广告的效果评估困难网页上可供选择的广告位有限；创意的局限性。

(2) 主页形式；专类销售网；免费的 Internet 服务；黄页形式；企业名录；网上报纸或杂志；新闻组友情链接；使用电子邮件和电子邮件列表发布广告；利用网上 IP 电话和网上传真发布广告。

【模拟试题三】

一、单项选择题

1. B 2. C 3. D 4. D 5. A 6. D 7. A 8. D 9. B 10. C 11. B 12. D 13. C 14. D 15. A 16. C

二、多项选择题

1. AC 2. ABC 3. ABCDE 4. AD 5. ABD 6. BD 7. ABCDE 8. AC 10. CD

三、名词解释(略)

五、论述题

(1) 网络决定未来。以 IP 为核心的网络技术必将给中国带来与世界同步发展的契机。谁及时掌握了网络技术与网络商业模式，谁就能把握未来。

(2) 从销售服务到网上顾客服务的思路。

(3) 今天的竞争不再是产品而是经营模式。

企业上网后可以带来以下几点好处：① 树立良好的企业品牌和企业形象。② 降低企业运作成本。③ 提高工作效率和促使企业取得竞争优势。④ 提供更有成效的售后服务。

六、案例分析

1. 内向营销战略和外向营销战略。

2. 有三种：① 利用电子邮件：提示通知；定制信息流；参与和创建讨论名录；签名文件；扩大公司在讨论组的影响。② 在网络上进行外向营销：多媒体外向战略；互联网自动回复程序；参与讨论组。③ 互联网之外的外向营销：联机服务；电子媒体的有形分销；在 BBS 上的营销。

附录

中华人民共和国电子签名法

(2004年8月28日第十届全国人民代表大会常务委员会第十一次会议通过)

第一章　总　　则

第一条　为了规范电子签名行为,确立电子签名的法律效力,维护有关各方的合法权益,制定本法。

第二条　本法所称电子签名,是指数据电文中以电子形式所含、所附用于识别签名人身份并表明签名人认可其中内容的数据。

本法所称数据电文,是指以电子、光学、磁或者类似手段生成、发送、接收或者储存的信息。

第三条　民事活动中的合同或者其他文件、单证等文书,当事人可以约定使用或者不使用电子签名、数据电文。

当事人约定使用电子签名、数据电文的文书,不得仅因为其采用电子签名、数据电文的形式而否定其法律效力。

前款规定不适用下列文书:

(一) 涉及婚姻、收养、继承等人身关系的;

(二) 涉及土地、房屋等不动产权益转让的;

(三) 涉及停止供水、供热、供气、供电等公用事业服务的;

(四) 法律、行政法规规定的不适用电子文书的其他情形。

第二章　数据电文

第四条　能够有形地表现所载内容,并可以随时调取查用的数据电文,视为符合法律、法规要求的书面形式。

第五条　符合下列条件的数据电文,视为满足法律、法规规定的原件形式要求:

(一) 能够有效地表现所载内容并可供随时调取查用;

(二) 能够可靠地保证自最终形成时起,内容保持完整、未被更改。但是,在数据电文上增加背书以及数据交换、储存和显示过程中发生的形式变化不影响数据电文的完整性。

第六条　符合下列条件的数据电文,视为满足法律、法规规定的文件保存要求:

(一) 能够有效地表现所载内容并可供随时调取查用;

(二) 数据电文的格式与其生成、发送或者接收时的格式相同,或者格式不相同但是能够准确表现原来生成、发送或者接收的内容;

(三) 能够识别数据电文的发件人、收件人以及发送、接收的时间。

第七条　数据电文不得仅因为其是以电子、光学、磁或者类似手段生成、发送、接收或者储存的而被拒绝作为证据使用。

第八条　审查数据电文作为证据的真实性,应当考虑以下因素:

(一) 生成、储存或者传递数据电文方法的可靠性;

(二) 保持内容完整性方法的可靠性;

(三) 用以鉴别发件人方法的可靠性;

（四）其他相关因素。

第九条　数据电文有下列情形之一的，视为发件人发送：

（一）经发件人授权发送的；

（二）发件人的信息系统自动发送的；

（三）收件人按照发件人认可的方法对数据电文进行验证后结果相符的。

当事人对前款规定的事项另有约定的，从其约定。

第十条　法律、行政法规规定或者当事人约定数据电文需要确认收讫的，应当确认收讫。发件人收到收件人的收讫确认时，数据电文视为已经收到。

第十一条　数据电文进入发件人控制之外的某个信息系统的时间，视为该数据电文的发送时间。

收件人指定特定系统接收数据电文的，数据电文进入该特定系统的时间，视为该数据电文的接收时间；未指定特定系统的，数据电文进入收件人的任何系统的首次时间，视为该数据电文的接收时间。

当事人对数据电文的发送时间、接收时间另有约定的，从其约定。

第十二条　发件人的主营业地为数据电文的发送地点，收件人的主营业地为数据电文的接收地点。没有主营业地的，其经常居住地为发送或者接收地点。

当事人对数据电文的发送地点、接收地点另有约定的，从其约定。

第三章　电子签名与认证

第十三条　电子签名同时符合下列条件的，视为可靠的电子签名：

（一）电子签名制作数据用于电子签名时，属于电子签名人专有；

（二）签署时电子签名制作数据仅由电子签名人控制；

（三）签署后对电子签名的任何改动能够被发现；

（四）签署后对数据电文内容和形式的任何改动能够被发现。

当事人也可以选择使用符合其约定的可靠条件的电子签名。

第十四条　可靠的电子签名与手写签名或者盖章具有同等的法律效力。

第十五条　电子签名人应当妥善保管电子签名制作数据。电子签名人知悉电子签名制作数据已经失密或者可能已经失密时，应当及时告知有关各方，并终止使用该电子签名制作数据。

第十六条　电子签名需要第三方认证的，由依法设立的电子认证服务提供者提供认证服务。

第十七条　提供电子认证服务，应当具备下列条件：

（一）具有与提供电子认证服务相适应的专业技术人员和管理人员；

（二）具有与提供电子认证服务相适应的资金和经营场所；

（三）具有符合国家安全标准的技术和设备；

（四）具有国家密码管理机构同意使用密码的证明文件；

（五）法律、行政法规规定的其他条件。

第十八条　从事电子认证服务，应当向国务院信息产业主管部门提出申请，并提交符合本法第十七条规定条件的相关材料。国务院信息产业主管部门接到申请后经依法审查，征求国务院商务主管部门等有关部门的意见后，自接到申请之日起四十五日内作出许可或者不予许可的决定。予以许可的，颁发电子认证许可证书；不予许可的，应当书面通知申请人并告知理由。

申请人应当持电子认证许可证书依法向工商行政管理部门办理企业登记手续。

取得认证资格的电子认证服务提供者，应当按照国务院信息产业主管部门的规定在互联网上公布其名称、许可证号等信息。

第十九条　电子认证服务提供者应当制定、公布符合国家有关规定的电子认证业务规则，并向国务院信息产业主管部门备案。

电子认证业务规则应当包括责任范围、作业操作规范、信息安全保障措施等事项。

第二十条 电子签名人向电子认证服务提供者申请电子签名认证证书，应当提供真实、完整和准确的信息。

电子认证服务提供者收到电子签名认证证书申请后，应当对申请人的身份进行查验，并对有关材料进行审查。

第二十一条 电子认证服务提供者签发的电子签名认证证书应当准确无误，并应当载明下列内容：

（一）电子认证服务提供者名称；

（二）证书持有人名称；

（三）证书序列号；

（四）证书有效期；

（五）证书持有人的电子签名验证数据；

（六）电子认证服务提供者的电子签名；

（七）国务院信息产业主管部门规定的其他内容。

第二十二条 电子认证服务提供者应当保证电子签名认证证书内容在有效期内完整、准确，并保证电子签名依赖方能够证实或者了解电子签名认证证书所载内容及其他有关事项。

第二十三条 电子认证服务提供者拟暂停或者终止电子认证服务的，应当在暂停或者终止服务九十日前，就业务承接及其他有关事项通知有关各方。

电子认证服务提供者拟暂停或者终止电子认证服务的，应当在暂停或者终止服务六十日前向国务院信息产业主管部门报告，并与其他电子认证服务提供者就业务承接进行协商，作出妥善安排。

电子认证服务提供者未能就业务承接事项与其他电子认证服务提供者达成协议的，应当申请国务院信息产业主管部门安排其他电子认证服务提供者承接其业务。

电子认证服务提供者被依法吊销电子认证许可证书的，其业务承接事项的处理按照国务院信息产业主管部门的规定执行。

第二十四条 电子认证服务提供者应当妥善保存与认证相关的信息，信息保存期限至少为电子签名认证证书失效后五年。

第二十五条 国务院信息产业主管部门依照本法制定电子认证服务业的具体管理办法，对电子认证服务提供者依法实施监督管理。

第二十六条 经国务院信息产业主管部门根据有关协议或者对等原则核准后，中华人民共和国境外的电子认证服务提供者在境外签发的电子签名认证证书与依照本法设立的电子认证服务提供者签发的电子签名认证证书具有同等的法律效力。

第四章 法 律 责 任

第二十七条 电子签名人知悉电子签名制作数据已经失密或者可能已经失密未及时告知有关各方、并终止使用电子签名制作数据，未向电子认证服务提供者提供真实、完整和准确的信息，或者有其他过错，给电子签名依赖方、电子认证服务提供者造成损失的，承担赔偿责任。

第二十八条 电子签名人或者电子签名依赖方因依据电子认证服务提供者提供的电子签名认证服务从事民事活动遭受损失，电子认证服务提供者不能证明自己无过错的，承担赔偿责任。

第二十九条 未经许可提供电子认证服务的，由国务院信息产业主管部门责令停止违法行为；有违法所得的，没收违法所得；违法所得三十万元以上的，处违法所得一倍以上三倍以下的罚款；没有违法所得或者违法所得不足三十万元的，处十万元以上三十万元以下的罚款。

第三十条 电子认证服务提供者暂停或者终止电子认证服务，未在暂停或者终止服务六十日前向国务院信息产业主管部门报告的，由国务院信息产业主管部门对其直接负责的主管人员处一万元以上五万元以下的罚款。

第三十一条 电子认证服务提供者不遵守认证业务规则、未妥善保存与认证相关的信息，或者有其他违法行为的，由国务院信息产业主管部门责令限期改正；逾期未改正的，吊销电子认证许可证书，其直接负责的主管人员和其他直接责任人员十年内不得从事电子认证服务。吊销电子认证许可证书的，应当予以公告并通知工商行政管理部门。

第三十二条 伪造、冒用、盗用他人的电子签名，构成犯罪的，依法追究刑事责任；给他人造成损失的，依法承担民事责任。

第三十三条 依照本法负责电子认证服务业监督管理工作的部门的工作人员，不依法履行行政许可、监督管理职责的，依法给予行政处分；构成犯罪的，依法追究刑事责任。

第五章 附 则

第三十四条 本法中下列用语的含义：

（一）电子签名人，是指持有电子签名制作数据并以本人身份或者以其所代表的人的名义实施电子签名的人；

（二）电子签名依赖方，是指基于对电子签名认证证书或者电子签名的信赖从事有关活动的人；

（三）电子签名认证证书，是指可证实电子签名人与电子签名制作数据有联系的数据电文或者其他电子记录；

（四）电子签名制作数据，是指在电子签名过程中使用的，将电子签名与电子签名人可靠地联系起来的字符、编码等数据；

（五）电子签名验证数据，是指用于验证电子签名的数据，包括代码、口令、算法或者公钥等。

第三十五条 国务院或者国务院规定的部门可以依据本法制定政务活动和其他社会活动中使用电子签名、数据电文的具体办法。

第三十六条 本法自 2005 年 4 月 1 日起施行。

参考文献

[1] 冯英健.网络营销基础与实践[M].北京:清华大学出版社,2004.

[2] 丁微.网络营销实用教程[M].北京:人民邮电出版社,2005.

[3] 梁玉芬,胡丽琴.电子商务基础与实务[M].北京:清华大学出版社,2003.

[4] 万守付.电子商务基础[M].2版.北京:人民邮电出版社,2006.

[5] 杨晶. 浅析电子商务中的客户关系管理[J].湖北成人教育学院学报,2007(9).

[6] 张丽娟. 电子商务对客户关系管理的影响[J]. 商场现代化,2007(1).

[7] 许芳. 浅析现代企业管理中的CRM[J]. 经济师,2002(1).

[8] 左臻. 浅谈客户关系管理[J]. 科技情报开发与经济,2005(10).

[9] 周新跃. 基于电子商务的客户关系管理研究[J]. 计算机与网络,2006(6).

[10] 仲秋雁,肖南. 电子商务环境下CRM的体系结构[J]. 大连理工大学学报(社会科学版),2002(3).

[11] 黎娜. 电子商务与客户关系管理[J]. 经济师,2007(7).

[12] 秦世波. 电子商务环境下客户关系管理应用分析[J]. 山东纺织经济,2007(2).

[13] 王学东,易明,杨斌.电子商务概论[M].武汉:武汉理工大学出版社,2006.

[14] 刘锋. 威客理论原理与成果.网易博客 http://blog.sina.com.cn/lf_1999.

[15] 威客网. http://www.itkey.com.

[16] 当当网. http://www.dangdang.com.

[17] 猪八戒网. http://www.zhubajie.com.

[18] 农博网. http://www.aweb.com.cn.

[19] 中国农业信息网. http://www.agri.gov.cn.

“21世纪高职高专经济管理规划教材”定书信息

书　　名	主　编	定估价 (元)	书号 978－7－5429－
会计学基础(第二版)	熊南永	19.50	1473
财务会计(第三版)	陈瑞生	27.50	1463
成本会计(第二版)	陈　丽	22.50	1370
财务管理	彭林君	22.00	1400
审计学	熊南永	18.00	1432
经济法(第三版)	雷裕春	27.50	1386
税法(第三版)	彭林君	21.00	1424
市场营销管理	彭书华	18.50	1427
会计岗位技能操作教程	陈　丽	32.50	1674
物流管理	温诒忠	19.20	1694
Excel财务管理	徐　艳	30.00	1740
管理会计	陈　丽	21.00	1986
税务会计	陈　丽	26.00	2093
电子商务基础与实操	王永琦	26.00	2096
会计原理与实务(非会计专业)	陈　丽　李定清	18.00	2097
管理学基础	孙向强	23.00	2098
基础会计模拟实习	陈瑞生	估25.00	2099
成本会计模拟实习	曾富全	18.00	2100
财务会计模拟实习	彭林君	23.00	2102
统计理论与实践	李丰菊	23.00	2103
广告理论与实践	陈　丽	27.00	2104
企业管理	刘宁杰	23.00	2105
会计电算化应用教程	叶桂中	估25.00	2107
出纳会计实务	周百灵	18.00	2108
应用文写作	甘敏军	22.00	2111
计算机应用基础	刘建国　柴进栋	28.00	2120

教学课件索取单

敬爱的老师：

感谢您使用21世纪高职高专经济管理规划教材。为了方便您的教学，本书配有相关的教学课件。如果您需要，请您填写下面表格中的相关信息，并以电子邮件的形式发到我社，我们在核对您的信息后，会免费向您提供教学课件。

我们的联系方式：

地址：上海市中山西路2230号立信会计出版社　　　　邮编：200235

电子邮件：victoria_tysx@yahoo.com.cn　　　　电话：(021)64411223

姓　　名		性别		身份证号	
学　　校		学院、系		教 研 室	
学校地址				邮　　编	
职　　务		职　　称		办公电话	
E-mail		手　　机		宅　　电	
通信地址				邮　　编	
教材用量	册	委托订购单位			

您对本书的使用有什么意见和建议？